電子取引時代のなりすましと「同一性」外観責任

Das Handeln unter fremder Identität
und die „Identitätsscheinhaftung"
im Zeitalter des elektronischen Geschäftsverkehrs

臼井 豊 著
Usui Yutaka

法律文化社

　　　　　　　は　し　が　き

　本書タイトルの研究テーマ「電子取引時代のなりすましと『同一性』外観責任」に出会ったのは，偶然だがまさに運命的であった。筆者は，2011年9月から1年間，ドイツでの在外研究の機会に恵まれ，ハンブルク大学のラインハルト・ボルク（Prof. Dr. Reinhard Bork），マックス・プランク外国私法・国際私法研究所のハラルド・バウム（Prof. Dr. Harald Baum）両教授のご厚意により両施設で研究を開始した。幸運にもその直後，インターネット・オークション取引を舞台にした「なりすましと表見代理の類推適用」問題をBGH（連邦通常裁判所）が初めて扱った2011年5月11日判決（BGHZ 189, 346）を皮切りに，その注目度と重要性から矢継ぎ早に公表される判例評釈・研究に遭遇することになる。「なりすまし」問題については，日独ともに表見代理の類推適用により解決するのが一般的であり，両国の表見代理の比較法研究をライフワークとしてきた筆者にとっては宿命的なものさえ感じ，その虜となるのに時間を要しなかった。とくに帰責性との関連で刺激的な議論の展開を予感しつつ，逸る気持ちをまずは抑えて，電子取引の登場した時代にまで遡り法状況の調査を開始したわけだが，上記両施設はその要求に見事応えてくれた。本研究の船出をサポートしてくださったボルク，バウム両先生，ハンブルク大学と滞在したゲストハウス，マックス・プランク外国私法・国際私法研究所および各スタッフの方々に心よりお礼を申し上げたい（珍道中については，立命館ロー・ニューズレター71号（2012年）6頁以下［http://www.ritsumei.ac.jp/acd/cg/law/lex/nl/nl71/nl71.pdf］をご笑覧ください）。

　ところが2012年9月に在外研究を終えて帰国し，成果をまとめ公表しようとしていた矢先，病の床に伏すことになる。腹部に感じる激痛を薬でごまかしながら複数の病院を回り救急車のお世話にもなり，ようやく原因を特定し12月最後の講義を終えた翌日に手術の段取りがとれたときは，安堵したが，それは出口の見えないトンネルの入口だった。手術時間が大幅に予定を超え意識を取り戻したのは翌日で，1週間の入院計画もまったくの白紙になった。正月には，腹膜炎の併発，緊急再手術とまさかの異型細胞の発見，1か月近い絶飲食，ア

ナフィラキシーショック，内視鏡手術の繰り返しになり，ドレナージのため散水ホースの様なチューブが腹部に2本刺さり鼻からもチューブを入れた状態がいつ終わるかも分からず，醒めない悪夢のようだった。さすがに注射針を肝臓に貫通させて排液を抜くときは治療を拒否したいほど，人生で一番，過酷な時を過ごした。根気よく治療くださった病院の外科・内科スタッフ，とくに白衣の天使の皆さんの支えがなければ，乗り切れなかったと思う。

　退院後しばらく病気療養するか，かなり迷ったが，リハビリもそこそこにステントを体内に残置したまま無謀を承知で2013年4月の即復帰を決断するにあたり，今後いつ何があっても人生に悔いのないよう，止まったままの本研究を論文という形で順次公表し，ゆくゆくは著書として出版しようと密かに決意した。ただいかんせん講義中などに急な激痛や体調不良に悩まされ，慌てて病院に駆け込んだことも数知れず，眠れない夜は研究に没頭して気を紛らわせた。2014年10月に本書第1章部分を公表して以降，BGH 2011年判決をめぐる法状況を中心に据えて時には脇道（第4章部分）へ逸れながらも3年がかりで第5章部分まで書き終えた。とくに第2章から第4章部分の執筆・公表にあたっては，大変有り難いことに公益財団法人 全国銀行学術研究振興財団のご助成により励ましていただいた。ここに，あらためてお礼を申し上げる。

　ここまでで，電子取引の特殊性を踏まえた「なりすまし」問題の論点洗い出しと整理，判例・学説の動向，いくつかの解決アプローチの存在・可能性，（筆者命名による）「同一性外観責任」という解決の方向性は示せたつもりでいるが，具体的な要件定立と判断基準の設定についてはなおも思案中であり，結論にまではたどり着いていない。残すところ，上記議論の活況に呼応して最近毎年一冊ずつ公刊された，本研究テーマの集大成とも言うべき三冊の研究書（いずれも博士論文だが秀逸）をとり上げ分析を加えた上で，ファイナル・アンサーを出す必要があるが，それにはもうしばらく時間を要する。

　このようななか2017年，ある財団が懸賞論文の募集テーマの一つに「インターネットにかかる民事責任」を指定し，なりすまし問題を例示しているのを学内掲示板で目にした。また，ある研究会では，光栄にも筆者の拙稿を参考文献にしてくださった若手研究者の報告を拝聴する機会にも恵まれた。さらに，インターネット上のなりすましによるスマートフォン契約トラブル（いわゆる「荷受代行」・「荷物転送」アルバイト）をめぐる読売新聞2017年4月11日付夕刊10

面記事に関して掲載直後に，同新聞記者から取材も受けた（トラブルの内容については，2016年7月22日に独立行政法人 国民生活センターが報道発表資料として注意喚起を促した「『荷受代行』・『荷物転送』アルバイトにご注意！（速報）」(http://www.kokusen.go.jp/pdf/n-20160722_1.pdf［2017年12月29日最終アクセス］）参照）。

　このように本研究テーマへの関心の高まりを肌で感じたため，未完成は承知の上で，この機会を一区切りに，五つの拙稿をまとめた著書を出版し今後の議論のたたき台としてお役に立てれば本望であると考えた次第である。ドイツにおいて議論はほぼ出尽くした感があるので，筆者も，少し時間をかけて本書と睨めっこしながら，自分なりの結論に到達したいと思う。

　ところで本研究テーマへの取組みは，筆者に当初予想もしていなかった研究の広がりをもたらしてくれた。現代社会は急速にデジタル化し，ここから生じる法律上の諸問題への迅速な対応を余儀なくされるが，アナログ社会を前提とした既存の法的枠組みでは捉えきれない限界があることをまざまざと見せつけられたのである（たとえば Gerald Spindler, Privatrechtsdogmatik und Herausforderungen der ‚IT-Revolution‘, FS für Claus-Wilhelm Canaris zum 80. Geburtstag : Privatrechtsdogmatik im 21. Jahrhundert (2017), S. 709ff. 参照）。2016年後半に，デジタル社会が死後にもたらす「デジタル遺品（digitaler Nachlass）」問題を次の研究テーマとして最初の拙稿「デジタル遺品の法的処理に関する一考察（1）（2・完）──ドイツ初の LG Berlin 2015年12月17日判決を中心に」（立命367号145-169頁，368号203-235頁）を公表したのも，決して偶然ではない。束縛を嫌って携帯電話を持たない昭和世代のアナログな筆者でさえ，日常の買い物，支払・決済，はたまた趣味の投資は身近なインターネットに代表される情報通信技術（ICT）に依存し，サービスの利便性・安価さ等の恩恵に浴している。この日常生活への浸透具合に，デジタル問題に取り組むべき待ったなしの社会的状況があると考えている。

　上記事実を示すものとして，ドイツのノルトライン＝ヴェストファーレン（Nordrhein-Westfalen）州司法省によるウェブサイト（„www.digitaler-neustart.de“）上のアンケート結果（2016年9月7日最終アクセス）を挙げておきたい。

デジタルの新たな始まりに関するアンケート結果（筆者が人数から割合に置き換えた）
1．私たちの法は，アップ・デートを必要としますか？
　　はい：82%　　いいえ：14%　　無回答：4%
2．省略
3．私たちは，インターネットにおいて人格権のより手厚い法的保護を必要としますか。
　　はい：82%　　いいえ：15%　　無回答：3%
4．あなたは，デジタル・コンテンツに関する契約で法律上の問題を抱えたことがありますか。
　　はい：27%　　いいえ：70%　　無回答：3%
5．私たちは，デジタル・コンテンツに関する契約について新たなルールを必要としますか。
　　はい：76%　　いいえ：16%　　無回答：8%
6．あなたは，自分のデジタル遺品の整理を考えたことがありますか。
　　はい：34%　　いいえ：64%　　無回答：2%
7．私たちは，デジタル遺品について新たなルールを必要としますか。
　　はい：65%　　いいえ：16%　　無回答：19%

　このアンケートは興味深く，身近な結果も知りたかったので，筆者は，規模こそ違えど2017年度前期講義「民法Ⅱ（債権各論）」でその実施を試みた。以下が，学生諸君の協力してくれた結果である。

1．私たちの法は，アップ・デートを必要としますか？
　　はい：83%　　いいえ：10%　　無回答：7%
2．省略
3．私たちは，インターネットにおいて人格権のより手厚い法的保護を必要としますか。
　　はい：71%　　いいえ：22%　　無回答：7%
4．あなたは，デジタル・コンテンツに関する契約で法律上の問題を抱えたことがありますか。
　　はい：2%　　いいえ：92%　　無回答：6%
5．私たちは，デジタル・コンテンツに関する契約について新たなルールを必要としますか。
　　はい：76%　　いいえ：17%　　無回答：7%
6．あなたは，自分のデジタル遺品の整理を考えたことがありますか。
　　はい：23%　　いいえ：71%　　無回答：6%
7．私たちは，デジタル遺品について新たなルールを必要としますか。
　　はい：80%　　いいえ：14%　　無回答：6%

質問項目4を除けば（わが国の平和さの現れ？），ほぼ似通った数値となっていて（項目6の「はい」がやや低いのは対象者が20歳前後の若者限定だったからであろうか），日独ともにデジタル問題への関心と立法的対応のニーズは高いことがうかがえる。

それにもかかわらずわが国では，平成29［2017］年民法（債権法）改正でも，デジタル問題への対応はお世辞にも十分だとは言い難い。現在このような法的限界・不備への対応を電子取引等に限ってだが引き受けているのが，（随時見直しがなされてきた）「電子商取引及び情報財取引等に関する準則」（松本恒雄編『平成28年版 電子商取引及び情報財取引等に関する準則と解説』別冊NBL 158号（2016年）参照。なお2017年も，「アプリマーケット運営事業者の責任」を新たに設けるなど14回目の改訂がなされたが，その概要（端的にまとめられた当該準則の意義等も含めて）については，岡北有平「『電子商取引及び情報財取引等に関する準則』平成29年改訂」NBL 1100号（2017年）82頁以下参照）であり，その存在意義・役割は大きい。他方ドイツでは，第71回ドイツ法曹大会（2016年9月）民法部会（Die zivilrechtliche Abteilung des Deutschen Juristentages）において，「デジタル経済―アナログ法：BGBはアップ・デートを必要とするか」がとり上げられた（Florian Faust, Verhandlungen des 71. Deutschen Juristentages Essen 2016 Bd. I : Gutachten Teil A : Digitale Wirtschaft - Analoges Recht : Braucht das BGB ein Update? (2016) 参照（議論の概要をわが国に紹介するものとして，芦野訓和《講演》デジタル社会における「人」と「法」① 連続シンポジウム『デジタル社会における「人」と「法」』について」洋法61巻2号（2017年）126頁以下）。この問題意識からとくに相続法を念頭に「デジタル遺品」へアプローチする最新の論稿として，Hannes Ludyga, „Digitales Update" für das Erbrecht im BGB?, ZEV 2018, S. 1 ff.）。技術革新は，新たな法律問題を登場させるのである（直近では盛んに議論され始めた「自動運転」，「人工知能（AI）」や「ロボット」に関わる法律問題を想起されたい）。まさにBGB（ドイツ民法）や日本民法のような100年以上経った古い法典がなおも現代的なデジタル世界と折り合うのか，それとも適宜改正を必要とするのかが，今後いっそう問われてこよう（現に一部問題につき，ドイツではBGB自体が適宜，EU指令を受けて312i条・同j条からなる「電子商取引（elektronischer Geschäftsverkehr）における契約」規律や675c条から676c条の（電子マネー・支払を含む）「支払役務（Zahlungsdienste. いわゆる決済サービス）」規律を新設・改正し，わが国では，電子消費者契約法などの特別立法により対

応している)。ただ他方でリアルタイムに,「絶えず変化するインターネット上の活動領域(Betätigungsfeld)にあって立法者に対し,法律で適切に『インターネット法』を規律するよう要求することはおおよそ不可能であ」り,「諸問題は,既存の法律や方法で解決せざるを得ない」との指摘(前掲拙稿・立命368号227頁参照)ももっともであり,ここに,上記対応の難しさがある。いささか唐突だが——2016年度に留学院生を指導した際に学んだ——中国では,インターネット取引上の消費者問題に対応すべく2013年に改正された消費者権益保護法(44条)が,わが国の上記準則では原則否定的な「取引プラットフォーム提供者の賠償責任」に関して,販売者等の正確な名称,住所および有効な連絡方法を消費者に提供できなければ免責されないとの規定を新設している。このような,インターネット取引特有の「プラットフォーム提供者の介在」から生じた問題に対応する法的ルールの新設は,非常に興味深い動向である。引き続きグローバル目線からインターネット法の研究を深めることで,「立法的対応の必要性と限界」,裏返せば「既存の法的枠組みによる対応(民事法解釈論)の可能性と限界」というグレートヒェンの問い(Gretchenfrage)とも真摯に向き合っていきたい。

　本書出版にこぎ着けるまで,体調不良に見舞われ再入院することもあったが,その都度,周囲の方々のサポートやご理解があった。2017年度立命館大学法学部長兼大学院法学研究科長 宮井雅明教授,副学部長 石橋秀起教授,法学部事務長 崔幸浩氏をはじめ皆様方に深謝を申し上げる。
　また(デジタル化に伴い)出版事情が厳しさを増すなかにあって民法改正特需に沸く今,あえて本研究書の出版にご尽力下さった営業企画部長の小西英央氏には,感謝の念に堪えない。刊行準備・校正作業にあたっては,立命館大学法学アカデミーの赤塚みゆきさん,大学院法学研究科博士課程前期課程(研究コース)在籍の原田弘隆くんにお手伝いいただいた。丁寧な作業に心より篤くお礼を申し上げる。原田くんには,本書を反面教師にして何某か学ぶところがあったならば幸いである。
　私事で恐縮だが,弱音や愚痴を吐いて(時にはやり場のない怒り・苛立ちをぶつけて)困らせた「専属運転手,(校正のたび辛口な)秘書,マッサージ師,主婦」四役兼務の妻 陽子には,それでも温かく見守ってくれたことに本当に有り難

うと言いたい。病気を患ったことで，頭では分かっていたつもりだったが，働き盛りのサラリーマンが「泣こうがわめこうがあるがままを受け入れざるを得ないこと」の大変さ・難しさ・悲哀を嫌というほど味わい思い知らされた。ただ幸いにして，筆者は，経験が重視される社会科学分野の研究者である。「働き方改革」が叫ばれる現在，この貴重な経験を今後の研究・教育等に生かし，微力ながら社会の健全な発展に貢献できれば報われよう。その際，デジタル・ツールには辟易とさせられるのではなく，私たちアナログ人間のサポートをし生活にゆとり・豊かさをもたらす存在となってくれることを願ってやまない。

最後に，心配ばかりかけた両親，とくに闘病する母 道代の回復を祈念して本書を捧げたい。

2018年4月

京都・北山，賀茂川の満開の桜を臨む自宅書斎にて

臼井　豊

＊予定より遅れた再校中，デジタル遺品につき初めてのBGHの判断が，7月12日に出され，「現代的な『通信の秘密（Fernmeldegeheimnis）』か伝統的な『相続権の尊重』か」という新旧価値観の衝突からマスコミで即日一斉にとり上げられた。最終的に，通信相手の人格権を保護するという意味で通信の秘密を重視した原審の判断を覆して，SNS利用契約（関係）の包括的権利承継（Gesamtrechtsnachfolge）による相続人への移転（BGB 1922条1項）を認めた（http://juris.bundesgerichtshof.de/cgi-bin/rechtsprechung/document.py?Gericht=bgh&Art=pm&Datum=2018&Sort=3&nr=85390&pos=1&anz=116 [2018年7月13日最終アクセス]）。その結論は，第1審のLG Berlin 2015年判決と同様になったため，この1審判決を紹介した前掲拙稿も，上記BGHの理解・分析に多少なりとも役立とうか。今回の判決により，生前に自己のデジタル遺品を（事前消去から死後の管理まで含めて）整理整頓しておく必要性・重要性が示されたと言えよう（これを怠れば，秘密が死後に知られてしまうおそれがあるとともに，通信相手も，その内容が白日の下にさらされるリスクを予め覚悟しておかなければならない）。また本判決を深読みすれば，いわゆる「データ所有権（Dateneigentum）」の観点から，プラットフォーム事業者による個人データの独占（自由な利用・処分）を許さない，つまりはプライバシー情報も物と同様に相続人ではあるが個人に承継・擁護させるべきであるというBGHの秘めたメッセージが見えてはこないだろうか。いずれにせよ当該研究も続行していきたい。

目　　次

はしがき

はじめに …………………………………………………………… 1
――表見代理の類推適用法理から"同一性外観責任"論へ――
1．問題の所在　1
2．本書の目的と構成　4
3．なりすまし以外の電子取引上の問題　7

第1章　電子取引時代の到来によるなりすましと
　　　　　表見代理の類推適用法理の形成・展開 …………… 16
――BGH 2011年5月11日判決前夜までのドイツの法状況について――

第1節　はじめに　16
1．ドイツにおける電子取引時代のなりすまし　16
2．「他人の名・番号の下での行為」概説　20
3．BGH 2011年5月11日判決の意義　26
4．本章の目的と考察対象・順序　27

第2節　BGH 2011年5月11日判決前夜までの裁判例状況　29
1．法律行為上の履行責任としての権利外観責任（表見代理の類推適用法理）　30
2．契約上の損害賠償責任　48
3．契約外の（不法行為領域で展開された）損害賠償責任　49
4．契約の締結（成立）と契約相手に関する表見証明　55

第3節　BGH 2011年5月11日判決前夜までの学説状況　57
――表見代理の類推適用法理を中心に――
1．ビデオ・テックス(VTX)取引に特化した外見代理を志向する見解　57
2．他人の番号の下での行為という新概念で現代的考察を試みる見解　60
3．コレクト・コールにおいて外見代理の伝統的要件を踏襲する見解　65
4．電子取引において外見代理の伝統的要件を絶対視しない見解　66
5．電子取引独自の権利外観責任を意識する見解　67

    6．表見代理の類推適用に依拠した権利外観責任の成立に懐疑的な見解　69
    7．契約上の損害賠償責任を導く見解　70
  第4節　おわりに　71
    1．BGH 2011年5月11日判決前夜までの到達点と課題　71
    2．わが国における電子取引上のなりすまし議論（第2章）への示唆・展望　82

第2章　わが国におけるなりすまし取引と表見代理類推適用論 ……………………………… 115
　　　　――電子取引と立法化を視野に入れて――

  第1節　はじめに　115
  第2節　名義冒用なりすまし取引と表見代理類推適用論　117
  第3節　電子取引上の番号冒用なりすましと権利外観・表見法理　122
  第4節　民法改正中間試案　124
  第5節　おわりに　125

第3章　インターネット取引上のなりすましへの
　　　　表見代理類推適用の要件論と妥当性 ……………… 136
　　　　――BGH 2011年5月11日判決を中心に――

  第1節　第1章の研究成果・課題と本章の考察対象・順序　136
  第2節　BGH 2011年5月11日判決（VIP-Lounge事件判決）　138
    1．本判決の紹介　138
    2．本判決の構造と以後の裁判例　145
  第3節　BGH 2011年5月11日判決に関する諸見解　147
    1．外見代理の伝統的要件を踏襲した本判決に好意的な見解　148
    2．外見代理の伝統的要件を修正する見解　151
    3．BGB 172条の類推適用を志向する見解　155
    4．インターネット取引独自のなりすまし外観責任を構想する見解　160
    5．アカウント所有者による「番号冒用の濫用的主張」を疑う見解　167

第4節　BGH 2011年5月11日判決の分析的解説　168
　　1．契約当事者の確定と他人の名（番号）の下での行為　169
　　2．外見代理の類推適用　170

第5節　BGH 2011年5月11日判決の評価・論点の整理　174
　　——第3節の諸見解のまとめも兼ねて——
　　1．本判決の外見代理類推適用に対する複数の評価　174
　　2．本判決に関わる論点整理——第5章への布石　178

第4章　白紙書面の濫用補充と交付者の法的責任 …… 193
——電子取引上のなりすまし問題を解決する手がかりを求めて——

第1節　はじめに　193
　　1．「白紙書面の交付・補充」概説　193
　　2．本章の執筆動機と考察対象・順序　199

第2節　リーディング・ケースとしての
　　　　BGH 1963年7月11日判決を中心に　200
　　1．旧来の判例・学説状況　200
　　2．BGH 1963年7月11日判決の紹介と分析・解説　201
　　3．白紙書面の濫用補充に関する主要争点　204

第3節　ミュラーによる「BGB 172条類推適用法理の射程・限界」
　　　　の分析と「暫定的権利外観責任」論の提唱　204
　　1．ミュラーの見解　204
　　2．小　　括　215

第4節　キンドルによる「白紙書面の特殊性・交付目的に基づく
　　　　権利外観責任」論　216
　　1．キンドルの見解　216
　　2．小　　括　221

第5節　現在の判例・学説状況　221
　　1．判例によるBGB 172条類推適用法理の拡大　222
　　2．白紙書面の濫用補充におけるBGB 119条1項の錯誤取消可能性の排除　224

第6節　白紙書面の問題解決に対する複数のアプローチと
　　　　若干の検討　226

1．「白紙書面」事象の法律構成　226
　　2．白紙書面の濫用補充と交付者の法的責任　230
　　3．交付者の法的責任の縮減・限定可能性　234
　　4．小　　括　237
　第7節　おわりに　238
　　1．わが国における白紙委任状を含む白紙書面の問題解決への法的示唆　238
　　2．電子取引上のなりすまし問題解決への法的示唆——第5章への展開　239

第5章　電子取引上のなりすましにおける"同一性外観責任"論の発展的展開 …… 256
——BGH 2011年5月11日判決を契機とした発展的学説を中心に——

　第1節　第4章までの振返りと本章の考察対象・順序　256
　第2節　"同一性外観責任"を標榜し電子取引独自の要件定立・具体化を試みる発展的学説の展開　260
　　1．外観・帰責両要件ともに厳格なヘレストハルの見解　260
　　2．帰責要件のみ厳格なエクスラーの見解　264
　　3．厳格な帰責要件を判断基準の操作により一部緩和するゾンネンタークの見解　269
　　4．厳格な帰責要件を「危険増大」論から一部緩和するボルゲスの見解　274
　　5．外観・帰責両要件ともに柔軟なシュテーバーの見解　277
　第3節　発展的学説の整理・分析　286
　第4節　おわりに
　　　　　　——契約上の損害賠償責任の可能性について——　291

今後継続する研究に関して …… 308
——最終結論をめざして——

　第1節　最新の三つの研究　309
　　1．「セキュリティ技術」を意識したミュラー・ブロックハウゼンの研究　309
　　2．「匿名大量通信サービスの取引安全保護」を志向する

シュナイダーの研究　311
　　3．「『責務』を通した同一性所有者，取引相手方双方の利益較量」をめざす
　　　　ハユトの研究　314
第2節　わが国で議論する際の方向性　319

〈初出一覧〉

はじめに
　書き下ろし
第1章
「電子取引時代の『他人へのなりすまし』と権利外観責任（1）（2・完）——BGH 2011年5月11日判決前夜までのドイツの法状況について」立命館法学355号（2014年10月）163－218頁，356号（同年12月）190－231頁の一部に加筆・修正
第2章
「他人へのなりすまし取引と表見代理類推適用論——電子取引と立法化を視野に入れて」立命館法学357・358号（2015年3月）57－76頁の一部に加筆・修正
第3章
「インターネット取引上のなりすましにおける表見代理類推適用の要件論と妥当性（1）（2・完）——BGH 2011年5月11日判決を中心に」立命館法学359号（2015年6月）233－264頁，360号（同年8月）65－94頁の一部に加筆・修正
第4章
「白紙書面の濫用補充と交付者の法的責任（1）（2・完）——BGB 172条類推適用法理の意義・可能性と限界を中心に」立命館法学365号（2016年6月）293－329頁，366号（同年8月）124－158頁の一部に加筆・修正
第5章
「インターネット取引における"同一性外観責任"論の展開（1）（2・完）——BGH 2011年5月11日判決を契機とした発展的学説を中心に」立命館法学371号（2017年6月）224－251頁，372号（同年8月）98－131頁の一部に加筆・修正
今後継続する研究に関して——最終結論をめざして——
　書き下ろし

はじめに

──表見代理の類推適用法理から"同一性外観責任"論へ──

1．問題の所在

　匿名・仮名性（Anonymität und Pseudonymität）の支配する非対面の電子取引（elektronischer Geschäftsverkehr od. Rechtsverkehr）時代を迎え[1]，身近なインターネット・オークションやショッピング（本書では以下，合成語はネット○○と略称する）を中心に，他人の（もはや姿形・声など個人の特徴すらないアクセス・データとしての）ID・パスワードに代表される本人確認（認証）番号・文字（わが国の不正アクセス禁止法にいう「識別符号」）の冒用（ドイツでは「同一性の濫用（Identitätsmissbrauch）[2]」）による「アカウント・ハッキング（Account-Hacking）[3]」が横行し，他人を僭称して他人と誤認させる"なりすまし"[4]（ドイツでは「同一性の誤認惹起（Identitätstäuschung）[5]」）の危険性が高まっている（電子取引上の構造的な"なりすまし"リスクの潜在性）[6]。ただドイツでは，本書からも分かるように，裁判のほとんどがネット・オークションに関わるものであると言われている[7]。かくして──名誉毀損・プライバシー（いわゆるアイデンティティ権）や著作権等の侵害場面（第1章第2節3参照）ではなく──本書がメインとする「契約締結・成立」場面のなりすましに限定すれば，アカウント所有者を契約当事者であると信頼した相手方を積極的な履行責任（positive Erfullüngshaftung）により保護することが課題となるが，本書の比較法研究の対象となる日独の両民法とも，契約締結上の名義冒用なりすましに対応する信頼保護規定を有しない[8]。[9]もっとも規定自体はなくても，信頼保護は，ボルク（Reinhard Bork）が正当に指摘するように「民法典の究極の，とくに重要な基礎的判断として強調されるべきであり，なかでも法律行為上の領域において特別な役割を果たす[10]」。

　従来のアナログ時代，わが国では，契約当事者の同一性を誤信した取引相手方の保護について，顕名の一種たる「（代理人が本人名で直接契約する）署名代理」

を広く捉えて表見代理の類推適用法理が形成されてきた（第2章第2節参照）[11]。他方ドイツでなりすましは，（「他人の名をいきなり示した行為」のうち）代理とは対比・区別された[12]「（狭義の）他人の名の下での行為（Handeln unter fremdem Namen）」という独自の類型事例群として，取引自体の成否・有効性，顕名主義との抵触・契約当事者の確定や取引の効果帰属・帰責問題といった基礎理論レベルで議論され，相手方保護という（BGB 164条1項が「本人の名において（im Namen des Vertretenen）」意思表示をすることを代理人に求めた）顕名主義（Offenkundigkeitsprinzip, Offenheitsprinzip, od. Offenlegungsgrundsatz）の本来的趣旨・機能に立ち返って相手方の視点に基づく客観的解釈（「取引慣習を考慮して信義及び誠実が求める」ところを契約解釈の基準としたBGB 157条）から名義人（Namensträger）を（契約締結者に限定されない，効果帰属者という広義の）契約当事者と確定した上で代理法を類推適用する判断枠組みが採用されてきた（第1章第1節2参照）[13]。ただ日独両国とも実際上は，名義冒用なりすまし事例自体が少なかったことから，肝心の表見代理の類推適用にまで踏み込んだ研究は不十分であった。

しかし，電子取引の急速に発達・普及したデジタル社会では，「アカウント所有者本人である」との電子的（デジタル）同一性（elektronische od. digitale Identität）[14]の確認・証明はID・パスワードに代表される番号（いわゆる同一性データ）の入力により行われるが，往々にしてセキュリティの不完全性・脆弱性から，実は（入力）行為者がアカウント所有者でないという「番号冒用なりすまし」が容易となりそのリスクが急増する[15]。この実情をいち早く察知したドイツでは，「他人の名」改め（おもにECカード（EC-Karte. いわゆるデビット・カード）のPIN（persönliche Identifikationsnummer. 暗証番号）を念頭に置いた）「他人の番号の下での行為（Handeln unter fremder Nummer）」というハナウ（Max Ulrich Hanau）によって提案された新しい象徴的概念（第1章第3節2参照）[16]のもと，判例・学説上，表見代理（Rechtsscheinsvollmacht）の類推適用論がにわかに盛り上がりを見せ始める（第1章第2・3節参照）。そして，BGH（連邦通常裁判所）が2011年5月11日判決（VIP-Lounge事件判決）[17]で初めて（ネット・オークションeBayを舞台にした）[18]「電子取引上のなりすましと表見代理の類推適用」問題を扱い，電子取引上の番号冒用なりすましでも，アナログ時代の名義冒用につき培われた表見代理類推適用法理を踏襲することを明言したことで最高潮に達し（第3章第2節参照），その賛否をめぐり判例評釈・研究が矢継ぎ早に登場して，議論が

飛躍的に進展を見せたのである（第3章第3節および第5章第2節参照）。その証左として，ミュンヘナー注釈書第7版（2015年）では版改訂に伴う担当者の変更とも相俟って，「Ⅳ．表見代理」の中に「4．デジタル法取引における表見代理」という項目が新設されている[19]。なお，新旧両なりすまし事例に対応できるよう，ザールラント大学法情報学研究所（Institut für Rechtsinformatik）のボルゲス（Georg Borges）教授[20]は，「他人の同一性の下での行為（Handeln unter fremder Identität）」と称する（教授の見解については，第5章第2節4参照。この概念を，本書もドイツ語タイトルの一部に使用している）。

　ドイツにあっては——なりすましの問題把握に努めた第1章の考察結果のみ先取りすれば——，番号所有者（アカウント所有者（Account- od. Kontoinhaber）あるいは同一性所有者（Identitätsinhaber）とも称されるが，本書では先駆者たるハナウに敬意を表して「番号所有者」と表記することが多い）を契約当事者と確定した上で表見代理を類推適用するわけだが（代理法の類推適用を導く「他人の名・番号の下での行為」論の採用），その伝統的要件をそのまま借用するか，番号冒用という電子取引の特殊性を踏まえて要件の修正を図るか，電子取引独自の権利外観責任（Rechtsscheinhaftung），要するに「同一性の外観」[21]に対する法律行為的（履行）責任を構想すべきではないか（筆者は第5章にて「同一性外観責任（Identitätsscheinhaftung）」論と命名するに至る）という点で激しく対立していく。具体的には，セキュリティ不安を抱える電子取引（本書ではとくにネット取引を念頭に置く）において，「アカウントの利用者は誰か」との関連で，本人確認（認証）機能を果たすID・パスワードの入力事実のみをもって保護に値する（「利用（行為）者＝アカウント所有者」を示す同一性の）外観と判断してよいかという（「取引相手方の要保護性『善意・無過失』」の前提となる）問題と，アカウント所有者がID等を冒用者に意識的に交付（伝達）した場合（名義ならぬアカウント使用認容・貸し）はもとより保管・管理上の過失で冒用を可能にした場合まで当該外観責任の負担を強いられるのかという帰責性（Zurechenbarkeit）の問題である。この両問題は，電子取引上のなりすまし事例に表見代理規定（代理権授与通知に関わるBGB 171条，代理権授与証書の交付に関わる172条）・判例法理（認容代理（Duldungsvollmacht）・外見代理（Anscheinsvollmacht）[22]）のうちどの類型を類推適用して解決するのかという問題と密接に関連する[23]。ただ争いは要件論にとどまらず，そもそも「行為者の同一性」への信頼が問題になっている「なりすまし

電子取引」に果たして表見代理の類推の基礎があると言えるのか[24]，そもそも番号所有者を契約当事者と確定して代理法の類推適用へと誘導した出発点（「他人の名・番号の下での行為」論）自体に問題はなかったのか，つまり，とくに目的物が動産の場合は無権利のなりすまし行為者を契約当事者と確定した方がBGB 932条の善意取得規定を適用できるのではないかという保護の有り様とも複雑に絡み合った「契約当事者の確定」問題にまで及んでいる。

2．本書の目的と構成

そこで本書は，電子取引が伝統的な法律行為論に突きつけた「なりすまし取引の安全保護」という現代的課題の解明に向けて，「他人の番号の下での行為」という独自の類型・事例のもと問題解決をリードし道標となるドイツの法状況を主たる対象とし，当該取引が登場した1980年代にまで遡った後，電子取引上の表見代理類推適用論のリーディング・ケースとしてのBGH 2011年判決を基軸に据えて，日独で支配的な表見代理類推適用法理の要件論と妥当性を中心に比較法研究を行う。

嚆矢たる第1章では，BGH 2011年判決前夜までの（裁）判例・学説の到達点と課題の把握・整理に努める。具体的には，電子取引時代のなりすましの実情と法的に対応する「他人の名・番号の下での行為」論を一瞥した（第1章第1節1・2参照）上で，なりすまされた番号所有者の権利外観責任を中心とした民事責任全般にわたる裁判例の動向を概観した（第2節）後，とくに権利外観責任をめぐる学説を中心にその動向をたどり（第3節），判例が上記2011年判決目前にいかなる到達点にたどり着くとともにいかなる課題に直面していたのかを明らかにする（第4節1）ことにより，当該判決とこれを契機に展開される学説を読み解く第3章以降への布石かつ架橋とする。なお，上記判決前夜までの表見代理類推適用（権利外観責任）論から，わが国における電子取引上のなりすまし議論（第2章）への示唆・展望も得ようと試みた（本章第4節2）。

次に第2章では，第3章以降におけるBGH 2011年判決の本格的分析・検討に先立ち，来るべき時に本研究の集大成としてわが国への示唆・展望を最大限得られるよう，わが国のなりすまし議論を現代の電子取引や――2014年の初出論文執筆当時，民法改正中間試案が「第4 代理」の中でなりすまし規律の新設を試みたことから[25]――立法化まで視野に入れて俯瞰する。

いよいよ第3章では，電子取引上のなりすましへの表見代理類推適用の要件とそもそもの妥当性をめぐり混迷する法状況にあって第1章で判明した問題の解決策を探るべく，BGH 2011年判決に焦点を当て，詳細な紹介（第2節）をした上で，判例評釈を中心とした比較的簡潔な諸見解を俯瞰する（第3節）ことにより，本判決の正確な分析・理解に努め（第4節）複数の評価と論点を整理して（第5節），本判決を契機に学説上展開された発展的動向を追跡・考察する第5章に備える。

　第4章では，電子取引上のなりすまし問題を解決する手がかりを与えてくれるのではないかという確信的期待のもと，「白紙書面（白紙代理権授与証書を含む）の濫用補充と交付者の権利外観責任」について考察を加えた。第3章までの有力学説は，すでに「（代理法の類推適用により解決される）白紙書面の補充」問題の解決にあたり判例・学説がとくに「（交付者自身がすべて作成し完成させた書面であると誤信させる）隠秘（補充）の白紙書面による意思表示」事例に（本人により署名された代理権授与証書の交付による表見代理を規定した）BGB 172条の法的考え方を妥当させてきた点に注目していた（第1章第4節1(4)，第3章第3節3および第5節1(3)・2(3)参照）からである。要するに，電子取引上の特殊性から「アカウント利用時のパスワード入力≒（代理権授与証書という）書面上の署名」に着目してBGB 172条の類推適用により，すでに判例上確立した「白紙書面責任（Blanketthaftung）」法理を手がかりに解決を試みるわけである。かくして，上記リーディング・ケースであるBGH 1963年7月11日判決を確認することに始まり（第2節2），判例のBGB 172条類推適用法理に批判的考察を加えた見解を紹介し（第3・4節），その後の判例・学説状況は断片的に概観した（第5節）上で，白紙書面濫用補充の問題解決に対する複数のアプローチを整理することにより，上記類推適用法理の意義・可能性と限界を指摘する（第6節）。最後に，電子取引上のなりすまし問題の解決につき得られた法的示唆を簡潔にまとめる（第7節2参照）。

　第5章では，電子取引上のなりすまし事例で保護されるのは（「代理権」ではなく）「表意者（行為者）の同一性」に対する信頼にほかならないという表見代理との構造的差違を直視して，もはや類推適用すべき表見代理の類型をめぐる争いから，権利外観一般法理に依拠してなりすまし独自の「同一性外観責任」を構想する段階へと移行したという確証を得て（第3章第5節参照），BGH 2011

年判決以降に——第3章でとり上げた比較的簡潔な反応以外で——公にされた発展的な判例研究・論稿（研究書を除く）を対象にその動向を探る。議論の関心は、第3章第5節2(3)・(4)で胎動として確認された「BGB172条の類推（ないし勿論）適用またはその法的思考・価値判断に依拠した同一性外観責任の要件の措定・具体化・判断基準」へと移っているため、第5章の考察は、「電子署名（elektronische Signatur）」のみを外観要件としその「交付」のみを帰責要件とする厳格な見解から、「電子取引上要請される動的安全保護との調和」を意識した緩和的見解へと順に行った上で、「アカウントの防護懈怠(ID・パスワードの保管・管理上の不備)」という電子取引独自の主観的帰責根拠により表見代理に隣接する新たな「同一性」外観責任類型の誕生となるか、その可能性について法律構成も含め今後の課題とする。

　最後に本来であれば、おわりにという流れになるはずだが——はしがきで述べたとおり——三つの最新研究を考察する第6章がなく本研究は未完結であり（現状は本書最後の「今後継続する研究に関して」での簡単な紹介にとどまり）、最終結論はペンディングになっている。現段階の比較法研究の成果としては、「表見代理の類推適用法理から"同一性外観責任"論へ」という電子取引上のなりすましの特殊性を反映させた発展的方向性を見出せたことであろうか。さらに同一性外観責任の「要件の措定・具体化・判断基準」についても、類推適用（あるいは価値判断として参照）されるべき表見代理規定・判例法理との関係で、複数の考え方があることまでは示せたはずである（第1・3・5章の整理・分析部分、とくに第5章第3節を参照）。

　ところで本書の章立てにあたっては、第1章と第2章の順序を逆にすべきか、白紙書面の濫用補充に関わる第4章をどこに配置すべきか、苦慮したが、筆者の時々の問題意識や研究過程・進展をありのままにお見せしたいという思いから、各章のもととなる初出論文の執筆・公表順によることにした。各章末ごとの注を見ていただければ、参考判例・文献等の充実していく過程がお分かりいただけると思うが、これは、ひとえに本研究テーマに関わる議論の厚みを示すものにほかならない。なお、途中の章から読み始めても理解いただけるように、あえて各章の最初で前章までを振り返る重複部分を削除しなかった。初めからお読みくださった方は、くどいようであれば読み飛ばしていただきたい。

3．なりすまし以外の電子取引上の問題

　ところで，電子取引の特徴である「匿名性・非対面性」に端を発する直近の問題としては，本書で扱う「なりすまし」以外に，たとえばBGH 2011年判決同様，ネット・オークションeBayを舞台にした「おとり入札（Shill Bidding, Pushen od. Scheingebot）」がある。[28] 果たして，高値で落札させられた者や安値での落札を邪魔された者は，価格を不当に吊り上げた入札者兼出品者（おとり入札者（Shill-bidder））に対して（自己との売買契約の成立を前提とした）損害の賠償請求ができるのだろうか。まさしく，出品者による不正な価格吊り上げと契約の成立・損害賠償責任に関わる問題である。このようなネット・オークションに蔓延する「不公正な価格操作」という悪習は，オークション取引のスリリングな魅力を失わせ，実態は出品者が言い値で商品等を販売する場合と何ら異ならない。いやむしろオークションを装った分，悪質とさえ言えよう。

　直近，BGH 2016年8月24日判決[29]は，中古車の出品者Yが1ユーロからスタートしたオークションの落札価格を吊り上げるために別のアカウントを取得してあたかも他人が入札したかのように装って実際は自ら入札を行ったという匿名性・非対面性を奇貨とした，電子取引ならではの「自己入札（Eigengebot）」事件を扱っている。[30]

　当該判決は，eBayオークションでの契約締結について，BGB 156条（競売の場合の「落槌」による契約成立）ではなく契約締結の一般規律（「申込み」と「承諾」の合致による契約成立，145条以下）により判断されるという従来の判例（第3章第2節2(3) b 参照）を踏襲する。これを前提に，eBay上でオークションの開始により表示された「（出品者の）申込み」とは，BGB 145条でもeBayの約款条項でも，出品者とは別の者に契約締結を申し込むことであるがゆえに，出品者とは人格的に異なった入札者しか申込みを承諾できない（いわゆる別人格性（Personenverschiedenheit）），つまり自己入札は効力を生じないと判示した（破棄自判）。

　問題は，（X以外のもう一人の参加者による）最初の1ユーロ入札とXの入札を除けばすべてが不当な入札であったため，Xは本件中古車を1.5ユーロで落札できたのではないかという損害賠償額に関わる契約成立の金額である。この点，当該判決は，Yが自ら繰り返し最高価格を入札し最終的に17000ユーロまで吊り上げたとしても，その時々の最高価格の自己入札は承諾には当たらない

ため，効力を生じない Y の自己入札を除けば，正規の入札による最高価格は X の1.5ユーロであるとして，（X の請求を認容し）同金額での契約成立を認めた。[31)]

　なお，「お買い得価格（Schnäppchenpreis）」での取得こそがまさにオークションの魅力であり醍醐味にほかならないから，結果的に取引価値（直後のオークションでの落札価格16500ユーロ）を著しく下回る1.5ユーロで本件売買契約が成立したからと言って，その良俗違反性（BGB 138条）が根拠づけられるわけではない。[32)] X が破格の契約を成立させることができたのは，ひとえに Y が自己に有利な結果となるようオークションの進行を不公正な方法で操作した結果，つまりマンコフスキー（Peter Mankowski）いわく，「他人のために穴を掘る者は自分が穴に落ちる（Wer anderen eine Grube gräbt, fällt selbst hinein）」こと[33)]（まさに自業自得！）にほかならない（Y としては，不正操作に手を染めずとも開始価格あるいは最低落札価格の設定により，1ユーロからのスタートよりも魅力は失われようが，簡単に「低価格の落札」リスクから身を守ることができたはずである[34)]）。

　このような電子取引がらみの現代的問題については，本書が直接の考察対象としないものであっても，はしがきで述べたとおり現在研究中の「デジタル遺品の法的処理」問題と同様，関心を持って接していきたいと考えている。本書が，ネット・オークションに関わる契約締結・成立や，取引プラットホーム提供者の約款が参加者間の契約関係に与える影響等について可能な限り言及しているのも，このような筆者の問題関心に基づいている。

1) IT 法（Informationstechnologie-Recht）に関わるドイツの用語については，たとえば Michael Schmidl, IT-Recht von A-Z, 2. Aufl.(2014) がある。とにかくデジタル上の法的諸問題には BGB（ドイツ民法）はじめ様々な領域の法律等が関わるため，非常に見通しにくいが，こういうときは関連法規を集めた Jochen Schneider, IT- und Computerrecht, 12. Aufl.(2016)，横断的な解説書 Niko Härting, Internetrecht, 6. Aufl.(2017)や注釈書 Gerald Spindler/Fabian Schuster, Recht der elektronischen Medien, 3. Aufl.(2015) 等が便利である。なお訳出にあたっては，鈴木敦典ほか編著『IT 基本用語辞典　独―日―英』（同学社，2012年）が役立つ。
　（わが国の）IT 用語については，図表・各法条文・判例も随所に駆使した影島広泰編著『法律家・法務担当者のための IT 技術用語辞典』（商事法務，2017年）の説明が IT 技術に疎い筆者にも分かりやすかった。随時，参照いただきたい。
2) 濫用のメルクマールとしては，①（濫用された）他人の同一性の存在，②他人の同一性の下でなされた表示が法律上重要であること（裏返せば，ブログのアカウントなどは

除外されるということ），③（濫用を防止する）認証手段（Authentisierungsmedien）の利用，④他人の同一性データの濫用，が挙げられる。また濫用に至らしめた原因としては，番号所有者の帰責性の重い順に例示すれば，①自ら番号を引き渡したこと（Aushändigung），②濫用を知ったがあえて放置したこと（つまり認容），③番号の保管不備・紛失，④フィッシングやファーミング等の詐欺により番号を交付させられてしまったことなどが考えられる（vgl. Alla Hajut, Handeln unter fremder Identität : die Verantwortlichkeit des Identitätsinhabers(2016), S. 63f., 66ff.)。

3） Hoeren/Sieber/Holznagel/Kitz, Multimedia-Recht, 44. EL Januar 2017, Teil 13.1 Rz. 129.

4） 相手方からすれば，行為者を名義人と誤認した上で（つまり「行為者＝名義人」という誤った前提に立って）名義人を契約相手（当事者）と考えてしまったということになる。
　　なお，他人へのなりすましと言えば，通常想起されるのは他人自らが作成したアカウントのパスワードを何某かの方法・理由で入手して濫用する場合であろうが，アカウント自体を他人になりすまして開設することも考えられる（詳しくは，Hajut, a.a.O.(Fn. 2), S. 49f., 65f. 参照）。ただ後者の――アカウント作成時に身分確認により審査・保証される――「アカウントの所有者は誰か（Inhaberschaft. つまり「所有者の同一性」)」に関する外観事例（vgl. Hajut, a.a.O.(Fn. 2), S. 134ff.）については，通常一般に問題となる前者の――アカウント使用時にID・パスワード等のアクセス・データ（Zugangsdaten）により認証される――「（現時点のアカウント所有者として）意思表示を行った者は誰か（Urheberschaft. つまり「（表示）行為者の同一性」)」に関する外観事例とは濫用の段階，つまり「アカウントの作成時か使用時か」が異なる点で決定的に区別されるため，とくに本書では扱わない。

5） 契約主体（Vertragssubjekt）を取り違えさせたという意味で，「契約主体の誤認惹起」とも言えようか。なお現代型のなりすまし諸事例については，たとえば第5章第2節5(3)a〜e，Hajut, a.a.O.(Fn. 2), S. 54ff. 参照。

6） インターネット上では，男性が女性に，若者が高齢者に，外国人が日本人になりすますことさえ容易なのである。さらにハユト（Alla Hajut）は，犬がパソコンの前に座り情報収集するアニメから，「インターネット上では，誰もあなたが犬であるとは知らない」（a.a.O.(Fn. 2), S. 23f.）という大変ユニークな一場面を挙げる。

7） Michael Müller-Brockhausen, Haftung für den Missbrauch von Zugangsdaten im Internet(2014), Rz. 276.

8） かりになりすまし行為者が契約当事者と確定されてしまった場合において，名義人を契約当事者と信じた取引相手方が上記行為者との契約自体の効力否認といういわば消極的保護を望むのであれば，日独ともに「同一性錯誤（Identitätsirrtum）」の観点（場合によっては詐欺も）から（平成29[2017]年民法改正により無効改め）「取消し」というアプローチが考えられる。なお，日独（さらに英）の契約相手の同一性錯誤に関する最近の研究として，岡田愛『同一性の錯誤』（一学舎，2015年）がある。独英に関する研究として，Lukas Rademacher, Verkehrsschutz im englischen Privatrecht(2016), S. 84ff.

9） これに対して刑事法上は，なりすまし行為者の責任に関して言えば，わが国では，他人の識別符号を無断で入力してコンピュータを作動させ利用可能な状態にさせる「不正アクセス行為」自体，不正アクセス禁止法11条により処罰されるとともに，この行為に

より「人を欺いて財物を交付させ」れば刑法246条の詐欺罪となる。また、なりすまされた者の責任について言えば、ドイツでは、「過失によりアクセス・データを扱っていたり、ましてや意思に基づいて当該データを（転）交付するときは」、幇助犯（Beihilfe）として処罰されうるとの指摘（Volker M. Haug, Grundwissen Internetrecht, 3. Aufl. (2016), Rz. 581. Vgl. BGH CR 2008, 726）がある。なお、財団法人 社会安全研究財団「諸外国における他人の識別符号の譲受け行為等を規制する関連法令に係る調査報告書」(2010年) 43頁以下（http://www.syaanken.or.jp/wp-content/uploads/2012/05/cyber2212_01.pdf [2018年1月27日最終アクセス]）、Borges/Schwenk/Stuckenberg/Wegener, Identitätsdiebstahl und Identitätsmissbrauch im Internet (2011), S. 195ff., 244ff., 加藤克佳＝辻本典央「インターネットにおける犯罪と刑事訴追——2012年第69回ドイツ法曹大会刑事法部会（ミュンヘン）」近法61巻1号（2013年）275頁以下も参照。

10) Reinhard Bork, Allgemeiner Teil des Bürgerlichen Gesetzbuchs, 4. Aufl. (2016), Rz. 107.
11) これに対して最近もあらためて、顕名につき「本人に代わって契約を締結していることを表示することが必要だとすれば（傍点原著者）」、本書が扱う事例はこれに含まれないことから「なりすまし行為と呼ぶ」との立場をとるものとして、平野裕之『民法総則』（日本評論社、2017年）287頁以下。
12) かくして顕名主義に違反する、つまり代理とは「『別物（aliud）』であるから、行為者は、『無権代理人（falsus procurator）』ではなく『偽りの本人（falsus dominus）』である」と言われる（Hans-Jürgen Ihnen, Das Handeln unter fremdem Namen (1989), S. 6）。
13) すなわち——表現こそ微妙なところはあるが——、（「代理人の行為」であることを知らせる）「代理の顕名がなされていなくても、名義人は、さながら行為者により代理された者（つまり代理でいう本人：筆者挿入）同然である。非顕名にもかかわらず、残りの代理の要件が存在すれば、BGB 164条1項の類推により代理行為が成立する。行為者の表示は、取引相手方から見て名義人の表示と同様に効力を生じるのである（傍点筆者）」(Münchener/Schubert, Kommentar zum Bürgerlichen Gesetzbuch, 7. Aufl. (2015), § 164 Rz. 142)。
14) Vgl. Borges/Schwenk/Stuckenberg/Wegener, a.a.O. (Fn. 9), S. 2ff.; Hajut, a.a.O. (Fn. 2), S. 35ff.
　　ところで、名前にはじまり番号などの「同一性データ」に関わって、BDSG（ドイツ連邦データ保護法）3条1項によれば、「個人データ（personenbezogene Daten）」は、一般に「特定の又は特定しうる自然人（本人）の人的又は物的状況に関する個別の記載事項」と定義される（なお、2018年5月25日の GDPR（General Data Protection Regulation. EU 一般データ保護規則。ドイツ語表記では Datenschutz-Grundverordnung（EU-DSGVO））施行に伴い BDSG も改正される（vgl. etwa Peter Schantz/Heinrich Amadeus Wolff, Das neue Datenschutzrecht (2017), Rz. 206ff.）が、取り急ぎ藤原靜雄「改正　連邦データ保護法（2001年5月23日施行）」季行99号（2002年）77頁から引用した）。
15) Vgl. etwa Dieter Medicus/Jens Petersen, Allgemeiner Teil des BGB, 11. Aufl. (2016), Rz. 908. 最近の教科書でも、従来のなりすましに新しいラインアップとして「他人の"eBay 会員アカウント"の無権限利用（冒用）」が加わっている（vgl. Rolf Schmidt, BGB Allgemeiner Teil, 15. Aufl. (2016), Rz. 685）。

16) もっとも厳密に言えば所詮は，番号を使って第三者が「当該所有者の名の下で」行為することを可能にする，つまり「番号（パスワード，PINなど）の利用は，他人の名の下での行為への足がかりでしかない」（Matthias Schneider, Die rechtsgeschäftliche Haftung für den Accountmissbrauch im Internet（2015）, S. 69f. Ähnlich Müller-Brockhausen, a.a.O.（Fn. 7）, Rz. 291）ということだろうが，いずれにせよハナウの新概念が，電子取引時代の特徴を捉えていて分かりやすい，つまり象徴的なことだけはたしかであろう。
17) BGHZ 189, 346.
18) なお，eBayに関わる裁判例の急増に伴う様々な法的紛争・論点と解決・アドバイスとしては，一般読者向けのMichael Rohrlich, Ihr Recht bei Onlineauktionen : Juristische Tipps für eBay und Co.（2014）, S. 57ff 以外に，法学部生向けのEva Muchowski, eBay - „besser kaufen und verkaufen"?, JA 2015, S. 929ff. がある。
19) Münchener/Schubert, a.a.O.（Fn. 13）, §167 Rz. 122ff.
20) 面識のないボルゲス教授から，2017年8月の日本訪問中に "legal aspects of identity misuse" の件で筆者に会いたいとの大変光栄なお誘いを頂戴しご玉稿も賜ったが，あいにく検査入院中で叶わなかった。

なお，ボルゲス教授と言えば，2003年には著書『電子商取引における諸契約（Verträge im elektronischen Geschäftsverkehr）』を，2007年には編著書『インターネット・オークションの法律問題（Rechtsfragen der Internet-Auktion）』（2014年には第2版）を，また2011年には著書『電子的身分証明に関する責任の法律問題（Rechtsfragen der Haftung im Zusammenhang mit dem elektronischen Identitätsnachweis）』と共著書（Borges/Schwenk/Stuckenberg/Wegener）『インターネットにおける同一性の盗難と濫用（a.a.O.（Fn. 9））』を刊行していて，その見解がBGHにより（2011年判決も含めて）頻繁に引用・参照されることから分かるように，電子取引をはじめとするデジタル法分野に造詣が深い（詳しくは http://www.uni-saarland.de/lehrstuhl/borges/borges.html 参照。2015年12月には慶應義塾大学で講演もされているが，冒頭での「ドイツの現代法は新たなデジタル世界に適合しているのか，もしそうでないとしたら，新たな法的枠組みが作られるべきではないか」との問題提起にはじまる，教授ならではの内容については，ゲオルク・ボルゲス（水津太郎訳）「『ペッパー』と法──新たな情報技術に対応する法改正は必要か」法研89巻7号（2016年）57頁以下参照）。第5章第2節4で紹介する論文「インターネットにおける権利外観責任（Rechtsscheinhaftung im Internet）」（NJW 2011, S. 2403ff.）以降も，たとえばHaftung für Identitätsmissbrauch im Online-Banking, NJW 2012, S. 2385ff.；Die Haftung des Internetanschlussinhabers für Urheberrechtsverletzungen durch Dritte, NJW 2014, S. 2305ff.；Identitätsmissbrauch im Online-Banking und die neue Zahlungsdiensterichtlinie（PSD 2）, ZBB 2016, S. 249ff. が公表されていて枚挙に暇がない。
21) なりすまし事例（第4章でとり上げる「隠秘の白紙書面補充（verdeckte Blankettausfüllung）」事例も含めて）では，取引相手方の信頼が「代理権」という権利の外観（Rechtsschein）ではなく「表意者は誰か（「表意者の同一性」）」という事実の外観（Tatsachenschein）に向けられているという代理との構造的差違には注意を要する。かくして厳密に言えば，権利外観法理の範疇外とも考えられるが，「誰が表示をしたかと

いう事実は，その法律問題と直接関わっている（傍点筆者）」ことから，（必ずしも権利に限定されないという意味で法外観法理との観点において）広く上記範疇にあると考えてよかろう（vgl. Hajut, a.a.O.(Fn. 2), S. 109, 120）。

とにかく上記構造的差違が取引相手方の信頼保護の在り方・方法にとって重要な影響を及ぼすことは，本書を読み進めるに従って明らかになっていく。

22) 表見代理には，BGB 171条（あるいは170条も含めて）から173条までの規定（いわゆる表見代理規定（Scheinvollmacht））と，認容代理・外見代理という判例上創造・発展した法理（本書では以下あわせて，表見代理判例法理と称する）がある。後者の判例法理の要件については，第3章第2節1で紹介するBGH 2011年判決も【判決理由】[15]・[16] で触れる（簡潔に説明する最近の文献として，Lars Stegemann, Zwei Klassiker des Stellvertretungsrechts : Die Duldungs- und Anscheinsvollmacht, AD LEGENDUM 2014, S. 65ff.；Matthias Lüdeking, Die zugerechnete Willenserklärung : Existenz, Struktur und Kriterien (2017), S. 105ff.）が，詳しくは，たとえば拙著『戦後ドイツの表見代理法理』（成文堂，2003年）16頁以下，55頁以下参照。

以下に，本書を通じて頻出する表見代理規定・判例法理（後者については具体例と比較表も含めて）を掲げておくので，適宜参照いただきたい（BGB 第1編 総則 第3章 法律行為に関わる条文訳については，本書では随時，筆者が所属するドイツ法律行為論研究会（代表 右近健男教授）の仮条文訳を参照している）。

【表見代理規定】

BGB 171条　表明の場合の効力存続

(1) 第三者に対する個別通知又は公告によって他人に代理権を授与したことを表明したときは，その他人はその表明に基づき，前者の場合はその第三者に対して，後者の場合はすべての第三者に対して代理権を有する。

(2) 代理権は，表明と同一の方法でその表明が撤回される時まで存続する。

BGB 172条　代理権授与証書

(1) 代理権授与者が代理人にその授与証書を交付し，代理人がそれを第三者に呈示するときは，代理権授与者による代理権授与の個別通知の場合と同様とする。

(2) 代理権は，その授与証書が代理権授与者に返還される時又はその失効が宣言される時まで存続する。

BGB 173条　悪意又は過失による不知の場合の効力存続

第170条，第171条第2項及び前条第2項の規定は，第三者が法律行為をする際に代理権の消滅を知り又は知るべきであったときは，適用しない。

【表見代理判例法理】

認容代理

［要件］① 無権代理行為が一定の反復・継続性を有し（＝取引相手方の客観的信頼保護要件「代理権の外観」），② 本人はこの行為を認識した上で阻止できたのにこれをせず（＝本人の帰責要件「意識的認容」），③ 取引相手方が，信義則上取引慣習を考慮して上記事情から，代理人は本人から代理権を授与されていると考えてよかったこと（＝取引相手方の主観的信頼保護要件「善意・無過失」）である。

［具体例］Aはかねてから，BがAの代理人と称してCから日用品を購入していた事実を知っていたが，Bとは友人関係にあるとともに少額の取引であったことから，代金

を支払ってきた。しかしそれを奇貨として，Ｂがしだいにその取引をエスカレートさせたため，Ａは，今回の取引が無権代理であることをＣに主張し，代金の支払いを拒絶した。

外見代理

［要件］① 無権代理行為が一定の反復・継続性を有し（＝取引相手方の客観的信頼保護要件「代理権の外観」），② この無権代理行為を本人は認識してはいなかったが，取引上要求される注意義務を尽くせば予見し阻止することができ（＝本人の帰責要件「(直接的) 過失（＝予見・阻止可能性）」），③ 取引相手方が，信義則上取引慣習を考慮して上記事情から，代理人は本人から代理権を授与されていると考えてよかったこと（＝取引相手方の主観的信頼保護要件「善意・無過失」）である。

［具体例］弁護士Ａは，経理事務の担当者としてＢを雇用したが，個人事務所という事情から事実上，Ｂに事務所印や書類の管理なども任せていた。これを奇貨としてＢは，Ａの代理人と称してＣから事務用品などを頻繁に購入し，それを横流ししていた。この事実にＡはまったく気づかず，今回はじめて直接Ｃから代金の支払請求を受けて知った。Ａは，今回の取引についてＣに無権代理を主張して，代金の支払いを拒絶した。

＊認容代理と外見代理の要件上の異同：要件①・③は共通し，要件②のみが異なる。

＊＊認容代理の①取引相手方の客観的信頼保護要件（「代理権の外観」）として，反復・継続性（Häufigkeit und Dauer）は必須でない（拙著・前掲書50頁の注（2），最近では，BGH NJW 2007, 987 ; Müller-Brockhausen, a.a.O.(Fn. 7), Rz. 263 ; Spindler/Schuster/Spindler, a.a.O.(Fn. 1), §164 BGB Rz. 8 ; Hajut, a.a.O.(Fn. 2), S. 89 Fn. 163, S. 96ff. 参照）。Vgl. auch Katharina Kneisel, Rechtsscheinhaftung im BGB und HGB – mehr Schein als Sein, JA 2010, S. 338.

＊＊＊判例は，過失を帰責要件とする外見代理を民法上も承認することから，権利外観帰責原理として，もはや現在まったく支持されない与因主義（Veranlassungsprinzip）や学説上有力な危険主義（Risikoprinzip）ではなく，権利外観の有責な（つまり故意または過失による）作出（schuldhaftes Verursachen）を重視した「過責主義（Verschuldensprinzip）」を採用していると一般に考えられている。

〈比較表〉

類型 根拠・ 要件・効果	認 容 代 理 (Duldungsvollmacht)	外 見 代 理 (Anscheinsvollmacht)
法的根拠	権利外観法理，BGB 242条の信義則	
客観的 　　　　　信頼保護要件 主観的	無権代理行為の反復・継続性（代理権の外観）	
	取引相手方の善意・無過失	
帰責要件	本人の意識的認容	本人の過失（＝予見・阻止可能性）
法律効果	本人への無権代理行為の効果帰属（履行責任）	

23) 最終的には，とくに過失を帰責要件とする外見代理を民法上認めるかという表見代理プロパーの問題にも関わりうるが，この問題に本書では立ち入らない（詳しくは，拙著・前掲注22）の第一部，拙稿「ドイツにおける表見代理法律行為説（Rechtsgeschäftstheorie）の再興——メルクト（Merkt）の唱える『法律行為説への回帰』を中心に」立命310号（2007年）70頁以下参照）。

24) もっとも類推の基礎すらなくても，表見代理判例法理はもはや「信頼保護原理と同一視される」存在であると考えるならば，「その要件は上記原理の要件でもある」ということになり（vgl. Christian Kau, Vertrauensschutzmechanismen im Internet, insbesondere im E-Commerce (2006), S. 32），このような一般法理の観点から，表見代理判例法理の諸要件を借用しているという説明はあり得ようか。

25) もっとも，2014年8月に決定された要綱仮案では脱落してしまった（第2章第4節(3)参照）。

26) 最新文献としては，本書最後の「今後継続する研究に関して」の第1節3で簡単にとり上げる Hajut, a.a.O. (Fn. 2), S. 112ff., 144ff. がある。

27) BGHZ 40, 65.

28) Vgl. etwa Eichhorn/Heinze/Tamm/Schuhmann, Internetrecht im E-Commerce (2016), S. 20ff.; Tim W. Dornis, Anmerkung zum Urteil des BGH vom 15.2.2017, JZ 2017, S. 637; RiLG Jan Kaiser, Wichtige zivilrechtliche eBay-Fälle im Assessorexamen, JA 2017, S. 372f. ネット・オークションに参加した者であれば，入札しても直ぐに価格が上がっていくと，出品者本人や（この者に頼まれた）知人あるいは自動更新プログラム（ドイツでは「入札ロボット（Bietroboter）」と言われる）が実は不正にその値を吊り上げているのではないかと一度ぐらいは疑ってみたことがあるかもしれない。ただ，これが現実であったならば，お値打ちな落札を夢見て長時間オークションに付き合った入札者は，徒労感どころか怒りすら覚えるはずである。
　その他の問題を扱う最近の論文として，——第1章第2節3で一部簡単に扱ったが——匿名性を悪用した利用者の不法行為につきネット・プラットフォーム事業者等の仲介者責任（Intermediärshaftung）を構想する Franz Hofmann, Mittelbare Verantwortlichkeit im Internet, JuS 2017, S. 713ff. 参照。
　なお，わが国でもすでに——タイトルのとおり——網羅的に扱った文献として，磯村保「インターネット・オークション取引をめぐる契約法上の諸問題」民商133巻4・5号（2006年）684頁以下がある。

29) BGHZ 211, 331. 判例評釈・研究論文としては，Philipp Eckel, Shill Bidding - Preismanipulation bei Online-Auktion durch Eigengebote, MMR 2017, S. 373ff.; Dimitrios Linardatos, Anmerkung, LMK 2017, 385307; Peter Mankowski, Anmerkung, JZ 2017, S. 253ff.; RAin Antje G. I. Tölle, Die manipulierte Online-Auktion, MMR-Aktuell 2017, 384984; Thomas Pfeiffer, Von Preistreibern und Abbruchjägern - Rechtsgeschäftslehre bei Online-Auktionen, NJW 2017, S. 1437ff.; Tobias Wagner/Ralph Zenger, Anmerkung, MMR 2017, S. 181ff. など多数ある。

30) ごく簡単な事実概要は，次のとおりである。
　この事件で，おとり入札は成功したに見えたが，結果的にYが17000ユーロで落札者となってしまった。1.5ユーロ入札からYと一騎打ちを繰り広げたXは，Yの不正な自

己入札さえなければ1.5ユーロでオークションに勝っていたであろうことを理由に，Yに対して，1.5ユーロで本件中古車の所有権を譲渡するよう求めた。しかしすでにYは，本件中古車を新たに1ユーロでオークションに出品し同様の手口で不当に価格を吊り上げたあげく，今度は功を奏しBが16500ユーロで落札していた。

そこでXは，本件売買契約の不履行を理由にその解除をした上で，BGB 280条（義務違反による損害賠償）1項・3項等により，給付に代わる，最低16500ユーロと見積もった市場価値に相当する損害を賠償するよう訴訟を提起した。

第1審はXの請求を認容したが，第2審は一転これを覆し上記請求を棄却した。

ただ実際は，より複雑な事件で，Xは，すでに100回以上もeBayオークションの出品者に対して損害賠償の訴えを起こし，「オークションの（正当な理由なき）出品取下げをつけ狙うハンター（Abbruchjäger）」として闊歩していた。つまり入札者側も，出品者側の不手際につけ込んで損害賠償訴訟を繰り返す，出品者に勝るとも劣らぬ強者だったのである（出品取下げハンターがおとり入札者を訴えるというどっちもどっちな構図）。上記ハンターの濫用的行為の法的評価については，奇しくも本判決と同日に，BGH判決（BeckRS 2016, 16409 = LMK 2016, 384196. 判例評釈として，Felix M. Wilke, Anmerkung, LMK 2016, 384196など）が出されている。

31) 早速この判決を解説書の改訂にあたり加えたものとして，Härting, a.a.O.(Fn. 1), Rz. 732. Johannes Wertenbruch, BGB Allgemeiner Teil, 4. Aufl.(2017), §10 Rz. 38でも，上記判決が「出品者の自己入札の効力喪失―「おとり入札」」という追加された項目で説明されている。Vgl. auch Thomas Hoeren, Internetrecht, 3. Aufl.(2018), Rz. 787 ; Schwartmann/Keber/Mühlenbeck, Social Media, 2. Aufl. (2018), S. 106.

32) 著しい対価的不均衡を生じさせる場合の良俗違反性に関するドイツ判例について詳しくは，渡邉拓『性質保証責任の研究』（成文堂，2015年）281頁以下（初出2013年）参照。

33) Mankowski, a.a.O.(Fn. 29), S. 253.

34) 経済学の視点からオークションを考察した直近の興味深い文献として，土橋俊寛『ヤフオク！の経済学――オンラインオークションとは』（日本評論社，2018年）がある。

＊本書の脱稿後，3に関わって簡単にとり上げたBGH 2016年「自己入札」事件判決を詳細に紹介・検討した渡邉拓「インターネットオークションにおける公序――近時のドイツの裁判例を素材として」横法26巻3号(2018年)93頁以下，とくに105頁以下が公表された。Vgl. auch Florian Albrecht, Informations- und Kommunikationsrecht : Lehrbuch für das gesamte IT-Recht (2018), Rz. 527.

第 1 章

電子取引時代の到来によるなりすましと表見代理の類推適用法理の形成・展開
――BGH 2011年5月11日判決前夜までのドイツの法状況について――

第 1 節　はじめに

1．ドイツにおける電子取引時代のなりすまし
(1)　電子取引の興隆と新たなリスク

　a　20世紀末期のビデオ・テックス（本章では以下VTXと称する）[1]や現在のインターネットに代表される意思・情報の双方向遠距離電気通信（テレコミュニケーション）が，日常生活に与えてきたインパクトは計り知れない。契約の締結（成立）・履行（決済）が隔地者間でなされる場面でも現在，eBay，amazon，yahoo など（いわゆる仲介をメインとした）ネット・プラットフォームでのショッピングやオークション取引，ネット・バンキングでの送金・決済など電子情報通信技術を使用した取引（本書では以下，電子取引と略称する）[2]が日常幅広く行われていて，なかでも「インターネットを通した商品やサービスの注文はいっそう人気を博している」[3]。この取引の利点は，「閉店法に縛られないこと，買い物に出かけるストレスがないこと，時間の節約，簡単な注文，価格の比較可能性，詳細な情報提供や製造業者とのコンタクト」など明白である[4]。とくに人気なのが，オークション取引での「スリリングな特価品ハンティングであり」[5]，現在「オークション・プラットフォームはインターネット上最も頻繁に訪問されるウェブサイトに数えられる」までに成長し，なかでも「eBayは……世界的規模でも圧倒的なマーケット・リーダーである」[6]。「いつしかオークション人気は，国家も公に利用しようとするぐらい広がりを見せている」[7]。

　b　しかし他方で，新しい電子取引という形態は「チャンスだけでなく契約の締結と処理上の著しい危険ももたらす」[8]。すでに従来の電話やテレファックスによる隔地者間の意思表示でも，表示内容の真正確認や表意者の本人（同一

性）確認には問題があったが，電話では口頭による前者の確認や，テレファックスでも署名による後者の確認が可能であった。これに対して電子的意思表示（elektronische Willenserklärung）では通常，契約締結前に有用な上記確認は期待できず，また締結後，表意者本人を突きとめようにも，電子メール・アドレス（本章では以下アドレスと略称する）やプロバイダ等の施設管理運営者（Anlagenbetreiber）の持つデータを調査するなど不十分にしかできない[9]。

　かくして対面者間取引（Verkehr unter Anwesenden）に比べて，隔地者間取引ではすでに従来の電話やテレファックスでも「他人になりすまして他人と誤認させること（本書では以下，単になりすましと略称する）」は一定程度危惧された[10]が，匿名性の支配する現代的な電子取引では，名前・署名・容姿などによる従来型の本人確認ができないこと，これらに代わる通常一般的なID（ユーザー名）・パスワードは声すらない電子的同一性データでありセキュリティの技術的不完全性・脆弱性などとも相俟って（システム）構造上，一段となりすましリスクが高まる[11]。また（なりすましに使われた）ユーザー・アカウント（本書では以下アカウントと略称する）の所有者（Accountinhaber）側も，電子取引の手軽さからか，（本人確認となりすまし予防の点で本来重要な）ID・パスワードを簡単に第三者に教えたり，その保管や管理（＝セキュリティ・ソフトの導入・更新などセキュリティ対策）がずさんであったりするなど警戒心が薄い。これを奇貨として，インターネット上好評価を受けた他人になりすましたいという輩が現れても不思議ではない[12]。さらにフィッシング（Phishing），ファーミング（Pharming），マルウェア（Malware）などスパイ攻撃を仕掛けて他人のID・パスワードを不正入手した者が，他人になりすまして商品を引き渡す意思がないのにネット・オークションに出品を行い，落札者から代金を騙し取る悪質なケース[13]も生じている。かくして，顕名どころか代理意思の存在すら疑われる状態で，なりすましが行われる[14]。

　c　もとよりBGB起草者とて，電話という当時最新の通信技術を使用した隔地者間の非対面取引について法的問題性を認識していなかったわけではない。しかしながら，「『適合する枠組みを発見することは困難であり』，学説と裁判実務の解決に委ね，一般的規律は見送った」[15]。BGB 147条1項2文が，電話取引は法律上，対面者間取引と同様に扱うと規定するにとどめたのである[16]。

(2) 電子取引における「本人確認」問題と認証手段のセキュリティ

　かくして電子取引では，なりすまし被害を予防するため，契約締結前の本人確認をどのようにして行うかが喫緊の課題となる。

　a　現在の電子取引では，「実際まれにしか利用されなかった」ファクシミリ・スタンプ（Faksimilestempel）とは対照的に，「パスワードなどアクセス識別番号の利用が，実務上きわめて重要である」。セキュリティに対する要請の強いネット・バンキングでは，TAN（取引番号）[18]方式が，ドイツのみならず当該システムの普及した国々のほとんどで導入され，名前よりも高い証明価値を有するが，「新しくより巧妙な犯罪者の手口」により「かつて秘密であった番号が……わずか数ヶ月でもはや十分に秘密でな」くなりうる[19]。現にTAN方式とて早くも，スパイ攻撃により安全性を脅かされている。この攻撃が繰り返されるようだと，TANの本人認証機能にも当然疑問符が付くことになろう[20]。現に単純な古典的PIN（暗証番号）・TAN方式について，AG（区裁判所）Wiesloch 2008年6月20日判決は，安全性・信頼性を疑問視する[21]。この判決を受けて，銀行はより現代的かつ安全な認証システムへの切り替えを迫られているが[22]，なおもスパイ攻撃はとどまる気配がない[23]。

　そこで，これら伝統的な認証手段よりも格段に冒用リスクを縮減させる「電子身分証明（elektronischer Identitätsnachweis. 2009年のPAuswG（ドイツ新身分証明法）2条）」が注目を浴びている[24]。これは，「インターネットで全般的に使用されうる認証手段であり……従来存在した欠陥をふさぐ」ことから，「電子ビジネスでも電子行政でも重要である」[25]。すでにレデカー（Helmut Redeker）は，セキュリティについて（2001年のSigG（ドイツ署名法）2条（概念規定）・BGB 126 a条（電子的方式）で規定された一定の安全性を有する，自筆署名と同様のものと認められた）「適格電子署名（qualifizierte elektronische Signatur）を使ってしか実現され得ないであろう」とまで言う[26]。ただ最新技術の導入によりセキュリティは向上しうるが，所詮は，「権利外観責任（Rechtsscheinhaftung）というテーマに限られておらず……さらにそのドグマティークにおいても新しい観点を示さない，セキュリティ・システムの一般的な問題」でしかないと言われる[27]。だがこれはいささか言い過ぎであり，ネット取引特有の認証手段の「安全性」が，「アカウント所有者の同一性外観責任」，とくに外観および帰責要件との関係で非常に重要な意味を持ちうることは，以下本書で見ていくとおりである[27a]。

b　かくして電子取引では，本人であることを確認・証明する「番号（符号）」は，あわせて第三者の不正利用から自衛する機能を併せ持つことを期待されるわけだが，本書が主対象とするネット（ショッピングやオークション）取引では，費用・技術・操作性の面で安価・単純・容易な ID・パスワード方式が通常一般に好んで用いられるため，セキュリティ面では不安を残す（「認証の安全性と利便性」のトレードオフ関係）。第 2 節 1 (2) a の OLG（上級地方裁判所）Köln 2002 年 9 月 6 日判決[28]も指摘するように，今日広く普及したセキュリティ技術であり簡便な認証手段でもある ID・パスワードは不正入手・利用の巧妙化に翻弄され，対抗策の強化が十分追いついていない。ネット取引では，「関係者の匿名性と，虚偽の届出をほとんどチェックできないことから，詐欺的行為の予防が必要不可欠となる[29]」が，せいぜい（過去にこの者と取引をした者から提供される）評価システム（Wertungssystem）を通じて，出品物の品質や出品者の信用力・信頼性に関する情報を閲覧しうるにとどまる[30]。

　これを奇貨として自らの正体を明かさぬまま，表意者が他人のアドレス，アカウントやネット口座に割り当てられた ID・パスワードや PIN・TAN などアクセス・データを無権限・無断で使用（＝冒用）して意思表示を行う「（アクセス・データの総称としての）『番号』の冒用によるなりすまし（本書では以下，番号冒用なりすましと略称する）」の危険性が浮上する。案の定ここ十数年，とくに eBay を舞台としたネット・オークション取引をめぐる紛争が，第 2 節 1 (2) で詳述するとおり裁判を賑わせてきた[31]。この番号冒用なりすましは，推断的な (konkludent) 名義冒用なりすまし，いわゆる現代的なりすまし事例にほかならない[32]。すでに裁判例でも，OLG München 2004 年 2 月 5 日判決[33]，LG Berlin 2004 年 10 月 1 日判決[33a]や AG Saarbrücken 2008 年 2 月 15 日判決[34]は，ネット・オークションで他人のアカウントを使用する者は代理人としてではなく他人本人になりすまして行為すると明示した上で，BGB 164 条以下の代理法の類推適用を認める（2 参照）。また民法総則の基本書でも，現代版なりすましとして eBay オークション上の番号冒用に関する，3 の BGH（連邦通常裁判所）2011 年 5 月 11 日判決（VIP-Lounge 事件判決。詳しくは，第 3 章第 2 節で紹介する）[35][36]が掲げられている。

2．「他人の名・番号の下での行為」概説

(1) 電子取引への対応に伴う「他人の名」から「他人の番号の下での行為」への改称

　従来ドイツでは，なりすましに対応する「他人の名の下での行為（Handeln unter fremdem Namen）」という類型事例群について，1928年から1939年までの間に17本もの博士論文が公表され，取引自体の成否・有効性，顕名主義との抵触・契約当事者の確定や取引の効果帰属・帰責問題といった基礎理論レベルで「かつては非常に論争があった」。ただ実際のところ，上記事例群は「比較的わずかな妥当領域しかなかった」ため，1996年頃には「一般に承認された解決が必ずしもまだ見つけ出されていないにもかかわらず，かなり下火になった」。

　しかし，「電子取引の普及と絶えざる増加により大きく様変わりしてい」る。インターネットという匿名世界では，アカウントを通して表示がなされるが，プラットフォーム上でアカウント所有者本人であるという同一性（身分）証明の方法はID・パスワードの番号入力に委ねられている。だが実際は，セキュリティの不完全性・脆弱性から，実際の（入力）行為者がアカウント所有者でない危険性，つまり当該所有者から見れば「同一性の盗難と濫用」，翻って行為者から見れば「なりすまし」リスクが増大する。この現状を鋭く察知して，ハナウ（Max Ulrich Hanau）は，「他人の名」改め「他人の番号の下での行為（Handeln unter fremder Nummer）」と現代風に命名して博士論文の表題に冠する（第3節2参照）。最近ボルゲス（Georg Borges）は，新旧両なりすまし事例に対応できるよう「他人の同一性の下での行為（Handeln unter fremder Identität）」と称する。また専門教育上も，当該行為は，「ただ代理との関連でわずかにしか顧慮されない」とはいえ，「民法総則の根本的問題が取り扱われているため，興味深い」対象である。

(2) 「関係人のためにする行為」という非顕名法理とその妥当範囲

　a　さりとてすでに20世紀初頭，大量消費時代の到来により量販店等での日常大量取引（Massengeschäft）の場面では，顕名主義を破る重大な例外として，「（隠れた）関係人のためにする行為（(verdecktes) Geschäft für den, den es angeht）」という非顕名法理が登場した。これによれば，（たとえば代理関係を明らかにせず本人のためにパンを購入するなど）日常生活の大量取引に見られるように顕名がなくても，代理権はもとより代理意思が存在し，かつ，取引相手方が誰を当事者として契約を締結するかどうでもよいと考えている限りで，この相

手方の保護を考慮する必要はないため，当該効果を（背後に隠れている）本人に帰属させても支障はないとされる[46]。要するに，関係人のためにする行為は本来，間接代理であるが上記要件を充たすときは，あたかも直接代理と同様の法律関係を生じさせるのである（いわゆる「契約当事者のすり替え」）。この顕名主義に抵触するかのような帰結は，（明示・黙示の顕名がないときは代理人を当事者とした契約が成立するとした）BGB 164条2項の目的論的縮小により正当化されている[47]。

ただ実際，関係人のためにする行為が意味を持つのは，日常生活において契約締結と同時に給付義務が履行される現金取引（Bargeschäft）に限られている[48]。現金取引であっても，代金の一部しか契約成立時に支払われず残代金は目的物の引渡しと同時の現金払いとされていたときは，売主は「買主が誰であるか」を重視しているため，上記行為は問題とならない[49]。

b　かくして日常生活の大量現金取引において，売主は「買主が誰か」に関心を寄せなくなったわけだが，これは，果たして現在のネット取引にも基本的に当てはまるのだろうか。

そもそも現金取引でない場合，売主が代金を確実に回収しようと思えば，支払債務を負う「買主（＝契約当事者）」の存在は無視できないはずである[50]。加えてインターネットでは，その匿名性ゆえに評価システムやクレジット・カード情報を手がかりにアカウント所有者を買主として取引をした場合はもとより，アカウント冒用の真偽が問題となる場合や冒用があったとしてその者が不明である場合にはなおさらであろう。また前述1(2)bのAG Saarbrücken 2008年判決は[51]，ネット売買について，日常生活の（その場で直ちに履行まで完了する）現実売買に当たらないとともに，買主にとっても売主の確定は重要でないとは言えないとする。かくしてネット取引では，関係人のためにする行為は原則問題にならないと考えてよかろう[52]。

(3)　「他人の名をいきなり示した行為」と契約当事者の確定

a　さてドイツでなりすましは，「代理権を授与された者が本人の代理人としてではなくいきなり本人の名で署名する（mit dem Namen des Vertretenen unterzeichnen）事例」に代表される[53]「他人の名をいきなり示した行為」[54]（わが国でいう署名代理）のうち，ある者が法律行為をする際に——他人の名において（in），つまり他人の代理人として行為する代理とは異なり——他人の名の下で

(unter)，つまり他人本人として行為することで，自らは名義人と別人ではなく名義人本人であると取引相手方を誤認させる場合である。かくして他人の名における行為（Handeln in fremdem Namen），つまり（顕名）代理とは対比・区別された上で，「他人の名の下での行為」という独自の事例群として類型化され，その法的処理が一般に議論されてきた。翻って取引相手方から見れば，「行為者と行為者により自己の名を用いられた名義人との人格の同一性の誤認が生ずる特殊な現象」，つまり「契約相手の取り違え（取引主体の誤認）」ということになる。この行為の特徴は，行為者が名義人を装って身分を隠していることから，そもそも（代理の前提としての）「行為者と名義人とが別人格であること（いわゆる「人格の分離」：筆者挿入）が，取引相手方には認識できない」点にある。

b 他人の名をいきなり示した行為の法的処理については，1920年代まで判例・学説上支配的であった無効説（Nichtigkeitstheorie）に始まりこれを克服しようと，実際の行為者に焦点を当ててこの者との取引が成立したとする行為者取引説（Eigengeschäftstheorie），そして戦後支配的となった既存の代理法の適用ないし類推適用を主張する代理人説（Vertretertheorie. 本章では以下，行為者が代理人またはこれに準じる仲介者として名義人を契約当事者とする取引を成立させたという意味で名義人取引説と称する）へと展開してきた。かくして「代理規定の適用可能性が議論されるのは，特定の第三者の名により，行為の法律効果が……第三者たる本人に生ずることが明らかになるからである」と言われる。

そして現在は，行為者取引説，名義人取引説いずれかで統一的に解決するのではなく，個別事案の実態に鑑みて意思表示の解釈により事案ごとに，「行為者の自己取引（Eigengeschäft des Handelnden）」か「（真実の）名義人のための他人取引（Fremdgeschäft für den (wahren) Namensträger）」かを選択する，つまり契約の効果が帰属する当事者（以下，広義の意味で「契約当事者」と略称する）を確定することこそが重要とされる。その際，顕名が明示されていないばかりか，諸般の事情から代理意思（いわゆる黙示の顕名）さえ看取されないときは，BGB 164条（1項・）2項によれば，法律行為は行為者自身の取引として効力を有することになる。代理行為の成立要件である（代理人により表示されたあるいは相手方により認識可能な）代理意思が存在しないからである。だがこの「型にはまった（schematisch）」考え方では，名義人との契約締結を信じた取引相

手方の利益は無視されることになってしまう。そこで，相手方保護という顕名主義の本来的趣旨・機能に立ち返れば，行為者の代理意思や代理権の有無にかかわらず，相手方が行為者の表示・容態を理性（合理）的に判断してどのように理解してよかったか，つまり相手方の要保護性に配慮した客観的（規範的）解釈（つまり「取引慣習を考慮して信義及び誠実が求める」ところを契約解釈の基準としたBGB 157条）により，各個別事例の諸般の事情を斟酌して契約当事者を確定する必要がある。

c aa BGHも，1988年1月18日判決で，「RG（帝国最高裁判所）の諸判決を変更して……代理規定の適用可能性」を「公認し以後BGHの確定した判例理論となっ」たBGH 1966年3月3日判決を踏襲し，行為者の容態に関する取引相手方の理解に重きを置いた上で，次のように判示する。行為者の自己取引と考えられるのは，他人の名をいきなり示して行為がなされたが「これにより他方契約当事者は行為者の同一性につき誤った表象を抱かなかった，つまり行為者とのみ契約を締結する意思を有する場合である」。これに対して，「行為者の行為が特定の他人を指し示し，かつ，他方当事者が，契約は当該他人と成立すると考えてよかった場合には，名義人との取引が認められる」。この「契約当事者確定」準則は，現在まで判例上踏襲されている。なお，他人の名をいきなり示した行為を研究したヴェーバー（Ralph Weber）は，対面者間では実際の行為者を，（電子取引にも通じる）非対面者間では名義人を契約当事者と確定すべきであるという原則的な判断指針を示している。

かくして，「名前は法取引上，重要な同一性メルクマールであるが」常に「最も重要であるというわけではない」ことが分かる。結局は取引相手方から見て，行為者の「使った名前が当該法律行為にとって何らかの意味を有するのか」，すなわち名前の挙示を通して，取引相手方が名義人を契約当事者と観念していたかどうかが決め手となる。

bb 以上の相手方地平（視界）からの客観的解釈の結果，形式上は他人の名をいきなり示して申込みがなされていても，相手方は，その名前から契約当事者を具体的に連想せず実際の行為者が自ら行った取引であると考えている限り，「行為者の同一性につき誤認していない」ので，行為者を申込者と考えてよい（「誤表は害さず（falsa demonstratio non nocet）」の原則）。かくしてこの事例は，単なる「名前の誤認惹起（Namenstäuschung）」でしかないと言われる。電

子取引での具体例は、ネット注文が著名人や架空ないし故人名義の下でなされた場合であり、明らかに行為者の自己取引とされよう[74]。また孫のアカウントの下で「85歳になる祖母が、自ら売主であることをはっきり示して自家用車を出品した場合」も、「契約はこの老婦人と成立する」[75]。

さらに申込者は別人を名乗ったが、相手方は、名前に関心を示さず実際に対面する者と契約締結する意思を有し、その場で履行まで完了する「現金取引」の場合にも、申込者の同一性に関する誤認はないため、行為者との間で契約が成立する[76]。頻出例はホテルを舞台に、重役Aがお忍びで「B夫婦」と偽って愛人Cと宿泊する場合であり、誰の名前も知らないホテルとの関係で、契約相手の確定が問題となる。ホテル側からすれば、宿泊者の本名はどうでもよいため、今対面するAが契約相手となる[77]。たとえB夫婦が実在する人物であっても結論は変わらないであろう。

以上の場合、まさにイーネン（Hans-Jürgen Ihnen）がモノグラフィー『他人の名の下での行為』の冒頭で引用したように、「名前とはむなしきもの（Namen sind Schall und Rauch）」（ゲーテ（Johann Wolfgang von Goethe）の『ファウスト（Faust）』第1部（Marthens Garten））である[78]。BGH は、2013年3月1日判決で[79]、「偽名を名乗った自己取引（Eigengeschäft unter falscher Namensangabe）」と称する。

(4) 「他人の名・番号の下での行為」における代理法の類推適用

a　これに対して、名義人本人が契約当事者である、つまり名義人のための（行為者の）他人取引と確定された場合が、本書で主に考察する「他人の名の下での行為」の問題である。古くはRGで問題とされたように、行為者が（とくに名声、信頼や支払能力を有する）名義人本人であると相手方を誤認させた状態で名義人の名を証書に署名した場合であった[80]。この「同一性の誤認惹起（Identitätstäuschung）」と呼ばれる事例は従来、対面者間よりも書面や電話を使った隔地者間取引で問題となり[81]、最近は、インターネット上で他人のID・パスワードを冒用してそのアカウントを乗っ取ってなりすます場合である。とくに、顔が見えないばかりか声すら聞こえないネット取引では、そもそもアカウント所有者以外の者の存在は前提とされずに、（名義人が契約当事者であるとの印象を取引相手方に与える「名前の挙示」に相当する）ID・パスワード（いわゆる「メンバー名（Mitgliedsname）」）を入力したアカウントの利用により当該所有者の同一性は意思表示の内容になる（つまりこの者が契約当事者になる）のが原則だ

からである。さらにオークション取引に限って言えば架空名義であっても(3)cbbとは異なり、相手方は実際の行為者ではなく、アカウントを手がかりに(架空名義を登録した)当該所有者と取引をしたと考えていることから、後者との契約締結が認定されよう。オークションでは、個人的な接触がなされないことはもとより、出品者は通常一般に落札まで誰が実際に買主となるか知り得ないことも、アカウント所有者の行為と解される所以であろう。入札に使われたアカウントの所有者についてその評判が評価システムにより示されていた場合は、なおさらである。

　b　かくして「他人の名(電子取引上はアカウント等を使用する際に入力するID・パスワード等の番号)の下での行為」では、契約当事者とされた名義人(番号所有者)本人に当該行為の効果が帰属しうるのかが問題となるが、結論のみ先取りすれば次のようになる。

　たしかに行為者に代理意思がないと疑われるばかりか、行為者と名義人が別人であることさえ、取引相手方は認識していないため、BGB 164条以下の代理規定は直接適用できない。しかしながら、法の欠缺状態にある「他人の名の下での行為」について解決方法を考えるとき、取引相手方が真実の名義人を効果帰属先たる当事者として契約を締結しようとする点で、その利益状況は代理と比肩しうることから、第2・3節で見るとおり判例・学説上――さらに本節3のBGH 2011年判決(詳しくは第3章第2節参照)も踏襲するように――代理法の類推適用により解決される。「かくして代理権の問題が実際上、事案の重要・基本問題とな」る。行為者が名義人から代理権を授与されていたか、追認を得るときは、有権代理に準じて当該効果は名義人に帰属し、さもなくば無権代理に準じて名義人への効果帰属は原則認められないが、例外的に表見代理(Rechtsscheinsvollmacht)の類推適用の余地が残されている。ただこの可能性について、「今までわずかな研究が行われていただけで」その蓄積はないが、この事実は「驚くに値しない」。本人認証番号に支えられた電子取引時代が到来するまでは、(1)から分かるように実際上、他人の名の下での行為自体あまり行われておらず、その先の(今日頻繁に裁判上争われる)表見代理の類推適用による権利外観責任との関連にまで踏み込んだ「なりすまし」研究は進展していなかったと考えられるからである。しかし他人の番号の下での行為が問題となる場合、行為者が代理権を有するケースは通常ごくまれでしかないため、番号所

有者を契約当事者と誤信した相手方が表見代理の類推適用を主張する潜在的ニーズ自体は高いはずである。このことは，第2節のドイツの裁判例からも一目瞭然である。

3．BGH 2011年5月11日判決の意義

隔地者間において他人の名の下での行為を容易にする現代の遠距離通信，とくに最新のインターネットではその普及に伴い，他人のID・パスワードなどアクセス・データを入手しこの番号を冒用して他人のアカウントを乗っ取り意思表示をするケースが後を絶たず，この場合に当該所有者がいかなる法的責任を負うかについて，判例・学説の関心は急速に高まっている。とにかくBGB起草者が予測できなかったという意味で，インターネットにおける他人の番号の下での行為は「一般的な法律行為論に重大な挑戦状を突きつける」[92]。

最近BGHは，2009年3月11日判決（Halzband事件判決）[93]，2010年5月12日判決（Sommer unseres Lebens事件判決）[94]で立て続けに，なりすましに冒用されたアカウントや無線LAN接続の所有者は当該行為者が犯した著作・商標権侵害と競争法違反行為につき契約外の（不法行為領域で展開された）損害賠償責任を負うのかという問題を扱い，前者判決は，第2節3(1)で詳述するとおり，結論としてこれを認める判決を下した。

いよいよ残された法律行為上の履行責任（Erfüllungshaftung）としての権利外観責任，敷衍すれば下級審裁判例がこれまで何度となく扱ってきたネット取引でのなりすまし事件における表見代理の類推適用問題について，BGHは，満を持して2011年5月11日判決（VIP-Lounge事件判決）[95]で初めてその包括的立場を明らかにした[96]。この判決は，すでに裁判例や学説上——第2・3節で詳しく見るとおり——支配的な見解に倣い，オークション取引で他人のアカウントが冒用された場合にも「他人の名の下での行為」が存在するとしてアカウント所有者を（効果帰属先としての）契約当事者であると確定し，その解決を代理法の類推適用に委ねる。その上で，上記2009年判決と比較対照させて，第三者の不正アクセスからパスワードを厳重に保管すること（unter Verschluss zu halten）を怠ったという意味での「（いわば間接的な）過失」が不法行為領域の帰責根拠になり得ても，この帰責原則を法律行為上の帰責領域に転用することはできず，表見代理の類推適用によりアカウント所有者に権利外観責任を負わせるに

は足りないとして，両帰責の本質が異なることを明示した[97]。

このBGH 2011年判決については，理論・実務のみならず専門教育・資格試験上の重要性も示すかのごとく[98]，多数の判例評釈・研究，研究論稿，学習教材・演習書で矢継ぎ早にとり上げられるとともに最新の基本書・注釈書やこれ以降[99]の裁判例，たとえばOLG Bremen 2012年6月21日決定でも早速参照される[100]など注目度の高さと影響力の大きさをうかがわせる。当該論点は，「電子取引上軽視され得ない[101]」，「あらゆる種類の顧客アカウント，電子メール・アカウント，社会的ネットワーク，その他のコミュニケーション・サービスのアカウントに関わる[102]」ものであり，「その実際的意義は，拡大するネット取引の時代にあっては明白である[103]」。

4．本章の目的と考察対象・順序

ドイツ，わが国ともに，はじめに部分の1で述べたとおり，いわゆるなりすまし取引の法的処理については法律上規定が整備されていないため，解決に至る法律構成は，判例法理に委ねられてきたが，両国とも一応，代理法の類推適用論で落ち着いている[104]。

(1) ドイツの法状況

ドイツでなりすましは，「他人の名をいきなり示した行為」をより細分化した上で代理とは理論上一線を画した「他人の名の下での行為」という類型事例群のもと議論されてきたが，次第に沈静化していった（2(1)参照）。なお，この時代までの萌芽的法状況を分析・検討する民法研究としては，伊藤（進）教授の他に，清水（千尋）教授の貴重かつ本格的研究がある[105]。

だが最近，匿名性の支配する電子取引の登場・普及でなりすましが横行するのに伴い，とくにネット取引に舞台を移して，「他人の名」から「他人の番号の下での行為」と改めた上で第2・3節で詳述するとおり，表見代理の類推適用との関連で盛んに議論が交わされ，とくに要件論で激しく対立する。

(2) わが国の法状況

翻って，第2章で考察するがわが国では，（顕名の一種たる）署名代理の一事例としてなりすましを議論してきたが，手形法上の研究を度外視すれば，ドイツ法の議論を参照しつつ顕名主義と関連づけて代理の枠組みで論じる伊藤，清水両教授の基礎（理論）的研究が存在する程度で，民法学界を動意づかせるこ

とはなかった。筆者が関心を寄せる，名義人との取引成立を信頼した取引相手方の保護についても，断片的な関心が一定程度寄せられるにとどまっていた。

　だが最近ドイツ同様，電子取引上のなりすましが社会問題化するにつれて，遅ればせながら民法学上の議論も始まりつつある。たとえば河上（正二）教授は，インターネットの普及による取引世界の大変容を察知して，基本書『民法総則講義』の「第8章 代理 第3節 表見代理」の中に「6 電子取引と表見代理」という項目を立て，冒頭でとくに「非対面性にともなう当事者の情報量の少なさ」から「取引相手方の確認を著しく困難なものに」する結果，「他者への『なりすまし』……などの詐欺的行為もしばしば発生している」ことを指摘する。[106]また，なりすまし問題の解決は契約当事者の確定から始まるが，法律行為・契約解釈に造詣の深い磯村（保）教授が指摘するように，この確定問題は「契約の成立・内容と並んで契約解釈の重要な課題であると考えられるにかかわらず，その一般原則がどのようなものであるかについて，今日の民法総則や契約法の体系書においてもあまり議論がなされておらず，また，中間試案においてもこの点に関する具体的な方針は示されて」おらず，「代理における顕名の原則をめぐる解釈」に依拠している。[107]

　さらに名義人との取引成立を信頼した取引相手方の保護に関しても，署名代理への表見代理の類推適用を認めた従来の判例法理を電子取引上のなりすましに置き換えて分析したり，当該類推適用にあたり（顕名主義を破る例外たる）署名代理の特殊性を反映させた要件の修正・見直しを図ろうとしたりする動きが垣間見られる。[108]

　この点，まさに山本（豊）教授が指摘するように，「IT化や電子契約の進展といった新たな現象を目の当たりにすると，そこに法的にも従来にない新たな問題の存在を認めようという心理が働きがちである。しかし契約法や法律行為法の領域に関するかぎり……電子契約が提起している問題は，全く新奇なものというよりは，従来から潜在的には存在していたけれども，十分意識されず，検討されてこなかったという性格のものが多い」。電子契約の諸問題の追究は，現代的な問題への取り組みにとどまらず「契約法や法律行為法の埋もれていた基本問題を発掘し，契約や法律行為に関する民法法理を深化させる」意義を持つと考えられる。[109]

(3) 本章の目的と考察対象・順序

かくして上記諸問題の一つと言うべき「電子取引上のなりすまし」の解明に向けて,「他人の名」改め「他人の番号の下での行為」という新カテゴリーのもと問題解決をリードし道標となるドイツの法状況を対象に——先駆的な清水研究ですでに今後の検討課題とされていた——表見代理類推適用論について, 前述 3 のとおりリーディング・ケースたる BGH 2011年判決を基軸に, 詳細な基礎的考察を行いたい。その嚆矢たる本章では, BGH 2011年判決前夜までの法状況に焦点を当て, 電子取引におけるなりすまされた番号所有者の権利外観責任を中心とした民事責任に関する裁判例の動向を概観した (第 2 節) 後, 権利外観責任をめぐる学説を中心にその動向をたどり (第 3 節), 2011年判決目前にいかなる到達点にたどり着くとともにいかなる課題に直面していたのかを明らかにする (第 4 節 1) ことで, 当該判決とこれを契機に展開される学説を読み解く第 3 章以下への布石かつ架橋としたい。

なお, 上記判決前夜までの権利外観責任論から, わが国における電子取引上のなりすまし議論を俯瞰する第 2 章に先立って若干の示唆・展望も得ておきたい (本章第 4 節 2)。

第 2 節　BGH 2011年 5 月11日判決前夜までの裁判例状況

ドイツでは1990年代以降, 遠距離通信技術のさらなる発達とそれに伴うビジネス展開を受けて, VTX 取引, ネット取引やコレクト・コール (R-Gespräch) 上でそれぞれなりすまされた VTX 加入者, アカウント所有者や電話回線契約者 (以下, 電話加入者と称する) の民事責任を争点とした裁判例が続々と登場し, これと相前後して学説上も充実した議論が展開し始めた。ここではまず, BGH 2011年判決前夜までの裁判例状況を見ていくことにするが, 順序としては, 権利外観責任 (形式的な条文適用上は表見代理の類推適用) に関する裁判例を中心に紹介した (1・2) 後で, この責任と対比させて不法行為領域で展開された損害賠償責任を論じる判例にも必要最低限で応接し (3), 最後に訴訟実務上重要な表見証明 (Anscheinsbeweis) に関する裁判例に簡単に触れておく (4)。

1. 法律行為上の履行責任としての権利外観責任（表見代理の類推適用法理）

(1) VTX 取引に関する1990年代の下級審裁判例

1990年代，下級審裁判例は，1980年代に登場した（VTX 装置を使い PIN で本人確認を行う）VTX システムを通して表示がなされた場合（いわゆる VTX 取引[113]）において，加入者が第三者に自己の電話回線の冒用を可能にしたときは，次のとおり，第三者の容態を阻止する可能性を有し帰責されなければならないとして，外見代理の類推適用により当該加入者の権利外観責任を何度か認めてきた。

a LG Ravensburg 1991年6月13日判決[114]は，「無権代理行為の反復・継続性」という外見代理の伝統的要件について，VTX 取引ではその特性から必須要件ではないとしたラッハマン（Jens-Peter Lachmann）の見解（第3節1(2)a）を採用した上で，外見代理の類推適用による（実質的には一般的な）権利外観責任を認めた。要するに本判決は，VTX という当時最新のコミュニケーション・ツールにおいて上記伝統的要件に固執すれば外見代理の類推適用の範囲，ひいては結果として「当該通信方式の利用範囲が著しく制限される」ため，上記要件を放棄することでその事態を回避したと言えよう。

b OLG Oldenburg 1993年1月11日判決[115]は，「無権限の第三者がコンピュータによる取引において VTX 加入者の名の下で表示をするとき，この加入者の責任は，帰責性をもって作出された権利外観に基づいてのみ考慮される」と判示した。すなわち，「加入者は，自己の電話回線が冒用されたとき，他人の名の下での行為という原則に準じてのみ権利外観により拘束される（Redeker, NJW 1984, 2392 ; Borsum-Hoffmeister NJW 1985, 1205参照）。BGH 判例によれば，他人の名の下での行為事例には代理規定が類推適用される（BGHZ 45, 193 = NJW 1966, 1069）。VTX 回線が冒用された場合……代理権は存在しないので，……契約は，当該加入者が事後に追認する（BGB 177条）場合か，認容・外見代理規律によってしか成立しない。かくして加入者は，自己の名の下で行為する者の容態を知っていて阻止できたにもかかわらず認容した場合か，認識しなければならずかつ阻止できたように思われ，かつ，第三者が信義則上，名義人本人が行為している……と考えてよかった場合にも，責任を負う。VTX 回線を冒用してなされた意思表示は，加入者が帰責性をもって権利外観の原因を与えたときは，その権利外観に基づいて，加入者に帰責されうる（Redeker, NJW

1984, 2394……)」。かくして保護に値すべき信頼は，代理権の存在ではなく名義人本人が実際に行為していたことに向けられている。そして（加入者Y（父）の主張するとおり娘が冒用していたとしても，この冒用にYは約2週間後気づいたが口頭で禁止しただけで適切な処置を講じなかった）本件では，「これら要件は……充たされている」と結論づけた。

なお帰責性の証明責任の所在については，VTX回線の冒用が加入者の影響領域（Einflußbereich）に属する諸般の事情に起因していたときは，加入者が，当該冒用は自己の関与によるものでなかったことを証明（間接反証）しなければならないとしたため，VTX取引の安全保護の観点から加入者負担での表見証明（あるいは一応の証明（prima-facie-Beweis））[116]（裏返せば，取引相手方の証明責任の軽減）を前提にしているものと考えられる。直後に同様の判断を示したものして，OLG Köln 1993年4月30日判決がある。[117]

c 以上のように，当時最新のVTX技術の普及を阻害しないようにとの配慮もあってか裁判例は，なりすましへの外見代理の類推適用により加入者の権利外観責任を認めたものと思われる。ただ類推適用の際に外見代理の伝統的要件をそのまま借用するかについては，とくに「無権限行為の反復・継続性」という権利外観（＝客観的信頼保護）要件と「無権限行為に対する予見・阻止可能性」という帰責要件について火種を残すことになった。

(2) インターネット取引に関する21世紀の下級審裁判例

21世紀を迎え遠距離通信の主役がVTXからより手軽なインターネットへと交代するのに伴い，なりすましは頻発し始めるわけだが，後述cのAG Bremen 2005年10月20日判決により参照されているように，(1)のVTX裁判例がインターネット上のなりすまし取引で権利外観責任を認める礎となった。[118]さりとて次のa，b，dおよびeの判決は，各事件の結論として権利外観責任を認めていない。

そこで以下，なりすまされたアカウント所有者の権利外観責任に関する数多くの下級審裁判例の中からBGH 2011年判決前夜までの重要な六つを時系列順に濃淡をつけながらとり上げたい。

a OLG Köln 2002年9月6日判決は，[119]Xが金の腕時計を出品したネット・オークションで，Yの（電子メール）アドレスを通して最低落札価格（18000ユーロ）に達する入札がなされたが，Yは，この入札は無権限の第三者が行ったも

のであるとして，時計の受領と代金支払いを拒絶した事件を扱った。本判決は，Yの権利外観責任について，次のとおり帰責要件を充足していないなどとして否認した。

【判決要旨】
  1．ID・パスワード付きの電子メール・アカウントを保持するというだけでは，この者は，危険領域（Gefahrenkreise）による証明責任の転換（Beweislastumkehr）により濫用リスクを負担しないが，単にアドレスを保持する場合も同様である。
  2．秘密のパスワードが利用されていたが，当時のネット・セキュリティのレベルでは，パスワードの割当てを受けていた者を利用者と推論するには足りない。
  3．ユーザーが，電子メールにアクセスできないことに気づいたからといって，自己のID・パスワードにより他人がインターネット上で契約を締結していると考えなければならないわけではない。

【判決理由】
  （1・2は省略）3．Yの責任は，外見代理の原則でも認められない。外見代理が認められうるのは，本人が偽装（自称）代理人（Scheinvertreter）の行為を知らないが，注意義務を尽くせば知りかつ阻止することができ，他方当事者が，当該代理人の行為を本人が認容し承認する（dulden und billigen）と考えてよかった場合である；有責に作出された権利外観の帰責事例が問題である。そもそも本件では，Yが……無権限者の無権代理行為をまったく予見できなかったというわけではない。たしかに……Yは，電子メールにアクセスできないことに気づいていた；しかし最大限の注意を尽くしても，上記事実から……秘密のパスワードを使って他人がインターネット上で契約を締結していると考えなければならないわけではなかった。

  さらにXの側にも，LGが詳細かつ適切な理由づけを行っていたように，権利外観責任を認めるのに必要な保護に値すべき信頼が欠けている。ネット・オークションの出品者も，実在する人物の名前及び住所の下で濫用的に電話注文を受けたり通信販売で他人のクレジット・カード番号を使って……注文を受けたりする者とおおよそ同様，入札者をアドレスの所有者本人であると信頼したからといって保護されない。

【解説】

　本判決は，外見代理（の類推適用）による権利外観責任を前提としつつも，ネット・セキュリティの脆弱性に鑑みて帰責性，信頼の要保護性を厳格に判断の上いずれの要件も充足していないと結論づけた。

　とくに前者の帰責性について，予見可能性は皆無ではないとしながらも，電子メールにアクセスできないことに気づいていただけでは当該アドレス所有者の過失を認定するには足りないとして，慎重な判断が示された。[120]

　後者の信頼の要保護性との関連では，前述(1) b の OLG Oldenburg 1993年判決同様，そもそも取引相手方の信頼は，代理権の存在ではなく「入札者＝アドレス所有者本人」という同一性に向けられている。その上で，すでに AG Erfurt 2001年9月14日判決が[121]，パスワードにより保護されたアドレスの下でネット・オークションの入札がなされていても，当該所有者の入札を裏付ける十分な徴憑たり得ないと判示していた。この延長線上にある（信頼の要保護性を否認した）本判決の判断は，セキュリティの安全性・信頼性を疑いそこから生じるなりすましリスクに配慮したものと言えるが，取引相手方には厳しい結果となっている。この結論について，後に LG Münster 2006年3月20日判決[122]は，次のように述べて「衡平にも適う」とする。「すべてのネット・オークション参加者は――出品者であれ入札者であれ――，無権限の第三者による不正アクセスの危険にさらされる。とくに考慮されるべきは……インターネットのメリットを享受したいのはまさに売主にほかならない点である。売主は，非常に大きな市場で利益を得る一方，インターネット上周知の安全リスクを負担しなければならない」。

　b　LG Bonn 2003年12月19日判決も[123]，a の OLG Köln 2002年判決同様，当時のセキュリティ・システムでは（本件 eBay オークション上の）なりすましもやむを得ないためパスワードに対する信頼は保護に値しないこと，当該所有者とその冒用者が家族関係（本件では父と未成年の息子）にあったとしてもパスワードを保存したディスクを（コンピュータ付近でも）隠してさえいれば帰責性がないことを理由に，外見代理の（類推）適用を否認した。

　ただ帰責性との関連で，（なりすましに冒用された）パスワードの保管状況が引き合いに出されている点は興味深い。この状況いかんが帰責性の判断にいかなる影響を与えるのか，その評価をめぐって，本判決以降，たとえば次の AG

Bremen 2005年判決に始まり BGH 2011年判決まで激しい対立が見られる。

　c　AG Bremen 2005年10月20日判決は，冗談（冷かし）入札者（Spaßbieter）に対する違約金条項をめぐるものであった。ここでも権利外観責任との関連を中心に，本判決に注目する。

【判決要旨】

　ある者が，ネット・オークションにおいて過失により，自己のパソコンで自己のID・パスワードを使って第三者が参加できるようにしたときは，帰責性をもって作出された権利外観及び他人の名の下での行為という両原則により責任を負う。

【事実概要と争点】

　Xは，乗用車をeBayオークションに出品したが，その際，買取りがなされないときは入札額の30％を損害額とするという冗談入札を抑止する条項が盛り込まれていた。YのIDの下で二度入札がなされ，乗用車は最終的に5850ユーロで落札された。

　Yは，上記価格での乗用車引取りを電話にて拒絶した。そこでXは，Yに対して……書面で，落札価格で乗用車を引き取るか，本件条項で定められた違約金1755ユーロを支払うよう求めたが，Yはさしあたり応じなかった。その2か月後に書面で，Yは，自らの知らないところでコンピュータを弟が……操作していたとして，Xに対して，弟に請求すべきであると釈明した。

　そこでXは，違約金等総額2100ユーロ余りの支払いをYに請求したところ，この請求は認容された。

【判決理由】

　Xが違約金1755ユーロを請求するのは，正当である。……

　XY両当事者間では，売買契約は……最高落札価格がYのコンピュータにより入札されていたことで成立している。XY両当事者は，入札者がY本人か弟であるかについてのみ争う。しかしながら，これは問題でない。ともかくYの陳述を踏まえれば，契約はXY間で成立している。要するにXは，Yが少なくとも自らの過失で自己のID・パスワードを弟が利用できるようにしたことにより作出した権利外観を信頼してよかった。インターネットにおける他人のIDの下での行為は，通常，他人の名の下での行為と同様に評価されうる（たとえばHanau, VersR 2005, 1215参照）。代理に関する規律は，類推適用される。かくしてeBayユーザーは，自己の名の下で行為する者の容態を知っていて阻止できたにもかかわらず認容したか，知らなければならず阻止できたように思われ，かつ，第三者が信義則上，名義人本人あるいはこの者から決められ

た者が行為すると考えてよかった場合にも，責任を負う（たとえば，VTX 利用に関する OLG Oldenburg 1993年1月11日判決……参照）。すなわち X は，Y との契約締結を信頼してよかった。たしかにネット・オークション参加者は，ID・パスワードによるアクセス防護では技術的に十分安全であるとは言えないため，自己の契約相手の同一性を証明しなければならない（OLG Naumburg OLG-NL 2005, 51）が，このこと（＝上記防護システムの脆弱性：筆者挿入）は，取引上信頼に値する十分な権利外観を妨げるものではない。……技術的に安全でないからこそ，偶発的に権利外観が惹起されうるわけであるが，……いずれにせよこの場合，Y は，自らあるいは代理権を授与した者が行為するという権利外観を過失により作出している。Y はただ，自らの知らないところでコンピュータを弟が操作していたと陳述した。陳述どおり，Y のコンピュータへ弟がアクセスし，そこにパスワードが保存されていたか，さもなくばそれを入手できたと考えうる。それとは逆に，あらゆる生活上の経験と相容れないコンピュータ・スパイ行為については，何も陳述されていない。Y は，自己の eBay アカウントを弟が利用するであろう可能性を予見し，そのユーザー・データを適切に保管して冒用を阻止しなければならなかったであろう。（次段落以下省略）

【解説】

　本判決は，第3節2の「他人の番号の下での行為」に関するハナウの研究を参照して，インターネットにおける他人の ID の下での行為を他人の名の下での行為と同等と捉えた上で，(1)b の VTX 取引に関する OLG Oldenburg 1993年判決を本件ネット取引についても引き合いに出して外見代理の類推適用により権利外観責任は認められうるとした。

　その上で本判決は，a の OLG Köln 2002年や b の LG Bonn 2003年判決同様，ID・パスワードだけでログインするセキュリティには問題ありとしつつも，その影響は，契約成立を主張する者が相手の同一性（「行為者＝アカウント所有者本人」）を証明する限度で及ぶにとどまる（つまり表見証明のみ認められない）と考えている。むしろ a や b の裁判例とは異なり，本判決は，「技術的に安全でないからこそ，偶発的に権利外観が惹起されうる」として，Y を（もとより実際の行為者ではないが）契約当事者とする「他人の名の下での行為」を前提に代理法の類推適用を認め，とくに代理権不存在の場合に取引安全を保護するため外見代理の類推適用による権利外観責任の成立に前向きな点が特徴的であ

る．実際の結論も，本件でコンピュータ・スパイ行為によりパスワードが不正探知された（特段の）事実は確認できないことから，自己の「コンピュータへ弟がアクセスし」ていたというむしろYの陳述を聞き入れて，「コンピュータにパスワードが保存されていたか，さもなくばそれを入手できたと考えうる」として保管の不備を推定する．その上でYは，弟によるアカウント冒用リスクを予見し，パスワードの適切な保管によりその冒用を阻止しなければならなかったとして，すんなりと帰責性（「権利外観の過失による作出」）を認めた[125]．かくして，BGH 2011年判決へと受け継がれていく「過責主義（Verschuldensprinzip）」に依拠したと思しき本判決は，スパイ行為の事実が確認できないことから保管の不備を推定した上で，この単なる保管義務違反（なりすまし行為との関係で言えばあくまで間接的な過失）を本件なりすましの予見・阻止義務違反（直接的過失）と直結させたわけだが，この帰責性判断のプロセスは，同じく家族関係でなりすましが問題になったbのLG Bonn 2003年判決と真っ向対峙するものである．この点は，「不当でありかつ詳細な理由づけがない」[126]との批判からもうかがい知れるが，BGH 2011年判決で一大争点となるように評価の分かれるところであろう．

　他方で，信頼の要保護性を示す権利外観，とくにその強度について，外見代理の「無権代理行為の反復・継続性」要件を借用して判断するかどうかにつき具体的に言及した部分は見あたらない．ただ判決理由を見る限り，「権利外観を過失により作出している」としか述べておらず，（ID・パスワード保護システムの完全性を疑問視しつつも）「取引上信頼に値する十分な権利外観を妨げるものではない」と判示していること，ユーザー・データの重要性から適切な保管を求めていること，権利外観責任の成立に前向きな姿勢に鑑みれば，不要論に傾いているものと推察される．なお，そもそも取引相手方の信頼は，(1) bのOLG Oldenburg 1993年判決を参照して，（代理関係を前提とせずに）名義人本人（あるいはこの者から決められた者）が実際に行為していたことを対象とするようである．

　d　OLG Köln 2006年1月13日判決[127]も，eBayオークションにおいて他人のIDの下で入札がなされた事件における権利外観責任を扱った．

【判決要旨】

　（1は省略）2．eBayにおいて他人のIDで行為する者は，他人の名の下で行為する．

3．……パスワードが設定されたからといって，濫用可能性が依然減らないことに鑑みれば，保護に値する信頼要件事実（Vertrauenstatbestand）は根拠づけられ得ない。

【事実概要と争点】
　XY両当事者は，ポルシェ（以下，本件乗用車とする）の落札代金につきYが支払義務を負うかどうかについて争う。2004年10月14日，Xは……本件乗用車をeBayに出品したところ，同月20日，74900ユーロで「直ちに購入する」とのオプションがCというIDの下でなされたとの知らせを聞いた。このIDは，Yをユーザーとして女友達である証人DがeBayに届け出たものであった。……このIDで，Yは，Dのネット接続を使って何度か本件よりも小さな取引を行っていた。
　Xは，有効に成立した売買契約に基づいて……Yが売買代金74900ユーロを支払う義務を負っていると主張した。これに対して，Yは，2004年10月20日の入札（以下，本件入札とする）をしていなかったとして，その支払いを拒絶した。
　LGがXの請求を棄却したため，Xは控訴したが再び棄却された。

【判決理由】
　1．LGが，XY両当事者間で売買契約が有効に成立していないとして，……Xの請求を棄却したのは正当である。この結論は，……本件入札がYによるものではない……ことから導き出される。Yは，そもそも豪華なスポーツカーを購入する財政的資力を持ち合わせていない。またYは……本件乗用車につき関心も使い道もない。
　……ネット取引では関係者が本当の身分を明かさないID……で行為するという特殊性があるとはいえ，有効な契約の締結を主張する者が，そのつどIDの後ろにいる者が実際に契約相手になっていたことを主張・証明しなければならないことに変わりはない。この証明を，XはYに関して行っていない。かくして，Yを拘束する意思表示自体が存在しない。
　a）相手方Xの地平から見れば，Xは，CというIDの後ろにいる真実の名義人と契約を締結する意思を有していた。しかしながらYは，すでに第1審で詳細な主張をして……本件入札を否定して争っている。これに対して，Xは……具体的な反論をせず……Yが権利外観原則により責任を負うと考えている。さらに……当民事部の口頭弁論でも，Xは，Y本人が行為していたという陳述を行っていない。
　b）Yは，第三者の行為についてさえも責任を負わない。YのIDの下でな

された表示をYに帰せしめることはできない。ただ考えられるのは，Yの名の下での行為であり，当該行為については，——ネット取引でも（OLG München NJW 2004, 1328, 1329 参照）—— BGB 164条以下が類推適用される。かくして意思表示が，使用されたパスワードの真実の所有者の同意を得てなされるときは，当該名義人との取引が成立する。この同意がないときは，行為者が，他方契約当事者に対して，BGB 179条（無権代理人の責任）の類推適用により履行又は損害賠償の責任を負う。

誰がCというIDの下で行為していたのかは，いまだ確定していない。証人Dは，……審問で，本件入札を否認している。……実際にいまだ正体不明の第三者が行為していたか，当民事部が解明する必要はない。なぜなら，とにかく認容・外見代理という判例上展開された原則（Palandt/Heinrichs, BGB, 64. Aufl., §173 Rdnr. 11ff. ……参照[127a]）による……Yの責任にとっての十分な連結要件事実（Anknüpfungstatbestand）が欠けているからである。それについては，Xの考えるところに反して，Yが……eBayユーザーとして登録されていることだけでは足りない。……パスワードが設定されたというだけでは，——依然減ることのない（Borges, NJW 2005, 3313, 3315 参照）——濫用可能性に鑑みれば，保護に値する信頼要件事実を根拠づけることはできないのである。それゆえ匿名のネット取引ではもとより，取引相手方は，ただ使用されたパスワードに基づいて契約相手を想定できない（OLG Köln 2002年9月6日判決……）。むしろ「代理人」の行為は，個別事例では，具体的な諸般の事情に基づいて名義人に帰責され得なければならない（傍点筆者）。

しかしこの点について，Xは，十分な事実を陳述していない。かりに証人DがYの名の下で入札者として行為していたとしても，Xは，Yを契約相手として請求することはできなかったであろう。Dは，Yのためにただ以前にeBayで若干の，本件よりも小規模な取引を行っていたにすぎなかった。しかしこの僅かな委任により，Yは……Dが売買代金74900ユーロで豪華な乗り物を購入する入札権限を与えられていることに対する正当な信頼を基礎づけていたわけではない。本件取引が，Dとの関係で一度も話題になっていなかったことは明白である。本件取引は，——第三者にとっても明らかに——認容された行為の考えられうる範囲を超えたものである。外見代理の原則さえ適用されない。この適用は，Yが証人Dの（具体的な）行為をたしかに知らなかったが

必要な注意を尽くせば知り得たであろうことを要件とするであろう。この点についても，X は，ある程度基本的な事実さえ陳述していない。……

【解説】
　本判決は，インターネット上の匿名取引でも，ユーザー登録された人物が実際の契約相手（行為者）であるという主張・証明責任は有効な契約締結（成立）を主張する者 X にあるが，本件ではこの証明を X は行っていないとした。

　その上で本判決は，ID 名義人 Y[127b)] を契約当事者とする「他人の名の下での行為」としてであれば，ネット取引でも代理法を類推適用できるとする。ただ Y の同意（承諾）がない本件では，表見代理の類推適用が視野に入ってくるが，a の OLG Köln 2002年判決や b の LG Bonn 2003年判決同様，「パスワードの設定 → その使用による本件入札」という一連の流れがあったとしても，冒用リスクが一向に減らない現状に鑑みれば，アカウント所有者 Y を契約当事者と信じた X の信頼を保護することはできない。

　かくして本判決は，個別具体的な諸事情に基づいて（表見代理判例法理で必要とされる）信頼の要保護性と帰責性の充足いかんを慎重に判断しなければならないとする。ただ奇しくも本件が示すようになりすましでは，名義を冒用して実際に行為した者を突きとめること自体，至難の業であり，表見代理の類推適用の入口で思わぬ壁にぶつかる。次にかりに冒用者が D であったとしても，D は今まで本件よりも小規模な取引を行ってきたにすぎず，この事実に基づいて，X が，本件高額取引の入札権限の存在を信頼していても，この信頼は正当な，つまり保護に値するものとは言えない。また帰責性についても，認容代理の要件たる「Y の認容」は本件の高額取引にまでは及んでいないこと，外見代理の要件たる「無権限行為に関する Y の過失」は X によりそもそも主張されていない。かくして本判決は，両要件とも充足していないとした。ただこの帰責性についてアカウント所有者負担での表見証明を認めない判断は，VTX 取引において加入者負担での表見証明を認めた上でこの者に冒用が自己の関与によらないことを証明させる(1) b の OLG Oldenburg 1993年判決とは対峙する。

　なお，本判決の考える取引相手方の信頼は，c の AG Bremen 2005年判決とほぼ同様，（代理関係を前提とせずに）本人の名の下で行為することへの同意の付与ないし名義人本人が実際に行為していたことを対象とする。

e　OLG Hamm 2006年11月16日判決[128]では，eBayオークション上の契約締結に関する証明責任の所在と（契約違反に基づく損害賠償責任の前提となる）権利外観責任の成否が争点となった。

【判決要旨】
　1．ID・パスワードによりログインするeBayの技術システムは，パスワードの利用からこれを割り当てられていた者を利用者と推論するには足りない。
　2．過失によりパスワードの利用を可能にしたことを理由とする（権利外観責任を前提とした債務不履行に基づく：筆者挿入）損害賠償責任は，特段の諸事情が存在しないときは，否認されうる。

【事実概要と争点】
　Xは，……2005年10月20日，中古のBMW（以下，本件乗用車とする）をYにネット・オークションで売却したことを理由に，落札者Yに契約違反に基づく損害賠償を請求する。これに対して，Yは，本件乗用車の購入を否認している。
　LGがXの請求を棄却したため，Xは控訴したが認められなかった。

【判決理由】
　……Xは，Yに対して……BGB 280条（義務違反による損害賠償）1項，281条（給付不履行又は不完全履行による，給付に代わる損害賠償）1項・2項，433条（売買契約の典型的義務）に基づく……支払いを請求する権利を持たない。XY両当事者間でなされた……本件乗用車に関する売買契約の締結は……確認できない。
　Ⅰ．Y本人が拘束力ある入札をしたことは，証明されていない。Yは，……当尋問で，問題の時間にインターネットに接続しeBayでカメラを見ていたと主張している。しかし……本件で決定的な入札をしたことは否認する。これと異なった判断をすることは，本件の総合的諸事情から許されない。……
　1．Yが2005年10月20日「入札」を行いそれにより契約を……承諾していたことを証明する責任は，……一般的規律によればXにある。これに関する，YがeBayで……すでに多数の取引を行ってきたという理由に基づく表見証明は，正しい見解によれば，考慮されない。当時のネット・セキュリティでは，秘密のパスワードが利用されていたことから，これを割り当てられていた者を利用者と推論するには足りない（OLG Köln, MMR 2002, 813 ; LG Bonn, MMR 2002, 255 und MMR 2004, 179 ; OLG Naumburg, OLG-Report 2005, 105 = OLG-NL 2005, 51 ;

LG Köln, BeckRS 2006, 07259 ; Hoffmann, NJW 2004, 2569 [2571] und ders., NJW 2005, 2595 [2597] ……)。それに相応するリスクは，ネット利用者，本件では売主 X が予め考慮に入れておかなければならない。さらに，当民事部が従う OLG Köln (MMR 2002, 813) と LG Bonn (BeckRS 2006, 07259) の詳細な判決理由に関わるところの，濫用の危険及び衡平上の理由からも，上記と異なる評価をする契機は見あたらない。(2 省略)

Ⅱ．次に——たとえば AG Bremen (NJW 2006, 518) は OLG Oldenburg (VTX サービスの利用に関する NJW 1993, 1400) と関連づけて認めていたが——，パスワードの利用を過失により可能にしたことのみをもって，Y の (権利外観責任を認めて契約違反に基づく：筆者挿入) 損害賠償責任を導き出すことはできない。当該責任を認めるには……せめて認容・外見代理の原則により帰責できる程度で代理の権利外観が Y により作出されていたことが必要である。

1．インターネットにおける (行為者の自己取引とされない……) 他人の名の下での行為はまず，通常は他人の名の下での行為と同様に評価され (Hanau, VersR 2005, 1215 ; AG Bremen, NJW 2006, 518) ……代理に関する規律が類推適用されうる (傍点筆者) (BGHZ 45, 193 = NJW 1966, 1069 ; BGH, NJW 1993, 148 ; Palandt/Heinrichs, BGB, 65. Aufl. [2006], §164 Rdnr. 10)。この点で，いかなる第三者が Y の名により購入していたあるいは購入し得たであろうか，そして Y が誰に対してアカウントの利用を帰責できる程度で可能にしたのかが，本件ではいまだまったく明らかになっていない。とくに Y による代理権授与又は……認容・外見代理規律による権利外観要件事実 (Rechtsscheintatbestand) の作出は，証明されていない。

2．認容代理が存在するのは，本人が自己のために他人が代理人のように行為することを知りながら放置し，かつ，この認容を取引相手方が信義則に従い代理人として行為する者が代理権を授与されていると理解しそのように理解してよかった場合である (BGH, NJW 2002, 2325 ; NJW-RR 2004, 1275 [1277] ; LM §167 Nrn. 4, 13)。必要なのは，認識した上での認容 (wissentliches Dulden) であり，一度の認容で足りる (Palandt/Heinrichs, a.a.O., §173 Rdnr. 11)。その限りで，本件では実際に……Y の証人又は他の知人が入札をしていたことも，他人が Y のために本件乗用車を購入していたことについて Y が具体的な拠り所を持ちこれを知りながら認容したことも，確認できない。

次に外見代理が存在するのは、本人が偽装代理人の行為を知らなかったが注意義務を尽くせば知り得たように思われ、かつ、他方当事者が、本人は代理人の行為を認容し承認すると考えてよかった場合である（BGH, NJW 1981, 1728 ; NJW 1998, 1854 ; Palandt/Heinrichs, a.a.O., §173 Rdnr. 13）。……偽装代理人の行為に関してYに負担させるべき義務違反のさらなる要件、つまりYが無権代理行為を予見し阻止する可能性もおおよそ確認できない。……

【解説】

本判決は冒頭で、cのAG Bremen 2005年やdのOLG Köln 2006年判決同様、有効な契約成立を主張する出品者XがY本人の入札（承諾）を証明する責任を負うと判示した。その上で、Xがパスワード利用の事実から入札者をパスワード所有者Y本人と推論したことについて、当時のネット・セキュリティでは無理があるとした。この表見証明を否定する判断では、パスワードをY以外の第三者が冒用するリスクを、（当該パスワードの利用者と取引する）Xが予め想定しておかなければならないことになる。

そこで契約相手を取り違えてYと誤信してしまったXの積極的保護が、問題となる。本判決も例に漏れず、ネット取引でも「（パスワード所有者Yを契約当事者とする）他人の名の下での行為」への表見代理判例法理の類推適用は可能としつつも、その条件として上記OLG Köln 2006年判決同様、当該帰責性要件・判断枠組みに当てはまることを要求するが、本件では条件を充たさないと判示した。すなわち、認容代理の帰責要件に準じる「なりすまし行為の認容」はもとより、外見代理の帰責要件に準じる「なりすまし行為の予見・阻止可能性」も確認できない。たとえなりすまされたYが過失により第三者のパスワード冒用を可能にした（間接的な過失）としても、過失の向きが違うことからそれでは足りず、さりとて、問題のなりすまし行為自体の予見・阻止可能性（直接的な過失）は本件では認められない。たしかにcのAG Bremen 2005年判決は、コンピュータ・スパイ行為が確認できないことから間接的な過失を推定した上でさらに直接的な過失まで比較的容易に認めていたが、そこでは当該所有者と冒用者の関係は兄弟であった。これに対して本判決では、アカウントを冒用した第三者自体、特定されておらず不明である。この違いが、帰責性判断に決定的な影響を及ぼしたとも考えられる。

ところで本判決が外見代理の類推適用にあたり、帰責要件とは対照的に、

(認容代理で放棄した)「冒用行為の反復・継続性」要件を維持し続けるかどうかは判然としない。

最後にいずれにせよ，Yの名の下で行為した第三者がいったい誰なのかを特定した上でこの者による本件冒用行為を証明することが，外見代理の類推適用を主張するにあたり必要となるが，本判決は，この証明はYの協力がない限り難しいことを教えてくれる。

f　LG Aachen 2006年12月15日判決は，「終了後に初めて売買契約が物権法上展開される」本件ネット・オークション取引について，「(契約時に履行行為まで直ちに完了する) 現金取引」との違いを強調して，(架空名義が好んで利用されるオークションの実情から)「行為者の自己取引」とした原審の判断を覆した。

そして「他人の名の下での行為」を前提に，本件ではeBayユーザーYがID・パスワードを家族構成員 (Familienangehörige) に交付することで，この者がYになりすましてXと取引するのを可能にしていたことから，「Xは認容代理としてYの権利外観責任の存在を援用できる」と判示した。本判決は，結論として認容代理の類推適用を認めた貴重な裁判例であり，早速 AG Saarbrücken 2008年判決(第1節1(2)b・2(2)b参照)もこれに追随する。ただし，アクセス・データの交付 (伝達) 事例では，認容代理の類推適用より前に他人の名の下での行為に関する黙示の承諾 (同意) によるYへの (有権代理に準じた) 効果帰属を疑ってみる必要があろう。

(3)　**BGH 2006年コレクト・コール事件判決**

かくして2011年になるまで，ネット取引上のなりすましにおける表見代理の類推適用については下級審裁判例しか見あたらないわけだが，遠距離通信サービス (Telekommunikationsdienste) の一つとしてネット「取引との類例が存在する」とされるコレクト・コールについて，BGHは，すでに2006年3月16日判決で同種の問題を扱った。ここでは電話加入者の権利外観責任に関する判決理由を中心に見た上で，解説を加えたい。なお，「受信者料金負担」というシステム (TKG 〔ドイツ電気通信法〕 66j 条1項参照) がとくに若者を魅了し，2006年判決以前の下級審裁判例はほとんどが未成年者関連のものであったことから，ビジネス・モデル自体の問題性がうかがわれる。

ちなみに2006年以前は，権利外観責任を認める裁判例とそうでないものに分かれていた。

【判決要旨】
　1．電話加入者が——認容・外見代理の原則を越えて——自己の回線を第三者が使用して締結した契約により義務を負うのは，当該回線の使用につき責任を負う場合である（TKV〔電気通信顧客保護令〕16条3項3文）。
　2．電話加入者は，技術的予防安全措置（Vorkehrung）により自己の回線を通した第三者によるコレクト・コールの受信を阻止する責務（Obliegenheit．間接義務とも訳される）を負わない。これは，当該加入者が，規制庁（Regulierungsbehörde）に備えられた……ブラックリストへの掲載により当該サービスから身を守る可能性を有するときは，変更されうる。（3は省略）

【事実概要と争点】
　遠距離通信企業Xは，……コレクト・コールの受信により生じた費用600ユーロ弱を，受信先の電話加入者Y（母）に請求したところ，Yは，自己の了解なしに16歳の娘が友人のかけたコレクト・コールを受信していたとして争った。
　第1審は，Xの請求を棄却したため，Xが控訴したところ一転，Y敗訴の判決が下された。そこでYが上告したところ，BGHは，原判決を破棄差し戻した。

【判決理由】
　（Ⅰ省略）Ⅱ．（1省略）2．……控訴審裁判所は，Yの娘の行為は外見代理によりYに帰責されうることから，Yは自らあるいは娘がコレクト・コールを受信していたかどうかにかかわらず，通話料金債権につき責任を負うとしたが，この見解に当裁判所は与し得ない。それよりも控訴審裁判所は，その限りで——証明義務を負う——Yの提出した証拠を調べなければならなかったであろう。
　a）家庭電話の使用を許可しただけでは，……コレクト・コールの自動接続契約を締結する……推断的な（schlüssig）代理権授与は看取できない。このように解するには，Yが当該サービスに自己の回線が利用されることにつき同意していたことを必要としよう。この認定を，控訴審裁判所は行っていない。それどころか外見代理の存在から審理しようとしている。
　b）しかしながら控訴審裁判所の事実認定では，Xから請求を受けた接続料金に対するYの責任を権利外観により認めることは正当化されない。
　aa）下級審裁判所の裁判例では，電話加入者の家族構成員が電話機でのコレクト・コール……契約を締結する際に，ほとんどがそうであり本件でもYの主張するように，家族構成員が当該契約締結について明示に代理権を授与されてい

ない場合であっても，当該加入者を有効に代理するかどうかが争われてきた。少数の公表判決（……）では……，電話加入者は外見代理原則により有効に代理されるという法的見解が主張される。これに対して反対説は，ただ単に番号キーを組み合わせてコレクト・コールを受信しただけでは，受信者が費用負担義務を負う接続サービスの締結につき代理権が授与されているという権利外観は作出されないとして……外見代理の要件（充足：筆者挿入）を否認する（……）。

　bb）外見代理に関する伝統的基準は……電話機で番号を押して（コレクト・コールに関する：筆者挿入）接続サービス契約を締結する事例には適合しないという後者の反対説に与するべきである。外見代理が存在するのは，……相手方が，本人は当該代理人の行為を認容しかつ承認すると信頼しそのような信頼をしてよかった場合である（踏襲判例，たとえばBGH 1998年3月5日判決……）。未成年者が反復して一定期間継続的に本件通話を受信しておらず，提供者が，電話加入者は自ら勘定を支払うことで当該サービスの利用を認識しかつ認容すると考えることができない以上，コレクト・コールを受信しただけでは，——本件では確認できなかった——対外的な諸般の事情が存在しない限り，外見代理につき必要な信頼要件事実は充たされない（……妥当な見解, Hanau, Handeln unter fremder Nummer, S. 180）。外見代理原則が通常一般に適用されるのは，取引相手方に……代理権授与を推論しうることを信じさせる代理人の容態が一定期間継続し反復している場合に限られる（BGH 1998年3月5日判決……参照）。Yが本件法的紛争……以前に……コレクト・コール料金を支払った事実はなかったので，前述の……信頼要件事実は存在しない。

　本件のように電話を通して，遠距離通信サービス提供者と回線利用者間で人的接触がなされない場合，電話加入者に帰責される権利外観の契機は……電話回線が単に繋がっていることである。しかしこのことから，利用者の代理権に関する信頼要件事実は発生し得ない。その時々の利用者は……匿名である（傍点筆者）。当該提供者は，……接続サービスを利用するのが電話加入者本人であるか，この者が通話を許した者であるか，それとも無権限の第三者であるか，分からない（かくして妥当なもの，LG Potsdam 2005年5月19日判決……）。

　cc）もっとも……家族構成員が電話サービスを利用した場合，電話加入者の契約上の責任が常に問題にならないわけではない。法取引に関わる者はともかく自己の危険領域に組み込まれるべき第三者の容態につき契約上責任を負わな

ければならないという外見代理の基礎にある法的考え方は，従来の事例群にとどまらず遠距離通信サービスの領域でも応用できる。この特性は，TKV 16条3項3文において表出され法的に基礎づけられる。この規定によれば，当該提供者は，電話回線への接続が顧客に帰責され得ない範囲で利用されていたことが証明されたとき，接続料金を顧客に請求する権限を有しない。この規定は，顧客が回線の利用につき責任を負わなければならないかという客観化された観点で，回線接続への第三者の不正アクセスに関する当該提供者と顧客間の危険領域をそれぞれ明確化する (BGHZ 158, 205 [207]；連邦政府のTKV草案理由も参照……)。かくして接続サービスの提供では，実際上完全に技術化された，匿名の大量取引が問題になっている事実に鑑みれば，個々に作出された信頼要件事実はもはや重要でない。(dd)以下は省略するが，ただ次の解説のとおり結果的にはYの責任を否認)

【解説】

　本判決は，遠距離通信サービスの一種であるコレクト・コール上のなりすまし問題の解決について，表見代理判例法理にとどまらず，おおよそ知られていなかった（電気通信の競争を規制する）TKVの16条3項3文（現在は2007年に廃止の上統合されたTKG 45i条4項1文）にまで言及した。[137]

　冒頭で流すアナウンス・テープから，番号のプッシュを承諾と捉えて契約が成立することは自明であった。コレクト・コール事業者の契約相手となりうるのは，匿名の通信サービスでは電話加入者に限られ，本件では16歳の娘の母Yであった。かくしてYを契約当事者とする他人の名の下での行為を前提に，「――多数の類似事件におけるように――外見代理原則により……母に帰責できたかどうかという問題が提起される」。[138]

　本判決は，匿名の大量取引への外見代理原則の不適合を認めつつも，かりにこの類推適用により本件を解決したならば次のような結果になると言う。すなわち，「本人が偽装代理人の行為を注意義務を尽くせば認識しかつ阻止できた」という伝統的な帰責要件は通常一般に，代理人がすでに過去に無権代理人として行為していたことを前提とする。かくして本件のように偽装代理人が初めてした行為では，個々に作出された信頼要件事実と，本人に対して過失ある行為を非難する基礎がいずれも欠けている。たしかに，容易く外見代理の成立を認めた下級審裁判例も存在するが，本判決は，単なる「電話回線の繋がりは信頼

要件事実を作出し得ないため，外見代理の要件を充たしていないとした」[139]。「有料のコレクト・コールが日常一般にかかってくることはない」ため，電話加入者に当該有料通話を予見するよう期待できないことからすれば，当然の結論と言えようか[141]。

しかし本判決は，外見代理の枠組みでは取引安全保護に限界があることを意識したからこそ，「本当のクライマックス」[142]と言うべき TKV 16 条 3 項 3 文の法的考え方による帰責を検討した[143]。すなわち本判決は，「危険領域による責任分配」という外見代理の基礎にある考え方に依拠しつつ遠距離通信サービスの特性「匿名の大量取引」を斟酌して特別に規定された TKV 16 条 3 項 3 文から，自己の勢力範囲にある電話回線の冒用が当該加入者（顧客）に帰せしめられるべき範疇に属したかどうか，つまり「加入者がコレクト・コールの受信を妨げるため自己に期待されうるすべてのことをしていたかどうか」が重要であるとする（危険主義（Risikoprinzip）の「危険領域」思考と手を組んだ過責主義？）。かくして加入者は，なりすまし防止につき最善を尽くさなかった以上免責されることはなく，偽装代理人の初めてした行為でも支払義務を負うこととなる[144]。これにより本判決は，匿名大量通信サービスの取引安全保護（権利外観責任）の御旗を掲げて（各事件で個別具体的に問われるべき）「冒用行為の反復・継続性」という外見代理の要件まで放棄し[144a]，図らずも子に対する親の拡大責任を認める方向性を打ち出すこととなった[145]。もっとも——割愛した判決理由（Ⅱ 2 b) dd)）の中で——，「わけても母 Y に，電話回線の完全な遮断や……トーン（プッシュ）信号方式の切断を期待できなかった」ことから，Y の免責を認めた点には注意を要する[146]。つまり家族構成員との関係では，電話加入者は，技術的予防安全措置により受信を妨げる責務を負わないと結論づけたわけである[147]。かくして通信事業者の取引安全保護は「消費者保護の陰に隠れてしまった」が，この結論は「消費者保護を補強するものとして歓迎されるべきであ」ろう[148]。そもそも料金未回収リスクは，通信取引一般に内在するものであり，とくに高額なコレクト・コールではすでにその料金に反映されていると推測される[149]。

本判決については，「TKV 16 条 3 項 3 文に依拠することで，事実適合的に危険領域の境界線を引くことに成功した」と評されるものの，わざわざ特別法・規定まで持ち出す必要があったのか，外見代理を匿名の大量通信取引に適合するよう修正して類推適用すれば足りたのではないかという点が，今後の課題と[150]

されている。ただとにかく「大量通信時代において外見代理を熟考する端緒がBGHにはあったわけで」、今後「とくにネット・ショッピングでは……同種の問題が提起され」よう。[151]

以上のような、TKV（現在のTKG）という特別法上の取引安全保護規定に基づいて外見代理の伝統的要件に縛られない独自の権利外観責任を模索しようとする姿勢は、大量の匿名取引という遠距離通信サービスの特徴を踏まえたものであり、ネット取引に代表される電子取引の安全保護を考える上でも興味深い。[152] 本判決後、AG Berlin-Mitte 2009年8月7日判決は、[153] TKG 45i条4項により、携帯利用者の容態を携帯所有者に帰責する余地を認めている。また学説上も、「電話サービスが家族構成員や第三者により利用された場合における当該加入者の契約上の責任は通常、認容・外見代理原則に直接従うわけではない」[154]との説明が定着しているようである。

なお本判決は冒頭で、家庭電話の使用を許可していたとの一言をもって、コレクト・コール契約の締結についてまで黙示の代理権授与の存在を認めることはできないとの見方を示す。[155] もっとも、「電話加入者の世帯で複数人（家族構成員や住居共同体の同居者など）が暮らす場合、これらの者に加入者が通信を許す」実情から——範囲の確定は困難であるにせよ——（何某かの）黙示の代理権が授与されている[156]と考えられる。また夫婦関係では、日常家事に関する法定の共同債務負担授権を規定したBGB 1357条の適用も問題となろう。[157]

２．契約上の損害賠償責任

ネット取引でなりすましが行われた場合において、１(2)の下級審裁判例のように外見代理の類推適用の可能性自体は認めつつも当該事件で結果的にその類推適用による権利外観責任を否認するときは、契約上の損害賠償責任が問題となりうる。

契約締結上の過失法理に基づくなりすまされた本人の損害賠償責任については、下級審で「今までわずか一度、検討されたにすぎない」。[158] その唯一のLG Bonn 2003年判決（１(2)b）は、本人と取引相手方との間には契約交渉の開始・準備（BGB 311条2項1号・2号）いずれも認められず、契約準備段階の信頼関係は存在しないとして、「法律行為類似の債務関係に基づく義務違反（280条1項、311条2項・3項）[158a][158b]」による責任を認めなかった。その後、本判決の判断は、

たとえばLG Münster 2006年判決（1⑵a参照）により参照されている。

3．契約外の（不法行為領域で展開された）損害賠償責任

　ところでBGHは，インターネット上のなりすましについて，表見代理の類推適用による権利外観責任を扱う2011年判決に先駆け，2009年，2010年の両判決で——第1節3で前述したとおり——第三者が（他人の）アカウントや無線LAN接続を冒用して著作・商標権侵害や競争法違反をした場合（いわゆる間接的な権利侵害），当該アカウントや接続の所有者がパスワードの保管不備やセキュリティ設定の懈怠に基づいて損害賠償責任を負うかについて論じている。とくに前者判決には，権利外観責任にまで言及した部分が見受けられる。そのためか上記2011年判決は，権利外観責任を論じる際に両判決を意識し不法行為領域で展開された責任原則との違いを強調し結論を違えていた。かくしてここでは，とくに権利外観責任に言及した2009年判決を中心に見ておきたい。

　なお，事件の張本人たるなりすまし行為者に対して，取引相手方が，StGB（ドイツ刑法）263条（詐欺罪）を「他人の保護を目的とする法律」として適用を主張するBGB 823条（損害賠償義務）2項および826条（良俗違反の故意による加害）に基づいて不法行為責任を追及できることは言うまでもない。[159]

⑴　BGH 2009年 Halzband 事件判決

　BGH 2009年3月11日判決（Halzband事件判決）[160]は次のとおりである。

【判決要旨】

　eBay アカウント所有者がアクセス・データを他人の不正アクセスから十分に防護していなかったため，第三者が当該データを得て保護権（Schutzrecht）を侵害し競争を制限・阻害するのに当該アカウントを使用するときは，その所有者は，誰がアカウントの下で行為していて契約違反又は保護権侵害の場合に請求されうるのかを不明確にする危険を自ら生み出したことを理由に，あたかも自らが行為していたかのように扱われなければならない。

【事実概要と争点】

　X_1は，ドイツで時計・装飾品につき保護を受けるIR商標（国際登録商標）……Cartierの所有者である。X_2は，Cartierの装飾品を商い，豹をあしらったデザインの特徴的なMahangoシリーズを展開している。Yは，eBay上"s"というIDで登録されている。……このIDの下で，表題「もの凄く…素敵な…ネックレス（Cartier アート）」をつけて，上記シリーズの特徴を備えたデザイン・ネックレス（実際は模造品：筆者挿入）

が最低落札価格30ユーロで出品された。[161]

　そこでX₁は，本件出品が上記IR商標から生じる自己の権利を侵害するとともに，営業標識の高い価値を他人がみだりに利用する行為（Rufausbeutung）及び混同惹起（Irreführung）にあたるとして，UWG（ドイツ不正競争防止法）に違反したと主張する。X₂は，Mahango装飾品シリーズは芸術作品として著作権の保護を受けるとして，ID"s"の下で出品された本件模造品は，自己に帰属するUrhG（ドイツ著作権法）上の利用権を侵害するとともに，UWGによる補完的な給付保護（Leistungsschutz）という観点で請求権を根拠づけると主張する。かくしてXらは，Yに対して，UrhG 97条（不作為又は損害賠償を求める権利），MarkenG（ドイツ商標法）14条（商標の所有者の排他的権利：差止命令による救済；損害賠償），UWG 8条（差止請求権），9条（損害賠償）により差止め，損害賠償義務等の確認を求めている。

　これに対して，Yは，知らないところでアカウントを妻が個人的な目的物の売却に使用し本件ネックレスをオークションに出品していたとして，本件出品につき責任を負わないと反論した。

　LG，OLGいずれも，Yは妻の本件出品自体を知らなかったとして，Xらの請求を棄却した。そこでXらが上告したところ，BGHは，原判決を破棄差し戻した。

【判決理由】

　（Ⅰ省略）Ⅱ．……Xらの上告は正当であり，本件を控訴審裁判所に差し戻す。その……認定に基づけば，本件訴えに理由がないと考えることはできない。

　1．控訴審裁判所は，そもそもYが妻の犯したであろう権利侵害につき責任を負っていないことから，Xらには主張された請求権が帰属しないと判示している。この判断は，法律上の再審査に持ちこたえられない。

　a）ともあれ控訴審裁判所が，Yが妻の犯したであろう権利侵害につき共同行為者又は関与者として責任を負わないと考えたのは正当である。共同行為者関係（Mittäterschaft．共同不法行為）は……意識かつ意図的共同を前提とする（BGB 830条1項1文……）。[162]……関与者として責任を負うのは，少なくとも未必の故意で他人の違法な態度を煽り又はそれにつき教唆している者に限られる。……これらの要件は，本件で充足されていない。……たとえYが，eBayアカウントを通して妻が商品を売却していたことを一般に認識し承認していたはずであったとしても，このことから……本件の権利侵害とされる出品をYが知っていたとは考えられないであろう。(b)省略）

　c）……UrhG及び／又はMarkenG違反並びに競争制限・阻害の行為者としての責任は考慮される。なぜなら，Yは，アカウントのパスワードを妻が……入手したことに十分注意を払っていなかったからである。当該アカウント

50

所有者がこれを第三者の不正アクセスから十分防護していなかったために，第三者が，この他人のアカウントを入手して使用するとき，当該所有者は，自ら行為していたかのように扱われなければならない。その限りでアカウントに関するアクセス・データを保管する際になされた義務違反は……独立した固有の帰責根拠を意味する（傍点筆者）。

　aa）……X らの陳述によれば，eBay でアカウントを開設する者は，……その普通取引約款では，登録の際に ID とパスワードを決めておかなければならない。パスワードを，ユーザーは秘匿しておく義務を負う；eBay も，パスワードを第三者に教えない。アカウントの登録は，法人と行為能力の制限を受けない自然人にしか許されていない。アカウントは譲渡できない。

　それゆえ，eBay アカウントの……パスワードは，特別な本人確認手段として――契約上も締結前の範囲でも――対外的に特定の名の下での行為を可能にする。その際，アクセス・データの本人確認機能はたとえば便箋，名前や住所の使用を凌駕するものであるとともに，当該データはあらゆる者が……不正利用する可能性を孕むことが，社会生活上知られている。かくして eBay アカウント所有者は，アクセス・データを誰にも知られないよう厳重に保管する一般的な責任と義務を負う。ただし……第三者でも，eBay のユーザー登録は無料であるため容易くアカウントを開設できるわけだが，この手続きをした後で著作権及び商標権などの権利侵害を犯すことができる。それゆえ，eBay アカウントのアクセス・データを安全に保管していないことが，著作権や商標権侵害の危険……増大に直結するわけではない。というよりもむしろアクセス・データを厳重に保管していない者の帰責根拠は，当該アカウントの下で行為している人物を取引上不明確にするおそれがあるという自ら生み出した危険にあり，これにより，行為者の同一性を確認し場合によっては（法律行為上又は不法行為上）請求する可能性が著しく侵害される（傍点筆者）。

　bb）判例及び学説は，第三者が定めに反してアカウントを……利用したことについて，アクセス・データを第三者に引き渡したアカウント所有者が権利外観原則により責任を負うかという問題と，ともかく第三者に当該データの利用を可能にした者が権利外観責任を負うかという問題を別々に異なって評価する（傍点筆者）(OLG Köln, NJW 2006, 1676 [1677]；OLG Hamm, NJW 2007, 611 [612]；LG Bonn, CR 2004, 218 [219f.] ……；LG Aachen, NJW-RR 2007, 565……；AG Wiesloch,

MMR 2008, 626……；Palandt/Heinrichs, BGB, 68. Aufl.,§172 Rdnr. 18；Spindler/Weber, in: Spindler/Schuster, Recht der elektronischen Medien,§164 BGB Rdnrn. 8 ff.；Mankowski, CR 2007, 606；Werner, K&R 2008, 554；Herresthal, K&R 2008, 705 [706ff.] 参照）。当該アカウント所有者の責任は，とくにこの者が無権限者の行為を少なくとも知るに及ばなかったであろう（OLG Köln, NJW 2006, 1676 [1677]；OLG Hamm, NJW 2007, 611 [612] 参照）場合や，取引相手方が行為者の自己取引であると考える（Werner, K&R 2008, 554 [555]）か，当該濫用を知り又は過失により知らない（Herresthal, K&R 2008, 705 [709]）場合には当然問題にならない。このように，第三者のアカウント冒用に対する当該所有者の契約上の責任が制限されうるのは，……取引相手方の正当な利益が……本人である者の利益よりも保護に値する場合にしか責任は正当化されないからである（傍点筆者）。しかし……無体財産及び給付保護権侵害に対する（不法行為上の）責任が問題となっている本件では，eBay アカウントのアクセス・データを厳重に保管しておかなかった義務違反者は原則として問題の法益の保護よりも優先する利益を主張できないので，なおのこと初めから上記利益較量の余地はない。

　　cc）……控訴審裁判所の認定によれば，Y は……パスワードを厳重に保管しておらず，ともかく妻が難なく知り得たぐらい近づきやすい書斎机に保管する。かくして Y は，第三者が知り得ないようアクセス・データを秘匿する義務に，このデータを使って妻が犯すおそれのある権利侵害に対して責任を負うという意味で，違反している。……出品につき法律違反が犯されうる（BGHZ 173, 188 Rz. 41f.……- eBay における未成年者有害メディア判決参照）場合，考慮される帰責事由は，当該アカウント所有者が，第三者によるアクセス・データの不正利用を知った後も引き続き当該データを十分防護していなかったときに初めて生じるわけではない。というよりもむしろ，すでに初めての，ユーザー・データの不十分な防護に基づく第三者の権利侵害が，自己自身が行為者たる [自己行為者関係上の] 行為（eigenes täterschaftliches Handeln）として当該所有者に帰責される（傍点筆者）。ただし通常の事例において，損害賠償請求につき要求される過失は，Y が少なくともアクセス・データを妻が権利侵害行為に使用することを予見しなくてはならなかったときにのみ肯定されうる。(dd) 以下省略）

【解説】

　　本判決は，妻の UrhG・MarkenG・UWG 違反行為を知らない（冒用されたア

カウントを所有する）夫Yの責任について，BGB 830条1項の共同行為者あるいは同条2項の部分的関与者（教唆者・幇助者）としての共同不法行為は成立しないことから，第三者の不正アクセスから特別な本人確認機能を有するアクセス・データを十分防護しなかったという知的財産法・競争法上固有の帰責根拠に基づいて，Yに著作・商標権侵害ならびに競争法違反の併存的行為者（Nebentäter）として自らが行為していたのと同じ責任（自己行為者関係上の責任（eigene täterschaftliche Haftung））を負わせた（いわゆる"Halzband"判決原則）[163]。すなわちYは，権利侵害を直接犯しておらず，その事実さえ知らないため，共同不法行為の要件を充たさないが[164]，Xらの絶対的に保護された法的地位（絶対権[164a]）が侵害されていた点を重視して，本判決は，「取引相手方の正当な利益が……本人である者の利益よりも保護に値する」かどうかという比較衡量を行うまでもなく，Yに損害賠償責任を負わせたのである[165]。かくして絶対権侵害に基づく不法行為責任は，利益較量を重視する（法律行為上の）権利外観責任とは異質であることが分かる[166]。なお本判決は踏み込んで，権利外観責任について「取引相手方の正当な利益が……本人である者の利益よりも保護に値する場合」には認められるとしているが，この指針は，「曖昧かつ法律から乖離した比較衡量であり疑義を生じる」[167]と言われる。

この不法行為帰責にあたって本判決は，約款上のパスワード秘匿義務の存在から導き出される「アクセス・データの果たす本人確認機能」を重視して，アカウント所有者に，第三者の不正アクセスから当該データを厳重に保管する社会生活上の義務（Verkehrspflicht）を課した[168]。かくしてこの義務に違反したアカウント所有者は，たとえその不十分な防護に基づく第三者の権利侵害が初めてなされたものであっても，アカウントの下で行為している人物が一体誰なのかを「取引上不明確にするおそれがある」危険を自ら生み出した結果，この行為者の同一性を混乱させたこと（Identitätsverwirrung）を理由に，自ら行為者としての責任を負わなければならない[169]。本人確認機能を持つアクセス・データの不十分な保管がなりすましを招くインターネットの世界では，上記の新たな責任モデルが必要とされたのである[170]。

かくして本判決は，アクセス・データを第三者の不正アクセスから防護するという厳しい社会生活上の義務を当該所有者に課した上で，この義務違反の事実さえ証明されれば，アカウントを通してなされたUrhG等違反行為に対する

「逃れ得ぬ責任」を認めた点で，「傑出した理論的かつ実務的意義を有する」[171]。今後，アカウントを第三者が冒用していたという当該所有者の言い逃れは，通用しなくなるだろう[172]。

なお本判決は，UrhG等違反の侵害行為について，プロバイダーなど中間介在者やアカウント所有者に対して調査義務（Prüfungspflicht）違反を要件に差止責任を負わせる妨害者責任（Störerhaftung）法理や，上記侵害行為者と意識的かつ意図的共同のあった合力者を共同不法行為者として損害賠償責任を負わせる構成に加えて，「アクセス・データの防護懈怠という社会生活上の義務違反」に基づき併存的行為者として当該所有者に損害賠償責任を負わせる帰責モデルを新設することで一段と，当該責任の射程を拡大したものと評価できよう[173]。この新たなモデルは，最近のOLG Frankfurt 2016年7月21日判決においてフェイスブック・アカウントでも利用されていて[173b]，理論上，その広範な責任負担の範囲を懸念しつつ「不法行為上の権利外観責任（傍点筆者）」と呼ぶ見解すらある[173c]。

ところで学説の一部には，本判決の射程について，ネット取引でなりすまされたアカウント所有者の（具体的な信頼要件の作出さえ必要としない）権利外観責任まで認めたと拡大的に評する向きもあり，たしかにすでに3年前に打ち出された1(3)のBGH 2006年判決の拡大路線とも相応するが，ただ本判決を正確に読む限り，むしろ抑制的であったと考えられる。現に――第3章の先取りとなるが――2年後のBGH 2011年判決は，上記の拡大的見通しに「明らかに異論を唱え」[174]，不法行為帰責に関する"Halzband"判決原則が「別の（より厳格な）要件を有する，法律行為上の表示に対する責任義務を根拠づけないことを明確にした」[175]。

ともあれ本判決が，パスワードの厳重な保管を怠ったアカウント所有者の帰責根拠について，アカウントの下で実際に行為したのが一体何者なのかを取引上不明確にすることが「行為者の同一性を確認し場合によっては（法律行為上又は不法行為上）請求する可能性（傍点筆者）」の著しい侵害につながると説明した点は，注目に値しよう。「パスワードの重要性」に依拠した本判決の判断は，不法行為のみならず法律行為上の帰責が問われる次元でも通用する余地が残されているからである。

(2) BGH 2010年 Sommer unseres Lebens 事件判決

　これに対して，BGH 2010年5月12日判決（Sommer unseres Lebens 事件判決）[176]は，無線LAN接続に割り当てられたIPアドレスの（第三者）冒用により著作権（本件では事件名となった音楽データ）が侵害された場合に，接続所有者の損害賠償責任を認めなかった。IPアドレスにはeBayアカウントに比肩しうる本人確認機能はないことから，(1)の"Halzband"判決原則を本件に適用できなかったためである。[177]だが他方で，接続所有者の（妨害者としての）差止責任については，「無線LANルーターの購入時点で市場一般に行われているセキュリティを目的どおり使用することを怠っ」たこと，つまり期待されうる通常一般的なアクセス防護の懈怠（なかでもプレインストールされたパスワードにつき工場出荷時の初期設定のまま変更を怠ったこと）を理由に認めている。[177a]

　なお表見証明ではないが，本判決は，IPアドレスの割当てを手がかりに，接続所有者が権利侵害につき責任を負うという——ZPO上は法律上の推定（292条）とは異なり規定こそされていないが——事実上の推定（tatsächliche Vermutung）を認めている。かくして接続所有者が，他人が権利侵害を犯したという二次的な（sekundär）主張責任を負うことになる。[177b]

4．契約の締結（成立）と契約相手に関する表見証明

　ここまで「他人へのなりすまし」を前提にこの他人の権利外観責任を中心に見てきたが，ただ本来は前段階で，他人を契約相手（当事者）と勘違いする取引相手方は，他人自らが実際に契約を締結していたとして，この者との有効な契約成立を主張し証明することになろう。その際，「ネット・オークションにおいて……アカウントの下で入札がなされたが，その後，当該所有者がオークションへの参加や意思表示の発信を争うとき……証明負担の軽減（Beweiserleichterung）」，つまりパスワードを使った入札の事実から入札者をアカウント所有者と逆推論してよいかという表見証明の問題が提起される。[178]

　裁判例をたどると，かつてのVTX取引では，1(1)bのOLG Oldenburg 1993年判決などは，加入者を実際に自ら効果帰属者として契約を締結した者（以下，契約締結当事者と称する）とする表見証明（より厳密には「事実上の推定」による証明責任の転換）を認めていた。しかしネット取引に移行して一転，複数の下級審裁判例は，1における表見代理類推適用の認否の場面同様，セキュリ

ティの不完全性・脆弱性を理由に，単純なパスワード方式により保護されたアカウントの所有者を契約締結当事者とする表見証明を認めていない[179]。LG Magdeburg 2003年10月21日判決[180]は，AG Erfurt 2001年，OLG Köln 2002年（いずれも 1(2)a参照）や LG Konstanz 2002年4月19日判決[181]を引用して，「……とくにいわゆる『トロイの木馬』を使い秘匿されるべきパスワードを探知して濫用するおそれがあることが考えられる。かくして……セキュリティ・レベルは不十分だったので，秘密のパスワードが利用されたことから，これを割り当てられていた者が使用していたと十分確実に推論できない。ただ単に……アカウントを保持しているという理由のみをもって，当該所有者が濫用リスクを負担しなければならないわけではない」とする[182]。また 1(2)e の OLG Hamm 2006年判決も，c の AG Bremen 2005年や d の OLG Köln 2006年判決に続けて，オークション取引でアカウント所有者本人が入札をしたことの証明責任に関して，落札者と考えられる「Y が eBay で……すでに多数の取引を行ってきたという理由に基づく表見証明は……認められない。当時の……セキュリティでは，秘密のパスワードが利用されていたことから，これを割り当てられていた者を利用者と推論するには足りない」として，各訴訟当事者が自己に有利な諸事情を主張し証明するという証明責任の一般原則に従い，出品をした X 側にあると言う[183]。

このような表見証明を認めない契約締結当事者の確定準則によれば，取引相手方が，アカウント所有者本人を実際の締結者たる契約相手と証明することは困難となる。かくして上記 AG Bremen 2005年や OLG Köln 2006年判決では，取引相手方たる X は，アカウント所有者が実際の行為者であるという主張を初めから諦めて，名義人（＝アカウント所有者）本人を（必ずしも契約締結当事者に限定されない，効果帰属者という広義の）契約当事者と確定する「他人の名の下での行為」を前提にいきなり表見代理の類推適用によりこの者の権利外観責任を争ったわけである。

なお上記の，表見証明をめぐる裁判例の態度変更について，1993年当時はインターネットがまだ緒についたばかりであったが，これ以降，「開かれた」インターネットでは VTX に比べて，（マルウェア（ウィルス）やフィッシングなど）他人のアクセス・データの不正探知・操作の技術的可能性が著しく高まり，当該冒用が必ずしもアカウント所有者の過失によるとは限らない現状を指摘する[184]

ことで矛盾なく説明できるかもしれない。LG Münster 2006年判決（1(2)a参照）も，なりすまされた「Y は，パスワードにより保護されたアカウントをeBay に保持するというだけでは，危険領域による証明責任の転換により濫用リスクを負担しない（……）。VTX とは異なり，家庭の接続にとどまらず電源・データ接続のある，世界中好きな場所からネット・オークションに参加でき，有効な本人確認ができない」とする。ただ一連の表見証明を認めない裁判例に対して，たしかに（相手方たる）出品者はネット・オークションの恩恵に与っているとはいえ，アカウントを開設して入札を行った者も当該危険なシステムに身を置いたことから，なりすましリスクを一方的に出品者に配分することには説得力がないという指摘がある。[185]

第3節　BGH 2011年5月11日判決前夜までの学説状況
――表見代理の類推適用法理を中心に――

　ここでは第2節の裁判例の状況に続いて，BGH 2011年判決前夜までの学説状況，とくに権利外観責任に関する学説を中心に考察し，第3章で扱う「ネット・オークション取引上のなりすましと表見代理の類推適用」のリーディング・ケースたる当該判決への軌跡をたどり判決内容を読み解くことに生かしたい。なお，ここで紹介する学説の多くが，第2節の裁判例で引用・参照されている。[186]

1．ビデオ・テックス（VTX）取引に特化した外見代理を志向する見解
(1)　ボルズムとホフマイスターの慎重な見解

　ボルズム（Wolfgang Borsum）とホフマイスター（Uwe Hoffmeister）はすでに1985年，ネット社会到来前の20世紀終わりに注目された VTX が第三者に冒用された問題（第2節1(1)の裁判例参照）について，取引相手方は冒用者ではなく加入者との間で法律行為が成立したと考えていること（いわゆる行為者の同一性の誤認）から，後者を契約当事者とする「他人の名の下での行為」を前提に，外見代理の（類推）適用問題について論じる。
　ボルズムらは，VTX 取引におけるなりすましへの上記類推適用にあたり――第3・5章で見るとおり BGH 2011年判決を契機に学説上いっそう激しく争われる――無権限行為の「反復・継続性」という伝統的要件を放棄する見解

(後述(2) a 参照)の存在を知りつつも，次の理由から批判する。

　客観的な権利外観に関わる反復・継続性要件は，特段の事情が存在する場合にのみ放棄できる。しかしVTX取引では，行為者が加入者からパスワードを入手したにちがいないという前提に立って，特段の事情を導き出すことはできない。電気通信網を利用するVTXでは，スパイ行為者が「配電盤ボックス，地下ケーブルの継ぎ目末端（Erdkabelverschluss）……など自由に立ち入れるネットワーク・ポイント」で，あるいは電話回線を通してパスワード情報を不正入手できるからである。[187]

　このようにボルズムらは，VTXシステムにおける「パスワードの安全性・信頼性」に懐疑的な立場から，たとえその不注意な保管（unsorgfältige Aufbewahrung）が冒用の原因であったとしても，この有責に作出された権利外観を加入者に帰責できないと結論づける。

　ただし，「技術的に『より安全に』利用者の本人確認を行うシステム」，たとえば当時の銀行が採用した「口座番号，PIN，（盗み取られないようコード化された）TAN」による三段階システムが導入されているときは一転，（類推適用される外見代理の）反復・継続性要件は不要となり，利用者の本人確認に必要な「数字の組み合わせの一致」がそれに代わるとともに，加入者側が，当該外観の作出につき帰責性がないことを証明する義務を負う。[188] この，VTX取引において特別なセキュリティ・システムの導入を条件に例外的に上記反復・継続性要件を放棄する（さらに帰責性に関する表見証明まで認める）考え方は，自他ともに「ビデオ・テックス（VTX）外見代理」と称される。[190]

(2) ラッハマンらの先進的見解

　a　(1)の，外見代理の容易い成立に慎重な見解に対して，ラッハマンは，パスワードについて，VTXシステムにアクセスする際に「鍵の役割」を果たしていること，加入者しか変更できないことから，これを自由に使用できる者は直接または間接的に加入者から入手したと推測できるとした上で，取引安全保護の観点から，外見代理の類推適用の範囲を著しく制限することのないよう主張する。かくして外見代理の（反復）継続性要件は，通常一般に必要だが例外の余地も認められ，まさにその例外がVTX取引である。

　もしこの主張に反対するのであれば，加入者が契約締結上の過失法理に基づく信頼利益の損害賠償責任さえ負わないのか，検討すべきであり，さらにこれ

も否定的に解して，技術的に完璧なセキュリティ・レベルを追求することにでもなれば，せっかくの「新しいコミュニケーション方式は即戦力性を失ってしまう」と，ラッハマンは憂慮する。[191]

　なお，ラッハマンの見解がLG Ravensburg 1991年判決で採用されたのは，第2節1(1)aで見たとおりである。

　b　ブリンクマン（Werner Brinkmann）は，VTX事業者は加入者の装置で注文がなされたことを証明すれば，（たとえば家族構成員による）冒用なりすましの事実を加入者が反証できない限り自らが取引したものと扱われるとして[192]，「証明責任の分配」の枠組みで取引安全保護をめざす。

(3)　帰責性重視の観点からアプローチする諸見解

　a　他方で帰責性重視の観点から，ケーラー（Helmut Köhler）は，なりすまされた加入者の責任について，この者がパスワードを第三者（たとえば家族構成員や従業員）に意識的に伝達した場合とそれ以外の場合に分けて論じる。そして前者事例については，合意に反した白紙書面補充（abredewidrige Blankettausfüllung）に関する原則（第4節1(4)，より詳しくは第4章参照）を類推適用して加入者の権利外観責任を認める。他方，後者事例については，BGB 935条（占有離脱物の善意取得の不成立）の価値判断およびこれに依拠して判断された（とケーラー自身が考える）BGH 1975年5月30日判決[193]との比較均衡から原則，加入者の権利外観責任を否認しつつも，実際はパスワードの変更など冒用防止措置の懈怠（管理上の過失）を理由に外見代理の類推適用を想定している[194]。

　このパスワードの（意識的）交付を分水嶺にして権利外観責任を論じる着眼点は，しばしば以後の見解や第2節3(1)で詳述したBGH 2009年判決（【判決理由】中のⅡ1c）bb）参照）で注目され取り入れられている。

　b　ケーラーと相前後して，レデカーは，帰責性について，一概に答えられないとしながらも，「VTXシステムへのアクセスは……パスワードの入力者に限られ」，「パスワードは加入者ならいつでも変更できる」[195]ことから，加入者より（信頼を得て）その交付を受けた者が冒用した場合にこれを認めている。さらに冒用者への交付により，加入者自身が冒用リスクを著しく増大させたこと（「危険増大」論の採用），取引相手方は「自ら表意者の本人確認をする機会を有しないため」「パスワードを知る者を加入者本人またはその同意を得て行為する者と信じるほかないこと」も理由に付加される。この考え方は，「とにか

く商人の領域では無制限に当てはま」り，頻繁にパスワードを変更するなど適切な冒用対策が求められる。ただし一般私人，とくに家族関係では，「VTXは，取引上の通信手段にとどまらず情報提供および娯楽（会話）手段として使用される」事情にまで立ち入って，パスワードを家族が知っていることは通常一般にあり得ること，加入者に厳格な冒用対策を求めるのは「家族における通常の，GG（基本法）6条（婚姻，家族，母及び子の保護）により保護された信頼関係」にそぐわないことから，商人関係のように厳しい権利外観責任を認めて加入者に冒用リスクを負担させることはできないとした[196]点には注意を要する。

　c　これに対して，クライエアー（Ulrich Kleier）は，VTX 加入者がパスワードを第三者に交付して取引できる状態にした場合のみならず，パスワードの常時変更可能システムにより他人の不正利用から身を守る可能性を有したにもかかわらず怠ったためなりすまされた場合にも，「注意義務違反」という批判を甘受しなければならないと言う。要するに，パスワードの変更を怠った点（管理上の過失）を帰責事由と捉えている。

　なお外見代理の反復・継続性要件について，クライエアーは，パスワード・システムが他人の不正冒用から加入者を守るという役割を十分果しているのであればとの条件つきで不要論へと傾くが，その最終判断は判例に委ねる。[197]スタンスとしては，VTX という最新技術の普及に好意的なことから，(2)aのラッハマンに近いと言えようか。

2．他人の番号の下での行為という新概念で現代的考察を試みる見解

　ハナウは，博士論文「他人の番号の下での行為」[197a]を公表した翌2005年，これをまとめた同名の論稿を著し，[198]すでに第2節1(2)・(3)で見たとおり裁判実務で頻繁に引用・参照されているので，ここでは後者論稿を中心に，彼の見解を簡潔に紹介したい。ハナウの特徴は，何と言っても従来の「他人の名」に代えて「他人の（とくにセキュリティの担保された PIN・TAN に代表される，匿名化された）番号」の下での行為という新たな象徴的概念を打ち立てて現代的な電子取引の特殊性を反映させようと果敢に試みた点にある。

(1)　「他人の名」改め「他人の番号の下での行為」という新たな現代的呼称

　ハナウは冒頭，上記タイトルをあえて「『他人の名の下』ではなく『他人の番号の下』での行為」とした理由について，生活実態の現代的変容を指摘して

丁寧に説明する。

　a　「伝統的に，人々は，法取引において自己の名前により身分を証明してきた。それは，公的機関の身分証明書，運転免許証，さらに旅券等においてである。第三者が法律行為をする際に名義人と詐称するとき……正当な名義人として行為し，それにより自らは他人であるという印象を抱かせているので，他人の名の下での行為が存在する」。

　「だが最近は……名前ではなく番号により身分を証明するという生活実態が存在する。たとえば，ECカード（Euroscheckkarte），（ICカード型電子マネーである：筆者挿入）ゲルトカルテ（Geldkarte），クレジット・カードによる支払い，ネット・バンキング，（携帯）電話，ネット・サーフィンやオークションでの番号利用が挙げられる」。

　b　このように名前に代わる，番号による本人確認（証明）という生活実態の変化に伴い，他人の名の下での行為にも変化が見られる。たとえばECカードによる現金自動支払機での引出しを例にとれば，「カード所有者は……現金を引き出す際に自らが権利者であることを確認しそれにより身分を証明するため，銀行の割り当てた個人の本人確認番号（PIN）を使用する」。ただその弊害として，PINとともにカードを他人が横領すれば，正当な権利者として現金の引出しが可能となる。

　かくして現代的な匿名化された他人の名の下での行為について，ハナウは，他人の番号冒用により「正当な口座所有者が自ら現金を引き出しているという印象を抱かせる」なりすましの実態に即して，「他人の番号の下での行為」と呼ぶことを提案する。[199]

(2)　「他人の名の下での行為」との異同と代理法による解決可能性

　いよいよハナウは，他人の番号の下での行為について，他人の名の下での行為との異同に留意しつつ，後者同様に代理法を類推適用できるかどうかの検討に着手する。

　a　「氏名」概念について，BGBは，（氏名権侵害における差止め（停止と予防）という効果のみを規定した）12条で，法律上の定義をせずに使用する。氏名は，法律上自然人または法人に帰属し，他人と区別するため永続的に使用される対外的記号であり（判例），法取引では本人を確認することに役立つ。

　しかしながら人の特定には，しばしば職業，年齢，住所など他のメルクマー

ルも加わる。名前だけが唯一の本人確認のメルクマールではない。

クロークの荷物預かり番号札という古典的事例を例にとれば，コート返却時に，証明記号・簡易な本人証明の文書としてその札と番号により，預けた者の確認がなされる。かくして番号も，法取引において個人のメルクマールであり，名前同様，本人確認の記号として他人との峻別に役立っている。また現代的な事例は，ECカードのPINである。銀行は，口座所有者が現金自動支払機で金銭を引き出す際，名前ではなくカードの挿入とPINの入力により本人確認を行う。銀行は，口座所有者に割り当てたPINに取引相手方の同一性を結びつけている。さらにより現代的な事例は，ネット・バンキングである。口座所有者の本人確認は，その「鍵」となるPIN・TANによって行われる。

b 以上から，ハナウは，上記(セキュリティの担保された)番号を，本人確認・証明の観点から名前と同列に置かれうるべき存在とした上で，ただ相手方から見れば次の差違が存在すると言う。

他人の名の下での行為では，取引相手方は通常一般に，行為者を名義人本人と考えていて，代理権を授与された代理人であるとは考えていない[200]ことから，相手方から見れば，名義人が行為者であると解釈されうる。この場合において，取引相手方が名義人本人と取引を締結する意思を有するときは，代理規律の類推適用が可能となる。

それでは他人の番号の下での行為でも，取引相手方は通常一般に，行為者を番号所有者本人と考えているのであろうか。

ECカードのPINは，銀行と顧客がその秘匿を合意していることから，ECカードでPINを使って金銭が引き出されるとき，銀行は通常，カード所有者本人が引き出しを行っていると考えている。

これに対して電話の場合，電話会社は，通話主を電話加入者と推定できるが，実際はこの者から通話を許された他人かもしれない。受話器を取り上げて番号さえ押せば通話できるからである。電話会社に対して加入者が通話を許可した者全員を伝えることは，家族関係，ましてや従業員の配置転換がある会社組織では，予定されていない。同様に家庭や業務上のネット接続の場合にも，相手方は，番号所有者本人もしくはこの者から代理権を授与された者を行為者と考えている。

ただ他人の番号の下での行為では，取引相手方が誰を行為者と考えるかにつ

いて，他人の名の下での行為と差違が生じうるとしても，いずれにせよ結果的に代理法により同様に解決される。すなわち取引相手方が，番号を利用する行為者を番号所有者本人と考えているときは，他人の名の下での行為の場合と同様であることから，代理規定が類推適用される。他方，取引相手方が，番号を利用する行為者を代理人と考えているときは，まさに典型的な代理の問題である[201]。

(3) 「他人の名・番号の下での行為」における表見代理の類推適用と独自の外観要件

続いてハナウは，そもそも他人の名の下での行為に表見代理判例法理を類推適用できるかを考察した上で，他人の番号の下での行為も同様に処理できるかの検討に入る[202]。

a 他人の名の下での行為では，「第三者が繰り返し本人の名の下で取引相手方と法律行為をし，この相手方が信義則上取引慣習を考慮して行為者を名義人本人と考えてよく，名義人が第三者の容態を知りあるいは過失により知らずそれを阻止しないとき」，取引相手方は，行為者を名義人本人と信頼する。この場合に表見代理判例法理を類推適用することについて，VTX 取引に関する下級審裁判例（第2節1(1)参照）は「自明のごとく」承認してきた。

ただ一連の下級審裁判例の中で，唯一 OLG Oldenburg 1993年判決（第2節1(1)b）だけが，他人の名の下での行為への代理法の類推適用を認めたBGH 1966年判決（第1節2(3)c aa参照）に基づいてVTX取引上の結論を導き出したとして，ハナウは，この理路整然とした説明を評価した上で，当該関係者の利益衡量の観点からも支持する。取引相手方の満足はもとより，契約当事者として履行責任を問われる名義人も帰責性をもって権利外観を作出していたし，他人の名の下で行為した者も「濫用的に行為していた」以上（後始末として）名義人から償還請求されて然るべきだからである。

b かくしてハナウは，他人の番号の下での行為への表見代理判例法理の類推適用についても，(1)・(2)aのとおり「名前と番号は同じように身分を証明するメルクマールである」こと，暗証番号で本人確認を行うVTX取引についてすでに上記OLG Oldenburg 1993年判決が外見代理の類推適用を認めたと評価できることから，肯定する。一般論としては，「番号所有者が，その番号の下で他人が行為することを意識してあるいは過失により知らないで放置し，契約相手方が……他人の番号の下で行為する者は番号所有者本人またはこの者から

代理権を授与された者であると理解し、かつ信義則上取引慣行を考慮してそのように考えてよい場合」、当該所有者は履行責任を負うことになる。たとえば「ネット・バンキングのPINを任意に交付した者は、この濫用を予見しなければならない（傍点筆者）」ため、外見代理の類推適用を受ける[203]。

　もっともハナウは、BGH 2011年判決を契機により明確に意識される一大争点、つまり外見代理の伝統的要件を他人の番号の下での行為にも転用して他人による番号冒用の「反復・継続性」を要件とするかについて、すでに次のとおり懐疑的な見方を示していた。

　(秘密の)「暗証番号では、番号による身分証明という強い権利外観が反復的行為という要件を克服する。その限りで、隔地者間での暗証番号の申告は、対話者間での個人的な行為よりも強い権利外観を形成する」。これに鑑みて、すでに上記OLG Oldenburg 1993年判決は、「暗証番号で操作されたVTX方式で、外見代理についてこの要件を完全に放棄した」と考えられる[204]。

(4) 小　括

　最後にハナウ説の意義を、筆者なりに簡単にまとめておきたい。

　ハナウは、現代の電子取引社会における（アクセス・データの総称としての）「番号」の意義について、とくにセキュリティの担保されたECカードのPINやネット・バンキングのPIN・TANを念頭に、本人確認・証明の点で従来の名前に代わる同等あるいはそれ以上の存在であると考える。そしてこれを起点に、ハナウは、番号の冒用という現代型なりすましを、「他人の名」から「他人の番号」の下での行為に改称した上で、従来の他人の名の下での行為との異同を明確にしつつその特殊性を法律上の問題解決に反映させようと試みた。このアプローチは、実際に第2節1(2)の裁判例の多くがハナウ説を引用・参照していたように、大いに注目・評価されるべきである[204a]。

　かくしてハナウは、（従来の名義人に相当する）番号所有者が、第三者による番号冒用なりすまし行為を意識してまたは過失により知らないで放置し、契約相手方が、この放置から、他人の番号の下で行為する者は番号所有者本人またはその代理人であると考え、かつ信義則上取引慣行を考慮してそのように考えてよい場合において、番号所有者本人と誤信したときは表見代理判例法理の類推適用、代理人と誤信したときはその直接適用により、当該所有者は権利外観責任を負うと結論づける。

ただ上記（類推であれ直接であれ）適用にあたって，ハナウは，電子取引では（第三者の不正アクセスをセキュリティ上予防する）暗証番号自体が信頼に足る本人確認・証明手段であること，すでに同様の保護方式を採用したVTX取引についてOLG Oldenburg 1993年判決（第2節1(1)b）が冒用行為の「反復・継続性」要件を放棄したことから，他人の番号の下での行為について当該要件を不要とする。もっとも，詳細に論じた博士論文[204b]によれば，ネット・オークション取引については，第2節1(2)の下級審裁判例を参照して，セキュリティ基準の低さからその限りでない。他方で，外見代理に準じた帰責要件である「過失」については，具体的ななりすまし行為に対する予見・阻止可能性と捉えた上で，パスワードの意識的交付を伴う場合や——たとえば前述の博士論文では[204c]——PIN・TANの所有者がその番号を紛失したり他人に知られてしまったりした事実を知った場合を挙げていることから，かなり限定的にしか上記可能性の存在を認めないようである。

3．コレクト・コールにおいて外見代理の伝統的要件を踏襲する見解

　シュミット（Marlene Schmidt）は，第2節1(3)のBGH 2006年判決がコレクト・コールの冒用事例に外見代理の伝統的基準は適合しないとして無権限行為の「反復・継続性」要件を放棄し電話加入者の帰責要件「過失」の判断に重きを置いたが，これには「理論上ほとんど説得力がない」と言う。

　さらにBGH 2006年判決は，外見代理の類推適用による取引安全保護には限界があることから，電話加入者はなりすまし防止につき最善を尽くしていたことを証明できない限り免責されないという遠距離通信の取引安全保護を図るTKV 16条3項3文をやむなく持ち出したわけだが，その意義と影響について，シュミットは次のとおり批判的に分析する。「遠距離通信サービス企業が，電話加入者との間で実際に契約が成立していたことを説明する」手間を省いた。だが反面，「電話加入者は，コレクト・コールの受信を妨げるため自己に期待されうるすべてをしていたことを証明することでしか免責され」ず，（コレクト・コールを受信した）「未成年者の保護は……劣後せざるを得ない」ことになった。

　最後にシュミット自身は，「『音声コンピュータによるコレクト・コールの仲介』というビジネス・モデルが遠距離通信サービス企業に多くの，とくに経済的利益を供与する」実情に鑑みれば，「当該企業に生じた不利益を一般的な（外

見代理：筆者挿入）原則から外れて顧客に肩代わりさせる理由が実際にあったのか」として，匿名の大量通信取引の一言でもって上記特別法の規定により取引安全保護を拡大することに疑問を呈する。[205]

４．電子取引において外見代理の伝統的要件を絶対視しない見解

　これに対して，ネット取引におけるなりすましへの外見代理の類推適用自体は認めつつも，当該取引の特殊性から「無権限行為の反復・継続性」要件を中心に絶対視しない見解について，紹介したい。なおこの学説には，２で紹介済みのハナウも含まれるであろうし，また当時最新の通信技術であったVTXによる取引を萎縮させないよう（セキュリティ・システムの導入を条件に）取引安全保護に重点を置く１(2)ａのラッハマン（あるいは(3)ｃのクライエアー）も，ネット取引で同種の主張を展開することが予想される。なお，コレクト・コール上のなりすましについてではあったが，BGH 2006年判決が外見代理に関する伝統的基準は当該冒用事例には適合しないと判示していたことは，第２節１(3)で前述したとおりである。

(1)　フェルゼとガシュラーの見解

　フェルゼ（Dirk A. Verse）とガシュラー（Andreas Gaschler）は，ID，パスワード，PIN・TANなど個人認証手段が第三者に冒用された場合において，当該手段をその所有者が交付していたときは，白紙代理権授与証書（Blankovollmachtsurkunde）の交付と同列に捉えて表見代理に関するBGB 172条（代理権授与証書）１項の類推適用が可能であるとする。

　次に外見代理の類推適用が問題となる場合に，第三者の番号冒用行為が（権利外観に関わる）反復・継続性要件を充足する必要があるかについて，外見代理が直接適用される場面でもあくまで「通常一般に」必要とされるにすぎず，現に下級審裁判例のみならずBGH判決の中にも強い権利外観が存在する場合には上記要件を放棄するものが散見されることから，絶対的要件とは考えない。[206][207]

　ただ対照的に，過失による権利外観の作出という帰責要件に関して，注意義務違反の認定には慎重である。パスワード全部の暗記を求めるのは不可能であり紙片に書き留めたとしても，その行為自体に非難可能性はない。かくして保管方法が問題となるが，誰の接近も許さないといった完璧性は求められず，紙

片を（机の引出しの，便箋束の下に隠すなど）適切に保管してさえいれば，過失は認められない。なおこの（保管上の）過失が，外見代理の帰責要件である「冒用行為に対する予見・阻止可能性」といかなる関係に立つのか，必ずしも定かでない。[208]

　以上のようにフェルゼらは，ネット取引におけるなりすましへの外見代理の類推適用にあたり，個人認証手段が権利外観として強度であれば反復・継続性要件を絶対視しないため取引安全に傾斜するかと思いきや，帰責要件である過失の認定には慎重な姿勢で臨むとしている。ただパスワードの保管状況しだいでは，過失の認められる余地があり，とくに冒用なりすましの横行する家族関係でどのように判断するのか，微妙となろう。

(2)　ヘルティンクの見解

　外見代理の類推適用にあたり反復・継続性要件を踏襲するかについて，ヘルティンク（Niko Härting）も，取引相手方が番号冒用なりすまし行為に気づく可能性はアカウント所有者に比べてはるかに低いことから，初めての冒用か反復・継続的な冒用かで区別するのは恣意的であると言う。「すでに初めての濫用事例において権利外観責任を認め，過失により濫用を可能にしたことで足りる」として外見代理原則を拡大する判断は，「事実および利益に適合する」[209]。

5．電子取引独自の権利外観責任を意識する見解

　4(1)の見解は，外見代理の類推適用にあたりパスワードなど「権利外観としての個人認証手段の強度」から伝統的な反復・継続性要件を絶対視しないわけであるが，見方を変えて発展的に捉えれば，権利外観責任を認めるためだけに類推適用という法解釈適用技術を駆使しただけで，権利外観一般法理に基づいて電子取引に適合する独自の責任枠組みを模索していると考えられなくもない。この従来の表見代理類推適用論を克服する姿勢を見せようとしたのが，次の見解であろう。

(1)　クレースの提言

　クレース（Andreas Klees）は，遠距離通信サービスに関するBGH 2006年判決（第2節1(3)）により「外見代理に関する争いは新たな段階に突入した」と言う。外見代理の類推適用に際して無権限行為の反復・継続性という伝統的要件を放棄し，さらに（電気通信に関する）特別法（当時のTKV）まで持ち出して

権利外観責任の拡大へと踏み出したからである。この拡大を内在的に正当化するのは、「実際完全に技術化された、匿名の大量取引」が問題になっていること、つまり取引安全保護の強い要請である。

その上でクレース自身は、BGH 2011年判決の舞台となるネット・オークション取引まで視野に入れつつ、「学説・判例は、（表見代理以外の：筆者挿入）他の場所で、保護に値する当事者双方の利益を適切に調整するとともに、電子法取引の特殊性をも斟酌する事実適合的な解決を作り上げるよう求められている」[210]として、すでに独自の権利外観責任を模索する方向性を示していたと言えよう。

(2) 帰責原理「危険主義」の観点から限定的なリーダーの見解

リーダー（Markus S. Rieder）は、パスワード冒用という新タイプのなりすまし事例について——カナーリス（Cl.-W. Canaris）の信頼責任論の影響を受けつつ——隠秘の白紙書面補充（verdeckte Blankettausfüllung）[211]や表見代理との違いを踏まえた上で、2のハナウ同様「定評のある、権利外観理論という同系列的な問題解決に依拠して」、帰責性に配慮しつつさらなる権利外観責任の発展的事例として積極的に位置づける。[212]なおパスワードは、法取引において本人確認手段でありそのように理解されていることから、一定レベルのセキュリティが保たれていれば権利外観としての適性自体は備えており、後はレベルに応じてその強度が決定されると言う。[213]

そして問題の帰責性に関して、リーダーは、定評ある過責主義ではなく、「他の権利外観責任事例と同様、危険主義に従って査定される」べきであるとする。この危険主義によれば、パスワードの発行を受けたアカウント所有者は、その冒用リスクにつき「少なくとも相手方よりも支配しとくに自己の利益のために引き受けている」という（危険支配・引受けの）意味で危険を増大させていなければならない。加えて権利外観原則が抱える法倫理的な弱さの克服には、帰責ファクターが一定の重さに達していることが求められる。かくしてパスワードの所有者が、意識的にこれを冒用者に交付していたときは、[214]意識的に危険を増大させているとともに、帰責性の最も重い「権利外観の意識的作出」が存在するため、権利外観責任が認められる。[215]

ところでリーダーは、帰責性のみならず権利外観責任の成立範囲についても、パスワード冒用に類似する白紙書面濫用を参考に、限定的に捉える。すな

わち後者事例では，当該書面の「空白」部分が多ければ多いほど，重要でない取引しか上記範囲に含まれないが，「パスワードは，ただ単に署名されただけの，完全に『空白の』白紙書面と同視される（傍点筆者）」。かくして，当該冒用で権利外観責任の成立する「範囲は，パスワードを利用して通常一般に行われる取引に強く制限されてい」て，「『著しい』義務負担を含まな」いことになる。具体的には，「信義則や各事例の諸般の事情が決め手とな」り，たとえば長期間，きわめて重要性の低い業務行為しかなされてこなかったのに突然，この範囲を完全に逸脱する取引がなされた場合，相手方は，信義則に従い取引慣習を考慮すれば，パスワード所有者本人が今回の取引を行っていたと信頼することはできないであろう。[216)]

以上のとおりリーダーは，危険主義の立場から「パスワードの意識的交付」という厳格な帰責性を要求するとともに，権利外観責任の成立範囲について危険主義の暴走による拡大を懸念してか，パスワード冒用に類似する白紙書面濫用に準じてかなり限定的に捉えていることが分かる。

6．表見代理の類推適用に依拠した権利外観責任の成立に懐疑的な見解

以上見てきた，表見代理の類推適用を支えとする諸見解に対して，レックナーゲル（A. Einar Recknagel）は，ネット・バンキングに考察対象を限定して，「個人認証手段の厳重な保管」という「顧客の基本的義務（Kardinalpflicht）」の違反に帰責性を見つつも，[217)] 他の要件を充足することの困難性から最終的に懐疑的な見方を示す。

まず認容代理の類推適用について，ネット取引の特殊性から否定的である。口座所有者が第三者の冒用を知るのは冒用後であり，その後「口座へのアクセスを遮断し……金融機関に連絡する」。つまり口座所有者は，冒用がなされた時点ではいまだ無権限者の行為自体を知らないため，認容代理の要件を充たさないからである。

次に外見代理の類推適用についても，「使用された IP 番号（IP-Nummer）は，通常一般に各プロバイダーから……割り当てられるため」外観として役立たないこと，（コミュニケーション・チャンネルとして）開かれたインターネットの「利用は……顧客への帰責とは相容れない」こと，[218)] さらに当該バンキングでは冒用が長期にわたり継続的に行われるわけではないため外見代理の反復・継続性要

件を充たさないことを理由に，否定的な見方を示す。

またかりに，冒用が長期間継続的になされているときは，「自己の口座を閉鎖し銀行に濫用を連絡する」という——「契約上の付随義務」としての——「管理義務（Kontrollpflicht）」違反による「二次的請求権（Sekundäranspruch）」，つまり損害賠償責任を問題にすれば足りる。

ところでレックナーゲルは，1(1)でボルズムらが首唱した「ビデオ・テックス（VTX）外見代理」のごとくネット・バンキングに特化した構想について，開かれたインターネットでは，権利外観の基礎をなす「システムおよび個人認証手段の特別な安全性」が欠落していて，冒用は「必ずしも顧客の過失によるものとは限らないので，特殊なネット・バンキング権利外観（Online-Banking-Rechtsschein）という方法でさえ顧客に帰責できない」として難色を示す。[219]

7. 契約上の損害賠償責任を導く見解

電子取引でなりすましが行われた場合において，第2節1(2)の複数の下級審裁判例や第3節2のハナウのように外見代理の類推適用の可能性自体は認めつつ当該要件の厳格な当てはめを行い結果的に否認する場合や，外見代理の類推適用自体に否定的な6の見解に倣うときは，アカウント等の所有者に権利外観責任以外に，（債務法領域で展開された）契約上の損害賠償責任を負わせて取引相手方を保護できないかが問われる（あらためて第5章第4節でも考察する）。現に6の見解は，口座所有者の権利外観責任に代えて，「自己の口座を閉鎖し銀行に濫用を伝える」管理義務の違反による損害賠償責任を主張する。ただ「法律行為類似の債務関係に基づく義務違反（BGB 280条1項，311条2項・3項）」による（契約締結上の過失）責任について，唯一の裁判例であるLG Bonn 2003年判決がこれを認めなかったのは，第2節2で前述したとおりである。

(1) 「契約締結上の過失責任」など付随義務違反に依拠する見解

a すでに1(3)aのケーラーは，VTX装置を設置したことでいつでも取引ができるようになったことから，第三者の冒用を予防する措置を講じる義務が発生したとして，契約締結上の過失責任を認めていた。また近時シュラム（Karl-Heinz Schramm）も，アカウント所有者は「BGB 311条2項により責任を負うことがある」と言う。[220][221]

b ところでハナウが，類推適用する外見代理そのままに「無権限行為に対

する予見・阻止可能性」を番号冒用なりすましの帰責要件とする結果，番号の意識的交付を伴わない（ないしその交付に準じる容態が認められない），単なる保管義務違反では権利外観責任を認めないのは2(3)b・(4)で前述したとおりである。

　ただ損害賠償責任との関連で，ハナウは，ネット・バンキングについてPIN・TANを厳重かつ別々に保管する義務を負う口座所有者がこの義務に違反して第三者の冒用を可能にしたとき，BGB 280条1項，282条等により損害賠償義務を負うと言う。かくして損害賠償法上は，他人の番号の下での行為における番号所有者の方が，他人の名の下での行為における名義人よりも厳格な責任を負うことになる。

(2) 「第三者のための保護効を伴う契約」に依拠する見解

　コッホ（Robert Koch）やホフマン（Jochen Hoffmann）は，ネット・ポータルの「一般的な利用関係はとくに第三者のための保護効を伴う契約として形成されている」ことから，「契約違反の容態が他の利用者の財産的利益を危殆化している」ときは，当該「保護効を伴う契約という原則と結びついたBGB 280条1項，241条2項に基づく責任」を主唱する。すなわちプラットフォーム運営者は，取引が妨害や不正操作を受けずに進行するよう，第三者たる他の利用者まで契約の保護領域の中に含めることに正当な利益を有する。かくしてオークション・サイトの約款について，コッホは，契約内容に関わる条項は解釈の一助となるが，さらに「第三者の利益になる条項は，第三者のためにする契約原則によりオークション参加者間でも権利義務を生じさせうる」として，約款の第三者保護効に着目している。具体的にホフマンは，パスワードが本人確認の機能を果たすことから，過失により漏洩した者は約款上の保管義務違反として損害賠償責任を負うと言う。

第4節　おわりに

1．BGH 2011年5月11日判決前夜までの到達点と課題

(1) 現代的な「他人の名・番号の下での行為」における表見代理類推適用の旺盛な議論

　a　ドイツにおいて「他人へのなりすまし」は伝統的に，「他人の名をいきなり示した行為」の中でもさらに「他人の名の下での行為」という類型事例群に細分類・整序されてきた。そして後者は理論上，代理とは対比・区別された

が，紆余曲折を経て代理法による解決を借用（法解釈適用上は類推適用）できないかという問題意識のもと議論されてきた。そしてこの問題は，すでに清水教授の基礎研究時点（1978年当時）で判例・学説上一般に肯定的に解され，ひとまず決着を見た。

b　その後は代理法の類推適用を当然の前提に，本章で見てきたとおり，新しい現代的な電子取引上のなりすましへと舞台を移して，とくに重要性を増す電子取引の安全保護の観点から，表見代理を類推適用してなりすまされた他人（番号所有者）に権利外観責任を負わせることができないか，活発な議論が展開されている。

aa　ところでまず上記問題を論じるにあたって，非対面者間で匿名性が支配する電子取引の世界ではなりすましリスクが総じて高まるという構造的な特殊事情に留意しておく必要がある。すなわち電子取引では，本人確認・証明方法が「（顔や声など身体的特徴と資力や名声など社会的評価の結びついた）名前」から（アカウント等の所有者に割り当てられた）ID・パスワードに代表される「（匿名化された）番号」へと変わった点を問題解決に反映させることが求められる。番号（符号）を構成する数字やアルファベット自体は名前のように個性を持たないが，番号の特性を生かして暗証方式にするなどセキュリティ機能を付与・強化すれば秘匿性が増すにもかかわらず，本人であることを示す外観としては，従来の「名前」よりも強固なものとなろう。この点を重視すれば，ID・パスワード入力によるアカウント等の利用事実から，取引相手方が，実際の利用（行為）者は当該番号所有者本人であったと信頼してもあながち不当とは言えない。ただ他方で，トロイの木馬に代表されるウィルス，フィッシングやファーミング攻撃など番号を探知する不正技術も日々刻々と巧妙化しているため，常にセキュリティを更新することが課題となる。[227a]

以上の電子取引の特性を踏まえて「他人の名」改め「他人の番号の下での行為」と呼ぶことを首唱したのが，第3節2のハナウであった。時代を先取りした，このアプローチが瞬く間に受け入れられたことは，第2節1(2)の裁判例で必ずと言っていいほど引用・参照されている事実が物語っている。

bb　またなりすましの問題とされる前段階で，なりすまされた他人を契約相手と信じ込む取引相手方は真っ先に，他人自らが実際に行為していたとして，この者との有効な契約成立を主張することが考えられる。一般にこの証明

責任は，有効な契約成立を主張する取引相手方にあると考えられているが，パスワードが入力されてアカウントが取引上利用された事実から，当該所有者を実際に自ら（効果帰属者として）契約を締結した者（契約締結当事者）とする表見証明を認めて取引相手方の証明責任を軽減できないかが議論される。

かつて閉じられた VTX の時代には，表見証明を認めた裁判例もあったが，開かれたインターネットの時代になると一転，セキュリティの脆弱性が強調されて否認の方向へと舵を切った（第2節1(1)・(2)および4参照）。このような表見証明を認めない契約締結当事者確定論によれば，取引相手方が，番号所有者本人を実際の行為者たる契約相手と証明するのは困難となる。

cc　そこですでに従来，名義人を取引主体と信じた相手方を（実際の行為者を契約当事者と確定した上での錯誤取消しによってではなく）積極的に保護するために，名義人を契約当事者と確定する待望のアプローチとして「他人の名の下での行為」論が主張されたわけである。この「（必ずしも契約締結当事者に限定されない，効果帰属者という広義の）契約当事者」の確定という解釈テクニックを契機に，実際の行為者（代理人）とその効果帰属者（本人）とが分離する場合の代理法を，名義使用（多くは冒用）者と名義人が問題となる「なりすまし」に類推適用することが可能となる。ただ通常一般に，他人の名の下で行為する権能や事後的同意（追認）を名義人がなりすまし行為者に与えていることはまれであろう[228]。

かくして実際は，取引相手方の信頼を保護するため名義人に権利外観責任を負わせることはできないかという意味で，もっぱら表見代理の類推適用が問題になると考えてよかろう。この事実を裏付けるかのごとく，第2節1(2)cの AG Bremen 2005年や d の OLG Köln 2006年判決事件では，取引相手方は，アカウント所有者本人が実際に行為していたという主張を端から諦めて，いきなり「他人の名の下での行為」を前提に表見代理の類推適用を争っている。結局，他人の名（番号）の下での行為は，（相手方から取引主体と誤認された）名義人（番号により保護されたアカウントの所有者）を（当該効果の帰属する）契約当事者と確定することで「表見代理の類推適用」というバイパスを通して名義人に権利外観責任を負わせるため考案された法律構成にほかならないと言っても過言ではなかろう。

(2) 表見代理類推適用の外観・帰責両要件をめぐる激しい対立

　かくして他人の名の下での行為は本章で考察したとおり，とくに1980年代以降，電子取引に舞台を移して実務上重要な表見代理の類推適用を中心に議論されてきた。なかでも当該類推適用に際して表見代理の要件をそのまま転用すれば足りるのか，それとも——「他人の番号の下での行為」を首唱したハナウ説（第3節2参照）に傾聴して——電子取引という場面の特殊事情を斟酌し当該要件を修正すべきかという要件論に関して，学説のみならず裁判例上も激しく争われてきた。

　とくに類推適用で問題となるのは，表見代理判例法理に関してである。結果として認容代理の類推適用が認められるのは，アカウント所有者がID・パスワードを第三者に交付していた事例（いわゆるアカウント（名義）貸し）や，「娘が繰り返し母の名の下で商品をネット注文するのを意識的に母が放置してきた」事例である。ただ前者こそ第2節1(2)fのLG Aachen 2006年判決で問題となったが，後者は「おそらく実際にはほとんど起こら」ず（意識的放置とまでは言えないがこれに近いのは1(1)bのOLG Oldenburg 1993年判決ぐらいであろうか），むしろ現実に問題なのは，過失によりなりすましを可能にした事例で争われる「外見代理の枠組みにおける責任」の方であると言われる[230]。したがって以下では，外見代理自体の類推適用を認めず認容代理を限界とする（つまりアカウント貸しに相当する場合に限定する）かのような見解（第3節5(2)のリーダー）を度外視して，外見代理の類推適用を念頭に話を進めていきたい。

　a　まず，「他人になりすました者を他人本人である」と信頼した取引相手方の要保護性（善意・無過失）判断の基礎となる外観として，外見代理の伝統的な「無権代理行為の反復・継続性」要件を転用して電子取引上の番号冒用なりすまし行為にも反復・継続性を要求すべきかについて，裁判例，学説とも二つに分かれて激しく争っている。第2節1(3)のBGH 2006年判決は，そもそも現代の遠距離通信上のなりすましに上記要件を当てはめること自体に疑問を呈していた。

　aa　一方の見解（とくにVTX取引時代の下級審裁判例（第2節1(1)参照），第3節1(2)aのラッハマン，2のハナウ，4(1)のフェルゼとガシュラーなど）は，セキュリティと本人確認を兼ね備えた「電子取引上の番号」は当該所有者が秘匿する義務を負うとともに，匿名化された番号は，暗証方式など一定のセキュリティ・

システムの導入によりむしろ名前以上に強い外観を意味することから，外見代理の類推適用にあたって必ずしも上記反復・継続性要件に固執する必要はないとする。もとより電子署名・認証は信頼性が高いことに鑑みれば，もっぱら問題となるのは PIN・TAN，ID・パスワード等であろう。これとの関連で，なりすましに利用されたのが（閉じられた）電話回線，（開かれたインターネットの）アカウントやアドレス，（利用者特定に役立たない）IP アドレスいずれであったのかも，上記反復・継続性に代わりうる「信頼に足る強い」外観であったかどうかの判断に影響を与えるものと思われる。かりに eBay のパスワードについてレターヘッドと同じくらい信頼性が低いと考えるならば，上記反復・継続性要件は依然必要となり，その限りで次の見解と結論は同様となろう。

　bb　これに対して，セキュリティ・システムの不完全性・脆弱性から「電子取引上の番号」の安全性・信頼性に疑問を呈する見解（ネット取引に移行してからの裁判例（第2節(2)参照），第3節1(1)のボルズムとホフマイスターなど）は，電子取引上のなりすましについても従来どおり反復・継続性を要求して，原則この要件を充足しない限り信頼に足る外観は認められないと言う。とくにパスワードについて，不正探知・操作によるなりすましリスクを否定できない現状を重く見て，信頼に足る外観とは認めず，「冒用行為の反復・継続性」という伝統的な外観要件を充たす必要があるとしたわけである。

　ただ BGB 172 条が信頼に足る強い外観として法律上規定した「代理権授与証書」についても，偽造の危険性は存在するわけであるから，パスワードに限って上記偽造リスクと比較もせずにただ漠然と冒用リスクを指摘しただけで，外観としては信頼に足らないと決めてかかるのはいささか早計にすぎようか。現に第3章第3節4(5)のファウスト（Florian Faust）は，いくらパスワード保護システムが完全でないとはいえ，インターネット上のなりすましリスクは，書面や電話による場合に比べて少ないことを指摘した上で，当該リスクは「決してネット取引固有のものではなくすべての遠距離通信取引に付随している」と指摘している。[232]

　cc　なおこの点，かりに電子取引における本人確認・証明手段としての番号の意義を重視して一定レベルのセキュリティ・システムの導入・稼働を条件にその外観の強度から反復・継続性要件を放棄する前者 aa の見解に立ったとしても，なりすまし冒用者の番号入手方法がセキュリティをかいくぐったウィ

ルス（トロイの木馬など）やフィッシングによるものであったためなりすまし行為を番号所有者は認識・阻止する術を一切持たなかった，つまりこの者は当該行為を今初めて知るに至ったことから帰責事由がなかったときは，ｂの帰責性の判断で特段の（不可抗力的）事情を考慮に入れて権利外観責任を否認すれば足りるようにも思われる。[233][233a]

　ｂ　次に帰責性に関しては，番号所有者が過失によりなりすましを可能にした場合が主戦場となる。ただ一概に過失と言っても，実際に行われたなりすまし行為自体の予見・阻止可能性，ID・パスワードの共用パソコンへの保存・メモ書きの放置・変更懈怠やセキュリティの未導入・未更新など保管・管理不備から，詐欺によるID・パスワードの無意識的交付まで幅広く考えられる。[234]果たして類推適用される外見代理自体が「無権代理行為に関する本人の予見・阻止可能性」という意味での直接的な過失を帰責要件とすることから，電子取引上の番号冒用なりすましについても，限定的に冒用行為自体に関する番号所有者の予見・阻止可能性を当該類推適用の帰責要件と安直に考えるべきであろうか。

　aa　電子取引の場面では，パスワードなど重要な暗証番号について保管・管理体制に不備があると，番号冒用なりすましへと直結しやすい。この現実を直視すれば，保管・管理上の過失が認められれば，番号所有者に権利外観責任を負担させるのもあながち不当であるとは言えない。[235]とくに家族関係では，これら不備を主因としたなりすましが多く見られるため，取引安全保護の要請は強い。[236]

　だが他方で，同居家族間でパスワード等の厳重な保管を求めることは事実上不可能に近く，第3節1(3)ｂのレデカーが指摘したようにGG 6条により保護された家族の信頼関係や，パスワードは家族が通常知っている場合が多い実情に鑑みれば，（なりすましの切迫した危機を予見させるような特段の事情がない限り）期待できないと考えることもできる。[236a]

　bb　この点，すでに第2節1(2)ａのOLG Köln 2002年判決は，番号冒用なりすまし行為を予見する可能性が皆無でなかったからと言って，直ちに外見代理の帰責要件に準じた「過失」を認めることはできないとする。外見代理の忠実な類推適用に注力して「なりすまし行為に対する予見・阻止可能性」を帰責要件とするのであれば，その負担は取引相手方に重くのしかかろう。

かくして第2節1⑴bのOLG Oldenburg 1993年判決は，帰責性に関する（VTX加入者負担の）表見証明を前提にむしろ加入者側が（自己の影響領域内で生じた）「冒用は自己の関与によるものでなかったことを証明しなければ」免責されないという工夫により，取引相手方の証明責任を軽減する。

また（上記OLG Oldenburg 1993年判決に関連づけた）第2節1⑵cのAG Bremen 2005年判決は，アカウント所有者のパソコンを使って家族が取引をした事実からパスワードの保管不備の推定に始まり，この単なる保管義務違反から当該冒用なりすまし行為の予見・阻止可能性まで導き出した。なお第2節3⑴のBGH 2009年判決は，——たしかに権利外観責任に言及した部分では1⑵dのOLG Köln 2006年やeのOLG Hamm 2006年判決を参照して外見代理に準じた「過失」を帰責要件と考えているようだが——不法行為との関連では，パスワードの厳重な保管を怠ったアカウント所有者について，番号冒用なりすましを生じさせ契約相手の同一性を混乱させたことを理由に当該帰責を認めている。たしかにこの帰責根拠が直接妥当するのは不法行為領域に関してではあるが，法律行為上の帰責が問われる場面でも通用する余地は残されていよう。

さらに電子取引という匿名の大量取引の安全保護の観点から，もはや帰責要件で限界を来した外見代理ではなく，BGHは，コレクト・コール上のなりすまし事件に関する2006年判決（第2節1⑶）で一種冒険的に，外見代理の理念を遠距離通信サービスにおいて発展的に継承した特別法（現行TKG）を持ち出して，電話加入者がなりすまし防止につき最善を尽くしていない限り免責されないとした。まさしく外見代理は，拡大路線への「岐路に立たされている」。ただコレクト・コールについては，消費者たる未成年者に魅惑的なサービスを提供して当該事業者が莫大な利益を得ていたことに鑑みれば，消費者や未成年者保護といった別の観点への配慮も忘れてはなるまい。

cc　他方，第3節で見たように学説は，番号冒用なりすましに関わる「当該所有者の過失」の意味について理解を異にする。とくにセキュリティの不完全性・脆弱性からパスワード等の番号に過大な信頼を寄せない立場から電子取引上のなりすましにも外見代理の帰責要件を転用して「なりすまし行為自体に対する予見・阻止可能性（いわゆる直接的な過失）」を要求するのか，電子取引上の番号が持つ「本人確認・証明手段としての意義・重要性」に鑑みて番号所有者による当該保管・管理の懈怠（いわゆる「間接的な過失」）で足りるとするの

かについて，対立が見られる。この点，第3章第2節で扱うBGH 2011年判決がいかなる判断をして決着をつけたのか，興味深いところである。

(3) 電子取引独自の権利外観責任の兆候と「他人の名・番号の下での行為」論の動揺

a 以上の要件論をめぐる争いは，電子取引における外見代理の拡大的類推適用，つまり伝統的な「反復・継続性」要件の放棄と，「無権限行為の予見・阻止可能性からパスワード等の保管・管理上の過失へ」という帰責要件の緩和的転換の是非をめぐって展開されてきた。だが議論は収束に向かうどころか，表見代理の類推適用という法解釈適用上の枠組みから離れて，電子取引独自の権利外観責任を構想する萌芽さえ見られ，第3章第3節・第5章第2節で見るとおりBGH 2011年判決を契機にその機運はより高まりを見せる。電子取引上のなりすましで，初期のOLG Oldenburg 1993年判決（第2節1(1)b）は，取引相手方が「信義則上，名義人本人が行為している」と信頼してよかったと述べていたり，(2)aのOLG Köln 2002年判決の理由からもうかがい知れるように，取引相手方の信頼の矛先は，代理権どころか（本人の番号の下での行為への）本人の同意にさえ向けられておらず，直截に言えば，取引相手方は実際の行為者を番号所有者本人と誤信したのである。このなりすましでは代理権自体に対する信頼保護が問題とされていない事実に鑑みれば，「電子取引独自の権利外観責任の構想」は理論，実務両面で検討に値すべき新たな潮流と言えよう。

b さらにドイツでは上記議論に触発されて，番号冒用なりすましを（番号所有者を契約当事者とする）「他人の番号の下での行為」に整序して代理法の類推適用に委ねてきた裁判例・通説に対して，そもそも当該行為で「問題なのはまさに表意者の本人確認であり」代理とは無縁である，つまり単なる「取引主体の誤認」にすぎないとして，学説上異論が出始め[239]，「類推の基礎」に疑問が投げかけられている。そして上記異論は，BGH 2011年判決を契機により激しさを増している。かくして電子取引では，他人の番号の下での行為という契約当事者の確定テクニックを駆使して代理法による解決を借用する法律構成が定着したかのように思われたが，「表見代理の類推適用」という実際の紛争場面を経験することによって今一度，なりすまし問題をいかなる法律構成を経て解決へと導くべきかという原点に立ち返った感がある。

c 翻って，次のように実際の行為者との契約成立から出発することも選択肢としてあり得ないわけではない。

aa　モーゼル（Dominik Moser）は，他人の名の下で行為する者は自ら当事者になる意思で行為するため，当該行為では「代理の状況が存在しない」ことから，外部に示されなかった他人への効果帰属意思（Fremdwirkungswille）を考慮すべきであるという（いわゆる顕名主義の例外としての）問題でさえなく，「間違った同一性」が利用された場合の後始末に関わるものであると言う。もっとも，なりすまし行為者すべてに代理意思（正確には名義人への効果帰属という意味でこの者を契約当事者にする意思）がないとは言い切れない。

　ただ行為者が名義人への効果帰属意思を有していたとしても，イーネンは，「他人の名の下での行為は自己の名においてする行為と同一視されうるので，この行為者が常に契約当事者である」と言う。それにもかかわらず，取引相手方が名義人を契約相手（他方当事者）にしたいのであれば，「新たに契約を締結するか，行為者と名義人との間で契約引受を行わせるしかない」。ただこれに対しては，「他人の名の下での行為」により取引相手方に名義人との取引であることを信頼させた行為者は，顕名により取引相手方に代理取引であることを信頼させた代理人同様，自ら取引する意思であったと主張できないとも考えられよう。

　bb　ともあれ他人の名の下での行為というパラダイムから脱却して，なりすまし行為者を契約当事者と確定することから出発するのであれば，いかなる法律構成で（名義人を契約当事者と信頼した）取引相手方を保護するのか，その道筋に予め見当をつけておく必要があろう。ドイツにあっては，わが国のような「名板貸」に関する規定が存在しないため，法解釈適用上，類推適用すべき条文を見つけ出すのに苦労することが予想されるからである。ただ近時，条文こそ明らかにしないがファレンティン（Michael Valentin）は，他人のIDを使用したネット・オークション取引の当事者は名義人ではなく実際の行為者であるとした上で，上記使用を名義人が承諾していた場合に限り当該取引の効果が名義人に生じると言う。

　d　かくして，名義人を契約当事者として代理法の類推適用へと誘導した「他人の名の下での行為」の存在とて，もはや盤石とは呼べない。まさにいわば，代理意思を代理法の類推適用の要件としないと判例変更したBGH 1966年判決（第1節2(3)c aa参照）以前の振り出しに戻って，「類推の基礎」が果たして本当に存在するのかが問われている。判例・通説に反対する学説からすれ

ば，代理意思すらないなりすましにおいて問題なのは代理権に対する信頼ではなく「行為者の同一性に関する誤認」にすぎないにもかかわらず，それでもなお代理法を類推適用できるのか，ということであろう。ただ名板貸責任の規定を持たないドイツで名義人を契約当事者と信じた取引相手方を保護する法律構成としては，動産譲渡の譲受人の保護を除けば（後述(6)参照），（他人の名の下での行為を前提とした）表見代理の類推適用しかなかったものと思われる。[244]

(4) 「隠秘の白紙書面濫用補充」事例との類似性

ところでなりすまし以外に，顕名（代理）方式を不問に付して代理法，とくに表見代理を類推適用する事例と言えば，白紙書面所持人が当該書面の空白部分を相手方の知らないところで（つまり隠れて）指図に反して不当に補充した上で相手方に渡した「隠秘の白紙書面濫用補充」事例が挙げられよう。この事例で相手方は，伝達使者と思しき当該所持人を通して本人が「完全な債務負担表示をしていると信頼」してしまっている。それにもかかわらず，BGHは，代理権授与証書に関するBGB 172条の類推適用論を展開し踏襲してきた。[245]

敷衍すれば，リーディング・ケースたる1963年7月11日判決（第4章第2節2で紹介する）で，BGHは，補充済みの状態しか知らない相手方は白紙書面であった事実さえ知らないため，「白紙書面を補充する代理権の存在を信頼していたわけではなかった」が，利益状況はBGB 172条の場合と変わらないことからその類推適用により，「自ら署名して白紙書面を手交する者は，その意思に合致しない補充がなされた場合であっても，当該書面の呈示を受けた善意の第三者との関係では，その補充された書面内容を，自己の意思表示として自らに効力が生じることを認めなければならない」と判示した。つまり，書面表示の存在を信頼する者は，外見上，当該表示が合意に反して補充され流通させられた白紙書面であるという事実を知らないことから，代理権授与証書を目前にして代理権の存在を信頼する者と同様の保護，つまりBGB 172条の類推適用に値すると結論づけたわけである[247]（白紙書面については，第4章で詳細に考察する）。

以上から，代理権授与証書に相当する強い外観（本人確認手段）としてのID・パスワード等が当該所有者から意識的に交付されていた場合にBGB 172条を類推適用する見解（第3節4(1)のフェルゼとガシュラー，5(2)のリーダー）が主張されていたことも頷ける。[248]なりすましでは，たしかに代理権に対する信頼が問題になっているわけではないが，契約当事者（代理方式では本人，なりすま

しでは名義人）への効果帰属（いわゆる「他人効」）が問題になっているという「利益状況の類似性」から代理法，とくに表見代理の類推適用により取引相手方を保護する伝統的なアプローチが，唐突で明らかに不当なものと言えないことだけは確かである。ただ BGB 172条の類推適用というアプローチを採れば，「交付」という帰責要件に縛られるため，過失によりなりすましを可能にした事例への対応が課題となろう。[249]

⑸　まとめと今後の展開

　以上ドイツでは，電子取引におけるなりすましへの表見代理の類推適用に関する要件論について，ハナウが電子取引の匿名性から「他人の名」改め「他人の番号の下での行為」と呼ぶことを首唱したように，その特殊性を法的解決に反映させるべきか否かで，裁判例・学説上激しい対立がある。さりとて争いは要件論一点に収斂されているかと思いきや，表見代理類推適用論に決別して電子取引独自の権利外観責任を構想する萌芽が現れるとともに，盤石と思われた「他人の名（番号）の下での行為」の起点をなす「名義人（番号所有者）を契約当事者と確定する」アプローチの信憑性まで疑われ始めている。後者の契約当事者確定に関する問題は，取引相手方が契約当事者として信頼した「名義人」を中心に考えるのか，実際の行為者がなりすましただけという実態に即して「取引相手方による取引主体の誤認（錯誤）」から出発するのか，端的に言えば，取引効果帰属の観点から大局的に眺めるか，それとも実際に行われた行為レベルで考えるかという見方の違いに帰着するものと考えられる。

　かくして上記争いについて，ネット（オークション）取引でのなりすましにおける権利外観責任（表見代理の類推適用）を BGH として初めて扱ったリーディング・ケースたる2011年判決がいかなる裁定を下したのか，さらに本件は過失によりなりすましを可能にした帰責性の限界事例とも言うべき事件であったことから，とくに帰責性に強い関心を寄せてきた学説がいかなる評価・展開を見せるのか，その議論の行方から目が離せない。

⑹　無権利のなりすまし行為者との動産取引を前提とした善意取得構成

　なお電子取引上のなりすまし以外に，本章ではとり上げなかったが他人の名をいきなり示した行為に関わる現代的問題として，他人の車検証を呈示しなりすまして他人所有の中古自動車を非所有者が譲渡した事例に関する法的処理が判例・学説上議論されてきた。[250] 一見すると，取引安全保護のためには当該事例

でも,他人を契約当事者とする「他人の名の下での行為」を前提に表見代理の類推適用を考える道しかなさそうに思える。

しかし最近,BGH 2013年3月1日判決は,現在支配的な学説に倣って,ドイツでは日常生活の大量取引に分類される中古車の(しかも本件では現実)売買では,(車検証に記載された)他人の名をいきなり示して行為した者自身がアウフラッスンクの相手になるとした,つまり名義を冒用して当該売却を行った無権利者との取引を前提にした上で,BGB 932条の善意取得規定の適用により「動産取引の安全」を保護する道を示した。本判決は,自己に有利な法律構成を戦略的に考え選択する余地を取引相手方に認めたとも言えそうであり,また本件中古車の所有権者になりすまして所有権者本人と誤信させた実情(厳密に言えば,契約主体の同一性というより所有権者に関わる誤認惹起事例)からも(無権利者たる行為者との取引を前提にした)善意取得構成は事実適合的であり,なりすましが売主側で行われていた場合に限定されるものの,この判断は注目に値しよう。ただともすれば本判決は,他人の番号の下での行為において番号所有者を電子取引の当事者と確定する基礎となったBGH 1988年判決(第1節2(3)c aa 参照)との整合性という観点で疑義を生じさせ,そこで提示された判断枠組み・基準を揺るがしかねないものであった。

2.わが国における電子取引上のなりすまし議論(第2章)への示唆・展望
(1) ドイツ法における「他人の名・番号の下での行為」論に倣う意義

a 以上の,ドイツにおいてなりすまし問題解決の鍵となる「他人の名の下での行為」に関する序章的考察は,必ずしも契約締結当事者に限定されない,効果帰属者という広義の「契約当事者」を措定した上で,当該類型事例群で契約当事者と確定された「名義人」への効果帰属については,実際の行為者(代理人)と効果帰属者(本人)とが異なる(という構造を有する)代理法,なかでも表見代理(判例法理)の類推適用へと誘導して取引安全保護を図る枠組み・プロセスを明確にした点で有意義であると考える。わが国でなりすましを論じる際にも,なりすまし行為者となりすまされた名義人が別人であるという認識自体が取引相手方にまったくない(代理の前提となる「取引相手方,代理人,本人という三者関係」の構図が存在しない),つまり取引相手方は両者を同一人物と捉えて名義人本人と契約を締結したと信じて疑わないことに鑑みて,少なくとも誤

解を生じさせないためにも，（顕名の一種たる）署名代理の一事例として曖昧な形で議論すべきではなく，むしろドイツに倣い代理と対比・区別した上で議論を始めるべきであろう。とくに昨今のなりすましの舞台となる電子取引では，約款で個人パスワード等を秘匿する義務（さらには譲渡の禁止も）がアカウント等の所有者に課せられているため，そもそも所有者でない別人の行為自体，想定されていないはずである（つまり当該システム上は，別人が行為しているはずがない）。かくして「他人の名」，最近では「他人の番号」の下での行為に関するドイツの議論は，なりすましに関する基礎研究の停滞したわが国において示唆に富むものと言えよう。

　b　ただ順番から言えば，番号所有者を契約（締結）当事者と信じる相手方は，この本人が実際に行為していたことを主張し証明するであろうが，その際，パスワードを入力してアカウントを使用した事実からこの使用者を当該所有者とする表見証明を認めて相手方の証明責任の軽減を図るかどうかが問題となる。一方当事者が「契約の有効な成立を主張するとき」，他方当事者が「『不利な取引』から逃れる」ため苦し紛れに「知らない他人がアカウントを利用したとしてこれを争う」事態(255)（いわゆる「番号冒用の濫用的主張」（第3章第3節5参照）とでも言うべきか）も大いに想定されうることに鑑みれば，表見証明を認める実益もあろう。ただしさりとて通常一般に用いられる簡易なパスワード保護システムでは，スパイ行為による不正探知リスクが一定程度存在する以上，セキュリティとして脆弱な感も否めない(256)。

(2)　**契約当事者の確定と相手方保護の法律構成**

　そこで——表見証明に否定的な立場を採ればなおさら——，取引主体を取り違えて名義人を契約当事者と信じた相手方をいかなる法律構成で保護すべきかが問題となるが，そもそも契約当事者の確定という出発点で二つのアプローチに分かれる。磯村教授も近時指摘するように，「他人に名義の使用を許諾し，その名義を信頼して取引をした相手方は，誰と契約を締結したのか，名義許諾者が責任を負う根拠は何か，名義の使用者はどのような立場に立つか等」の議論は，まさに「契約当事者確定の議論と密接不可分である」(257)。

　a　第一のアプローチは，なりすまし張本人との契約成立を前提に(258)，相手方が取引主体の取り違えを理由に民法95条の錯誤無効（平成29 [2017] 年民法改正により取消し）を主張することが考えられる。だがこの消極的な方法では，

名義人本人との有効な契約成立を欲していた取引相手方の期待・信頼にまったく応えられない。

　b　これを受けてドイツに倣えば,「他人の名の下での行為」という第二のアプローチが考えられる。すなわち,当該効果が帰属するという意味での契約当事者を措定した上で,なりすましについて,意思表示の一般的解釈原則に従い取引相手方の地平(視界)から客観的解釈をすれば,名前が挙示された者との契約締結を信じる相手方は,とにかく名義人を効果帰属者と考えていたことから,名義人が契約当事者と確定される。名前は,代理の場面でしか顕名主義との関係で意味を持たないのではなく,もとより隔地者間の非対面取引でも,取引相手方が名義人の顔や声など特徴を知らないがその名声,信頼,信用力等を当てにして契約を締結しているときは,意思表示の内容となり契約当事者を確定する重要なファクターとなろう。

　この,名義人を契約当事者と確定する解釈テクニックを駆使することで,顕名(代理意思)の存在とは関わりなく,代理人(実際の行為者)と本人(効果帰属者)とが分離する場合を規律した代理法を,なりすまし行為者と名義人が登場する「なりすまし」にも類推適用することが可能となる。すでに清水教授が言うように,顕名がないことを理由に代理法による「解決を排除するのは,余りにもドグマ的要件にとらわれすぎたものと思われる」[259]。取引相手方からすれば,顕名(代理)方式かなりすましかにかかわらず,(名義人)本人を契約当事者と信頼したことに変わりはない[260]。むしろ相手方が代理人であることを知ってその代理権を信じた場合よりも代理人を本人と誤信した場合(なりすまし)の方が,「他の手段によって権限を調査することに思い及ばないことが多く」要保護性が強いとさえ言える[261]。ただ他人の名の下での行為では通常一般に,(あえて代理権と呼ばないが)当該行為に関する権能が付与されていないため,実際は,当該「なりすまし行為者は名義人本人である」との外観を信頼した取引相手方を積極的に保護する意味でもっぱら(代理制度の社会的信用維持に本来資するはずの)表見代理を借用(転用)していると考えてよい[262]。以上の,名義人に権利外観責任を負わせるために表見代理の類推適用へと誘導する流れは,周知のとおりわが国の判例・通説も採用するところである。

　c　これに対して,aのように実際になりすまし行為をした者との契約成立を前提に,表見代理の類推適用以外の方法で,なりすましを可能にした名義人

に権利外観責任を負わせて積極的に取引相手方を保護する法律構成は考えられないのであろうか。

aa　この点とくにわが国では，名板貸責任を規定した商法14条，会社法9条等（さらにはその源泉たる民法109条）をモデルにした法律構成（法解釈適用上は類推適用あるいは「法理・法意に照らす」）が検討に値しよう。名板貸責任が，「別人格の者に代理権を与えたような外観を作出した場合……（代理型）」ではなく「自己自身が行為者のような外観を作出した場合……（本人型）」に関する規定であること[264]からすれば当然の選択肢であろう。本章で扱ったドイツでも，実際に表見代理の類推適用を認めたLG Aachen 2006年判決（第2節1(2)f）は実質的には，わが国でいう「名義貸し」に類似するものであった。本節1(3)dで前述したとおり名板貸に関する規定がないため，「認容代理」の類推適用を持ち出すほかなかったと考えられる[265]。もとより署名代理を他人名義での契約締結と広く捉えれば，名義冒用以外に，（名義人の了解を得た）名義貸事例も射程に入ってくるはずである[266]。

bb　ただこの構成に理論上の難点があるとすれば，おそらく名板貸に準じた厳しい帰責性として「名義（電子取引ではID・パスワード，つまりこの入力によるアカウント）使用の許諾」を要件とすることから，名義冒用なりすまし行為を名義人が知りながらあえて放置する場合に（法的判断として）黙示の許諾を認定するのが限界であり，――ドイツで外見代理の類推適用が問題となる――過失によりなりすましを可能にした場合は権利外観責任の範疇から除外されよう。この点で取引安全保護を優先させようとするのであれば，表見代理の類推適用による判断枠組みの方が柔軟性・可能性を有し優れているかもしれない[267]。

またそもそも論として，「他人に名義の使用を許諾した者は，一般に，取引の相手方……との関係では，あくまで自己が，その取引主体として，法律上の権利義務を取得し得る地位に就くことを承認しているものであり，ただ，当該取引の結果による経済上の利益を名義借主に帰属させる，という意思を有しているにすぎない」との批判も成り立ち得よう[268]。磯村教授も，相手方の信頼と名義使用の許諾を重視して契約当事者を確定する一般原則から見れば，むしろ実際に行為した名義（板）借主との契約成立を前提にした「名板貸責任の規定のあり方そのものを見直す必要がある」と言う[269]。さらに，特別法である商法を一般法である民法が類推適用するのは，「本末転倒（特別の場合だからこそ特別法

であり許されるべきでない」と考えられなくもない。[270]

(3) わが国における表見代理の類推適用に関わる諸問題と解決への糸口

ここでは引き続きドイツに倣い，電子取引における（「他人の名」改め）「他人の番号の下での行為」を前提にして考えていくと，表見代理の類推適用論が中心となる。

a aa まず取引相手方の「善意・無過失」判断の基礎となる外観について，ドイツでは，どの程度の強さが要求されるかという点に細心の注意が払われてきた。BGB 171条，172条が代理権授与通知，代理権授与証書の交付・呈示をそれぞれ規定している点に鑑みて，とくに外見代理の権利外観要件として一般に，本人が予見し阻止できた「無権代理行為が反復・継続的に行われていたこと」が求められている。ただ電子取引では本人確認・証明としてのID・パスワード等の意義・機能に鑑みて，当該なりすましへの表見代理判例法理の類推適用にあたっては，セキュリティ・システムの存在・レベルやID・パスワード等の秘匿義務・譲渡禁止から上記反復・継続性要件を（例外または原則的に）放棄できないのかが今なお議論されている（1(2)a参照）。[271]

bb これに対して，帰責性を（基本代理権ないし基本権限以外に）独立の要件としないわが国では，ドイツ以上に，たとえばID・パスワードでログインするアカウントが信頼に足る外観と言えるかどうかについて慎重な判断が求められることは言うまでもない（わが国の帰責性をめぐる混迷状況については，後述b bb，第2章第2節(5)・第3節参照）。かりに初めての番号冒用行為で足りると考えたとしても，次に，当該外観がカバーする取引の種類・範囲の線引きという問題が提起されよう。さもなくば，ID・パスワードを当該所有者が意識的に交付していた場合などはその帰責性を強調・偏重する余り，この者に際限ない責任が課せられないとも限らない。極端な話，なりすましてしまえば，できないことはないからである（この懸念から，上記責任の限定につき「白紙書面責任」から示唆を得ようと執筆したのが第4章である）。

cc この点，第2節1(2)dのOLG Köln 2006年判決や第3節5(2)のリーダーの見解が参考になろう。

前者判決は，自己のアカウントを通した，第三者（女友達）による日常の小規模な取引を当該所有者が認容していたとしても高額な自動車取引までは予見・阻止できなかったとして，外見代理の成立を認めなかった。他方リーダー

は，交付されたパスワードについて，ただ単に署名されただけの，完全に「空白の」白紙書面と同視されるとして，白紙書面濫用に準じて権利外観責任の成立範囲を通常一般的な取引に限定した。電子取引上のなりすましがとくに家族関係で多発する現状に鑑みれば，上記成立範囲については，本人との関係で通常一般に許される，たとえば配偶者関係に準じて生活必需品の取引に限定することも考えられよう。このように考えるとわが国の立法論としても，なりすまし取引の安全保護，なかでも名義貸的規律を設けるのは，(第2章第4節(2)に見る民法改正中間試案「第4 代理 9 権限外の行為の表見代理」(2)のように) 民法110条ではなく，(商法の名板貸責任の生みの親である) 109条との関連で規定する方が適切なようにも思えてくる。[272]

b aa 次に帰責性について，わが国とは対照的に（取引相手方の信頼を惹起した）権利外観に対する本人の関与を帰責要件とするドイツだが，さすがに電子取引上のなりすましでは取引安全保護の観点から軽視するかと思いきや，「(反復・継続的な) 番号冒用なりすまし行為への番号所有者の関与」を重視する基本姿勢のもと，慎重な議論が展開されていた。すなわち，なりすまし行為者へのパスワードの意識的交付を帰責要件としていわゆるアカウント貸しを表見代理類推適用の限界とする見解（第3節5(2)のリーダー）に始まり，外見代理の類推適用まで射程に収める裁判例や学説でも，第三者に冒用されたパスワードにつき当該所有者が保管・管理を怠ったという意味での「間接的な過失」が認められても，不法行為帰責の根拠としてならいざ知らず（第2節3(1)の裁判例参照），（法律行為上の履行責任としての）権利外観責任では，外見代理の類推適用を忠実に行うのであれば，電子取引でも伝統的な帰責要件を転用して「問題のなりすまし行為自体に対する予見・阻止可能性」という意味での「直接的な過失」がない限り当該責任は認められないとする見解がいまだ根強い（本節1(2)b参照）。

bb これに対して，詳しくは第2章で考察するがわが国では，たとえば河上教授は，なりすまされた「本人によるIDやパスワード等の本人確認情報の管理がずさんであった」場合に本人への効果帰属を認める約款を「必ずしも無効ではない」と考える[273]ことから，約款がなくてもこの場合に表見代理類推適用の帰責要件を充足すると判断することもあり得よう。

他方で帰責性重視の観点から，中舎（寛樹）教授によれば，察するに（「名義」

を「アカウント」に置き換えて）表見代理類推適用の限界をアカウントの使用認容（またはこれに類するアカウント貸し）に見い出すことになろうか。大中（有信）教授も、判例・学説の分析から「実印の交付」を「本人の基本代理権授与行為と同等」の帰責根拠と考えていることから、これに相当するID・パスワードの交付が当該類推適用の限界事例となろうか。なお名義貸しつながりでは、東京地判平成21[2009]年2月5日判時2051号90頁は、ネット証券口座の冒用なりすまし取引について、口座所有者YがID等を冒用者に交付していたこと以外に、その後行われた信用取引を知りながら異議を述べていなかったことも付加することで、Yへの本件取引の効果帰属を慎重に判断しているようにも思える。

このようにわが国では一般に、そもそも類推適用されるべき民法110条の「基本代理権」要件が本人のいかなる帰責性を斟酌するのかにつき漠然とした抽象的説明（いわゆる報償責任や危険責任）に終始してきたこと、ただこれとの関連であくまで帰責性を独立した要件として格上げはしないこと、基本代理権要件を本来代理の問題でない「なりすまし」に転用せざるを得ないことから、なおさら電子取引という特殊な場面では、権利外観責任の帰責性をめぐって混迷を来すことが予想される。これを暗示するかのごとく、夏井（高人）教授は、「基本代理権またはこれと同視できる法律関係が存在していること」に加えて、なりすまされた本人に「帰責事由があること」を民法110条類推適用の要件としている。

さらにわが国では一般に上記のとおり、民法110条の基本代理権要件以外に、さらなる帰責性を独立の要件とする必要はないと考えられているため、電子取引上のなりすましへの類推適用に際しては、次の問題も生じよう。電子取引における本人確認・証明手段としての「（ID・パスワード等の）番号」の重要性から、当該利用の事実を、番号所有者本人が行為していたことを信頼するに足る外観と取り急ぎ判断してしまうと、コンピュータ・スパイ行為により番号が不可避的に探知されていた場合に、この特段の（不可抗力的）事情を善意・無過失要件で汲みあげて権利外観責任を否認する必要が出てくるが、この作業は想像以上に困難を極める。一定レベルのセキュリティを装備した電子取引では、「番号」が外観として「名前」以上の強い信頼性を持つことになるが、さりとてスパイ行為による不正探知リスクも否定できない。本来このような場合に、帰責要件の果たす役割は大きいはずである。

(4) あとがき

　以上，ドイツにおける電子取引上のなりすまし，ハナウ流に言えば「他人の名」改め「他人の番号の下での行為」につき展開された，BGH 2011年判決前夜までの表見代理類推適用（権利外観責任）論からわが国のなりすまし議論への示唆・展望を得ようと試みたわけであるが，その過程で思わぬ副産物として，民法110条の要件自体の問題性（「基本代理権」要件の不適格性，「善意・無過失」判断の前提となる外観の意義・強度の重要性や帰責要件の役割）にもあらためて気づかされた。

　なお本章は，電子取引（とくにセキュリティ面の問題を指摘されつつも最も身近な存在であるネット・ショッピングやオークション取引）上のなりすましにおける表見代理類推適用論の妥当性を研究するプロローグであり，とりわけ第3・5章では本章を基に，リーディング・ケースたるBGH 2011年判決とこれを契機に展開された学説に関する考察を行う。

1）　VTXとは，電話回線とコンピュータを使用して文字・画像情報等を家庭のTV等と送受信するネットワーク・サービス（システム）であり，ドイツ・テレコムが1983年から2001年まで"Bildschirmtext"という商標で提供した。わが国では1984年から18年間，"CAPTAIN"という商標で提供され，ホーム・バンキング，チケット・電車・飛行機予約，通販購入等で利用された（技術・安全面の問題含めて，本章該当部分を執筆した2014年当時の消費者庁のホームページ等を参照した）。
2）　「電子取引」概念について詳しくは，たとえばMarkus S. Rieder, Die Rechtsscheinhaftung im elektronischen Geschäftsverkehr (2004), S. 26ff.
3）　Dirk A. Verse/Andreas Gaschler, »Download to own«- Online-Geschäfte unter fremdem Namen, Jura 2009, S. 213.
4）　M. Köhler/Arndt/Fetzer, Recht des Internet, 7. Aufl. (2011), Rz. 159. Ebenso Markus Köhler/Hans-Wolfgang Fetzer, Recht des Internet, 8. Aufl. (2016), Rz. 160.
5）　Jana Kieselstein/Sylvia Rückebeil, 1, 2, 3 ... Probleme bei Internetauktionen, VuR 2007, S. 297.
6）　Niko Härting, Internetrecht, 5. Aufl. (2014), Rz. 460.
7）　Volker Haug, Internetrecht, 2. Aufl. (2010), Rz. 732. ネット・オークションの歴史と功罪については，Isabelle Désirée Biallaß/Dennis Werner, §1 Arten und Anbieter von Internet-Auktionen, in Georg Borges, Rechtsfragen der Internet-Auktion (2007), S. 2, 8 f. 参照。
　　なおわが国でも，土屋忠昭『不動産は「オークション」で売りなさい』（幻冬舎，2018年）という書籍まで登場したぐらい，オークションのメリットから扱う対象物も広がりを見せている。

8) Kieselstein/Rückebeil, a.a.O.(Fn. 5), S. 297. Vgl. etwa auch Johannes Heyers, Manipulation von Internet-Auktionen durch Bietroboter, NJW 2012, S. 2548ff.
　インターネット上の法律問題の普遍的特徴については、岡村久道「第1章 総論」同編著『インターネットの法律問題——理論と実務』(新日本法規、2013年) 14頁以下参照。

9) M. Köhler/Arndt/Fetzer, a.a.O.(Fn. 4), Rz. 171. Ebenso M. Köhler/Fetzer, a.a.O. (Fn. 4), Rz. 172. たとえばネット・オークションでは、契約相手となる他方当事者を確かめる術はほとんどなく、「主催者による身分確認と信頼性審査を広範に当てにする」ほかない (Dirk Heckmann, juris PraxisKommentar : Internetrecht, 3. Aufl. (2011), Kap. 4.3 Rz. 134)。「代理との関連でも、インターネットはいくつかの陥穽 (Fallstricke) を仕掛ける」 (Härting, a.a.O. (Fn. 6), Rz. 550)。

10) もっとも対面取引でも本人と面識がなければ、本人確認は、司法書士など資格者代理人であっても「国を問わず、悩ましい問題である」(山野目章夫「不動産登記の申請における本人確認情報と資格者代理人の過失——東京地判平20・11・27の検討」登情574号 (2009年) 11頁)。司法書士の本人確認義務に関する考察として、加藤新太郎「実務に生かす 判例登記法 第2回 成りすまし」登情666号 (2017年) 11頁以下参照。

11) Vgl. Jürgen Oechsler, Die Bedeutung des §172 Abs.1 BGB beim Handeln unter fremdem Namen im Internet, AcP 208 (2008), S. 565.
　なお、BGB (ドイツ民法) は、312c条2項において、遠隔販売契約 (Fernabsatzvertrag) との関係で「遠隔コミュニケーション手段 (Fernkommunikationsmittel)」を「信書、カタログ、電話連絡、ファクシミリ、電子メール、移動式通信サービス (SMS) 並びに放送及びテレメディア等、契約当事者が同時に同じ場所に居合わせることなく契約の端緒又は締結のために用いることのできる全てのコミュニケーション手段」と定義している (条文の邦訳については、山口和人 (訳)『ドイツ民法Ⅱ (債務関係法)』(国立国会図書館調査及び立法考査局、2015年) 24頁以下参照)。

12) Jens M. Schmittmann, Aktuelle Entwicklungen im Fernabsatzrecht, K&R 2004, S. 363.

13) Georg Borges, §16 Zivilrechtliche Aspekte des Phishing, in ders., a.a.O.(Fn. 7), S. 214.

14) Vgl. etwa Ronny Hauck, Handeln unter fremdem Namen, JuS 2011, S. 967.

15) Helmut Köhler, Rechtsgeschäfte mittels Bildschirmtext, in Hübner/Schnoor/Florian/ Dittrich/H. Köhler/Katzenberger/Steiner, Rechtsprobleme des Bildschirmtextes (1986), S. 51. ただだからこそ、今もなお新たに登場する情報通信手段を民法の体系とその価値判断に融合・統一することが可能となる (ders., a.a.O., S. 51. Ebenso Stefan Friedmann, Bildschirmtext und Rechtsgeschäftslehre (1986), S. 6 f.; Peter Trinks, Die Online-Auktion in Deutschland (2004), S. 122f.)。

16) Friedmann, a.a.O.(Fn. 15), S. 6 f.

17) Carsten Herresthal, Anmerkung zu BGH, Urteil v. 11.5.2011, JZ 2011, S. 1172.

18) TAN (トランザクション認証番号) とは、ネット・バンキングの本人認証の一要素として、一定期間または一回限り有効な (いわゆるワンタイム) パスワードをさす。TAN は、ID・パスワード認証や指紋・虹彩等の生体認証と並ぶ、フィッシング等への対抗策の一つである。

19) Max Ulrich Hanau, Handeln unter fremder Nummer, VersR 2005, S. 1219f. Vgl. Martin Hossenfelder, Pflichten von Internetnutzern zur Abwehr von Malware und Phishing in Sonderverbindungen (2013), S. 185.
20) Vgl. Spindler/Schuster/Anton, Recht der elektronischen Medien, 2. Aufl.(2011), § 164 BGB Rz. 10.
21) AG Wiesloch MMR 2008, 626 m. Anm. Tobias Mühlenbrock/Paul H. Dienstbach.
22) Mühlenbrock/Dienstbach, Anmerukung zu AG Wiesloch, Urteil v. 20.6.2008, a.a.O. (Fn. 21), S. 631. なお新方式として，番号が事前に決まった「iTAN (indexed TAN)」と，リアルタイムに生成される「mTAN (mobile TAN)」，「SmartTAN」，「ChipTAN」がある。Vgl. etwa Bräutigam/Rücker/Kunz, E-Commerce(2017), 12. Teil E 6 Rz. 5 f.
23) Vgl. Georg Borges, Haftung für Identitätsmissbrauch im Online-Banking, NJW 2012, S. 2385.
24) 詳しくは，M. Köhler/Fetzer, a.a.O.(Fn. 4), Rz. 206ff。米丸恒治「電子取引における認証と個人情報保護――ドイツ新電子身分証明書における認証と個人情報保護技術」L&T 51号（2011年）54頁以下参照。
25) Georg Borges, Rechtsfragen der Haftung im Zusammenhang mit dem elektronischen Identitätsnachweis (2011), S. 25, 308. 詳しくは，ders., a.a.O., S. 29ff. 参照。
26) Helmut Redeker, IT-Recht, 5. Aufl.(2012), Rz. 1189 ; ders., IT-Recht, 6. Aufl. (2017), Rz. 1189. Ebenso M. Köhler/Arndt/Fetzer, a.a.O.(Fn. 4), Rz. 173, 202 ; Trinks, a.a.O. (Fn. 15), S. 122. ただし，「電子署名は不便であり高額ゆえに，その利用は今日まで定着するに至ってはいない」(M. Köhler/Fetzer, a.a.O.(Fn. 4), Rz. 174. Ähnlich bereits Hoeren/Bensinger/Eichelberger, Haftung im Internet (2014), Kapitel 4 D Rz. 147)。

BGB 126 a条の概要については，ディーター・ライポルト（円谷峻訳）『ドイツ民法総論（第2版）』（成文堂，2015年）246頁参照。

なお，適格電子署名について，ZPO（ドイツ民事訴訟法）371 a条（電子文書の証明力）は，表意者の同一性の表見証明を認める(Thomas Hoeren, Internetrecht, 3. Aufl.(2018), Rz. 877, 第5章の注18) 参照)。
27) Rieder, a.a.O.(Fn. 2), S. 312. なお――筆者が不案内な――電子署名以降の電子身分証明およびDeメール（De-Mail. 認証付電子書留メールサービス）という本人確認手段については，電子証拠法制に造詣の深い米丸（恒治）教授の研究（簡潔な最近の論稿として「第2章 電子証拠をめぐる比較法 Ⅱ ドイツにおける電子証拠の取扱い」町村泰貴＝白井幸夫編『電子証拠の理論と実務 収集・保全・立証』（民事法研究会，2016年）75頁以下）の他に，渡辺富久子＝古賀豪「ドイツにおける行政の電子化推進のための立法」外法261号（2014年）38頁以下参照。
27a) Vgl. etwa Michael Müller-Brockhausen, Haftung für den Missbrauch von Zugangsdaten im Internet (2014), Rz. 437ff., 442ff., 449ff.
28) OLG Köln MMR 2002, 813. Vgl. auch bereits Jörg Birkelbach, Sicheres Home-banking - Ist der Kunde zukünftig das Hauptrisiko?, WM 1996, S. 2099f.
29) Kieselstein/Rückebeil, a.a.O.(Fn. 5), S. 302.
30) Vgl. etwa Niko Härting, Internetrecht, 4. Aufl.(2010), Rz. 403 ; Heckmann, a.a.O.(Fn. 9), Kap. 4.3 Rz. 108.

なお評価システムについては, Martin Sebastian Haase/Christian Marcel Hawellek, Heise Online-Recht, 3. Ergänzungslieferung (2011), Ⅳ Rz. 127ff.; Heckmann, a.a.O.(Fn. 9), Kap. 4.3 Rz. 28ff., これが抱える問題については, Ruth Janal, Profilbildende Maßnahmen : Möglichkeiten der Unterbindung virtueller Mund-zu-Mund Propaganda, NJW 2006, S. 870ff. 参照。

31) Vgl. etwa Michael Stöber, Die analoge Anwendung der §§ 171, 172 BGB am Beispiel der unbefugten Benutzung fremder Internet- oder Telekommunikationszugänge, JR 2012, S. 225. eBay の紛争事例のみを集めた実務案内書（Martin Berger, eBay-Recht : Der Praxisratgeber für Käufer und Verkäufer, 3. Aufl.(2015)）まで出されているぐらいである。

なりすましに限らず,「現在もなお『eBay モデル』は, 契約法上の観点で問題を提起し続ける」(Andreas Klees/Johanna Keisenberg, Vertragsschluss bei eBay - „3 ...2(... 1)...meins" ?, MDR 2011, S. 1214. その経過については, dies., a.a.O., S. 1214f. 参照。Vgl. auch Helmut Hoffmann, Die Entwicklung des Internetrechts bis Mitte 2013, NJW 2013, S. 2646f.）。

32) Vgl. Max Ulrich Hanau, Handeln unter fremder Nummer (2004), S. 1 ; Thomas Lobinger, Anmerkung zu BGH, Urteil v. 16.3.2006, JZ 2006, S. 1078 ; Carsten Herresthal, Haftung bei Account-Überlassung und Account-Missbrauch im Bürgerlichen Recht, K&R 2008, S. 705. はじめに部分の注16）も参照。

33) OLG München NJW 2004, 1328.
【判決要旨】
1. ネット・オークションで他人の識別番号（いわゆる ID）を利用する者は……他人の名の「下で（unter)」行為する。
2. この意思表示が利用された識別番号の真正所有者の同意を得てなされるときは, 当該名義人の取引が成立する。
3. 上記同意がないときは, 行為者は, BGB 179条（無権代理人の責任）の類推適用により, 他方契約当事者に対して履行又は損害賠償の責任を負う。

33a) LG Berlin NJW, 2003, 3493.
34) AG Saarbrücken BeckRS 2008, 07470.
35) Hans Brox/Wolf-Dietrich Walker, Allgemeiner Teil des BGB, 35. Aufl.(2011), Rz. 530 ; Manfred Wolf/Jörg Neuner, Allgemeiner Teil des Bürgerlichen Rechts, 10. Aufl. (2012), § 49 Rz. 52ff., § 50 Rz. 107ff.; Burkhard Boemke/Bernhard Ulrici, BGB Allgemeiner Teil, 2. Aufl.(2014), § 13 Rz. 114 Beispiel ほか多数。
36) BGHZ 189, 346.
37) Ralph Weber, Das Handeln unter fremdem Namen, JA 1996, S. 426 Anm. 1. 詳しくは, 清水千尋「『他人の名の下にする行為』に関する一考察」上法21巻2・3号（1978年）152頁以下参照。
38) Michael Sonnentag, Vertragliche Haftung bei Handeln unter fremdem Namen im Internet, WM 2012, S. 1614.
39) Weber, a.a.O.(Fn. 37), S. 426.
40) Sonnentag, a.a.O.(Fn. 38), S. 1614.

41) たとえば eBay の約款でも，アカウントの利用は当該所有者にしか許されていない（Georg Borges, Rechtsscheinhaftung im Internet, NJW 2011, S. 2400）。
42) Härting, a.a.O.(Fn. 6), Rz. 550f. ネットの匿名性のジレンマについては，たとえば Dirk Heckmann, Persönlichkeitsschutz im Internet - Anonymität der IT-Nutzung und permanente Datenverknüpfung als Herausforderungen für Ehrschutz und Profilschutz, NJW 2012, S. 2632 参照。
43) Hanau, a.a.O.(Fn. 32).
44) Borges, a.a.O.(Fn. 25), S. 133. Ebenso Alla Hajut, Handeln unter fremder Identität : die Verantwortlichkeit des Identitätsinhabers(2016), S. 70.
45) Hauck, a.a.O.(Fn. 14), S. 967.
46) Christian Förster, Stellvertretung - Grundstruktur und neuere Entwicklungen, Jura 2010, S. 352. 詳しくは，Dorothee Einsele, Inhalt, Schranken und Bedeutung des Offenkundigkeitsprinzips, JZ 1990, S. 1008ff. ; Historisch-kritischer/Schmoeckel, Kommentar zum BGB (2003), §§ 164 - 181, Rz. 12 ; Georg Bitter, Rechtsträgerschaft für fremde Rechnung (2006), S. 221ff. ; Münchener/Schramm, Kommentar zum Bürgerlichen Gesetzbuch, 6. Aufl.(2011), § 164 Rz. 47ff., ライポルト（円谷訳）・前掲注26）363頁以下参照。

 もっとも通常一般的には，「契約相手が誰なのかは，契約の本質的部分（essentialia negotii）である」（Volker M. Haug, Grundwissen Internetrecht, 3. Aufl.(2016), Rz. 580. Vgl. auch Florian Bartels, Die Bestimmung der Vertragssubjekte und der Offenheitsgrundsatz des Stellvertretungsrechts, Jura 2015, S. 438)。
47) Vgl. BGHZ 154, 276 ; Münchener/Schramm, a.a.O.(Fn. 46), § 164 Rz. 49 ; Prütting/Wegen/Weinreich/Frensch, BGB Kommentar, 8. Aufl.(2013), § 164 Rz. 36. なお最新文献として，David Paulus, Stellvertretung und unternehmensbezogenes Geschäft, JuS 2017, S. 305.

 BGB 164条（代理人のした表示の効果）1項・2項
 (1) ある者がその有する代理権の範囲内において本人の名においてすることを示してした意思表示は，本人に対して直接にその効力を生ずる。その表示が本人の名においてすることを明示してなされたか，本人の名においてすることを示してなされたことが諸般の事情から明らかになるかは問わない。
 (2) 他人の名を示してする意思が明らかにならないときは，自己の名においてする意思が欠けていたことは斟酌されない。
48) Etwa LG Bonn NJW-RR 2012, 1008. その重要性の低さを指摘する文献として，Dominik Moser, Die Offenkundigkeit der Stellvertretung (2010), S. 33, 87. Ähnlich Stephan Lorenz, Grundwissen - Zivilrecht : Stellvertretung, JuS 2010, S. 383.
49) OLG Celle MDR 2007, 832. Vgl. Thorsten S. Richter, Vertragsrecht, 2. Aufl.(2013), S. 225.
50) Vgl. M. Köhler/Fetzer, a.a.O.(Fn. 4), Rz. 173.
51) AG Saarbrücken a.a.O.(Fn. 34).
52) Vgl. Heckmann, a.a.O.(Fn. 9), Kap. 4.3 Rz. 110. Ebenso etwa LG Berlin NJW 2003, 3493.

53) Jens Petersen, Examinatorium Allgemeiner Teil des BGB und Handelsrecht (2013), §35 Rz. 11. Vgl. Heinz Holzhauer, Der praktische Fall - Bürgerliches Recht : Der flotte Autohandel, JuS 1997, S. 47 ; Dieter Leipold, BGB Ⅰ : Einführung und Allgemeiner Teil, 7. Aufl.(2013), §22 Rz. 17.
54) この表現は，清水・前掲注37) 96頁を参考にした（後掲注59）も参照）。なお，「正しくない名の下での行為（Handeln unter unrichtigem Namen）」と言われることもある（vgl. Hans-Jürgen Ihnen, Das Handeln unter fremdem Namen (1989), S. 13f.）。

使用される他人の名前は，フィクション，実在する場合の両方が考えられる（Georg Bitter, BGB - Allgemeiner Teil, 2. Aufl.(2013), §10 Rz. 58）。

なお当該行為では，「一見したところ真実の名義人，取引相手方双方の侵害を目的とした犯罪事象が問題となっているように思える」が，必ずしも「そうではな」い（Johannes Wertenbruch, BGB Allgemeiner Teil, 3. Aufl.(2014), §28 Rz. 13）。
55) なお他人の名の下での行為は，他人の名をいきなり示した行為という上位事例をさす広義で使用される場合も多く混乱を呼ぶ（vgl. Thius Vogel, Eigentumserwerb an einem unterschlagenen Kfz bei Auftreten des Veräußerers unter dem Namen des Eigentümers, Jura 2014, S. 421 Anm. 8 ; Matthias Schneider, Die rechtsgeschäftliche Haftung für den Accountmissbrauch im Internet (2015), S. 46ff.）ため，本書では原則，なりすましに限定した狭義で使用する。
56) 清水・前掲注37) 97頁参照。
57) 清水・前掲注37) 172頁以下。
58) Weber, a.a.O.(Fn. 37), S. 426. Ebenso Bitter, a.a.O.(Fn. 54), §10 Rz. 58 usw.
59) Vgl. etwa Weber, a.a.O.(Fn. 37), S. 427ff. この判例・学説史（とくにすでに克服された無効説以外）を詳細に紹介したものとして，伊藤進『授権・追完・表見代理論』（成文堂，1989年）80頁以下（初出1965年），清水・前掲注37) 145頁以下，Ihnen, a.a.O.(Fn. 54), S. 17ff. ; Schneider, a.a.O.(Fn. 55), S. 50ff. とくに清水論文は，自己行為（行為者取引）説に原則依拠しつつも利益状況の類似性や結果の具体的妥当性から例外的に無権代理人の責任に関するBGB 179条，追認に関する177条・178条，さらに代理法自体の類推適用を認める見解が現れ，その後，例外が逆転し原則となった代理説が登場し支配的となった過程を詳しく紹介・分析する（前掲148頁以下，152頁以下参照）。

ただし，婚姻など自らなすべき行為はもとより，アウフラッスンク（Auflassung）も所轄官庁（登記官）が関与するため，他人の名の下での行為は無効である（vgl. Münchener/Schramm, a.a.O.(Fn. 46), §164 Rz. 40）。
60) 清水・前掲注37) 173頁。すでに同旨，伊藤・前掲注59) 87頁以下。
61) 後掲注64) の文献参照。
62) Bitter, a.a.O.(Fn. 54), §10 Rz. 58.
63) より厳密に言えばドイツでは，顕名の意義は，「行為相手方に自己の契約相手方が誰であるかを示す」という相手方の保護にとどまらず「第三者の利益，例えば，代理人の債権者が顕名に対して有する利益の保護」や「間接代理との，直接代理の区別の明確化にも」資すると解されている（顕名の意義をドイツ民法の議論と比較・再考する佐々木典子「顕名の意義──民法100条但書について」同法65巻2号（2013年）184頁以下）。

ところで最近シュラインドルファー（Benedikt Schreindorfer）は，顕名主義につい

て，法律行為論との関連で興味深い説明を試みる。すなわち，「顕名主義は，法律行為の両当事者はその行為時にその本質的部分（essentialia negotii）の要素として確定していなければならないという一般的な法律行為論から生じる原則を貫徹するものである。この原則を，ドイツの立法者は……代理法の枠組みでも不可欠のものとみなした」(Verbraucherschutz und Stellvertretung - Rechtsprobleme im Zusammenhang mit der Einschaltung einer Hilfsperson auf Kundenseite beim Abschluss von Verbraucherverträgen (2012), S. 143)。

64) Vgl. etwa Heckmann, a.a.O.(Fn. 9), Kap. 4.3 Rz. 106ff.；Münchener/Schramm, a.a.O. (Fn. 46), §164 Rz. 36, 41；Hans Brox/Wolf-Dietrich Walker, Allgemeiner Teil des BGB, 37. Aufl.(2013), Rz. 528ff.；Johannes Heyers, Zurück aus der Zukunft - von Internet-Marktplätzen zu Gebrauchtwagenmärkten, Jura 2013, S. 1038f.；Palandt/Ellenberger, Bürgerliches Gesetzbuch, 73. Aufl.(2014), §164 Rz. 10 usw.

なお，「意思表示は相手方の立場に置かれた客観的な第三者が理解しなくてはならないよう解釈されるべし」という相手方地平（視界）理論（Lehre vom Empfängerhorizont）とその適用範囲を簡潔に説明するものとして，Alexander Stöhr, Der objektive Empfängerhorizont und sein Anwendungsbereich im Zivilrecht, JuS 2010, S. 292ff.

65) BGH NJW-RR 1988, 814.

66) BGHZ 45, 193 = NJW 1966, 1069.
【判決要旨】
他人の名の下で行為する者の表示を解釈した結果，名義人自身の行為であると見られるときは，行為者に代理意思がなくても，代理に関するBGB 164条以下の規定が適用されうる。

詳細については，清水・前掲注37) 151頁以下参照。

なお，行為者がたとえ自己取引を欲していたとしても，名義人との他人取引であると認定することは妨げられず，行為者は，BGB 119条1項の錯誤取消しを主張しうるにとどまる（Münchener/Schubert, Kommentar zum Bürgerlichen Gesetzbuch, 7. Aufl.(2015), §164 Rz. 142)。

67) この準則は，表見代理が問題となりうる債権行為，無権利者からの善意取得（BGB 932条）も問題となりうる物権行為双方に妥当する（vgl. T. Vogel, a.a.O.(Fn. 55), S. 421)。

68) Etwa BGH NJW-RR 2006, 701；BGH NJW 2013, 1946.

69) Weber, a.a.O.(Fn. 37), S. 430. なお，他人の名の下での行為に関する独英の比較法的研究から本文の指針を含め再検討するものとして，Ulrich Spellenberg, Handeln unter fremdem Namen in England und Deutschland, Liber Amicorum Klaus Schurig zum 70. Geburtstag (2012), S. 265ff., insbes. S. 282ff. がある。非顕名代理（さらには本人行為説）を採用するイギリス法との比較は，署名代理を広範に認めるわが国の多数説（第2章第4節，第5節(3)・(4)参照）との関係でも興味深い（白紙書面補充事例への代理法の直接適用の可能性に言及した第4章第6節1(2) a も参照)。

70) Münchener/Schramm, a.a.O.(Fn. 46), §164 Rz. 45.

71) Reinhard Bork, Allgemeiner Teil des Bürgerlichen Gesetzbuchs, 3. Aufl.(2011), Rz. 1406.

72) Vgl. Weber, a.a.O.(Fn. 37), S. 427；Münchener/Schramm, a.a.O.(Fn. 46), §164 Rz.

41. なお，たとえ行為者が，決して自ら契約当事者となる意思はなくただ名義人を代理する意思しか有しなかったとしても，本文のようになる（BGB 164条2項。条文訳は前掲注47）参照）。

73) Vgl. etwa Bitter, a.a.O.(Fn. 54), §10 Rz. 59.
74) Vgl. etwa Härting, a.a.O.(Fn. 6), Rz. 553. もっとも，行為者が著名人と瓜二つであったため，本物と勘違いしていたときはその限りでなく，本文後述(4)の問題となる。
　Vgl. auch Spindler/Schuster/Spindler, Recht der elektronischen Medien, 3. Aufl. (2015), §164 BGB Rz. 5.
75) Härting, a.a.O.(Fn. 6), Rz. 561.
76) Vgl. etwa BGH NJW-RR 2006, 701(a.a.O.(Fn. 68))；Boemke/Ulrici, a.a.O.(Fn. 35), §13 Rz. 112f.；Florian Faust, Bürgerliches Gesetzbuch Allgemeiner Teil, 3. Aufl. (2013), §25 Rz. 7. すでに清水教授は，「偽りの名の下にする行為」として紹介した上で，「他人の名を自己の表示手段として用いた場合」と分かりやすく表現する（前掲注37）101頁以下参照）。
　ただし対面取引でも，相手方が名義人と契約を締結する意思を有していたときは，本文の限りでない（Faust, a.a.O., §25 Rz. 7；Palandt/Ellenberger, a.a.O.(Fn. 64), §164 Rz. 11）。
77) Christian Förster, Allgemeiner Teil des BGB, 2. Aufl.(2011), Rz. 460, 514. その他，Dieter Medicus/Jens Petersen, Bürgerliches Recht, 25. Aufl.(2015), Rz. 83；Thomas Riehm, Examinatorium BGB Allgemeiner Teil (2015), Rz. 566など多数。この事例で，「行為者はただ身分を知られたくないだけである」（Petersen, a.a.O.(Fn. 53), §35 Rz. 12）。本文の宿泊事例が手紙による場合でも，結論は変わらない（NomosKommentar/Stoffels, BGB Allgemeiner Teil, 2. Aufl.(2012), §164 Rz. 72）。
　Vgl. Bamberger/Roth/Hau/Poseck/Schäfer, BeckOK BGB, 43. Edition Stand: 15.06.2017, §164 Rz. 33.
78) Ihnen, a.a.O.(Fn. 54), S. 1. Vgl. etwa Staudinger/Schiemann, Eckpfeiler des Zivilrechts (2012/2013), C. Das Rechtsgeschäft Rz. 208.
　講学上，「偽名の下での自己取引（Eigengeschäft unter falschem Namen）」（Hanau, a.a.O.(Fn. 19), S. 1215 Anm. 5）や「偽名を名乗って行為した者の自己取引（Eigengeschäft des unter falscher Namensangabe Handelnden）」（NomosKommentar/Stoffels, a.a.O.(Fn. 77), §164 Rz. 72）などと呼ばれる。
79) BGH NJW 2013, 1946 (a.a.O.(Fn. 68)). Ähnlich Petersen, a.a.O.(Fn. 53), §35 Rz. 12.
80) Hanau, a.a.O.(Fn. 19), S. 1215. Vgl. RGZ 59, 217；RGZ 131, 1.
81) Vgl. BGH a.a.O.(Fn. 65).
82) Vgl. Boemke/Ulrici, a.a.O.(Fn. 35), §13 Rz. 114. 書面に名前が記載されている場合には意思表示の内容となるがゆえに，名義人が契約当事者と確定されやすいのと同様であろう。また実際の行為者に関する必要な情報を，取引相手方は何も知らない（Hajut, a.a.O.(Fn. 44), S. 73）ので，この者と取引をする意思があるとは考えにくい。ただ例外的に，行為者が自ら契約当事者になる意思で取引をしていたことを相手方が知っているときは，「誤表は害さずの原則」により，行為者の自己取引と考えて差し支えない（NomosKommentar/Stoffels, a.a.O.(Fn. 77), §164 Rz. 73 Anm. 242）。

83) Oechsler, a.a.O.(Fn. 11), S. 567f.; Härting, a.a.O.(Fn. 6), Rz. 560.
84) Heckmann, a.a.O.(Fn. 9), Kap. 4.3 Rz. 109.
85) Martinek/Semler/Habermeier/Flohr/Krüger/Biehler, Handbuch des Vertriebsrechts, 3. Aufl.(2010), §33 Rz. 62.
　なお、ネット・オークションによる売買契約は、（チャットでのラ・イ・ブ・・オークショ・ンを除き）その終了と同時に（出品を申込み、入札を承諾として BGB 145条以下により）最高価格入札者との間で成立する（vgl. etwa Härting, a.a.O.(Fn. 6), Rz. 469f.）。
86) Vgl. Borges, a.a.O.(Fn. 13), S. 214；Heckmann, a.a.O.(Fn. 9), Kap. 4.3 Rz. 108；Spindler/Schuster/Anton, a.a.O.(Fn. 20), §164 BGB Rz. 5；Bitter, a.a.O.(Fn. 54), §21 Fall Nr. 57（S. 328）。
　ただし、買・主・が・売・主・の・と・こ・ろ・で・商・品・を・受・け・取・る・際・に売買代金を支払うことが合意されていたときは、LG（地方裁判所）Bonn 2012年3月28日判決（NJW-RR 2012, 1008）によれば、売主は ID・アカウントのみを手がかりに（契約相手たる）買主を観念していないため、その限りでない（ähnlich Peter Gottwald, BGB - Allgemeiner Teil, 3. Aufl.(2013), Rz. 181）。最近も LG Dessau-Roßlau 2016年4月15日判決（MMR 2016, 744）が、上記同様「受取りと引き替えの現金取引」を条件としたオークションにおいて、売主は買主として目の前に現れた者を契約相手と考えることから「行為者の自己取引」と判示する。いずれの裁判例の判断も、相・手・方・地・平・か・ら・の・客・観・的・解・釈・に依拠した「契約当事者確定」の判例準則と何ら矛盾するものではない点には注意を要する（vgl. auch Niko Härting, Internetrecht, 6. Aufl.(2017), Rz. 829）。
87) Vgl. Jürgen Oechsler, Haftung beim Missbrauch eines eBay-Mitgliedskontos, MMR 2011, S. 631 Anm. 2．
　これに対して、「行・為・者・の・単・な・る・内・心・的・意・思・は・代・理・に・と・っ・て・な・ん・ら・重・要・で・な・い・」ことから、代理意思がなくても直接適用を唱える最近の学説として、Petersen, a.a.O.(Fn. 53), §35 Rz. 11；Medicus/Petersen, a.a.O.(Fn. 77), Rz. 82. Vgl. auch Werner Flume, Allgemeiner Teil des Bürgerlichen Rechts : Das Rechtsgeschäft, 4. Aufl.(1992), S. 778；Hajut, a.a.O.(Fn. 44), S. 74．わが国でも同旨、佐久間毅『代理取引の保護法理』（有斐閣、2001年）20頁（第2章第5節(3)a 参照）。
　いずれにせよ他・人・の・名・の・下・で・の・行・為・は、類推適用であれ代理法の借用により解決される結果、その限りで顕名主義は、関係人のためにする行為（本文前述2(2)a 参照）同様、実・質・的・に・は・制・限・さ・れ・て・い・る・と言えるかもしれない。
88) Lobinger, a.a.O.(Fn. 32), S. 1078.
88a) 代理権は、法・定・代・理・権・であっても構わない。また夫婦間で問題となることも多いが、BGB 1357条（生活に必要なものを満たすための法律行為）1項による帰責、いわゆる法定の共同債務負担授権（gesetzliche Mitverpflichtungsermächtigung）を意味する日常家事代理・処理権（Schlüsselgewalt）でもよいので、適切な生活必需（Lebensbedarf）に関する行為である限り、名義人に効果が帰属する（vgl. Spindler/Schuster/Spindler, a.a.O.(Fn. 74), §164 BGB Rz. 5）。
89) なりすまし行為者が、OLG Köln 2006年1月13日判決（第2節1(2)d）等によれば、BGB 179条（無権代理人の責任）により責任を負う（ebenso OLG München a.a.O.(Fn. 33)；BGH NJW-RR 2006, 701(a.a.O. (Fn. 68))。ただ行為者が誰であるか、アカウント

所有者の協力がないと分からない場合（あるいはそもそもハッカーである場合），当該所有者たる両親の同意を得ていない未成年者である（BGB 179条3項2文）場合や，資力がない場合，上記責任追及は空振りに終わる（vgl. Herresthal, a.a.O.(Fn. 32), S. 706；Peter Mankowski, Anmerkung zu AG Berlin-Mitte, Urteil v. 28.7.2008, MMR 2008, S. 697；Haug, a.a.O.(Fn. 46), Rz. 580）。

90) 表見代理には，BGB 171条（ないし170条）から173条までの規定（いわゆる表見代理規定）と，認容代理（Duldungsvollmacht）・外見代理（Anscheinsvollmacht）という判例上創造・発展した法理（いわゆる表見代理判例法理）があるが，これらの条文訳・定義（要件）については，繰り返しを避けるため，はじめに部分の注22）を参照いただきたい。

91) Herresthal, a.a.O.(Fn. 32), S. 706.

92) Johannes Heyers, Handeln unter fremdem Namen im elektronischen Geschäftsverkehr, JR 2014, S. 233f.

93) BGHZ 180, 134 = NJW 2009, 1960 = CR 2009, 450 m. Anm. Markus Rössel usw.

94) BGHZ 185, 330 = MMR 2010, 565 m. Anm. Reto Mantz.

95) BGH a.a.O.(Fn. 36).

96) Hauck, a.a.O.(Fn. 14), S. 967. Vgl. auch Herresthal, a.a.O.(Fn. 32), S. 705.

97) Etwa Borges, a.a.O.(Fn. 41), S. 2403；Niko Härting/Michael Strubel, BB-Kommentar zu BGH, Urteil v. 11.5.2011, BB 2011, S. 2188；Oechsler, a.a.O.(Fn. 87), S. 631. 最近では，Gerald Spindler, Privatrechtsdogmatik und Herausforderungen der ‚IT-Revolution', FS für Claus-Wilhelm Canaris zum 80. Geburtstag：Privatrechtsdogmatik im 21. Jahrhundert（2017）, S. 712f.

98) Vgl. Florian Faust, BGB AT：Nutzung eines fremden eBay-Mitgliedskontos, JuS 2011, S. 1029f.

99) 【判例評釈・研究】Boris Schinkels, Anmerkung, LMK 2011, 320461；Astrid Stadler, Handeln unter fremdem Namen durch Nutzung eines fremden eBay-Mitgliedskontos, JA 2011, S. 627ff；Dimitrios Linardatos, Handeln unter fremdem Namen und Rechtsscheinhaftung bei Nutzung eines fremden eBay-Accounts, Jura 2012, S. 53ff. ほか多数。【学習教材・演習書】Hauck, a.a.O.(Fn. 14), S. 967ff.；Wertenbruch, a.a.O.(Fn. 54), §31 Rz.21 ほか多数。【研究論稿】Sonnentag, a.a.O.(Fn. 38), S. 1614ff.；Stöber, a.a.O.(Fn. 31), S. 225ff.；Heyers, a.a.O.(Fn. 92), S. 227ff. ほか多数。【基本書】前掲注35）の文献参照。【注釈書】Prütting/Wegen/Weinreich/Frensch, a.a.O.(Fn. 47), §164 Rz. 45ff.；Palandt/Ellenberger, a.a.O.(Fn. 64), §164 Rz. 11, §172 Rz. 18 ほか多数。これら文献を含むBGH 2011年判決に関する考察は，第3・5章にて詳細に行う。

なお2017年には，たとえばBräutigam/Rücker/Kaufhold, a.a.O.(Fn. 22), 3. Teil B Rz. 32ff.；Bräutigam/Rücker/Emde, a.a.O.(Fn. 22), 4. Teil F Rz. 59ff. がある。

100) OLG Bremen NJW-RR 2012, 1519.

101) Hauck, a.a.O.(Fn. 14), S. 967.

102) Borges, a.a.O.(Fn. 41), S. 2400.

103) Faust, a.a.O.(Fn. 98), S. 1029. Ebenso Spindler/Schuster/Anton, a.a.O.(Fn. 20), §164 BGB Rz. 9.

104) わが国のリーディング・ケースは，最判昭和44[1969]年12月19日民集23巻12号2539

頁である。詳しくは，第2章第2節(2)参照。
105) 伊藤・前掲注59) 77頁以下，清水・前掲注37) 95頁以下。
106) 河上正二『民法総則講義』（日本評論社，2007年）498頁。詳しくは，第2章第3節(1) c 参照。
107) 磯村保「契約当事者の確定をめぐって」早稲田ロー7号（2013年）93頁以下。
　名板貸構成と代理構成から（その前提となる）「契約当事者の確定」問題を再考する論稿として，行澤一人「名板貸責任法理と代理法理の交錯【東京地判平成元年9月12日判時1345号122頁】」法教370号（2011年）92頁以下。他にも，鹿野菜穂子「『名義貸しにおける』当事者の確定と表見法理」原島重義先生傘寿記念『市民法学の歴史的・思想的展開』（信山社，2006年）362頁以下など。
108) なお，本章の骨格部分はドイツ・ハンブルクでの在外研究期間（2011年9月から1年間）中に執筆したため，本文のわが国の現況については，次の第2章に先送りすることにしたという経緯がある。
109) 山本豊「電子契約と民法法理」法教341号（2009年）95頁。Vgl. auch Schneider, a.a.O. (Fn. 55), S. 17f.
　なお「電子コミュニケーションのバーチャルな世界」の発展が伝統的な「法律行為論の領域でヨーロッパやドイツの立法者」に及ぼした影響を指摘するものとして，Rolf Stürner, Das Zivilrecht der Moderne und die Bedeutung der Rechtsdogmatik, JZ 2012, S. 23 参照。
110) 清水・前掲注37) 201頁。
111) 遠距離通信関連の判例一覧として，Härting, a.a.O.(Fn. 6) の付録（S. 645ff.）が非常に役立つ。なお，Schneider, a.a.O.(Fn. 55) の研究判例一覧（S. 455ff.）も整理されている。
112) なお本章の「はじめに」は冗長になったが，第5章まで続く「はじめに」も一部兼ねている。
113) 詳細は，Ulrich Kleier, Bildschirmtext - Wirtschaftliche und rechtliche Auswirkungen, WRP 1983, S. 534ff.；Helmut Redeker, Geschäftsabwicklung mit externen Rechnern im Bildschirmtextdienst, NJW 1984, S. 2390ff. 参照。
114) LG Ravensburg NJW-RR 1992, 111.
115) OLG Oldenburg NJW 1993, 1400.
116) 「表見証明は，生活経験上特定の原因や結果を示していて，特段の個別的諸事情が意味を失うほど通常一般に生じる典型・類型的な事件経過が個別事例で存在する場合に，裁判実務上用いられる。表見証明の要件事実の存在を証明する責任を負うのは，本証をしようとする者である」（Heckmann, a.a.O.(Fn. 9), Kap. 4.3 Rz. 137)。
117) OLG Köln NJW-RR 1994, 177.
118) Vgl. etwa Borges, a.a.O.(Fn. 13), S. 215.
119) OLG Köln a.a.O.(Fn. 28).
120) その後 AG Wiesloch 2008年6月20日判決（a.a.O.(Fn. 21))は，本判決を引用して，ネット・バンキングにつき口座所有者の帰責性を否認した。
121) AG Erfurt MMR 2002, 127 m. Anm. Andreas Wiebe.
122) LG Münster BeckRS 2007, 04441.

123) LG Bonn MMR 2004, 179 m. Anm. Peter Mankowski.
124) AG Bremen NJW 2006, 518 = CR 2006, 136 m. Anm. Matthias Wenn.
125) その限りで，本判決を「有益な (instruktiv)」ものと評価する見解として，たとえば Borges/Schwenk/Stuckenberg/Wegener, Identitätsdiebstahl und Identitätsmissbrauch im Internet (2011), S. 267. ただ筆者個人的には，妻が回収した代理権授与証書を保管不備が原因で夫に窃取・冒用された事件で外見代理の帰責要件「無権代理行為の予見・阻止可能性」を否認した BGH 1975年5月30日判決 (BGHZ 65, 13) と対比する限りにおいては，AG Bremen 2005年判決の判断に疑問が残る（筆者のコメントを含む1975年判決の詳細については，拙著『戦後ドイツの表見代理法理』（成文堂，2003年）35頁以下参照）。
126) Martinek/Semler/Habermeier/Flohr/Krüger/Biehler, a.a.O. (Fn. 85), §33 Rz. 64 Anm. 7.
127) OLG Köln MMR 2006, 321 = NJW 2006, 1676.
127a) このように参照されることの多いパーラント（Otto Palandt）の BGB 注釈書の意義については，小野秀誠『ドイツ法学と法実務家』（信山社，2017年）236頁以下参照。
127b) 厳密に言えば，当初 Y 名義の ID は D が申請したものであったが，この ID を何度か Y が使用していた事実から，ID 名義人を Y と考えてもよかろう。
128) OLG Hamm MMR 2007, 449 = NJW 2007, 611.
129) なお，本判決で随所に引用される上記パーラントの注釈書は，帰責性の差違から今なお反復・継続性を外見代理の要件としている（vgl. Palandt/Ellenberger, a.a.O. (Fn. 64), §173 Rz. 9, 12)。
130) LG Aachen NJW-RR 2007, 565.
131) AG Saarbrücken a.a.O. (Fn. 34).
132) Vgl. Spindler/Schuster/Anton, a.a.O. (Fn. 20), §164 BGB Rz. 7 ; Gottwald, a.a.O. (Fn. 86), Rz. 181.
133) Härting, a.a.O. (Fn. 6), Rz. 576.
134) BGHZ 166, 369 = A.a.O. (Fn. 32) m. Anm. Lobinger. Vgl. auch Kühling/Schall/Biendl, Telekommunikationsrecht, 2. Aufl. (2014), Rz. 438, 496ff.
135) Marlene Schmidt, Haftung des Telefonanschlussinhabers für die Annahme von R-Gesprächen durch Dritte, Jura 2007, S. 205. Ebenso Härting, a.a.O. (Fn. 6), S. 576.
136) 詳しくは，Raimund Schütz/Tobias Gostomzyk, Sind von Minderjährigen angenommene R-Gespräche vergütungspflichtig?, MMR 2006, S. 9 ; Schmidt, a.a.O. (Fn. 135), S. 207 Anm. 27 ; Geppert/Schütz/Ditscheid/Rudloff, Beck'scher TKG-Kommentar, 4. Aufl. (2013), §66j Rz. 15 参照。
137) Vgl. Geppert/Schütz/Ditscheid/Rudloff, a.a.O. (Fn. 136), §45i Rz. 5. ただし，TKV 16条3項3文は，ネット取引には適用できない（vgl. Borges, a.a.O. (Fn. 13), S. 216)。
　　TKG 45i 条（異議申立て）4項1文
　　　電話加入者がサービス提供者の給付を利用したことにつき責任を負わされ得ないことを証明する限りで，提供者は，加入者に対して報酬を請求する権利を有しない。
　　なお，新旧両条文の帰責性に関して変更はない（Schneider, a.a.O. (Fn. 55), S. 206)。
138) Niko Härting, BGH-R 2006, S. 868. 外見代理による帰責で問われる行為能力は，代

理人ではなく本人に関してであるため，実際の行為者が未成年者であるという本件事実は，その限りで影響を及ぼさない（Schütz/Gostomzyk, a.a.O.(Fn. 136), S. 9）。

なおこれに対して，（行為者たる）未成年者を当事者とする契約から出発すれば，法定代理人の同意がない限り，不確定的無効である（BGB 108条１項）。

139) Härting, a.a.O.(Fn. 138), S. 868f.
140) Ähnlich AG Dieburg MMR 2006, 343.
141) Vgl. Spindler/Schuster/Anton, a.a.O.(Fn. 20), §164 BGB Rz. 10.
142) Schmidt, a.a.O.(Fn. 135), S. 207.
143) Geppert/Schütz/Ditscheid/Rudloff, a.a.O.(Fn. 136), §45i Rz. 67.
144) Schmidt, a.a.O.(Fn. 135), S. 208. Vgl. Geppert/Schütz/Ditscheid/Rudloff, a.a.O.(Fn. 136), §45i Rz. 5．
144a) シュピンドラー（Gerald Spindler）によれば，「匿名の大量取引が価値判断の基準として外見代理の伝統的基準を追い出し，過責要素を伴う純粋な（危険：筆者挿入）領域責任（Sphärenhaftung）という方向に拡大する」と分析される（Rechtsgeschäftliche Haftung des Anschlussinhabers - Friktionen zwischen Telekommunikationsrecht und Internetrecht, FS für Wolfgang Schlick zum 65. Geburtstag (2015), S. 329）。
145) Vgl. Medicus/Petersen, a.a.O.(Fn. 77), Rz. 99 ; Spindler/Schuster/Anton, a.a.O.(Fn. 20), §164 BGB Rz. 10. かくして「未成年者保護の問題は，本判決の標的ではな」い（Schmidt, a.a.O.(Fn. 135), S. 205）。
146) Härting, a.a.O.(Fn. 138), S. 869. Vgl. auch Geppert/Schütz/Ditscheid/Rudloff, a.a.O.(Fn. 136), §45i Rz. 70.

これに対して，子に対する親の監護（教育）等を強調して本判決の結論に反対する見解として，Schütz/Gostomzyk, a.a.O.(Fn. 136), S. 10, 12.

その後，AG Bocholt 2014年11月13日判決（MMR 2015, 612）は，本判決同様，外見代理，TKG 45i条によるいずれの責任も認めていない。ただ他方で，AG Horb a.N. 2014年10月28日判決（MMR 2015, 621 m. Anm. Florian Schaal）は，後者責任を認めている（なお，いずれの判決でも，無断利用者はＹの未成年の子であった）。この違いは，接続所有者（Anschlussinhaber）が「自己に期待されうるすべてのことをしていたか」という免責要件の存否判断によるものである。

147) Vgl. Palandt/Ellenberger, a.a.O.(Fn. 64), §172 Rz. 18.

責務とは，法的義務（Rechtspflicht）・債務（Verbindlichkeit）ではなく，訴えによる履行の強制も違反者に対する損害賠償の義務づけもできないと一般に説明される（第５章の注68a）も参照）が，詳しくは，生田敏康「ドイツ法におけるオプリーゲンハイトについて──民法を中心に」早誌41巻（1991年）１頁以下，辻博明「わが国における義務研究の到達点──オップリーゲンハイト（Obliegenheit）を中心に」名城53巻４号（2004年）１頁以下参照。Vgl. auch Thomas Rütten, Die Bestellermitwirkung zwischen Obliegenheit und Pflicht : Eine dogmatische Analyse praxisrelevanter Probleme unter besonderer Berücksichtigung des Bauvertragsrechts nach BGB und VOB (2008), S. 18ff. ; Susanne Hähnchen, Obliegenheiten und Nebenpflichten : Eine Untersuchung dieser besonderen Verhaltensanforderungen im Privatversicherungsrecht und im allgemeinen Zivilrecht unter besonderer Berücksichtigung der Dogmengeschichte(2010), insbes. S.

311ff.

148) Georgios Zagouras, Eltern haften für ihre Kinder? - R-Gespräche zwischen Anscheinsvollmacht, Widerruf und Wucher, NJW 2006, S. 2369. Vgl. auch ders., Mehrwertdienste und Verbraucherschutz im TKG, NJW 2007, S. 1914ff.
　　ただツァゴウラス（Georgios Zagouras）自身は，遠距離通信に関する法律の構造的不備をただ断片的に補う「パッチワーク的な消費者保護」でしかないと批評する（a.a.O.〔NJW 2006〕, S. 2370）。

149) Ruth Janal, Rechtliche Fragen rund um das R-Gespräch, K&R 2006, S. 279.

150) ヤナル（Ruth Janal）は，TKV 16条3項の「顧客保護の規定は，顧客の債務法上の義務範囲を拡大することに適さない」として反対する（a.a.O.(Fn. 149), S. 278)。

151) Härting, a.a.O.(Fn. 138), S. 869. Ebenso Härting, a.a.O.(Fn. 6), Rz. 579ff.

152) Ähnlich Andreas Klees, Rechtsscheinhaftung im digitalen Rechtsverkehr, MDR 2007, S. 187.

153) AG Berlin-Mitte MMR 2009, 783 m. Anm. Peter Mankowski. この問題を詳細に考察し AG Berlin-Mitte 2009年判決同様に肯定的結論にいたるものとして，Aegidius Vogt/Marcus Rayermann, Die Haftung des Mobiltelefon-Anschlussinhabers nach dem TKG Anwendbarkeit des §45i Abs. 4 TKG auf die Abrechnung mobiler Mehrwertdienste von Drittanbietern, MMR 2012, S. 207ff.
　　もっとも（BGB 675c条〔支払役務及び電子マネー〕から676c条〔責任の排除〕までの規定群を擁する電子マネー・決済をも含む）決済（支払）サービス（Zahlungsdienste）としてのPay-by-Call手続きに関しては，BGH 2017年4月6日判決（NJW 2017, 2273 m. Anm. Dirk Schmalenbach = MMR 2017, 470 m. Anm. Johannes Zimmermann）は，13歳の息子が親の接続回線から高額料金の請求される0900付加価値サービスを利用してコンピュータ・ゲームをした事例において，遠距離通信サービスの利用につき重要な帰責規定である TKG 45i条4項の適用を認めなかった。Vgl. bereits Johannes Zimmermann, Bei Anruf Zahlung? ; Das Pay by Call-Verfahren zwischen Rechtsscheinhaftung und Minderjährigenschutz, MMR 2011, S. 516ff.

154) Geppert/Schütz/Ditscheid/Rudloff, a.a.O.(Fn. 136), §45i Rz. 67.

155) Vgl. Schmidt, a.a.O.(Fn. 135), S. 207.

156) Janal, a.a.O.(Fn. 149), S. 274. Ebenso Münchener/Schramm, a.a.O.(Fn. 46), §164 Rz. 45a ; Palandt/Ellenberger, a.a.O.(Fn. 64), §172 Rz. 18. ただ本判決同様，BGH 1992年5月13日判決（VersR 1992, 989）も，親族関係（ここでは父子関係）において（黙示の代理権が広範に授与されているという）経験則の存在自体は否定した上で，個別具体的事情を精査して黙示の代理権授与を認定する余地は残されていると言う。
　　なお未成年者であっても，制限行為能力さえ有すれば代理行為を有効になしうる（BGB 165条）が，制限行為能力を理由に無権代理人の責任は負わない（179条3項2文）。

157) Vgl. etwa Redeker, a.a.O.(Fn. 113), S. 2394 ; Wolfgang Borsum/Uwe Hoffmeister, Rechtsgeschäftliches Handeln unberechtigter Personen mittels Bildschirmtext, NJW 1985, S. 1205f. ; Spindler/Schuster/Anton, a.a.O.(Fn. 20), §164 BGB Rz. 5.

158) Oechsler, a.a.O.(Fn. 87), S. 633. ただすでに LG Bonn 2001年8月7日判決（MMR 2002, 255 m. Anm. Andreas Wiebe）もごく簡単に触れていた。

158a) BGB 280条（義務違反による損害賠償）1項
　　(1) 債務者が，債務関係から生じる義務に違反したときは，債権者は，これによって生じた損害の賠償を請求することができる。
　　なお，BGB 第2編 債務関係法に関わる条文訳は，山口・前掲注11）から引用する。
158b) BGB 311条（法律行為又は法律行為に類する行為による債務関係）2項・3項
　　(2) 第241条第2項の規定による義務を伴う債務関係は，次に掲げる行為のいずれかによっても発生する。
　　　１．契約交渉の開始
　　　２．当事者の一方が，何らかの法律行為上の関係で，相手方に対して自己の権利，法益及び利益に対して影響を及ぼす可能性を与え，又は相手方に対してこれらを委託する契約の着手（準備：筆者挿入）
　　　３．同様の取引上の接触
　　(3) 第241条第2項の規定による義務を伴う債務関係は，自ら契約当事者とならない者に対しても発生することが可能である。特に，第三者が，特別な程度に自己に対する信頼を要求し，それによって契約交渉又は契約締結が著しく影響を受ける場合には，かかる債務関係が発生する。
　　BGB 241条（債務関係から生じる義務）2項
　　(2) 債務関係は，その内容により，他方の当事者の権利，法益及び利益を顧慮することを，いずれの当事者にも義務付けることができる。

159) Borges, a.a.O.(Fn. 13), S. 214f. ただ，当該行為者を突き止めるのは容易ではないのに対して，権利侵害に用いられた当該接続の所有者であれば通常見つけ出すことができるため，後者の法的責任を追及することとなるが，本文の両判決のとおり一筋縄ではいかない（vgl. Franz Hofmann, Die Haftung des Inhabers eines privaten Internetanschlusses für Urheberrechtsverletzungen Dritter, ZUM 2014, S. 654）。
　なお刑事責任との関連については，はじめに部分の注9）参照。

160) BGH a.a.O.(Fn. 93).

161) とくに „ … Halzband, Art Cartier … Mit kl. Pantere, tupische simwol fon Cartier Haus … " という記載があったが，この多数のスペルミスは，控訴審判所によれば，「ラトヴィア生まれの妻により作成されていたことを示すものである」。

162) BGB 830条 共同行為者，関与者
　　(1) 数人が共同して行った不法行為によって損害を生ぜしめたときは，各自が，その損害について責任を負う。複数の関与者のいずれがその行為によって損害を生ぜしめたか明らかでないときも，同様である。
　　(2) 教唆者及び幇助者は，共同行為者とする。
　条文訳は，E. ドイチュ＝H.-J. アーレンス（浦川道太郎訳）『ドイツ不法行為法』（日本評論社，2008年）338頁から引用した。

163) Vgl. Harte-Bavendamm/Henning-Bodewig/Bergmann/Goldmann, UWG-Kommentar, 3. Aufl.(2013), § 8 Rz. 107f.；Hoeren/Bensinger/Eichelberger, a.a.O.(Fn. 26), Kapitel 4 D Rz. 135.

164) Heckmann, a.a.O.(Fn. 9), Kap. 4.3 Rz. 122.

164a) 無体財産権（Immaterialgüterrecht）が第三者に譲渡したり供与したりできる「絶

対権」とされることについては，たとえば Haimo Schack, Urheber- und Urhebervertragsrecht, 6. Aufl. (2013), Rz. 21ff. 参照．
165) 「権利者の要保護性がアカウント所有者のそれを通常上回る著作権や商標権では，絶対的に保護される権利の強化が重要である」（vgl. Oechsler, a.a.O. (Fn. 87), S. 631）。
166) Vgl. Stefan Maaßen, Anmerkung zu BGH, Urteil v. 11.3.2009, FD-GewRS 2009, 280600 ; Heckmann, a.a.O. (Fn. 9), Kap. 4.3 Rz. 120.
　これに対して，損害賠償責任を扱った本判決も利益較量を行っていると最近評価したものとして，M. Köhler/Fetzer, a.a.O. (Fn. 4), Rz. 330. 本判決も，「アカウント所有者の利益が侵害された著作者のそれよりも保護に値するかを吟味」し，その結果，「義務違反によりアクセス・データを厳重に保管しない者は，侵害された第三者の著作権よりも優先する利益を主張できない」とされたとする．かりに（本件Yにあたる）アカウント所有者の妻が買い物をしていたならば，「BGHの衡量もおそらく別の結果になったであろう」。
167) NomosKommentar/Stoffels, a.a.O. (Fn. 77), §167 Rz. 84.
168) ただ当該義務の程度について，「家族共同体では弓を強く引きしぼってはならない」として厳格にならないようにとの指摘がある（Schack, a.a.O. (Fn. 164a), Rz. 768a）．
　なお，社会生活上の義務とは，「他人に対する危険を創造し，あるいは維持する者は，危険を支配のもとに置き，可能な限り危険の現実化を防止するために，適切にして期待されるあらゆる措置を講じる義務」を言う（ドイチュ＝アーレンス・前掲注162) 161頁）．詳しくは，ハイン・ケッツ＝ゲルハルト・ヴァーグナー（吉村良一＝中田邦博監訳）『ドイツ不法行為法』（法律文化社，2011年）64頁以下，85頁以下も参照．
169) Heckmann, a.a.O. (Fn. 9), Kap. 4.3 Rz. 124f. なお当該義務の範囲と違反の効果については，ders., a.a.O. (Fn. 9), Kap. 4.3 Rz. 126ff. 参照．
170) Vgl. Ingerl/Rohnke, Markengesetz-Kommentar, 3. Aufl. (2010), Vorbem. §§14-19d Rz. 31.
171) Thorsten Beyerlein, Kurzkommentar, BGH EwiR §14 MarkenG 1/09, S. 454. Ebenso Haug, a.a.O. (Fn. 7), Rz. 760.
172) Maaßen, a.a.O. (Fn. 166).
173) 詳しくは，たとえばハンス＝ユルゲン・アーレンス（浦川道太郎監訳）「講演 ドイツにおける妨害者責任」早法44巻3号（2011年）49頁以下参照．Heiko Habermann, Die zivilrechtliche Störerhaftung bei einer Verletzung von Immaterialrechtsgütern im Internet (2016), S. 31ff.
173a) Ebenso Hoeren/Bensinger/Eichelberger, a.a.O. (Fn. 26), Kapitel 4 D Rz. 135.
173b) Härting, a.a.O. (Fn. 86), Rz. 2727.
173c) Rössel, Anmerkung, a.a.O. (Fn. 93), S. 454.
174) Winfried Klein, Anmerkung zu BGH, Urteil v. 11.5.2011, MMR 2011, S. 450.
175) Borges, a.a.O. (Fn. 41), S. 2403. Ebenso etwa Anna-Julka Lilja, Kommentar zu BGH, Urteil v. 11.5.2011, NJ 2011, S. 427.
176) BGH a.a.O. (Fn. 94). Vgl. etwa Peter Hilgert/Rüdiger Greth, Urheberrechtsverletzungen im Internet (2014), Rz. 847f., 870 ; Hoeren/Bensinger/Eichelberger, a.a.O. (Fn. 26), Kapitel 4 C Rz. 99ff.

なお本判決を（妨害者責任につき）引用する最新判決として、BGH NJW 2014, 2360；BGH NJW 2017, 1965. Vgl. auch Georg Borges, Die Haftung des Internetanschlussinhabers für Urheberrechtsverletzungen durch Dritte, NJW 2014, S. 2305ff.

177）　敷衍すれば、IPアドレスは、アカウントとは違い、実際の利用者ではなく、自己のネット接続へのアクセスを許可する権限を有する接続所有者に割り当てられている。かくしてIPアドレスは用途上、具体的時点における利用者の情報を提供するものではない。Vgl. Stefan Leible/David Jahn, Anmerkung, LMK 2010, 306719；Mantz, Anmerkung, a.a.O.（Fn. 94），S. 568ff.

177a）　Vgl. auch Härting, a.a.O.（Fn. 86），Rz. 2733f.；Habermann, a.a.O.（Fn. 173），S. 166ff. 最新の、アップデート義務（Aktualisierungspflicht）の問題に言及するものとして、Hoeren/Bensinger/Eichelberger, a.a.O.（Fn. 26），Kapitel 4 C Rz. 105；Müller-Brockhausen, a.a.O.（Fn. 27a），Rz. 691ff.

なお、接続所有者は、権利侵害をした第三者が未成年ないし成人に達した子、夫婦、シェアハウス（Wohngemeinschaft）の同居人、さらには転借人であった場合にまで──中にはその存在自体も疑われうるところの──監督義務（Aufsichts- od. Überwachungspflicht）あるいは教示義務（Belehrungspflicht）違反を理由に妨害者責任を負担させられるかについて（以後のBGH 2012年11月15日判決（Morpheus事件判決）および2014年1月8日判決（BearShare事件判決）を含めて）は、たとえばHofmann, a.a.O.（Fn. 159），S. 656ff.；Spindler/Schuster/Spindler, a.a.O.（Fn. 74），§ 1004 BGB Rz. 54ff.；Härting, a.a.O.（Fn. 86），Rz. 2737ff.；Hoeren, a.a.O.（Fn. 26），Rz. 1240参照。

177b）　Vgl. etwa Hofmann, a.a.O.（Fn. 159），S. 654f.；Habermann, a.a.O.（Fn. 173），S. 160f.

178）　Heckmann, a.a.O.（Fn. 9），Kap. 4.3 Rz. 135ff.

179）　Ebenso Georg Borges, Rechtsfragen des Phishing - Ein Überblick, NJW 2005, S. 3317；Heckmann, a.a.O.（Fn. 9），Kap. 4.3 Rz. 138 Anm. 208；M. Köhler/Fetzer, a.a.O.（Fn. 4），Rz. 327. これに対して表見証明を認める学説として、Ralf Winter, Anmerkung zu LG Konstanz, Urteil v. 19.4.2002, MMR 2002, S. 836；Peter Mankowski, Wie problematisch ist die Identität des Erklärenden bei E-Mails wirklich?, NJW 2002, S. 2822ff.；ders., Anmerkung, a.a.O.（Fn. 123），S. 181；Leible/Sosnitza/Hoffmann, Versteigerungen im Internet（2004），Rz. 182ff.；Herresthal, a.a.O.（Fn. 32），S. 710. 詳しい状況については、Heckmann, a.a.O.（Fn. 9），Kap. 4.3 Rz. 138ff.；Härting, a.a.O.（Fn. 86），Rz. 850ff. 参照。

180）　LG Magdeburg CR 2005, 466.

181）　LG Konstanz a.a.O.（Fn. 179）．

182）　これに対して場面こそ異なるが、判例は、ECカードを使い正しいPINが入力されて現金自動支払機から引出しが行われた場合、「カード所有者本人またはその代理人が引き出しを行った」という表見証明を原則認める（vgl. Hanau, a.a.O.（Fn. 19），S. 1219. ただし現在、BGB 675w条（認証の証明）3文には注意を要する、Hoeren, a.a.O.（Fn. 26），Rz. 742 および後掲注204）参照）。

183）　最近の、表見証明に否定的な裁判例として、OLG Bremen a.a.O.（Fn. 100）。Vgl. auch Münchener/Schramm, a.a.O.（Fn. 46），§ 164 Rz. 45b；Hoeren/Sieber/Holznagel/Kitz, Multimedia-Recht, 44. EL Januar 2017, Teil 13.1 Rz. 113.

結局のところ，アカウント所有者本人が利用したか，ハッカーなど第三者が濫用したかという判断は，裁判官の自由心証によること（ZPO 286条）となる（vgl. Berger, a.a.O.(Fn. 31), Rz. 185)。

184) Vgl. Martinek/Semler/Habermeier/Flohr/Krüger/Biehler, a.a.O.(Fn. 85), §33 Rz. 63 Anm. 2.
185) Winter, a.a.O.(Fn. 179), S. 836. 出品者Xが特定のアカウントで最高落札価格による入札があったこととアカウント所有者が誰であるかを主張・証明し，当該所有者Yが冒用の事実を証明するという（表見証明を前提とした）証明責任の分配が，実情（つまり冒用のない通常一般的な場合）に適っていよう（ders., a.a.O., S. 836)。
186) なお第3節で紹介する以外にも，ボルゲス，ヘレストハル（Carsten Herresthal)，エクスラー（Jürgen Oechsler）など重要な見解が複数あるが，彼らは，BGH 2011年判決を契機にさらなる発展的研究を行っているので，第3章以降（上記3名については第5章第2節）の考察対象に回した。
187) これを裏づけるかのように，ヘッセン州の1984年データ保護活動報告には，簡単なパスワード保護に加えて特別な本人確認・暗号化手続きの推進要求や，不正アクセスへの特別な対策を講じないときは当該システムの重大な欠陥とみなされうるとの記載がある（Borsum/Hoffmeister, a.a.O.(Fn. 157), S. 1206)。
188) Ebenso Friedmann, a.a.O.(Fn. 15), S. 93ff. Wohl ähnlich Andreas Auerbach, Bestellvorgänge mittels Bildschirmtext, CR 1988, S. 19ff.
189) Borsum/Hoffmeister, a.a.O.(Fn. 157), S. 1206.
190) A. Einar Recknagel, Vertrag und Haftung beim Internet-Banking (2005), S. 139 ; Friedmann, a.a.O.(Fn. 15), S. 102ff.
191) Jens-Peter Lachmann, Ausgewählte Probleme aus dem Recht des Bildschirmtextes, NJW 1984, S. 408f. ラッハマンの見解を支持するものとして，Spindler/Schuster/Anton, a.a.O.(Fn. 20), §164 BGB Rz. 9．
192) Werner Brinkmann, Vertragsrechtliche Probleme bei Warenbestellungen über Bildschirmtext, BB 1981, S. 1186f. なお表見代理との関連については，各事例の個別問題として言及を加えていない。
193) 前掲注125) 参照。
194) Köhler, a.a.O.(Fn. 15), S. 59ff.
195) この理由づけを参照するものとして，OLG Köln 1993年判決（第2節1⑴b参照）。
196) Redeker, a.a.O.(Fn. 113), S. 2393f. ただし，当該交付されたパスワードが業務上の取引で利用している特別なものであったときは，第2節1⑵fのLG Aachen 2006年判決に倣って認容代理の類推適用が認められる（ders., a.a.O.(Fn. 26 [2017]), Rz. 878)。
　本文の理由づけに対して，リーダーは，「いわゆるGG6条により保護された家族の信頼関係は通常一般に表示相手方の信頼に勝るだろう」という意味であり，相手方の信頼保護を広範に制限する理由にはならないとして反対する（Rieder, a.a.O.(Fn. 2), S. 198f.)。Vgl. auch Müller-Brockhausen, a.a.O.(Fn. 27a), Rz. 508.
197) Kleier, a.a.O.(Fn. 113), S. 537.
197a) Hanau, a.a.O.(Fn. 32).
198) Hanau, a.a.O.(Fn. 19), S. 1215ff.

199) Hanau, a.a.O.(Fn. 19), S. 1215. ただハナウは，「当面は……最も有意義な本人確認メルクマールは番号である」としながらも，将来的には「指紋，目の虹彩，顔」といった生体認証が普及する可能性を示唆してすでに「番号」の先を見据えていた（ders., a.a.O., S. 1215）。

200) なぜなら，本人が代理人に対して代理関係を明らかにせずに本人の名の下で行為するよう委任することは通常あり得ないからである（Hanau, a.a.O.(Fn. 19), S. 1216）。

201) Hanau, a.a.O.(Fn. 19), S. 1215ff.

202) なお，白紙書面責任（Blanketthaftung）のようにBGB 172条を類推適用できるかについて，ハナウはおよそ懐疑的である（詳しくはHanau, a.a.O.(Fn. 19), S.1217f. 参照）。

203) 本文のとおり，ハナウがBGB 172条を類推適用しないことについては，後掲注248）参照。

なお，（ハナウ論稿以降に）本文のPIN等交付事例への外見代理の（類推）適用可能性を認めたOLG Schleswig 2010年7月19日判決（Till Veltmann, Rechtsprechung, RÜ 2010, S. 613ff.), Michael Misch, Internet-Banking, in Thomas Thöne, Praxiswissen Bankrecht（2011), S. 324f. も参照。

204) Hanau, a.a.O.(Fn. 19), S. 1217f. なお表見証明については，ECカード等による預金払戻しの場面を中心にハナウは論じていたため，割愛した。

そもそも払戻しについては，ドイツと──預金債務の弁済として扱う──わが国とでは法律構成が異なり（敷衍すれば，本章部分を執筆した2014年当時ドイツでは，支払役務提供契約としての預金契約に基づいて，預金者が銀行に対して払戻しの指図を行い，当該費用を支出した銀行が，預金者に対して費用償還請求権を取得しその口座から引落しを行う（BGB 670条など委任規定を準用する675c条)），ひいては銀行保護の手立ても違う（ドイツでは，無権限の支払取引に対して銀行は上記請求権を有しない（675u条）ことを原則とした上で，675v条（条文訳は第5章の注102）参照）が顧客に損害賠償責任を負担させる場合を規定する）ことから，本書では深入りしない（詳しくは，たとえば川地宏行「偽造・盗難キャッシュカードによる預金の不正引出と責任分担」専法31巻（2006年）9頁以下，同「ドイツ民法の決済サービス規定をめぐる判例学説」現消36号（2017年）32頁，34頁以下参照。Vgl. etwa auch Jürgen Oechsler, Vertragliche Schuldverhältnisse (2013), Rz. 1341f.)。本書のなりすましとの関連では，EU決済サービス指令（2007年成立。詳しくは，吉村昭彦＝白神猛「欧州における決済サービスの新たな法的枠組み：決済サービス指令の概要」金融研究28巻1号（2009年）119頁以下参照）の国内法化に伴うBGBの2009年改正により，上記のとおりとくに675u条（認証されていない支払行為に対する支払役務提供者の責任）・同v条（支払認証手段の濫用の場合の支払者の責任）が規定されている（詳しくは，平田健治「EU支払サービス指令とドイツ法──多様な支払手段の統一ルール創出の試みとその意義」阪法61巻2号（2011年）287頁以下参照。類推適用されうる表見代理とのBGB 675v条の適用関係については，第3章の注20）参照）。なお，上記指令に関わる2015年11月の改正案採択により，加盟国は2018年1月13日を期限に国内法化する必要があり（詳しくは指令訳も含めて，杉浦宣彦監訳「EU決済サービス指令2015（PSD 2）」比雑50巻4号（2017年）223頁以下参照），BGBも2017年改正により新しい規律を設けた（vgl. etwa Christian Hofmann, Das neue Haftungsrecht im Zahlungsverkehr, BKR 2018, S. 62ff.; Kai Zahrte, Neuerungen im

Zahlungsdiensterecht, NJW 2018, S. 337ff.）が，本書は，参照する条文（訳）も含めてその動向に対応できていない。

　表見証明との関連では，これを棚上げにしたままのBGB 675w条3文が問題となる（vgl. etwa Thomas Hoeren/Maria Kairies, Der Anscheinsbeweis im Bankenbereich - aktuelle Entwicklungen, WM 2015, S. 549ff.；Ulrich Schulte am Hülse/Michael Kraus, Das Abgreifen von Zugangsdaten zum Online-Banking：Ausgeklügelte technische Angriffsformen und zivilrechtliche Haftungsfragen, MMR 2016, S. 435ff.）が，通説は，セキュリティ・システムの安全性，具体的な個別事例でのセキュリティ機能の作動など厳しい条件下でしか表見証明を認めず，BGH 2016年1月26日判決（BGHZ 208, 331）も追随する（vgl. etwa Frank O. Fischer, Anmerkung, JM 2017, S. 147；Härting, a.a.O.（Fn. 86）, Rz. 855ff.；Carsten Herresthal, Anscheinsbeweis und Rechtsscheinhaftung beim Online-Banking, JZ 2017, S. 28ff.；Münchener/Zetzsche, Kommentar zum Bürgerlichen Gesetzbuch, 7. Aufl.(2017)，§675w Rz. 28. 第3章の注95a）も参照）。なお，オンライン・バンキングのフィッシング犯罪等に言及するものとして，Schimansky/Bunte/Lwowski/Maihold, Bankrechts-Handbuch, 5. Aufl.(2017)，§55 Rz. 83.

BGB 675w条（認証の証明）3文
　支払行為が，支払認証手段を用いて発生したときは，支払役務提供者による認証を含む支払認証手段の利用の記録は，これのみでは，支払者が次に掲げるいずれかの行為を行ったことを証明するためには，必ずしも十分ではない。
1．支払行為の認証を行ったこと。
2．欺罔の意図で行動したこと。
3．第675l条の規定による一又は複数の義務に違反したこと。
4．故意又は重大な過失により，支払認証手段の発行及び利用のための一又は複数の条件に違反したこと。
＊上記2017年改正により，3文への一部文言の挿入とともに，「支払役務提供者は，支払役務利用者の欺罔，故意又は重大な過失を証明するために，支持する証拠方法を提出しなければならない。」との4文が追加されている。

204a)　Vgl. etwa auch Schneider, a.a.O.(Fn. 55), S. 70.
204b)　Hanau, a.a.O.(Fn. 32), S. 213ff., 223.
204c)　Hanau, a.a.O.(Fn. 32), S. 67.
205)　Schmidt, a.a.O.(Fn. 135), S. 208.
206)　拙著・前掲注125）50頁の注（2），BGH NJW 1981, 1727も参照。
207)　Ebenso etwa Peter Kath/Anne Riechert, Internet-Vertragsrecht (2002), Rz. 93f.
208)　Verse/Gaschler, a.a.O.(Fn. 3), S. 215ff. たかだか過失が認定されて外見代理の類推適用が認められたとしても，フェルゼらは，BGB 122条（取り消した者の損害賠償義務）の類推適用により信頼利益の損害賠償責任に縮減する。そもそも外見代理の場合，現在支配的な表示意識欠缺論との比較均衡の観点から，「自己の容態の法的重要性に関する錯誤を理由」とする本人の取消しを認めているからである（vgl. dies., a.a.O., S. 215f. Ebenso bereits Friedmann, a.a.O.(Fn. 15), S. 102ff., 111）。この議論は，外見代理固有の効果論に連動したものにすぎないため，本章ではとくに言及しないが，最近は，外見代理を表見代理に整序しつつも取消可能性を認める見解がよりいっそう勢いを増している

(vgl. Lars Stegemann, Zwei Klassiker des Stellvertretungsrechts : Die Duldungs- und Anscheinsvollmacht, AD LEGENDUM 2014, S. 69f.).

209) Härting, a.a.O.(Fn. 30), Rz. 409ff.
210) Klees, a.a.O.(Fn. 152), S. 186ff.
211) 白紙書面の空白部分がすでに相手方の知らないところで補充されている「隠秘の白紙書面補充」との（パスワード冒用の）本質的差違は，第三者の行為の認識可能性にある。つまり隠秘の補充では，補充した第三者が最低でもいわゆる使者として行為していることは認識できるが，パスワード冒用の場合は，そもそも当該所有者とは違う別人が行為していること自体，相手方の目にはまったく見えていない(Rieder, a.a.O.(Fn. 2), S. 307)。この差違がなりすましの法的処理に重要な影響を及ぼすことについては，「同一性外観責任」を冠した本書を読み進めていただければお分かりいただける。
212) Rieder, a.a.O.(Fn. 2), S. 306ff.
213) 詳細については，Rieder, a.a.O.(Fn. 2), S. 309ff.
214) なお「当該引渡しが法律行為上の表示をするためであったか否かは，重要でない」(Rieder, a.a.O.(Fn. 2), S. 313)。
215) Rieder, a.a.O.(Fn. 2), S. 312f.「パスワードから連想される外観について，この所有者が意識していたかどうかは問わない」。「周知のとおり，白紙書面濫用事例やファクシミリ・スタンプ事例にも同様のことが言える」(ders., a.a.O., S. 313)。
　　なお，商取引の領域でのみ保管上の過失でも帰責を認めるようだが，帰責性に関するより詳細な記述については，ders., a.a.O., S. 313f. 参照。このような危険主義の特徴・傾向については，すでに（過失を帰責要件とする）外見代理の承認を商法上に限定するカナーリスの見解（拙著・前掲注125）90頁）にも見られる。
216) Rieder, a.a.O.(Fn. 2), S. 306f.
217) Ebenso bereits Birkelbach, a.a.O.(Fn. 28), S. 2099f.
218) これに対してVTXは，「閉じられた」安全なシステムである（Recknagel, a.a.O.(Fn. 190), S. 142）。
219) Recknagel, a.a.O.(Fn. 190), S. 137ff.
220) H. Köhler, a.a.O.(Fn. 15), S. 63.
221) Münchener/Schramm, a.a.O.(Fn. 46), §164 Rz. 44a.
222) BGB 282条　第241条第2項に規定する義務の違反による，給付に代わる損害賠償
　　　債務者が，第241条第2項に規定する義務に違反した場合において，債権者に対して，債務者による給付を受けることを期待することがもはや不可能であるときは，債権者は，第280条第1項の要件の下に，給付に代わる損害賠償を請求することができる。
223) Hanau, a.a.O.(Fn. 19), S. 1218. ただし，インターネット・オークションについては，LG Bonn 2003年判決と同様の理由から否認する結論であり，BGB 826条の要件を充たした場合にのみ不法行為責任を認めるにとどまる（ders., a.a.O.(Fn. 32), S. 214f.）。
224) Vgl. auch Sonnentag, a.a.O.(Fn. 38), S. 1619.
225) Robert Koch, Geltungsbereich von Internet-Auktionsbedingungen - Inwieweit begründen Internet-Auktionsbedingungen Rechte und Pflichten zwischen den Teilnehmern?, CR 2005, S. 505ff., 510.

226) 本文の構成に批判的な裁判例や学説として、たとえば AG Berlin-Mitte a.a.O.(Fn. 89), 696 や Borges, a.a.O.(Fn. 13), S. 217；Julia Meyer, § 3 Einbeziehung und Geltungsbereich von AGB, in Borges., a.a.O.(Fn. 7), S. 26；Herresthal, a.a.O.(Fn. 32), S. 709f.

　なお2011年、eBay の約款条項が出品者・入札者間で直接的効力を有するかについて、BGH は、5月11日判決（a.a.O.(Fn. 36)）と6月8日判決（NJW 2011, 2643）で異なった判断を示しているが、詳しくは、第3章第2節1の【判決理由】［21］、同章の注22）を参照。

227) Leible/Sosnitza/Hoffmann, a.a.O.(Fn. 179), Rz. 122. 注意義務違反の判断については、平均的な利用者を基準として高度な義務を課してはならない。具体的には、皆が利用できるパソコンにパスワードを入力しても注意義務違反に当たらないが、そのパソコンにパスワードを保存すれば当該違反と認められる（ders., a.a.O., Rz. 179）。

　なおパスワードの交付があったときは、これを代理権授与証書に準じる権限付与確認手段と捉えて BGB 172条の類推適用を認める（ders., a.a.O., Rz. 177）。

227a) もっとも、BGH 2004年3月4日判決（Dialer（＝利用者の気付かないうちにウィルスを仕掛けて高額サービスに誘導するコンピュータ・プログラム）事件判決。BGHZ 158, 201 = LMK 2004, 114 m. Anm. Jürgen Oechsler = MMR 2004, 308 m. Anm. Peter Mankowski）が、利用者は「危険のないと思しきデータ・ファイルに危険なプログラムが潜伏することを予見するには及ばない」としたことから、パスワード等を不正探知するプログラムについても同様であり、「コンピュータの定期点検や……アカウント閉鎖の義務はない」との分析（Oechsler, a.a.O.(Fn. 11), S. 582. Vgl. ders., Der Allgemeine Teil des Bürgerlichen Gesetzbuchs und das Internet（1. Teil), Jura 2012, S. 422ff.）がある。なお、第5章第4節(2) b cc も参照。

228) Vgl. etwa Dennis Werner, Kommentar zu BGH, Urteil v. 11.5.2011, K&R 2011, S. 499f.

229) Härting, a.a.O.(Fn. 6), Rz. 564f.

230) M. Köhler/Fetzer, a.a.O.(Fn. 4), Rz. 327.

231) Vgl. Oechsler , a.a.O.(Fn. 11), S. 579.

232) Faust, a.a.O.(Fn. 98), S. 1030.

233) Vgl. etwa Mühlenbrock/Dienstbach, a.a.O.(Fn. 21), S. 630. ただし、アカウント所有者が自らフィッシング攻撃等の被害者になったことを認識したときは、その限りでない。この時点以降、アカウント所有者はさらなる被害を食い止めるためその閉鎖を求めるべきであったと言えるからである（Borges, a.a.O.(Fn. 13), S. 216）。

233a) もっとも、シュピンドラーは、フィッシング攻撃の場合――ファーミングとは対照的に――銀行などを騙り電子メールが送りつけられ PIN・TAN を入力させられた点で「過失」を語ることができるため、個別事例しだいではいまだ類推適用の余地があると言う（Spindler/Schuster/Spindler, Recht der elektronischen Medien, 3. Aufl.(2015), § 164 BGB Rz. 10）。上記インターネット上で行われる詐欺からの防護義務については、たとえば Hossenfelder, a.a.O.(Fn. 19) が詳しく論じる。

　なお、これら詐欺について、StGB は、202a 条（データの不正探知）以下、303a 条（データ改竄）・同 b 条（コンピュータ妨害）を新設して対応する。Vgl. etwa Hoeren, a.a.O.(Fn. 26), Rz. 1309ff.

234) また場合によってはハナウのように（第3節2(3)b・(4)参照）、ID・パスワードの意識的交付を（具体的な番号冒用行為との関連で）「認容」とはせずに「過失」と捉えれば、これも含まれよう。

235) 最近では、たとえば Bork, a.a.O.(Fn. 71), Rz. 1562.

236) Ähnlich H. Köhler, a.a.O.(Fn. 15), S. 61. また家族関係では、パスワードの秘匿義務が約款上存在するにもかかわらず、「IDやパスワードの意識的交付がまま見受けられる」が、この場合は黙示の代理権授与が通常一般に認められるとの指摘（Leible/Sosnitza/Hoffmann, a.a.O.(Fn. 179), Rz. 175）もある。ただ認める場合、その範囲の確定には広範になりすぎないよう慎重さが求められよう。

236a) もとより濫用されやすい家族だからこそ、自宅の部屋や机には鍵をかけておくべきだというのに準じて、パソコンも厳重にロックしておくべきだという見方もできようが、非常にぎくしゃくした関係となろう。家族にあっては互いを信頼して暮らしていくほかないとすれば、保管義務を厳格に捉えることには慎重さが求められるかもしれない。いずれにせよ、非常に難しい判断を迫られることになる。

237) Klees, a.a.O.(Fn. 152), S. 186.

238) また高額なコレクト・コール・ビジネスが社会問題化していた状況下では、いささか視点を変えて、電話加入者ではなくむしろ事業者側が不正利用の確実な予防措置を講じなければならないとして、前者の帰責性を否認することも考えられよう。

239) Oechsler, a.a.O.(Fn. 11), S. 568 Fn. 12.

240) Moser, a.a.O.(Fn. 48), S. 88.
　　また場面こそ異なるが、顕名はなされたが当の本人が存在しなかった場合にも、判例・通説は、代理人として行為した者が原則BGB 179条1項の類推適用により無権代理人の責任を負うとして、代理法による解決を志向する。ただこの場合も、顕名がなされたとはいえ当の本人が存在しない以上、直接代理ではなく取り急ぎ間接代理として当然、当該行為者自らが取引の当事者になると考える可能性も指摘されている（Markus Fehrenbach, Die Haftung bei Vertretung einer nicht existierenden Person, NJW 2009, S. 2173ff.）。

241) 中舎寛樹「名義貸しと民法109条」椿寿夫＝同編著『解説　類推適用からみる民法』（日本評論社、2005年）60頁参照。

242) Ihnen, a.a.O.(Fn. 54), S. 224.

243) Bamberger/Valentin, Kommentar zum Bürgerlichen Gesetzbuch, 3. Aufl.(2012), §164 Rz. 33.

244) 清水・前掲注37）152頁、184頁参照。

245) わが国でも同旨、民法110条を類推適用する最判昭和51［1976］年6月25日民集30巻6号665頁。

246) BGHZ 40, 65.

247) 第4章第3節で詳しく紹介する Gerd Müller, Zu den Grenzen der analogen Anwendbarkeit des §172 BGB in den Fällen des Blankettmißbrauchs und den sich daraus ergebenden Rechtsfolgen, AcP 181(1981), S. 525参照. Vgl. auch Oechsler, a.a.O.(Fn. 11), S. 569.

248) ハナウは、白紙書面を第三者が証書作成者になりすまして補充した場合（他人の名の下での白紙書面補充とでも呼ぶべきか）にも、相手方が当該作成者との契約締結を欲していることなどからBGB 172条の類推適用を認める。これに対して他人の番号の下での行為については、番号が本人確認の指標となるため「BGB 172条の意味での署名と同一視されうる」としながらも、番号は代理権授与証書という紙媒体を通してではなくデータ移転により伝えられることから、結局その類推適用を否認する（Hanau, a.a.O.（Fn. 19）, S. 1218）。

これに対して第3節1(3)aのケーラーは、VTX取引について、単純にパスワード（番号）の交付を白紙書面の交付と同等に扱うことでBGB 172条の類推適用を支持する（H. Köhler, a.a.O.（Fn. 15）, S. 61）。

なお上記問題を詳細に扱う論文として、たとえば第5章第2節2で紹介するOechsler, a.a.O.（Fn. 11）, S. 565ff.；ders., a.a.O.（Fn. 87）, S. 631ff.

249) Vgl. Oechsler, a.a.O.（Fn.11）, S. 580ff. ただこの点を克服する見解として、たとえば第3章第3節2(3)・第5章第2節5で紹介するStöber, a.a.O.（Fn. 31）, S. 227f. がある。

250) Vgl. Münchener/Schramm, a.a.O.（Fn. 46）, §164 Rz. 43；Vogel, a.a.O.（Fn. 55）, S. 421f.

251) BGH NJW 2013, 1946（a.a.O.（Fn. 68））. Vgl. etwa Detlev Leenen, BGB Allgemeiner Teil：Rechtsgeschäftslehre, 2. Aufl.（2015）, §4 Rz. 99. 本判決を扱う評釈等として、Chris Thomale, Anmerkung, LMK 2013, 352160；Martin Schwab, Handeln unter fremdem Namen und gutgläubiger Erwerb im Gebrauchtwagenhandel, JuS 2014, S. 265ff. など多数。

なお、最近の裁判例として、OLG Hamm 2016年2月22日判決（becklink 2005998）がある（善意取得を否定）。

252) Vgl. etwa Medicus/Petersen, a.a.O.（Fn. 77）, Rz. 83；Vogel, a.a.O.（Fn. 55）, S. 422；Dieter Medicus/Jens Petersen, Allgemeiner Teil des BGB, 11. Aufl.（2016）, Rz. 907；Münchener/Oechsler, Kommentar zum Bürgerlichen Gesetzbuch, 7. Aufl.（2017）, §932 Rz. 63.

253) ただし、中古車が盗難車であった場合、BGB 935条により932条は適用できない（vgl. Wertenbruch, a.a.O.（Fn. 54）, §28 Rz. 15）。表見代理を類推適用する場合との要件面の差違は、たとえばBGB 932条が（所有権を信頼した）取得者の無過失まで要求せず無重過失にとどめる点である。

なおわが国でも、行澤教授は、契約当事者を確定する基礎的評価は「一義的に確定されるべき問題というよりは」複数ある保護（具体的には名板貸構成と代理構成）のいずれを戦略的に選択するかに関わる取引相手方の問題であると言う（前掲注107）98頁）。

254) Vgl. Vogel, a.a.O.（Fn. 55）, S. 425.

255) Hauck, a.a.O.（Fn. 14）, S. 967. Vgl. auch Härting/Strubel, a.a.O.（Fn. 97）, S. 2189.

256) ただ脆弱だからの一言で、表見証明を認めないのは早計であろう（詳しくは検討の末、表見証明に前向きなLeible/Sosnitza/Hoffmann, a.a.O.（Fn. 179）, Rz. 184参照）。

257) 磯村・前掲注107）114頁。

258) ところで、「本人の名の下での行為では、表意者と効果帰属者の人格的分離および表意者にではなく本人に直接効果を生じさせるとの表示がなされていると解釈できないことから」、支配的な代理人行為説によれば「行為者行為説が妥当」であるとの分析（伊

藤進『代理法理の探求——「代理」行動様式の現代的深化のために』（日本評論社，2011年）484頁）がある。また河上教授は，なりすましでは架空名義取引の場合と同様に原則，「自ら行為した者は，代理の要件（授権＋顕名主義）を満たさない限り，どのような名称を用いようとも行為者としての責任（効果帰属）を引き受けるべき」ことを理由に，「契約を締結した者が誰であるかが特定できる限り，その者に効果が帰属する」と言う（前掲注106）498頁）。その他同旨，たとえば中田邦博「契約当事者」千葉恵美子ほか編『Law Practice 民法Ⅱ【債権編】（初版）』（商事法務，2009年）4頁。

なお，仙台高判昭和57［1982］年12月10日金商676号22頁は，「代理人又は使者と名乗って行動した場合は別として」現実にその行動をした者を契約当事者と考えるべきであると判示する。

259) 「顕名が求められる趣旨目的から」相手方地平に立った客観的解釈によりなりすまされた名義人との取引を認めたので，もはや相手方の錯誤を論じる必要はない（池田清治「代理の基本構造——署名代理と表見代理」法セ698号（2013年）97頁）。
260) 清水・前掲注37) 187頁。
261) すでに同旨，清水・前掲注37) 193頁。
262) 吉井直昭「代理人が直接本人の名で権限外の行為をした場合と民法110条の類推適用」判解民昭44年（1969年）630頁。
263) 宮川不可止「名板貸責任の効力論——『効果から見た要件』の検討」京園2012年2号94頁，信山社編集部編『新法シリーズ試案編3 民法改正中間試案の補足説明』（信山社，2013年）44頁参照。
264) 前田達明『民法の"なぜ"がわかる』（有斐閣，2005年）221頁以下。
265) 拙著・前掲注125）53頁の注（9）参照。
266) 中田・前掲注258）4頁，中舎寛樹『民法総則』（日本評論社，2010年）320頁以下参照。
267) ただし名板貸規定における取引相手方の要保護性について，判例は，無過失までは要求せず重過失に限り悪意に準じて保護しないため，この点では，むしろ当該規定の方が表見代理よりも相手方にとって有利であろう。
268) 関武志「クレジットカード利用契約における名義貸主の責任」上法45巻4号（2002年）79頁。ただし，過失によりなりすましを可能にした名義人の責任を論じる際，この批判は当たらない。
269) 磯村保「民法と消費者法・商法の統合についての視点——カタラ論文に寄せて」民法改正研究会『民法改正と世界の民法典』（信山社，2009年）199頁。この点を検討した論文として，森川隆「名板借人の契約責任の法律行為論的考察」法政論究30号（1996年）457頁以下がある。
270) 中舎・前掲注241）60頁。
271) 分かりやすく言えば，ID・パスワードは本人確認・証明の点で「保険証」程度のものでしかないのか，実印や印鑑証明書等に相当する存在なのか，ということになろうか。（極論であろうが）前者程度のものということになれば，「保険証が財産的取引のために身分証明書として悪用されるのではないかと疑うべき特段の事情がない限り」，貸与者は金融会社に対して過失による不法行為責任すら負わないとした名古屋地判平成14［2002］年6月18日金法1670号71頁の法的評価が参考になろう。
272) すでに林脇トシ子教授は，「名板貸の規定，また民法における動産の即時取得の諸規

定の基礎にある Hand muss Hand wahren」の考え方に繋がる民法109条の法意を生かすことを提案する(「判例研究　代理権を與えられている者が本人を詐稱してなした行為と表見代理」法研33巻6号（1960年）66頁）。
273)　河上・前掲注106) 499頁。
274)　中舎寛樹「表見法理の帰責構造と『認容』(下)」民研672号（2013年）12頁以下参照。詳しくは，同「表見法理における帰責の構造」名法242号（2011年）45頁以下参照。なお，本章に該当する拙稿の脱稿後に，同『表見法理の帰責構造』（日本評論社，2014年）をご恵贈いただいた。
275)　大中有信「[民法から] 手形の偽造と表見代理」潮見佳男＝片木晴彦編『民・商法の溝を読む』別冊法セ223号（2013年）70頁，73頁以下。
276)　夏井高人「第3章 本人認証」松本恒雄ほか編『電子商取引法』（勁草書房，2013年）91頁。詳しくは，第2章第3節(1) b 参照。
277)　このことは，最判昭和36[1961]年1月17日民集15巻1号1頁を見れば一目瞭然であろう（拙稿「管理権を付与された妻による夫の不動産の売却と正当理由」安永正昭ほか編『不動産取引判例百選（第3版）』別冊ジュリ192号（2008年）24頁以下参照）。
278)　Vgl. etwa Alexander Stöhr, Der Einfluss des Internets auf das Zivilrecht, in Jahrbuch Junger Zivilrechtswissenschaftler 2013, Berner Tagung, 4. - 7. September 2013, S. 98f.

＊本章の脱稿後，第2節3(1)・(2)の BGH 2009年 Halzband 事件判決・2010年 Sommer unseres Lebens 事件判決に関わって，Sebastian Köhler, Die Haftung privater Internetanschlussinhaber : Familie und Privatheit innerhalb der Durchsetzung von Urheber- und Leistungsschutzrechten（2018), S. 42ff. に接した。

第2章

わが国におけるなりすまし取引と表見代理類推適用論
——電子取引と立法化を視野に入れて——

第1節　はじめに

(1)　問題の所在

　第1章で見たドイツのみならずわが国においても、とくに身近なネット・ショッピングやオークション（本章では以下あわせて、ネット取引と称する）で、他人のアカウント乗っ取りによるなりすましリスクが高まっている。この場合、アカウント所有者を契約当事者と信頼した相手方の積極的保護が問題となるが、わが国には、契約締結上の名義冒用なりすましに「しっくりする民法規定はない」。民法上は原則、「名義人と行為者との同一性の調査義務」は、470条以下（平成29[2017]年民法改正では520条の10など）で特別に規定された（債務の弁済に関わる）場合を除き、取引相手方の負担となる。そこでこの者を保護すべく判例・学説は、顕名の一種たる（代理人が本人名で直接契約する）署名代理を広く捉えて表見代理の類推適用法理を形成し（第2節(2)参照）、民法改正中間試案も、その明文化を民法110条との関連で提案した（第4節参照）。

(2)　ドイツ法における最近の白熱した議論状況

　最近ドイツでは、第3章第2節で紹介するBGH（連邦通常裁判所）2011年5月11日判決（BGHZ 189, 346）が、ネット取引上の（ID・パスワードに代表される）番号冒用なりすましにおいても、名義冒用につき支配的な表見代理類推適用法理を踏襲することを初めて明言した。

　従来ドイツでなりすましは、「他人の名をいきなり示した行為」のうち代理とは対比・区別された「他人の名の下での行為」として、取引の成否・有効性、顕名主義との抵触・契約当事者の確定や取引の効果帰属・帰責をめぐり議論され、「名義人＝（契約締結当事者に限定されない、効果帰属者という広義の）契約当

事者」を前提とした代理法の類推適用法理が定着した。ただ実際はなりすまし事例が少なく、肝心の表見代理にまで研究は及んでいなかった（詳しくは、第1章第1節2参照）。

ところが非対面・匿名という特性を有するネット取引の普及に伴い、番号冒用なりすましが急増し、「他人の名」改め「他人の（ID・パスワード等の総称たる本人確認）番号の下での行為」が定着するにつれ、表見代理の類推適用に関する議論は盛り上がりを見せた。そして、第1章第1節3で前述したとおり、リーディング・ケースたる上記BGH 2011年判決で頂点に達し、当該判例評釈・研究が続々と現れている（詳しい考察は、第3・5章で行う）[3]。

(3) **第1章で判明したドイツ法上の問題点**

そこで本書は、はじめに部分の2で前述したように、現代的な電子取引が法律行為論に突きつけた「なりすまし取引の安全保護」問題を解明すべく、日独で支配的な表見代理類推適用法理の妥当性と要件論について、BGH 2011年判決を基軸に比較法研究を行うことにしたわけである。

すでに第1章にて、BGH 2011年判決前夜までの（裁）判例・学説の到達点と課題の把握・整理に着手した。要約すれば判例・学説は、番号所有者を契約当事者と確定した上で表見代理を類推適用するわけだが、その伝統的要件をそのまま借用するか、番号冒用という電子取引の特殊性を踏まえて要件の修正を図るか、電子取引独自の権利外観責任を構想するかで激しく対立する。具体的には、セキュリティ不安を抱えるネット取引で、本人確認機能を果たすID・パスワードの利用事実のみをもって保護に値する（「利用者＝アカウント所有者」を示す）外観と判断してよいかという「取引相手方の善意・無過失」に関わる基礎的問題や、アカウント所有者はID等を冒用者に交付（伝達）した場合（名義ならぬアカウント使用認容・貸し）はもとより保管・管理上の過失で冒用を可能にした場合まで権利外観責任を負うかという帰責性の問題である。ただ争いは要件論にとどまらず、なりすまし取引では相手方の信頼が「代理権の存在」ではなく「行為者の同一性」に向けられていることから表見代理の類推の基礎があると言えるのか、そもそも名義人（番号所有者）を契約当事者と確定して代理法の類推適用へと導く「他人の名（番号）の下での行為」論に問題はないのか、むしろ（他人の）動産取引の場合はなりすまし行為者を契約当事者と構成した方が善意取得規定を適用できるのではないかという「契約当事者の確定」

(4) 本章の考察目的

本章は，BGH 2011年判決の本格的分析・検討に先立ち，来るべき時に研究の集大成としてわが国への示唆・展望を最大限得られるよう，わが国のなりすまし議論を現代の電子取引や立法化まで視野に入れて俯瞰するものである[4]。

第2節　名義冒用なりすまし取引と表見代理類推適用論

(1) はじめに

清水（千尋）教授いわく，署名より捺印を重視する取引慣行ゆえに，代理人が「契約書に本人の氏名を直接記載し本人の印を押捺する」ことから「代理意思の表示がみとめられず代理人を本人と誤認する」事態や，「信用のない者が信用ある他人の印章を濫用・盗用し，名義人の名を冒称して法律行為をおこなうという病理的現象」がしばしば生じる[5]。

(2) 名義冒用なりすまし取引に表見代理を類推適用した最判昭和44年の意義

署名代理は，取引相手方の視点から，この者が，署名代理を行った者は代理人であることを知っている（狭義の署名代理）事例，代理人を本人であると誤信した事例，代理人の署名代理した契約書を本人の作成書面と誤信した事例に細分化される。第二事例が本章の考察対象たるなりすましであり，最判昭和44[1969]年12月19日民集23巻12号2539頁が，（手形行為に限定されない）一般の法律行為に関するリーディング・ケースである[6]。

a　本判決は，代理人が本人から交付された実印・印鑑証明書等を悪用した越権なりすまし取引について，「相手方がその行為を本人自身の行為と信じたときは，代理人の代理権を信じたものではないが，その信頼が取引上保護に値する点においては，代理人の代理権限を信頼した場合と異なるところはない」として，「一般の民法110条の適用場面とは違い，『本人であると信じたこと』を信頼の対象として取り出し，それに対応して正当の事由の判断も，『本人であると信じたことについて過失がないこと』と捉え」110条類推適用論を採った[7]。吉井（直昭）調査官は，相手方が代理人の代理権を信じた場合よりも代理人を本人であると誤信した場合の方が「他の手段によって権限を調査することに思い及ばないことが多く」要保護性が強いので，「少なくとも……類推適用

は認めるべきであろう」と言う。[8]

 かくして本人と信ずべき正当理由の判断も,「本来の表見代理事例とは微妙に異な」り「本人への意思確認」ではなく「本人かどうか疑念を持つべきかが問題とされ」,[9]「比較的ゆるやかになされるべきである」[10]と言われる。ただこの点, 本判決は, 印鑑証明書記載の年齢に留意すれば, 多年の不動産取引経験を有する相手方が自己と同年輩の代理人を15歳も年上の本人と誤信することはなかったとして, 過失を認定し民法110条の類推適用を否認した。

 b 学説も, 上記判例法理に「賛意を示し……積極的に反対する論者はいない」。[11]たとえば北居(功)教授は, 相手方が(債務弁済場面とは異なり)契約締結場面で行為者の同一性を誤認した場合の保護規定はなくその欠缺補充に必要であったと言う。[12]民法110条が類推適用されたのは, なりすまし取引の相手方が信頼した効果帰属主体の点で表見代理と共通の基礎があるからであろう。[13]かくして信頼の対象が, 代理権の存在から「権限のある者の表示であること」にまで拡大され,[14]なりすましも表見代理の守備範囲となる。

 ただ長尾(治助)教授は, 手形法上の署名代理でない事例を扱った民集登載判例であっただけに「代理人による本人名義の行為に関する理論を余裕をもって述べることであってもよかったのではないだろうか」と本判決に注文を付けた。[15]たしかに第1章で見たとおり, なりすましに対応する――代理と対比の上で区別された――「他人の名の下での行為」, 最近は電子取引を念頭に改称された「他人の番号の下での行為」という基礎理論が充実するドイツとは対照的である。

(3) 清水教授の詳細な比較法研究

 清水教授によれば1978年当時,「相手方において行為者と行為者により自己の名を用いられた名義人との人格の同一性の誤認が生ずる特殊な現象」に着目して法的処理を論じたものは, 手形法上の研究を除けば伊藤(進)教授の先駆的研究以外に「ほとんどな」く, 判例・学説の整理も含めて「十分な研究がなされていな」かった。表見代理の類推適用法理が形成されてきたとはいえ, 代理法を類推適用できるかという根本的問題への関心は低かった。この原因は,「記名捺印の代行という署名の形式が許されていることも相俟って, 理論的検討を通さずして安易に代理行為の成否が論じられてい」たからであろう。

 かくして清水教授は, ドイツ法の議論を参考に, 名義人を「効果実現を期待

しうる当事者」と観念した相手方の期待・信頼を，単に詐欺・錯誤という「消極的な意味における保護ではなく」「現象的にも，関係当事者の利益の調整という観点からも」代理規定を適用して積極的に保護できないかという比較法的問題意識から，上記「類推の基礎」を探る貴重な基礎研究を行った[16]。

　a　清水教授は，わが国の判例分析を足がかりに，関係当事者の利害調整を重視しつつ代理法以外の諸制度・法理まで視野に入れて解決可能性を詳細に検討する。その結果，行為者が代理権を有する場合に名義人への効果帰属を認めても差し支えないこと，代理権がない場合は名義人による追認の余地を残す方が相手方のためにもなること，追認もない場合は名義人を効果帰属主体と誤信させたなりすまし行為者に無権代理人の責任という重責を当然負わせるべきであることから，代理法による解決の優位性にたどり着く[17]。

　b　ただこの結論を支える理論的根拠を検討する必要性から，清水教授は，「判例は少ないが……学説上詳細に研究されてきた」ドイツ法上の「他人の名をいきなり示した行為」に手がかりを求めて考察し，「(無効説 →) 顕名の欠如と (この場合に代理人との契約が成立するとした) BGB (ドイツ民法典) 164条2項[日民100条本文と同趣旨] により行為者の自己行為とする行為者取引説 → 代理規定により処理する代理説」という変遷を丹念に跡づける[18]。

　その上で清水教授は，相手方には「代理人の人格の認識可能性がない」ため，顕名主義に「合致しない」が，「代理規定の適用可能性が議論されるのは，特定の第三者の名により，行為の法律効果が，隠れたる (本人の名の下にする) 行為者にではなく，第三者たる本人に生ずることが明らかになるからである」と言う。前提となる契約当事者の確定について，「名前の挙示は意思表示の内容になる」ことから解釈により，「行為の性質および事情にしたがって，相手方が誰と行為を締結するかが行為の内容から見て重要であるか否か」が基準とされる。以上より，「他人 (＝第三者たる本人：筆者挿入) が経済的な損失の危険を負担する場合，他人が信用を与えている場合のように，その行為の内容において名義人が重要な意味をもつ場合」，名義人が契約当事者と確定されて代理規定が類推適用される (「他人の名の下での行為」法理)[19]。

　c　いよいよ上記成果をわが国の問題解決に生かそうと，清水教授は，(代理の法的構成・本質論における顕名の意味ではなく) 顕名の必要性・機能との関連で代理法の類推の根拠を検討する。

取引相手方は「通常，行為を本人との間で直接交渉して締結するか，代理人を媒介して行為を締結するか」ではなく，「自己が観念した契約当事者に効果が発生すること」を重視する。この点，他人の名の下での行為では「効果が……特定の第三者たる名義人に生ずることが明らかにされており，相手方もその者を契約当事者として行為を締結している」。それゆえ顕名がなくても相手方の利益保護の観点から代理規定を類推することは，かえって顕名主義の取引安全保護機能をいっそう発揮させうる。この処理は，「本人のためにすることを示して」という民法99条1項の文言や捺印重視の取引慣行にも沿った解決となる。
　かくして顕名主義の上記機能に依拠すれば，「行為者が名義人に関する人的要素が重要視される行為を，その名義人の名の下に相手方と締結した場合」，行為者の内心的代理意思を問わず，「名義人の名の下にする表示は，『代理行為であることの明示もしくはその認識可能性』に代わるべき表示と理解し」て，代理規定の類推適用が正当化される。この結論は，「当事者の意思及び信義則に合致」するとともに相手方の信頼保護にも資する[20]。
　d　最後に清水教授は，筆者が関心を寄せる表見代理類推適用に関わる要件論等を今後の課題に挙げた上で，「名義人本人（の行為）であるという外観に対する相手方の信頼の保護」が問題になっていることから，「表見代理よりは広く，その基礎となっている表見法理ないし禁反言の法理によるべきか否かも併せて検討」する必要性を示唆していた[21]。

(4) 伊藤教授による代理の再構成と署名代理に関する改説

　最近，代理を「三当事者法律行為」形象と位置づけ（本人の代理許諾意思表示，代理人の代理行為意思表示と相手方の代理承諾意思表示の協働により成立する）「代理なる法律行為」として再構成する伊藤教授は，代理研究の集大成たる著書『代理法理の探求――「代理」行動様式の現代的深化のために』に(3)冒頭の先駆的研究を修正・加筆の上再録し，（行為の有効・無効，効果帰属者が誰であるか，行為者の責任等が問題となる）署名代理について「顕名の関係にのみ論点を絞り，検討」する姿勢を貫徹する。「代理と非常に類似し」た署名代理が「代理行為と異なる現象面は行為者が代理人であることを示して行為したか否かにあるにすぎない」からである。
　代理の再構成に伴う顕名の位置づけから，伊藤教授は，代理なる法律行為の

成立には「代理人の意思作用として，自己の行った効果内容に係わる意思形成によって生じる法律効果を……本人に生じさせるとする『効果転置意思』」の表示が必要であるとして，署名代理につき行為者自身の行為とする見解に改める。当該表示を認めるには，「表意者以外の本人が存在すること，その本人に当事者効果を生じさせ，表意者は当事者効果を免れることが客観的解釈によって判断できること」が最低限必要であるが，署名代理では原則，上記「解釈を導き出すことはできないといわざるを得ない」からである。ただ上記行為者行為説に立つとき，名義人本人の行為と誤信した取引相手方をどのように保護するかが困難な課題となろう。

(5) **最近の表見代理類推適用に関する議論状況**

(3)の清水研究以降，手形法上の署名代理研究が充実したのとは対照的に，民法レベルの基礎研究は盛り上がらず，どちらかと言えば関心は表見代理類推適用論にある。

a 署名代理を整理・分析した大中（有信）教授は，相手方に代理行為の認識さえないなりすましについて，要件面で「本来の民法110条と利益状況は近接する（傍点筆者）」ことから類推適用を正当化する。すなわち，代理人が本人への効果帰属意思を有すること，相手方が「当該行為は当然有効であると信頼した」ことに加えて，署名代理の一因となった捺印重視の取引慣行下では，「本人の表示である」との外観作出を可能にした「代理人への本人の実印交付」が「本人の基本代理権授与行為と同等の帰責根拠と考えられる」。

b aa （他人による行為が無権限で行われた場合に関する）表見法理の帰責構造・根拠の全容解明をとくに法律行為・意思表示論との関係で試みる中舎（寛樹）教授は，代理権の存在とは無関係の「本人であるとの信頼が問題であ」るなりすまし取引では，従来のように顕名主義との関連や取引相手方の視点ではなく，「本人名義で行為することの認容」（意思的な行為・関与）という本人の帰責性を重視し，「認容の有無とその程度に応じて法律構成を区別すべき」であると言う。実際になされた本人名義での行為をはじめから本人が了解していた場合は有権代理を，本人名義での行為は認容していたがその範囲を超えた行為がなされた場合は民法110条の類推適用を認める。名義貸しは，法律効果の帰属主体への信頼が問題になる点で上記場合と同様であるが，本人の認容は，「行為者が本人の名を利用することによって自己の行為を有利に展開することを保

証する意思を有している場合に近い」。それゆえ，表見代理単独の類推適用ではなく名板貸規定（商法14条等）も加えることで行為者の責任に対する連帯責任の負担として構成する方が，上記認容実体に適合する。

　かくして表見代理類推適用における帰責の構造・根拠は，無権代理行為に対する本人の認容を基礎としながら，本来的適用の場面を離れるなりすましでは代理制度に対する信頼保護という要素は機能せず，その認容の有無・程度に応じて多様化する。[27]

　bb　北居教授も，行為者の同一性への信頼が問題となるなりすましでは，本人の帰責性を「（蹂越される余地のある）基本代理権を与えたこと」から自己「名義での行為を他人に許した」ことへと読み替える。[28]

　c　より信頼の中身にこだわりを見せる平野（裕之）教授は，（なりすまし）取引対象が動産の場合は「『所有者と取引をしている』という信頼」が問題であり，どちらかと言うと「その物の所有者であることについての信頼」に近いとして，民法192条を類推適用する方が「適切かもしれない」との感触を得る。[28a]ただ登記に公信力のない不動産の場合に困難を生じることから，やむなく（代理権に対する信頼を保護する）民法110条の類推適用に従うが，「信頼の内容が随分と異なるという疑問はあ」り「大いに悩む問題である」と言う。[29]

第3節　電子取引上の番号冒用なりすましと権利外観・表見法理

　第1節で現状説明をしたとおり，電子取引の急激な発展に伴い，なりすまし研究の現代的意義・重要性が，取引安全保護との関連で急速に増している。匿名の非対面取引では，番号冒用なりすましが容易だからである。「ウェブ・アドレスが手がかりとなるにしても，本人確認の決め手にはなりにく」く，「虚偽の外形が生まれやすい環境にある」[30]。さらにネット取引では，（名義ならぬ）アカウント貸しに対する「心理的抵抗が薄まる」[31]ようである。かくして電子署名・電子認証制度等の基盤整備が始まった[32]とはいえ「『なりすまし』……が生ずる局面では，表見法理に一定の役割が期待されることになる」[33]。

(1)　電子取引上の番号冒用なりすましに関する学説状況

　a　第2節(2)の最判昭和44年が（帰責）要件とした「基本代理権授与」を電子取引では「ID・パスワードの使用許諾」へと置き換えた上で，松本（博）教

授は，本人から当該許諾を得た冒用者がその範囲を超えて取引を行い，相手方が冒用者を本人と誤認したことに正当理由があれば，民法110条の類推適用を認める。

b 夏井（高人）教授は，電子取引上の上記類推適用の要件として，①ID所有者・冒用者間での基本代理権またはこれと同視できる法律関係の存在，②ID所有者の帰責性，③当該冒用に関する取引相手方の善意・無過失を挙げる。①とは別に②の帰責性を独立の要件とした点が特徴的だが，実際②は，取引相手方のシステムのバグや誤作動あるいは（この者のシステムの物的・人的セキュリティの脆弱性に起因する）ハッキングやマルウェア等によりID所有者・相手方間に「契約が締結されたのと同じような状態が電子的に形成されてしまった場合」は認められないというように（上記所有者の）免責要件として作用する。

c 河上（正二）教授も，電子取引上のなりすましについて「様相はおそらく対面取引とはかなり異なったものとなろう」と言う。すなわち従来の（名義冒用なりすましへの）表見代理類推適用の要件①名義人「本人の行為であるとの外観」の存在と，②取引相手方の善意・無過失は，「構築されたシステムの設計・管理のセキュリティに置き換え」て論じられる結果，ID・パスワードによる本人確認システムが適切に行われていたとき，「本人の行為である」と信頼したことは正当であったと評価される。要件③上記外観作出に関する名義人の帰責性については，ID等の「本人確認情報の管理がずさんであった」場合に本人への効果帰属を認める約款を「必ずしも無効」としないことから，察するに（約款のない）表見代理の類推適用が想定される場合にも，管理上の過失で足りる余地が生じよう。

d （要件事実に基づく立証負担に関心を寄せる）吉田（祈代）裁判官は，事業者Xが消費者Yになりすましたαと電子取引を締結した事例に「表見法理の一環を具現した表見代理規定」を類推適用する場合の要件事実として，「①Xと『Y』と名乗る者が契約締結の意思表示をしたこと……②Xが契約の相手方をY本人と信じたこと，③Xが……信じるについて正当の理由があることを基礎付ける具体的事実，④『Y』という外観の作出についてYの帰責性を基礎付ける事実」を挙げる。要件①②の立証は通常容易であるため，③④の立証の可否が鍵を握るとして，現在普及したウェブページ上の入力フォーム提示事例について検討し次の結論を導く。

（要件②を基礎づける）③については，上記Ｘの「ウェブページにおける本人確認の項目，パスワードの設定方法やＸの個人情報の管理方法に不備がないこと等を総合的に立証する」とした上で，当該不備の判断は「当時の技術等に照らして判断され」よう。要件④については，本人確認方法とその際必要な個人情報（ID・パスワード等）の管理状況による（たとえば過去にパスワードをＡに教え使用を許諾したＹがその変更を怠っていたときは帰責性がある）とした上で，ただＸ側の立証は一般に困難が予想されよう。[37]

(2) 「電子商取引等に関する準則」による解決方針

　ネット・ビジネスの法的安定性を確保するため，経済産業省は，既存の法解釈の指針として「電子商取引及び情報財取引等に関する準則」（平成23年6月改訂。以下，電子商取引等準則と略称する）を策定・公表してきた（以後の重要改訂については第5節(5)参照）。[38] (1)ｄの吉田裁判官も注目する当該準則の「Ｉ-3-1 なりすましによる意思表示のなりすまされた本人への効果帰属」によれば，電子取引でも（ネット通販決済の前提となる）名義を冒用された本人と売主間の契約成否について，「本人による基本代理権の授与やこれに相当する本人の帰責性が認められる」場合，表見代理の類推適用が可能であるとされる。ただし（ID・パスワードが利用される）継続的契約関係では，「通常合理的に期待できるセキュリティ」（他人から推測されやすいパスワード設定の防止も含めた）システムの存在を前提に番号冒用なりすましが行われた場合にも本人への効果帰属を認める特約（いわゆるID・パスワードの使用による免責条項）が対等な立場で締結されているときは，契約自由の原則により尊重される。消費者契約法10条や民法90条が適用されない場合に限られようが，[39]帰責性を等閑視する余地（危険性？）を残す点は留意すべきであろう。

第4節　民法改正中間試案

　民法改正中間試案は，第2節(2)の最判昭和44年準則を明文化すべく「第4 代理」の中でなりすまし規律の新設を試みた。

(1) なりすまし方法の承認

　第4-1（代理行為の要件及び効果）が，(1)で民法99条1項の規定を維持した上で，(2)で新たに「代理人がその権限内において自らを本人であると称してし

た意思表示もまた，本人に対して直接にその効力を生ずるものとする。」と規律してなりすましに対応しようとした。

敷衍すれば，民法上の代理行為の方法には，「①代理人Ａが本人Ｂのためにすることを示してする方法，②代理人Ａが自分は本人Ｂではないことを前提に本人Ｂの名義の署名をしてする方法，③代理人Ａが自分を本人Ｂであると称してする方法」があるが，（狭義の署名代理たる）②は，①の顕名代理方法と同様に「本文(1)の範ちゅうに属する」。これに対して③のなりすまし方法は，「民法第99条の解釈においても，形式上は顕名主義に反するが」，第2節(2)の最判昭和44年では「有効な代理であり得ることを前提としていると見ることができる」し，「異論なく認められている」。「この確立した解釈を明文化」したのが，第4-1(2)にほかならない。

(2) 越権なりすまし規律の新設

第4-9（権限外の行為の表見代理）も，(1)で民法110条の規定を維持した上で，(2)で新たに冒用なりすましにつき第4-1(2)に対応する形で，「代理人が自らを本人であると称してその権限外の行為をした場合において，相手方が代理人の行為が本人自身の行為であると信ずべき正当な理由があるときは，本人は，当該行為について，その責任を負うものとする。」と規律した。この第4-9(2)は，第2節(2)の「民法第110条の類推適用を認める判例法理（最判昭和44年……）を明文化」した越権なりすましとでも呼ぶべき規律である。

(3) 改正の頓挫

ただ上記(1)・(2)の規律はいずれも，2014年8月に決定された要綱仮案から脱落した。

第5節　おわりに

(1) 表見代理の類推適用要件の修正・見直し機運

なりすましは，とくに顕名主義（の限界）と関連づけて代理法の判断枠組みの中で論じられてきた。最近は電子取引という新舞台でのなりすましを契機に，表見代理の類推適用へとより関心がシフトする中，電子取引の特殊性から当該類推適用にあたり要件の独自修正・見直しが行われているフシがある。

具体的には，取引相手方がアカウント所有者本人と信ずべき正当理由（善意・

無過失）を基礎づける外観として，ID・パスワードによる本人確認システムの適切な導入・稼動を条件にアカウントの（とくに初めての）利用事実のみで足りると判断してよいかが問われよう（第３節(1)c・d参照）。

　アカウント所有者の帰責要件に関しては，類推適用される民法110条に即し「基本代理権授与」を物差しとしてネット取引上は「これに相当する本人の帰責性」を要求するならば（第２節(5)a・b bb，第３節(2)参照），（取引相手方の信頼を基礎づけた）ID・パスワードをアカウント所有者が冒用者に交付していたとか，その使用自体は認容・許諾していたことが必要とされよう（第３節(1)a参照）。[43]これに対して，（電子取引の普及促進のため）取引安全保護を意識した見解（第３節(1)c・d）は，ID等の保管上の過失で足りる可能性を排除しないようである。かくして民法110条の「基本代理権」要件は，なりすましへの類推適用を前に——むしろ本来的にはこうあるべきだが——「外観惹起に対する帰責性」，具体的には（基本代理権授与行為に相当する）「実印等の交付」や「本人名義での行為の認容」へと巧妙に読み替えられ（第２節(5)a・b bb参照），なりすましの頻発するネット取引ではさらなる安全保護のため，（実印に相当する）ID等の交付（アカウント使用認容・貸し）に限らずその保管上の過失で足りるのではないかとして動揺を隠せない。

　以上より電子取引では，表見代理類推適用の要件論に踏み込んだ研究が求められよう。その際（証明責任の所在も含めて），「ID・パスワード等により保護されたアカウントの所有者本人が行為している」と誤信させる番号冒用なりすましの実態やセキュリティ問題など電子取引の特殊性を反映・斟酌しなければならない。この点，第１章から考察を開始したドイツの判例・学説は充実した要件論を展開しているため，第３章以降でより詳細な考察を続けるが大いに参考となるであろう。

(2)　「行為者の同一性」に対する信頼保護となりすまし独自の外観責任の可能性

　a　これに先立ちドイツでは，なりすまし取引における取引相手方の信頼は「代理権の存在」ではなく「行為者の同一性」に向けられていることから，表見代理の類推の基礎があると言えるのかという根本に関わる問題提起もなされていた（第１章第４節１(3)参照）。

　b　aa　翻ってわが国でも本来，表見代理は，顕名による代理行為の存在を前提とした「代理権に対する信頼」を保護する規定のはずである。かくして仙

台高判昭和35[1960]年5月2日下民集11巻5号972頁は,「たとえ代理権があるとしても……相手方が本人と誤認して取引した場合には表見代理の観念を容れる余地はない」としていた。第2節(5)aの大中教授も,このように「考えることも不可能とはいえない」とする。この場合の取引安全保護は,自己(名板貸人)自身が行為者のような外観を作出した場合に関する名板貸責任規定の商法14条,会社法9条等(さらにはその源泉たる民法109条)をモデルにした法律構成(法解釈適用上は類推適用あるいは「法理・法意に照らす」)が考えられる(第1章第4節2(2)c aa)。

bb あえて,「契約相手の同一性を取引相手方に誤認させた」なりすましへの民法110条の類推適用に固執するならば,顕名代理,なりすましいずれの方法による場合にも結局のところ「効果の帰属する契約当事者が本人である」という外観に対する信頼の保護が問題になっている点で変わりないことを理由とするほかなさそうである。ただその場合は(第2節(3)dの清水教授の問題提起への答えにもなろうが),厳密に言えば民法110条自体の類推適用というよりは,不実登記の信頼保護に関する94条2項類推適用法理に110条が加わるように,実はなりすまし事例でも「表見代理という一制度にとどまらず権利外観理論・取引安全保護のシンボルと化し」た110条の法理・法意に照らして権利外観・表見法理一般が問題になっているようにも思われる。またこのように考える方が,代理に縛られずなりすましに適合した責任要件を定立することが可能となろう(後述(4)c参照)。

(3) 問題解決の出発点となる「契約当事者の確定」と相手方保護の法律構成

さらに,紙幅の都合上言及できなかったがそもそも論として,代理法による解決へと誘うアプローチは,名義人を契約当事者とする暗黙の準則を前提としている。単なる「偽名を名乗った自己取引の可能性」も排除できないからである(第1章第1節2(3)c bb参照)。かくして「契約当事者の確定」は,なりすまし問題解決の起点であり看過できない。

a 従来,学説上一般に,相手方が契約を主張し本人が否定するという(「よく問題とされる」)紛争類型では(なりすましを含む)署名代理を「代理の一形式として認めるべき」とする最近の主張にも象徴されるとおり,「代理における顕名の位置づけ」にも関わるが,(顕名の一種たる)署名代理を広く捉えていささか強引に代理構成(代理法の直接適用)を採るきらいがあった。(急先鋒である)

佐久間(毅)教授は，顕名を，「相手方に自己の法律行為の相手が誰であるかを認識させ，それによって，行為者がその意思表示の効果を免れるために行われるべきもの」と捉えて，「本人の名が挙げられており，かつ，相手方がその法律行為を本人との間のものであると正当に考えてよかった」ときは，「代理意思の存在，すなわち，代理人と本人が別人格であり，行為者が他人のために行為していることが明らかでなくても」代理権さえあれば「代理行為の成立を認めてよい」と言う。[51] この延長上に，第4節の民法改正中間試案までの路線もあったと思われる。

ただ名義冒用なりすまし事例で（「行為者の同一性」を信頼した）取引相手方の保護を図る際，さすがに「代理権に対する信頼」の問題ではないため，第2節(2)の最判昭和44年は，（なりすましへの転用とでも呼ぶべき）民法110条の類推適用を問題にせざるを得なかったと考えられる（もっとも第4節(2)の中間試案第4-9(2)の新設により，晴れて直接適用となるはずであったが）。上記類推適用を例外と位置づける河上教授（第3節(1)c）によれば，「代理の要件（授権＋顕名主義）を満たさない」場合は原則，いかなる名称を用いようとも契約締結者を特定できる限り，無権代理人でさえなく，単に同姓同名を通称とする当事者として取引関係を形成したに等しいとされる。[52]

b　かくしてそもそもなりすまし自体，「顕名主義の原則の下では，本来，代理行為と目すべきではない」から理論上は代理法の類推適用が正しいと，第2節(2)の長尾教授は主張した。[53] この点，より深く当該類推の基礎を（ドイツ法を手がかりに）探求したのが第2節(3)の清水教授であり，なりすまし問題の解決では，顕名が（本人への代理効帰属の根拠に関わる）代理の法的構成で果たす（本質的）意味ではなくその必要性・機能に着目すべきであるとした。なりすましは，本人・代理人という二人格関与の事実を示す顕名を欠くため代理行為とは言えないものの，本人が契約当事者（効果帰属主体）である点は明示されているため，代理類似の状況にあり顕名が確保しようとした取引安全保護を損なうものではない。この点に，清水教授は代理と同一に処理する類推の基礎を見い出したわけである。

c　もっとも契約当事者の確定は，「一義的に確定されるべき問題というよりは」複数ある保護，つまり名板貸構成と代理構成のいずれを取引相手方が戦略的に選択するかにも関わる問題であり，[54] さらに（他人の）動産取引の場合は

「実際の行為者＝契約当事者」を前提とした即時（善意）取得構成も選択肢に加わる（現にこの構成を採用したドイツの判例については，第1章第4節1(6)参照）点には注意を要しよう。

(4) 民法改正中間試案の評価

ところで要綱仮案で脱落したが，民法改正中間試案はどのように評価すべきであったか。

a （とくに冒用）なりすまし規律の新設は，契約締結上の名義冒用に関する規定を欠くことや，取引安全保護への潜在的要請が高いことに鑑みれば評価されてよかったはずである。

b とはいえ代理法の中で立法化を目指した点は，顕名では効果帰属先（本人）さえ示せば足りるとする特定の見解に偏った感を否めず早計に過ぎたように思われる[55]。

たしかに中間試案が例示した「②代理人Aが自分は本人Bではないことを前提に本人Bの名義の署名をしてする」狭義の署名代理では，取引相手方が上記人格の分離を認識しているため，本人への効果帰属意思を黙示の顕名（代理意思）と見て有効な代理行為の存在から出発しても差し支えなかろう。

だが（本人への効果帰属意思の内心的存在すら疑わしい）なりすましでは，もとより顕名による人格分離（つまり代理行為であること）の告知がないため，取引相手方は，そもそも行為者を（正当な代理権を有する代理人ではなく）名義人本人と誤認している。なりすましが，授権と並び代理周辺の法欠缺に関わる問題（いわゆる「他人による行為」）であることは間違いないが，代理制度の枠組みに収まり切るかどうか（代理の問題？）は，当該制度の在り様（再設計）も含めて慎重な議論と高度な判断を要しよう[55a]。筆者個人的には，直接適用という体裁を採って強引に――類推適用はともかく――代理の範疇へ引きずり込むことに対しては，「なりすまし行為者の自己取引」から出発すべきというむしろ真逆のアプローチがあり得ることも踏まえれば，「冒用なりすまし」問題の本質を見誤ることが強く危惧されるため，いくら取引相手方が効果帰属先については誤認してないにせよ，懐疑的である。

c 次に冒用なりすまし取引の安全保護を図るべく，中間試案が，越権代理に関わる第4-9の(2)で越権型のなりすましについてのみ規律した点も疑問無しとしない。

たしかに補足説明のとおり，表見代理の適用場面とパラレルに規律しようとすれば，民法109条の「代理権授与表示において代理人と表示された者が自らを本人であると称して無権代理行為をすることは通常考え難い」。また民法112条の「『善意』の意味を『過去に存在した代理権が代理行為の時までに消滅したことについての善意』と解する以上」，かつての代理人が今度は本人になりすまし無権代理行為をすることも想定できない。[56]

　さりとて冒用なりすましは，基本代理権（・権限）を有する代理人があえて顕名をせずに本人と称してその範囲を超えて行為した（越権）事例に限られるものではない。判例・通説の表見代理類推適用論では(2) b bb で指摘したように，実際は（表見代理の基礎にある）権利外観・表見法理一般が持ち出されているに等しいと考えるならば，中間試案（上記補足説明）のように代理権の不存在・踰越・消滅という表見代理の適用場面に囚われて取引安全保護を越権場面に限定してしまうのはいかがなものであろうか。現に中間試案でも，本人の名義使用許諾を「代理権授与表示の一種と評価して」民法109条の成立を認めうる考え方が紹介され，少なくとも本条との関連で当該規律を設けるべきか，引き続き検討の余地ありとされていた。[57] かりに越権なりすましのみを規律した中間試案にとどめるとしても，第３節(2)の経産省「電子商取引等準則」のように基本代理権の授与に限定せず「これに相当する本人の帰責性」でも足りるとの幅を持たせた射程拡大の現実的工夫が，最低限求められたはずである。

(5) 平成24年の「電子商取引等に関する準則」の改訂

　最後に，第３節(2)の経産省「電子商取引等準則」について，本章部分の当初執筆の時点では平成23年版までしかフォローしていなかったが，直後の平成24年に「Ⅰ-３ なりすまし」は改訂され，平成29年現在まで維持されている。「Ⅰ-３-１ なりすましによる意思表示のなりすまされた本人への効果帰属」は，「インターネット取引（クレジットカード利用を含む）」と「インターネット・バンキング」を一つの論点として取り扱っていたが，（表見代理の類推適用か民法478条の問題かという）各論点の場面・性質に鑑み両者を分けて記述・整理することとし，形式上，後者を「Ⅰ-３-２ なりすましによるインターネット・バンキングの利用」として独立させ新たに規律するに至った。[58] なお，この分離的取り扱いは，ドイツでもBGBが決済（支払）サービス（Zahlungsdienste）についてZDRL（EU決済サービス指令：2007年成立）の国内法化を受けて2009年改正

により新たに（第2編　債務関係法　第8章　個別債務関係　第12節　委任，事務処理契約及び支払役務　第3款　支払役務に関する）675c条（支払役務及び電子マネー）から676c条（責任の排除）を規定したのに伴い[59]，その特別規定としての性格も相俟って[60]電子取引の中で独自・固有の研究対象・領域となった感が強い[61]ことから，わが国においても基本的に妥当な選択・方向性であると思われる[62]。

　上記準則「Ⅰ-3　なりすまし」について，解説を加えた森（亮二）弁護士は，「現在の通説を簡単に紹介したものであり，しばらくは，改正が検討されることもなさそう」だとしながらも，「ID・パスワードによる本人確認は，今日の電子取引における重要な法的課題を含んで」いて，「そもそも……『なりすまし』が問題となるのは，ID・パスワード使用者の行為を当該ID・パスワード保有者に帰することができるかということに尽きている」と鋭く指摘している。その上で，「ユーザーのみが知りうる」パスワードの管理方法に関わって相手方がその不備を証明することの困難性，パスワードの不正利用リスクを相手方の「善意無過失（システムの安全性を含む）」によりユーザーに負担させることの過酷さ，「現在のID・パスワードが機能する場面（認証の仕組みは相手方によって作られ，本人はそれを利用するのみ）」の特殊性から，（「本人の過失や相手方の善意無過失」を要件とする）「表見代理を電子商取引における『なりすまし』に類推適用すること自体に，限界があるように思われる」[63]との然るべき疑問を呈している。

　なお，わが国で電子取引上のなりすまし問題を議論する際の方向性については，本書最後の「今後継続する研究に関して」の第2節で言及したい。

1）　平野裕之『民法総則（第2版）』（日本評論社，2006年）356頁。
2）　林脇トシ子「判例研究　代理権を與えられている者が本人を詐称してなした行為と表見代理」法研33巻6号（1960年）63頁以下。
3）　また本章に該当する拙稿の脱稿間際にも，本書最後の「今後継続する研究に関して」の第1節1でとり上げる研究書 Michael Müller-Brockhausen, Haftung für den Missbrauch von Zugangsdaten im Internet（2014）を入手した。
4）　すでに第1章で得られたわが国への中間的示唆・展望については，第1章第4節2参照。
5）　清水千尋「『他人の名の下にする行為』に関する一考察」上法21巻2・3号（1978年）98頁。氏名の機能・重要性については，升田純「氏名の名義貸しの法的責任」中央ロー5巻3号（2008年）33頁以下参照。

6) 大中有信「［民法から］手形の偽造と表見代理」潮見佳男＝片木晴彦編『民・商法の溝をよむ』別冊法セ223号（2013年）68頁以下参照。
　なりすましの変型として，代理人が第三者に本人と詐称させて越権代理行為をさせた裁判例（東京地判昭和62［1987］年6月29日判時1270号96頁，大阪地判平成12［2000］年7月18日金法1598号53頁等）がある。
7) 大中・前掲注6）69頁。なお民法117条との関係でも，大阪高判平成19［2007］年12月18日金法1842号105頁は，「顕名を否定しつつ」「類推適用という意味」でその適用を認める（平野裕之『民法総則』（日本評論社，2017年）289頁）。
8) 吉井直昭「最判解民事　代理人が直接本人の名で権限外の行為をした場合と民法110条の類推適用」曹時22巻3号（1970年）680頁。
9) 平野裕之『民法総則（第3版）』（日本評論社，2011年）363頁。2017年現在も同旨，平野・前掲注7）289頁。
10) 黒田喜重「判批」愛学14巻1号（1971年）84頁以下。
11) 大中・前掲注6）69頁。
12) 北居功「民法改正と契約法［第15回］人の取り違え」法セ701号（2013年）82頁以下。
13) 中舎寛樹「表見法理における帰責の構造」名法242号（2011年）44頁以下。なおこの論文は，本章に該当する拙稿の脱稿直前にご恵贈いただいた『表見法理の帰責構造』（日本評論社，2014年）に収録されている。
14) 大中・前掲注6）73頁。
15) 長尾治助「判批」判タ247号（1970年）91頁。
16) 清水・前掲注5）97頁以下，102頁以下，105頁以下，183頁。
17) 清水・前掲注5）111頁以下，143頁以下。
18) 判例・学説の変遷・動向については，清水・前掲注5）148頁以下，152頁以下参照。
19) 清水・前掲注5）173頁以下。代理意思を代理法の類推適用の要件とするかについては，同・前掲180頁以下参照。
20) 清水・前掲注5）185頁以下，193頁以下。
21) 清水・前掲注5）200頁。
22) 伊藤進『代理法理の探求──「代理」行動様式の現代的深化のために』（日本評論社，2011年）475頁，484頁。ただし，代理人の「効果転置意思」表示と解しうる「特別の事情が相手方に示されている」ときはその限りでない（伊藤・前掲484頁）。
23) たとえば大中・前掲注6）67頁以下参照。拙稿「112　無権限の署名代理による手形振出し」松本恒雄＝潮見佳男編『判例プラクティス民法Ⅰ総則・物権』（信山社，2010年）119頁も参照。
24) 大中・前掲注6）70頁，73頁以下。
25) すでに同旨，林脇・前掲注2）65頁以下。
26) 本人名義での行為につき認容すらないが「同等に評価できる事情が存する」ときは，「行為者が本人であるという表示をしたことに対する本人の表示責任を問うべ」く，民法109条が類推適用される（中舎・前掲注13）45頁）。
27) 中舎寛樹「表見法理の帰責構造と『認容』（下）」民研672号（2013年）12頁以下，同・前掲注13）45頁以下。
28) 北居・前掲注12）83頁。

28a) 動産取引の実情を突いた鋭い指摘であり，実際ドイツでは——行為者との取引成立を前提として——善意取得（BGB 932条）の適用により解決を図った最近の判例として，第1章第4節1(6)のBGH 2013年3月1日判決（NJW 2013, 1946）がある。ただいずれにせよ，なりますしが買主側で生じた場合には当てはまらない。
29) 平野・前掲注1）419頁以下，同・前掲注9）440頁。
30) 河上正二『民法総則講義』（日本評論社，2007年）498頁。
31) 升田純「インターネット取引をめぐる昨今の裁判例の概要」中央ロー9巻1号（2012年）105頁。アカウント貸しの裁判例については，同・前掲104頁以下参照。
32) 詳細は，河上正二『民法学入門（第2版増補版）』（日本評論社，2014年）250頁以下参照。
33) 河上・前掲注30）498頁。
34) 松本博「第8章 電子商取引における民事責任」同編著『情報化社会の法学入門——ネットワーク時代への法的アプローチ（第2版）』（法律文化社，2009年）98頁。その後も繰り返し同旨，同「8 電子商取引における責任のあり方」同編著『サイバー社会への法的アクセス——Q&Aで学ぶ理論と実際』（法律文化社，2016年）91頁。
35) 夏井高人「第3章 本人認証」松本恒雄ほか編『電子商取引法』（勁草書房，2013年）90頁以下。
36) 河上・前掲注30）499頁。
37) 吉田祈代「他人名義の電子契約の法的処理——『なりすまし』における立証負担の検討」中大院34号（2005年）126頁以下。かくしてなりすまし取引における損失分担の予測可能性の観点から，吉田裁判官は，約款による立証内容の定型化・明確化の可能性を探るが，詳しくは前掲128頁以下参照。
38) 当該準則の意義等については，最新の平成29年改訂内容を含めて端的にまとめられた岡北有平「『電子商取引及び情報財取引等に関する準則』平成29年改訂」NBL 1100号（2017年）82頁以下参照。当該準則が多くの論点に関する法的解釈や新しい論点に関する改訂を行うことから，その重要性を指摘するものとして，たとえば川村哲二「第12章 電子消費者保護 第1 インターネットと消費者保護」岡村久道編著『インターネットの法律問題——理論と実務』（新日本法規，2013年）356頁。
39) 松本恒雄編『平成23年版 電子商取引及び情報財取引等に関する準則と解説』別冊NBL 137号（2011年）50頁以下，とくに55頁以下。無効となりうる具体例として，売主の提供システムのセキュリティの安全度を相手方が認識していない場合において通常合理的に期待するレベルよりも相当程度低い事例や，当該約款が被害者たる消費者の帰責性の有無にかかわらず一律に責任を負わせる事例が挙げられるにとどまる（松本編・前掲55頁以下）。

　もっとも，一般的なネット取引では，yahooや楽天市場に代表される当該プラットフォーム事業者はあくまで取引の場を提供する，いわば仲介的役割を果たすにすぎないため，当該約款が買主・売主というネット参加者間の契約関係に直接影響を及ぼすかどうかは，検討の余地がある（なお，この問題に対するドイツ判例の否定的立場については，第3章第2節1のBGH 2011年判決の【判決理由】[21]・同節2(3)a参照）。
40) 商事法務編『民法（債権関係）の改正に関する中間試案の補足説明』（2013年）34頁。
41) 商事法務編・前掲注40）43頁以下。もっともなりすましについて，第4－「1(2)の有

権代理に関する規律のみを設け」，同 9(2)の「表見代理（無権代理）に関する規律は設けず」同 1(2)の「規律の応用に委ねるという考え方も」ありうる（前掲44頁）。

42) 中間試案に対するパブリック・コメントは，「部会資料71-2」41頁以下，54頁参照。

43) 帰責性重視の観点から本人名義使用の容認を要求する見解（第2節(5)b）は，察するにネット取引では本文の見解と類似しよう。

44) 後藤清『総合判例研究叢書 民法 ⒇』（有斐閣，1963年）129頁。すでに同旨の判決については，長尾・前掲注15）91頁参照。

45) 大中・前掲注6）70頁。

46) 拙稿「ドイツにおける表見代理法律行為説（Rechtsgeschäftstheorie）の再興——メルクト（Merkt）の唱える『法律行為説への回帰』を中心に」立命310号（2007年）124頁。

47) 「法意を類推適用」する裁判例として，高知簡判昭和34 [1959] 年 7 月 9 日判時206号23頁。なお東京地方裁判所厚生部事件を素材に，道垣内（弘人）教授は，「一般法理の抽出・樹立を正面に出す方法」として判例は「法理に照らす（傍点原著者）」という言い方をしたと分析する（「いくつかの最高裁判決に見る『○○条の類推』と『○○条の法意に照らす』の区別」田原睦夫先生古稀・最高裁判事退官記念『現代民事法の実務と理論 上巻』（金融財政事情研究会，2013年）113頁）。

48) 当該研究として，判例分析を中心とした太田知行「契約当事者の決定と名義（一）〜（四・完）——判例の分析」法学53巻 6 号（1990年）671頁以下〜56巻 1 号（1992年）27頁以下，鹿野菜穂子「『名義貸し』における当事者の確定と表見法理」原島重義先生傘寿記念『市民法学の歴史的・思想的展開』（信山社，2006年）362頁以下等がある。

49) 滝沢昌彦「署名代理」椿寿夫＝伊藤進編『代理の研究』（日本評論社，2011年）320頁。

50) ただ厳密には顕名がないとして，平野教授は，民法99条の類推適用を主張する（前掲注 9）362頁。2017年現在も同旨，平野・前掲注 7）288頁）。
    顕名に関する最近の論稿として，佐々木典子「顕名の意義——民法100条但書について」同法65巻 2 号（2013年）129頁以下，吉永一行＝吉本健一「会社法・商法の代理権」潮見＝片木編・前掲注6）52頁以下，野々上敬介「代理における顕名の意義——民法100条本文を手がかりに」静法18巻 3・4 号（2014年）63頁以下等がある。

51) 佐久間毅『代理取引の保護法理』（有斐閣，2001年）20頁。すでに同旨・類似の判例・学説については，清水・前掲注 5）116頁以下参照。民法（債権法）改正検討委員会も，民法99条に相応する【1.5.24】（代理の基本的要件）において，「本人の名ですることを示して」という文言に改めることで，署名代理も包含しようと考えた（『詳解・債権法改正の基本方針Ⅰ——序論・総則』（商事法務，2009年）185頁，188頁）。

52) 河上・前掲注30）498頁以下。

53) 長尾・前掲注15）92頁以下。なお，代理構成を採る（一部）判例の根拠は不明確かつ希薄であるとの指摘がある（伊藤・前掲注22）482頁）。

54) 行澤一人「名板貸責任法理と代理法理の交錯【東京地判平成元年 9 月12日判時1345号122頁】」法教370号（2011年）98頁。

55) 伊藤・前掲注22）485頁参照。

55a) たとえば（顕名の研究がある）平野教授は，「あくまでも本人への効果帰属は顕名の効果で」るとの立場から，「本人に代わって契約締結をしていることを表示することが必要だ（傍点原著者）」として，署名代理ではなく「なりすまし行為」と呼ぶことを

提唱する（平野・前掲注7）286頁以下）。
　　その他，「顕名を欠いても，代理意思に基づく代理行為であれば，代理行為は成立する」との立場から，他人の名をいきなり示した行為（いわゆる署名代理）について，「代理人が代理意思を持って行為したか否か，すなわち代理行為であるか否かに分けて考察する」見解として，石田穣『民法総則 民法体系(1)』（信山社，2014年）782頁以下もある。

56）　商事法務編・前掲注40）44頁。
57）　商事法務編・前掲注40）44頁。
58）　松本恒雄編『平成28年版 電子商取引及び情報財取引等に関する準則と解説』別冊NBL158号（2016年）4頁，22頁以下，100頁以下参照。
59）　これら一連の規定群について，第5章第2節5(3)eで一部言及するが，詳しくは，平田健治「EU支払サービス指令とドイツ法——多様な支払手段の統一ルール創出の試みとその意義」阪法61巻2号（2011年）287頁以下参照。なお，第1章の注204）も参照。
60）　かくして，675v条（支払認証手段の濫用の場合の支払者の責任）の特別規定が表見代理規定・判例法理の類推適用を排除するか，現在問題となっているが，詳しくは，第3章の注20）参照。
61）　第5章の注100）・102）で掲げた多数の文献参照。
62）　ただし，たとえばカード等による預金払戻しについて，ドイツとはそもそも法律構成が異なり，相手方（金融機関）保護の手立ても違う点には留意すべきだが，この点については，第1章の注204）参照。
63）　森亮二「Ⅰ-3 なりすまし」松本編・前掲注58）23頁以下。

第3章

インターネット取引上のなりすましへの表見代理類推適用の要件論と妥当性
―― BGH 2011年5月11日判決を中心に ――

第1節　第1章の研究成果・課題と本章の考察対象・順序

(1) 第1章の研究成果・課題

　21世紀のドイツでは，インターネット上でのショッピングやオークション取引の急拡大に伴い，他人のID・パスワード(本章では以下あわせて，アクセス・データまたは本人確認（認証）番号と称する)を入力しそのアカウントを無権限・無断で使用して他人になりすます病理的事象(本章では以下，ネット取引上の（番号冒用）なりすましと称する)が急増している。インターネットという匿名・非対面のシステム上，なりすましが構造的に起こりやすいからである。そしてこの場合，取引相手方が，たとえば（評価システム（Wertungs- od. Reputationssystem）上のプロフィールで）過去に取引をした者から良い評価を得ているアカウント所有者だから大丈夫だと安心してこの者本人と契約を締結しようとしていたのであれば，この相手方の信頼を積極的に保護する必要が生じる。

　かくしてネット取引上のなりすましは，講学上「同一性の誤認惹起（Identitätstäuschung）」という意味で，第1章第3節2のハナウ（Max Ulrich Hanau）が首唱したところに倣い従来の「他人の名」改め「他人の番号の下での行為（Handeln unter fremder Nummer）」と呼ばれて「番号（アカウント）所有者＝（契約締結当事者に限定されない，効果帰属者という広義の）契約当事者」を前提に，とくに番号冒用事例について表見代理（Rechtsscheinsvollmacht）の類推適用論が盛り上がりを見せている。まさにこの時代の流れを敏感に読み取って，電子取引における「番号」の意義を「本人確認・証明の点で従来の名前に代わる同等あるいはそれ以上の存在であると考え」てこの特殊性を上記なりすまし問題の解決に反映させようと試みたのが，ハナウであった（第1章第4節

1(1)b aa も参照)。

　第1章にて，ネット取引上の番号冒用なりすましのリーディング・ケースたるBGH 2011年5月11日判決（VIP-Lounge 事件判決)[7]前夜までの法状況を俯瞰したところ，表見代理，なかでも（その外延類型たる）外見代理を類推適用するに際して（「取引相手方の善意・無過失」判断の前提となる）「無権代理行為の反復・継続性」と当該「行為に対する予見・阻止可能性」という権利外観と帰責性に関わる伝統的要件をそのまま用いる（転用する）か，番号冒用という電子取引の特殊性を踏まえて修正を図るか，電子取引独自の権利外観責任を構想するかで激しい対立が見られた。具体的には，ネット取引では何某かのセキュリティ方式が採用・導入されている現状に鑑みれば，当該取引の安全保護の観点から，前者の「冒用行為の反復・継続性」を必ずしも絶対的な要件とする必要はなく，今回初めての番号冒用（以下，初回冒用と称する）でも十分保護に値する（「契約当事者＝アカウント所有者」を示す）外観と判断してもよい場合があるのではないか，また後者の帰責性との関連でも，アカウント所有者は，（本人確認機能を果たす）アクセス・データを冒用者に交付（伝達）した場合（いわゆる名義ならぬアカウント使用認容・貸し）はもとより「冒用行為に対する予見・阻止可能性（いわゆる冒用行為との関連で直接的な過失）」にとどまらず，単なる保管・管理上の過失（間接的過失)[8]により冒用を可能にした場合でも権利外観責任を負わせてもよいのではないか，という問題である。

　しかしながら争いは，上記要件論にとどまらない。なりすまし取引では，相手方の信頼が「代理権の存在」ではなく「行為者（正確にはアカウントにより意思表示を行った者）の同一性」に向けられていることから，果たして表見代理の類推の基礎があると言えるのか（いわゆる表見代理類推適用という解決手法それ自体の妥当性への疑問），そもそも名義人（番号所有者）を契約当事者と確定して代理法の類推適用へと導く「他人の名（番号）の下での行為」論自体に問題はないかというなりすまし問題の原点に回帰して考え直そうとする気運も出始めていた（第1章第4節1参照）。

(2) **本章の考察対象・順序**

　かくしてネット取引上のなりすましへの表見代理類推適用の要件と妥当性をめぐり（第1章で詳しく見た）混迷を深める法状況にあって，本章は，いよいよ一連のなりすまし研究計画（はじめに部分の2および第1章第1節4参照）に従い[9]

第1章第1節3にてその意義を強調したBGH 2011年判決（本章では以下すべて，本判決と称する）に焦点を当て，まずは詳しく紹介（第2節）し，当該判例評釈を中心とした比較的簡潔な諸見解を俯瞰する（第3節）ことにより，本判決について正確な分析・理解に努めた（第4節）上で，複数の評価と論点を整理し（第5節），本判決を契機に学説上展開された（第5章にて扱う）発展的動向の追跡・考察に備えたい。

第2節　BGH 2011年5月11日判決（VIP-Lounge事件判決）

本判決は，現代のネット取引上の番号冒用なりすましにおいても，従来の名義冒用なりすましにつき形成された表見代理類推適用法理を踏襲することを初めて明言したリーディング・ケースである。

本件VIP-Lounge事件（本章では以下すべて，本件と略称する）でとくに（上記類推適用の成否を左右する）留意すべき事情は，本件なりすまし行為が今回初めてであった点（初回冒用）と，冒用の原因はアカウント所有者がアクセス・データの厳重な保管を怠ったこと（保管上の過失）による点である[10]。

なお，本件ネット・オークション取引の特殊性としては，契約締結に至るまでは当事者双方が人的接触を持たず匿名で行為すること（とくに出品者は匿名を望んでいること）[11]，そのため契約締結当事者がアカウント所有者本人であったのかそれとも（代理人を含む）別人であったのか，通常一般に見分けるのは困難であること，アカウントは約款で他人使用・譲渡が禁止されていること，秘密のパスワードはアカウント所有者により選択され本来この者しか知り得ないこと，契約成立後に落札者，出品者がそれぞれ入手する支払先，送付先住所ともに（登録済みの）アカウント所有者のものであることが挙げられる。かくして本判決も次に判示するように，当事者双方とも，登録され評価プロフィール（Bewertungsprofil）を持つアカウント所有者を互いに相手方と考えるわけである[12]。

1．本判決の紹介

ここでは，本章表題の論点に関わる部分を中心にとり上げる。

第3章　インターネット取引上のなりすましへの表見代理類推適用の要件論と妥当性

【判決要旨】

1．他人の eBay アカウントを使用して契約締結の意思表示がなされたときは，他人の名の下での行為が存在し，この行為には，代理規定と外見・認容代理原則が類推適用されうる（BGHZ 45, 193 = NJW 1966, 1069；BGH, NJW-RR 1988, 814；NJW-RR 2006, 701 を踏襲して）。

2．eBay アカウント所有者による代理権授与や事後的追認がないときは，他人の名の下でなされた法律行為上の表示は，認容・外見代理の要件下でのみアカウント所有者に帰責することができる。帰責に関しては，アカウント所有者が行為者の不正アクセスから当該データを十分に防護していなかっただけでは足りない（BGHZ 180, 134 = NJW 2009, 1960 - Halzband 事件判決との区別）[13]。

3．会員は自己のアカウントを使用してなされたすべての行動（Aktivität）に対して原則責任を負うとした eBay……約款は，オークション参加者に対するアカウント所有者の責任を根拠づけるものではない（傍点筆者）。

【事実概要と争点】

Y は……eBay において "r" という ID の下で，パスワードにより保護されたアカウントを有していた。このアカウントにより 2008 年 3 月 3 日，中古の「VIP ラウンジ設備／バー／ビストロ／飲食店用営業設備（本章では以下，本件設備と称する）」一式が 1 ユーロの入札開始価格でオークションに出品された。終了 9 日前の同月 4 日，X は……自己のユーザー名 "m" の下で 1000 ユーロの最高価格入札をした[14]。……。各登録会員の同意を前提とした eBay 約款は，2 条 9 号で，「会員は原則，自己のアカウントを使用してなされたすべての行動に対して責任を負う（…）。」と定める。XY 両当事者は，……本件設備を出品していたのが Y 本人であったのか──Y の関与・了解のない──当時婚約者の夫であったのか，争っている。Y と売買契約を有効に締結したと主張する X は……本件設備の時価を 33820 ユーロと見積もった上で，ここから入札代金 1000 ユーロを控除した 32820 ユーロの損害賠償を請求する。

LG（地方裁判所）Dortmund 2008 年 12 月 23 日判決（BeckRS 2011, 14455）は，X の請求を棄却した。X は控訴したが，OLG（上級地方裁判所）Hamm 2009 年 7 月 20 日判決（BeckRS 2011, 13976）もこれを棄却した。

【判決理由】

［5］上告は，棄却される。

［6］Ⅰ．省略。

［7］Ⅱ．（……）控訴審裁判所は……X の損害賠償請求権を否認したが，これに法的誤りはない。XY 両当事者間では，Y の eBay アカウントにより出

品された本件設備につき売買契約は成立していなかった。それゆえYは……（本件契約の成立を前提とした：筆者挿入）当該不履行に基づく損害賠償責任を負わない。

［8］ 省略。

［9］ 1．Y本人は，控訴審裁判所の事実認定によれば，本件設備を……譲渡する申込みをしていなかった。この事実を，上告はやむを得ないものとして受け入れている。しかし上告は，控訴審裁判所がYのIDを使用して夫のした表示をYに帰責することを問わなかったのは不当であると主張する。この点について，上告は認められない。

［10］ a）……たしかに——実在する——他人の名の下での行為の場合も，基準となる他方契約相手方から見て，なされた行為が行為者の自己取引（Eigengeschäft）であることが明らかになる，つまり当該相手方が行為者の同一性につき誤認していないときは，行為者が自ら権利を有し義務を負う（BGHZ 45, 193 [195f.] = NJW 1966, 1069；BGH, NJW-RR 1988, 814 [unter 2 c]；NJW-RR 2006, 701 Rdnr. 12 参照）。しかし本件では，そのような事情は存在しない。なぜなら，Yの夫は，自己の名で本件設備を出品する意思を十分言葉に表していなかった（つまり，妻XのIDを使っているが実は出品しているのは自分（夫）自身であると明言していなかった：筆者挿入）からである。Yの夫は，パスワードにより保護されたYのアカウントを使用し……eBayでYのIDを使って出品していた。購入希望者から見れば，Yこそが売却申込みをした人にほかならなかった。……その際に決め手となるのは，eBayで呼び出し可能な（abrufbar）アカウント所有者に関する届出とそのアドレスである（OLG München, NJW 2004, 1328 = MMR 2004, 625；LG Aachen, NJW-RR 2007, 565 = CR 2007, 605[606]も参照）。

［11］ b）かくしてYの夫は，名義人Yのために他人取引（Fremdgeschäft）を行ったわけだが，……本件設備に関する売買契約は，XY両当事者間で成立していない。なぜなら，Yの夫の容態をYに帰責できないからである。当該帰責に関しては上告の見方に反し，Yが……自己のアクセス・データを防護せず，それにより夫がこれを知るに至ったという事情だけでは足りない。

［12］ aa）他人の名が使用される場合において，名義人と取引が締結される状態にあるとの外観を相手方に作出し，それにより行為者の同一性を誤認させるときは，行為者に代理意思がなくても，代理規定（BGB 164条以下）と代理に

つき展開された原則が類推適用される（傍点筆者）(BGH, NJW 1966, 1069；NJW 2006, 2113 Rdnr. 11)。これは，ネット取引にも当てはまる (OLG München, NJW 2004, 1328 ＝ MMR 2004, 625；OLG Köln, NJW 2006, 1676 ＝ MMR 2006, 321；OLG Hamm, NJW 2007, 611 [612] ＝ MMR 2007, 449；Palandt/Ellenberger, BGB, 70. Aufl., §164 Rdnrn. 10f., §172 Rdnr. 18)。それゆえ……他人の名の下でなされた法律行為上の表示により名義人が義務づけられるのは，現存する代理権が行使され……たか (BGB 164条1項1文の類推適用；これについては BGH, NJW 1966, 1069及び NJW-RR 2006, 701参照)，事後に追認がなされた (177条1項の類推適用) 場合，あるいは外見・認容代理原則が類推適用される (OLG Hamm, NJW 2007, 611 [612]……；OLG Köln, NJW 2006, 1676 [1677]……；LG Bonn, MMR 2004, 179 ＝ CR 2004, 218 [219]；Schramm, in：MünchKomm-BGB, 5. Aufl., §164 Rdnr. 44を……参照；さらに Werner, K&R 2008, 554 や Herresthal, K&R 2008, 705 [706]参照) 場合に限られる。この判断基準に照らし合わせれば，Yは，帰属・帰責の法律要件 (Zurechnungstatbestand) を充足していない。

　[13]　bb)……控訴審裁判所の事実認定によれば，Yは，夫に対して事前に出品に関する代理権を授与してもいないし，後日その容態を追認してもいない。したがって，Yの夫のした表示は，BGB 164条1項1文，177条1項いずれの類推適用によってもYに帰属させることはできない。

　[14]　cc) さらに認容・外見代理原則によって，Yは，パスワードにより保護された自己のアカウントを使用してなされた表示について責任を負う必要すらない。

　[15]　(1) 認容代理が存在するのは，本人が意図的に (willentlich) 自己のために他人が代理人のように行為することを放置し，この認容を信義則により取引相手方が……代理人として行為する者は代理権を授与されていると理解し，かつそのように理解してよい場合である (確定判例；たとえば BGH, NJW 2002, 2325 ＝ NZM 2002, 836 [unter Ⅱ 3 a bb〈1〉]；NJW-RR 2004, 1275 ＝ NZG 2005, 1005 [unter Ⅱ 3 c bb〈1〉]；Senat, NJW 2007, 987 Rdnr. 19を……参照)。名義人の身分を使ってなされた行為に認容代理原則を類推適用するにあたって，本人を名義人に読み替えることになる（傍点筆者）。しかしYは……認容という法律要件を作出していない。……控訴審裁判所の事実認定によれば，Yは，eBayアカウントのアクセス・データを夫に明らかにしておらず，その行動すら知らなかっ

た；むしろYの外出中にその認識・了解のないところで，夫が，偶然知るところとなったアクセス・データで，Yの……アカウントを本件設備の出品に使用していた。

[16]　(2) 他方，外見代理が存在するのは，本人が偽装（自称）代理人（Scheinvertreter）の行為は知らなかったが，注意義務を尽くしていれば当該行為を予見・阻止できた場合で，かつ取引相手方が，当該代理人の行為を本人は認識し承認すると考えてよかった場合である（確定判例；Senat, WM 1977, 1169 = BeckRS 1977, 31121907 [unter IV] ……; NJW 2007, 987 Rdnr. 25; BGH, NJW 1998, 1854 [unter II 2 a] ……; BGHZ 166, 369 = NJW 2006, 1971 Rdnr. 17参照）。とにかく外見代理原則が通常一般に適用されるのは，取引相手方に……代理権授与を信じさせうる本人の容態が一定の継続・反復性を有する場合である（傍点筆者）(Senat, Urt. v. 13. 7. 1977 - VIII ZR 243/75, BeckRS 1977, 31121907; NJW 2007, 987; BGH, NJW 1998, 1854; NJW 2006, 1971)。同一性の誤認を惹起した他人の名の下での行為に上記原則を適用する際しては，本人を名義人に読み替えることになる（傍点筆者）(たとえばLG Bonn, MMR 2004, 179 = CR 2004, 218 [219] 参照)。

[17]　控訴審裁判所の事実認定によれば……外出中，注意義務を尽くしていればYのeBayアカウントを夫が使用するであろうことを予見・阻止できたであろうとYをなおのこと非難することはできない。この点につき，上告は何も異議申立てをしていない。上告の申立ては，……Yが夫の不正アクセスから当該データを十分に防護していない点にとどまる。しかし，Yの夫が詳細不明な方法でYのアクセス・データを知るに至ったというだけでは，Yが……夫の冒用を予見しなければならなかったであろうとするには足りない。

[18]　また……控訴審裁判所の事実認定によれば，YのeBayアクセス（eBay-Zugang）を夫が使用したのは本件が初めてであったので，外見代理は問題にならない（傍点筆者）。……信頼要件事実（Vertrauenstatbestand）を，Yは作出していなかった（これについては，Senat, Urt. v. 13. 7. 1977 - VIII ZR 243/75, BeckRS 1977, 31121907; NJW 2007, 987; BGH, NJW 2006, 1971も参照）。（夫による妻：筆者挿入）Yのアカウントの冒用が一定の反復・継続性を有することという要件を，当該アカウントはネット取引上eBayでなされた登録に基づいてYにしか割り当てられていないとの理由だけで放棄することはできない。たしかにアカウントは譲渡できず，その……パスワードを他人に漏洩してはいけないため

eBay のアクセス・データには同一性を確認する機能がある（BGHZ 180, 134 = NJW 2009, 1960 Rdnr. 18 - Halzband 事件判決参照）としても，……当時のネット・セキュリティ（アクセス・データの不正探知と「盗難」の多様な可能性については Borges, NJW 2005, 3313参照）に鑑みると，eBay アカウントにおいて，登録 ID の下でその実際の所有者本人のみが行為すると考えるのは，信ずるに足り得ないからである（傍点筆者）（同旨，OLG Hamm, NJW 2007, 611 = MMR 2007, 449；OLG Köln, NJW 2006, 1676［1677］= MMR 2006, 321；LG Bonn, MMR 2004, 179 = CR 2004, 218［219］；Herresthal, K&R 2008, 705［708］）。

[19] dd) 上告が述べるところとは異なり，Yは，重要なアカウント・データへの夫の不正アクセスに対して自ら十分な安全措置を講じていなかったという理由だけで，夫がYのeBayアカウントを使用してした表示を帰責されるには及ばない。たしかに BGH は，営業上の権利保護及び著作権の領域で，配偶者の一方がeBayアカウントを使用して犯した UrhG（ドイツ著作権法）及び／又は MarkenG（ドイツ商標法）違反につき，（不法行為）独自の帰責根拠として，当該データの不注意な保管で足りるとしている（筆者括弧書・傍点）（BGH, NJW 2009, 1960 Rdnrn. 16ff. - Halzband 事件判決；BGHZ 185, 330 Rdnr. 14 = NJW 2010, 2061 – Sommer unseres Lebens 事件判決）。しかし，不法行為責任の領域で展開された上記原則は，アカウントを冒用して第三者がした法律行為上の表示の帰責に転用することはできない（傍点筆者）。なぜなら，不法行為法では，絶対権の保護が……優先されるのに対して，契約締結の表示がなされる場合には，パスワードにより保護されたアカウントの冒用を可能にした者の履行責任は，この者の利益と比較して取引相手方の正当な利益が保護に値する場合にしか正当化されないからである（傍点筆者）（BGH, NJW 2009, 1960 Rdnr. 19参照）。本件では，アカウント所有者がパスワードにより保護されたeBayアカウントを開設していて，eBay運営者との関係ではアクセス・データを秘匿しておく義務を負っているが，これを理由とするだけでは，取引相手方の利益を優先的に保護する場合には当たらない（異なる見解，Herresthal, K&R 2008, 705［708f.］）。

[20] 法律（（有権代理に関する：筆者挿入）BGB 164条，（無権代理に関する：筆者挿入）177条，179条［類推適用］参照）が行為者の代理権欠缺リスクを分配するのは，取引相手方であって（筆者意訳によれば）本人又は名義人ではない（Senat, Urt. v. 13. 7.1977 – Ⅷ ZR 243/75, BeckRS 1977, 31121907参照）。この危険分配を破る

ことは,「本人」が注意義務を尽くせば第三者の行為を予見・阻止できるというだけでは正当化されない (Senat, Urt. v. 13. 7. 1977……参照)。より正確に言うとさらに……第三者によりなされた表示の帰責については,取引相手方が,第三者の容態を「本人」は認識し承認すると考えてよかったことも要件とされうる。このさらなる要件を充足して初めて,「本人」又は名義人により……有責に作出された権利外観は法取引上,第三者の行為が「本人」に帰責されるという意味で保護に値する (Senat, Urt. v. 13. 7. 1977……)。だがこの信頼要件事実を——Ⅱ1b cc(2)で詳述したように——,eBay アカウントのアクセス・データには同一性確認機能があるとの一言でもって導き出すことはできない (OLG Hamm, NJW 2007, 611 = MMR 2007, 449；OLG Köln, NJW 2006, 1676 [1677] = MMR 2006, 321；LG Bonn, MMR 2004, 179 = CR 2004, 218 [219]；異なる見解,Herresthal, K&R 2008, 705 [707ff.])。

[21] 2. 結局 Y の責任は,eBay 約款 2 条 9 号から導き出すことさえできない。たしかにこの条項は,自己のアカウントを使用してなされる「すべての行動」に対して会員が原則責任を負うと定めている。[14a]しかしながらこの約款は,eBay と各アカウント所有者との間で個別に合意されているにすぎないため,出品者・入札者間では直接的な効力を有しない (傍点筆者)。当該約款は,せいぜいこれを前提にしてなされた表示の解釈について意味を持ちうるにすぎない。……——本件では適用されなかった——認容又は外見代理原則……を越える責任を当該約款が根拠づけるのは,この約款中に,来るべき契約相手方のことを考えて,BGB 328 条による第三者のためにする契約または第三者保護効を伴う契約が認められうるであろう場合に限られる (学説状況については Borges, NJW 2005, 3313 [3315] 参照；さらに Herresthal, K&R 2008, 705 [709] も参照)。本件がこうした場合に当たるかどうかは,判断を必要としない。なぜならこのような,できるだけ多くの潜在的なオークション参加者に対するアカウント所有者の,その範囲において無制限な責任義務 (Haftungsverpflichtung) は,……顧客に最も敵対的な解釈 (kundenfeindlichste Auslegung) をとれば,アカウント所有者がその無権限使用を知らなかったし阻止することもできなかったであろう事例についても効力を生じるであろうから,権利外観責任の法原則を著しく逸脱し,BGB 307 条 1 項 1 文[14b]の内容規制に抵触したからである (詳細については Borges, NJW 2005, 3313 [3315] 参照……)。それゆえ,eBay 約款 2 条 9 号で定め

られた責任規律は，せいぜい——ECカード発行者の約款の場合がそうであるように（たとえばBGHZ 160, 308 [312] ……参照）——プラットフォーム運営者に生じた損害についてこの者に対するアカウント所有者の責任義務しか根拠づけない（傍点筆者）。

２．本判決の構造と以後の裁判例

本判決について，より分析的な解説は，第３節で本判決に関する諸見解を俯瞰した後に行うこととし（第４節），ここでは本判決の構造と以後の裁判例の動向を簡単に確認しておきたい。あわせて（権利外観責任以外の論点に関する）割愛部分についても，若干言及しておく。

(1) 外見代理の伝統的要件を踏襲した類推適用および不法行為帰責との関連

本判決は，まず本件を「他人の名をいきなり示した行為」（わが国でいう署名代理）の中でも（名義人（番号所有者）を契約当事者と確定する）「他人の名（番号）の下での行為」に整序した（【判決理由】[10]・[11]）[15)] 上で，当該行為への代理法の類推適用論を踏襲する（【判決理由】[12]）。

ただ（アクセス・データの保管上の過失に関わる）本件では，名義人（Y）本人への効果帰属要件（代理権，追認ともに）が存在しないこと（【判決理由】[13]）から，本判決は，（最高価格入札者（X）が上告でその成立を主張した）表見代理，とくに過失を帰責要件とする外見代理という判例法理の類推適用を中心に扱った（【判決理由】[14]〜[18]）。そして，本人を名義人に読み換えた上で，「無権代理行為の反復・継続性」と当該「行為に対する予見・阻止可能性」という権利外観と帰責の伝統的両要件は（無権代理行為を冒用行為に置き換えただけで）そのまま転用し，（本節冒頭で指摘した）留意すべき本件事情を斟酌して当てはめを行いその成否を検討した（【判決理由】[16]〜[18]）。とくに関心の高い帰責原理との関連で言えば，本判決は，（外見代理を支える）過責主義（Verschuldensprinzip）を踏襲したと考えられよう。

また本件では上記「保管上の過失」に関わる法律行為上の帰責が問題となっていたことから，本判決は，すでに当該過失が不法行為帰責上問題とされた，第１章第２節3(1)のBGH 2009年３月11日（Halzband事件）判決との関連にまで言及する（【判決理由】[19]）。さらに冒用なりすましリスクの取引相手方負担という（代理法に準じた）原則を破る観点からも，表見代理類推適用を認めるた

めの要件を厳格に論じている（【判決理由】[20]）。

(2) 本判決以降の裁判例の動向

　a　これ以後，法律行為帰責（権利外観責任）に関わる本判決の判断は，たとえばOLG Bremen 2012年6月21日決定で引用され，結果的に外見代理の類推適用は，その要件が厳格なこともあって見送られている[16]。またAG（区裁判所）Bremen 2012年3月1日判決[17]は，本判決の判断を基に，商品販売者のホームページ上で売買契約が締結された当該事例では使用されたパスワードが暗号化されていなかったこと（つまり権利外観の弱さ）からその保管上の過失で権利外観責任を認めることはできないとした。

　b　ただ他方，本件同様のeBayオークション取引に関するOLG Celle 2014年7月9日判決[18]は，本判決を全面的に引用・参照した上で，アカウント所有者が当該データを冒用行為者（息子）に自由に使わせていた事実をもって——第1章第2節1(2)fのLG Aachen 2006年12月15日判決に続き——認容代理の類推適用を認めている。

　また外見代理類推適用要件との関連で，（暗号通信の盗聴・介入手法たる中間者攻撃（Man-in-the-Middle-Angriff）を被った）電子決済取引への類推適用を認めたLG Darmstadt 2014年8月28日判決[19]は，「冒用行為の反復・継続性」を本（BGH 2011年）判決が要求したのはeBayの脆弱なセキュリティのせいである（つまりあくまで本判決はセキュリティの強度との相関関係で上記「反復・継続性」の要否を判断したにすぎない）と相対的に評価して，本事例では「不正操作の可能性はわずかしかない高度なシステムの安全性」の存在が上記「反復・継続性」に代わりうるとして[20a]，権利外観要件として絶対視しない[20b]。さらにネット取引に関するものではないが，他人の名の下での行為に関するLG Fulda 2011年9月19日判決[21]は，本判決を引用しつつ，そもそも外見代理の直接適用事例で例外的に「無権代理行為の反復・継続性」を「その他の考量に基づいて」必要としない裁判例の存在を指摘した上で，そうであれば類推適用に関する本事例でも，非難されるべき名義人の（注意）義務違反と取引相手方の要保護性を衡量して後者が上回るときは同様の判断ができるとする。

(3) 約款の直接適用・有効性とネット・オークションにおける売買契約の成立

　a　ところでネット・オークション取引の法的責任に関わる本件では，上記論点以外に，「出品者・入札者間の法律関係への（アカウント所有者が認容・外見

代理による帰属を越えて当該冒用を含む全事象につき無過失責任を負うと定めたeBay）約款の直接適用可能性」も問題とされた。本判決は，本件約款について「eBayと各アカウント所有者との間で個別に合意されているにすぎないため，出品者・入札者間では直接的な効力を有」さず「せいぜいこれを前提にしてなされた表示の解釈につき意味を持ちうるにすぎない」と判示して，上記問題に否定的な見方を示した（【判決理由】［21］)。「これは，債務関係の相対性（Relativität der Schuldverhältnisse）から生じる」帰結と言えよう。

またそれより前に（ネット・オークション参加者すべてに対して認容・外見代理による帰属を越えた無過失責任を定めたと解した場合の）当該約款の有効性について，本判決が「権利外観責任の法原則を著しく逸脱し，BGB 307条1項1文の内容規制に抵触」すると判示した点（【判決理由】［21］）も，重要であろう。以後この判断は，たとえばOLG München 2015年11月12日判決により参照されている。

　b　なお，ネット・オークションではしばしば問題の前提となる「売買契約の成立」について，本判決は，リーディング・ケースたるBGH 2001年11月7日判決（ricardo事件判決）を踏襲し，（競売（Versteigerung）では競売人による獲得権の承認（Zuschlag）により初めて契約が成立すると規定した）BGB 156条ではなく「（申込みと承諾による契約成立を想定した：筆者挿入）145条以下の規定により行われる」とした（(1)で割愛した【判決理由】［8］)。ネット・オークションがBGB 156条の適用対象たりうるかという問題は，消費者の撤回権（「競売」の場合に認めない旧312d条4項5号。現在は（2011年のEU消費者権利指令（VRRL）を受けて2013年改正によりその文言を「公衆に開放された競売（öffentlich zugängliche Versteigerung）」に変えた）312g条2項10号）との関係で意味を持つ。たしかにオークションという響きから「競売」との近さを連想させるが，任意規定たるBGB 156条の適用をeBay約款が排除していること，そもそもネット・オークションでは主催者の獲得権承認の意思表示が認められず構造上違いがあることに鑑みれば，本判決の立場は正当化されようか。

第3節　BGH 2011年5月11日判決に関する諸見解

　第1章第2・3節で紹介したとおり，電子取引時代を迎えてなりすましが容易になり多発する事態となったことから，講学上は「他人の番号の下での行為」

と呼ばれて，なかでも表見代理類推適用の要件と妥当性が，（下級審）裁判例・学説上議論の中心となっていた。そして本章第1節(1)で要約したとおり，裁判例・学説はおおむね（本人から名義人（番号所有者）への読み換えを条件とした）表見代理の類推適用自体に異論はないものの，ネット取引上も表見代理判例法理の伝統的要件を踏襲するか，当該取引の特殊事情（たとえば「名前」に代わる「番号」という権利外観の強度を増しうるセキュリティの信頼性）を反映させた（緩和的）修正を行うか，あるいはネット取引独自の権利外観責任を構想して新たに自前の要件を定立するかという要件論において激しく対立していた。

そのような中，初めてBGHとしてネット取引上のなりすましへの類推適用に際して表見代理判例法理の伝統的要件をそのまま転用する態度を明らかにしたのが，第2節で紹介した本（2011年）判決であった。

本判決は，リーディング・ケースという位置づけ・性格から，多数の判例評釈，学習教材，最新の基本書・注釈書，さらに研究論稿・モノグラフィーに至るまで幅広い関心を集めている。ここでは第1節(2)で前述したとおり，取り急ぎ本件 VIP-Lounge 事件に関する比較的簡潔な諸見解の俯瞰にとどめたい。その際（後述5の見解を除き），表見代理判例法理，なかでも外見代理の類推適用を要件そのままに行った本判決の考え方に近い（好意的な）見解から遠い（批判的な）見解へと順に見ていくことにする。

1．外見代理の伝統的要件を踏襲した本判決に好意的な見解

(1) 帰責判断に対するクレースとカイゼンベルクの賛同

a　まず本件の第一印象として，クレース（Andreas Klees）とカイゼンベルク（Johanna Keisenberg）は，オークションが（出品取下げにより）中止された本件では商品の「市場価格」が未形成の段階にあったことから，すでに同旨のLG Fulda 2010年11月12日判決を掲げつつ「（予期しない）『お得な買い物』への期待」は正当なものとは言い難いとして，履行責任を否認した本判決の結論に賛成する。その上でアクセス・データの単なる保管上の過失が問題となった本件では，（なりすまされた）アカウント所有者の「契約上の履行責任という『鋭い刀』は鞘に収まってい」て，そもそも問題になり得ないと言う。

つまりクレースらによれば，本判決は，従来の（表見代理）判例実務に基づいて「通常一般に合理的な結論に達しうることを示した」ものであり，外見代

理の伝統的判断枠組みでアカウント所有者の権利外観責任の成否を判断した点がむしろ評価されることになろう。

　b　もっとも第1章第3節5(1)で紹介したとおり，クレース個人は，すでにBGH 2006年3月16日（コレクト・コール事件）判決（第1章第2節1(3)参照）を中心とした論稿で，当該判決が外見代理を越えた権利外観責任の拡大を目指したこともあって，その影響からかインターネットという匿名かつ大量の電子取引の強い安全保護要請に耳を傾けていた。とくに権利外観要件に関しては，「冒用行為の反復・継続性」を放棄して電子取引独自の権利外観責任の構想を見据えていたように思われたが，上記aのとおりとにかく帰責要件に関しては慎重な様子がうかがえる。

(2)　シュタドラーの好意的評価

　本件取引相手方が代理特有の「『三者関係（Dreierkonstellation）』（契約相手—代理人—本人）」の存在をまったく想定していないどころか，なりすまされた者と直接契約を締結したと誤認させられている点（いわゆる二当事者関係（Zweipersonenkonstellation））を強調して，シュタドラー（Astrid Stadler）は，まさに（この本人を契約当事者と確定した上で代理法の類推適用へと導く）「『他人の名の下での行為』という法形態」の問題にほかならないと言う。その上で，本件がeBayアカウントの冒用という点でBGH 2009年Halzband事件判決（詳細は第1章第2節3(1)参照）と同じであるとしても，アカウントの防護懈怠という社会生活上の義務（Verkehrspflicht）違反で不法行為帰責を認めた"Halzband"判決原則は契約の成否に関わる本件法律行為帰責とは何ら関係がなく「契約締結を根拠づけることはできない」として，両帰責の領域を明確に区別した本判決に全面的に賛成する。[28]

(3)　リルヤによるBGH 2009年Halzband事件判決との比較考察

　リルヤ（Anna-Julka Lilja）も，上記区別を前提に本判決が法律行為「帰責の要件は別物（より厳格なもの）であることを明確にした」ことから，問われていたのはアカウント所有者が第三者による当該冒用を法律行為上帰責される要件であったと強調する。そして両帰責の明確な区別を前提とした本判決の判断について，次のとおり(2)のシュタドラーより詳細に，上記Halzband事件判決と比較対照させつつ，（「他人の名の下での行為」に類推適用される）代理法上の無権代理リスク分配に関する原則と例外の観点から「説得力ある」ものと評価する。

「Halzband事件判決の核心は、アクセス・データの不十分な保管による絶対権侵害という義務違反の（共同）惹起（(Mit-)Verursachung）が不法行為上の賠償を義務づけるという考え方である。この帰責根拠を、BGHは、『eBayアカウントの下で行為している人物を取引上不明確にするおそれがあり、これにより、行為者の同一性を確認し場合によっては（法律行為上又は不法行為上）請求する可能性が著しく害される』という危険の中に見た。かくして妨害者責任原則および競争法領域における社会生活上の義務が問題とされた」のである。

これに対して、本判決は、「絶対権の侵害ではなく法律行為上の表示帰責」を争点としていたため、上記Halzband事件判決とは「違った要件に服する」。まず前提として、本判決が、「eBay評価システムを基に利用者が重視するのは、まさに真実のID名義人と契約締結することであり、それ以外の第三者とではない」ことから、上記シュタドラー同様（名義人を契約当事者と確定して代理法の類推適用を導く）「他人の名の下での行為を認めたのは妥当である」。ただその上で本判決が、外見代理の類推適用を検討しつつも結果的にその成立を否認したのも頷ける。なぜなら（類推適用される）代理法は、行為者の代理権欠缺リスクを取引相手方に負担させるのを原則とし、これを破る例外を、「(1)取引相手方にとって信頼に値する権利外観が作出されていて、(2)この外観が『本人』に帰責可能である場合」に限っているからである。他人のeBayアカウントが保管上の過失により今回初めて冒用された本件は、上記要件をいずれも充足していない。[29]

(4) ヘックマンにみる評価の揺らぎ

a （本件ネット取引上のなりすましに類推適用される）外見代理の権利外観要件「無権代理行為の反復・継続性」との関連で、（『法実務注釈書（第3版）』(2011年)の編著者たる）ヘックマン（Dirk Heckmann）は、アカウント冒用が（過去になされておらず）今回初めてであった本件では当該要件を充足せず、（インターネットの匿名性やセキュリティ不安に起因する）「アクセス・データの濫用可能性」に鑑みれば信頼要件事実が欠けていることを指摘する。また帰責性に関しても、アクセス・データの「不十分な保管」（いわゆる間接的過失）は注意義務を尽くせば冒用行為を「知り得たであろう」という（外見代理類推適用の）帰責要件（直接的過失）の存在に直結するものではない。とにかく本判決は、「契約領域では――契約外領域とは異なって……――アクセス・データの不十分な防護を……

任意代理権，追認，表見代理と並び称される独自の帰属・帰責根拠と見なさ(傍点筆者)」かったのである。

b ただその後改訂（第4版）(2014年)で，ヘックマンは，とくに後述3(3[a])のリナルダトス（Dimitrios Linardatos）などの本判決批判に触れて，次のとおり本判決の表見代理類推適用論に懐疑的な声に傾聴する。

なりすまし取引では，相手方はそもそも代理事例を想定していないため，代理権の外観が問題になっていない。相手方は，アカウント所有者本人を実際の行為者であると信じているにすぎないのである（この点は(2)のシュタドラーも同様の認識であった）。それにもかかわらず本判決は，——後述3(2[a])のシンケルス（Boris Schinkels）の批判的表現を借用する形で——（代理権という）「権利外観なき権利外観責任の一形態（傍点筆者）」を創造してしまった。

この追加された記述は，なりすまし問題を代理法，とくに本件では外見代理の類推適用により解決する従来の支配的立場が揺らぎ始めたことを示すものと言えようか。

2．外見代理の伝統的要件を修正する見解

この見解は，外見代理の類推適用可能性を追求した本判決に異を唱えるものではないが，アクセス・データの保管上の過失による初回冒用という本件に外見代理の伝統的要件をそのまま転用した点に再考を促す。

(1) ノイナーによる伝統的外観要件の条件付き放棄

基本書『民法総則（第10版）』(2012年)の第50節「任意代理権」に「電子法取引（Digitaler Rechtsverkehr）」というトピックな項目を設けたノイナー（Jörg Neuner）は，インターネット上のなりすまし注文という典型事例の権利外観責任に関して，本判決を中心に要件の整理を試みる。とくに（本判決が外見代理の伝統的な権利外観要件を置き換えた）「冒用行為の反復・継続性」について，次のとおり絶対視しない。

なりすまし外観としては，アカウント所有者本人が法律行為をしている可能性が十分明確に示されていなければならず，その前提として電子署名に代表される特別なセキュリティが必要となる。なるほど「この種の判断は本書では，法的事実の観点において検証できない」が，とにかく十分なセキュリティが確保されていれば，上記「反復・継続性」は放棄される。ただ本判決の判断によ

れば，eBay はこの条件を満たさない。[32]

(2) ヴェルテンブルフによる伝統的帰責要件の緩和と本件の特殊性

　他方で帰責性に関して，ヴェルテンブルフ（Johannes Wertenbruch）は，アカウント所有者が特別の信頼関係にない者に労せずして番号を察知・冒用させることを可能にした（たとえば教授がパスワードを付箋にメモし研究室のパソコン・モニターに貼り付けていたところ，清掃会社の従業員がこれを見て何度も教授のアカウントを冒用して商品を購入した）場合にはこれを充たすとして，本判決とは異なり通常一般的には保管上の過失で足りるとする。

　ただし，本件（婚約中の）冒用者・被冒用者は共同生活を営む特別な信頼関係にあったため，冒用者は犯罪的行動に出なくてもパスワードの入力に遭遇し簡単に知ることができたし，被冒用者にも両者の信頼関係を壊すため（当該入力時に「ちょっとあっちを向いていて」と言うなど）盗み見を妨げる言動を求めることはできないことから，本判決の結論自体は正当であった。[33]

(3) ネット取引特有の外観要件として「アカウント」に注目するシュテーバーの見解

　シュテーバー（Michael Stöber）は，本件では（取引相手方が証明すべき「冒用行為の反復・継続性」という）権利外観要件の不存在から当該責任が認められなかったが，かりに冒用者が未成年者であったときは無権代理人に準じた（冒用なりすまし張本人としての）責任すら免れる結論（BGB 179条3項2文の類推適用）となることから，（アカウント所有者が「第三者による冒用」を主張しただけで契約責任を免れさせうる）本判決の帰結を憂慮する。[34]

　a　そこで（権利外観責任の成立を妨げた上記反復・継続性に代わる）ネット取引特有の権利外観要件として，シュテーバーは，次の理由からアカウントに着目する。「アカウントは，明らかに特定の者に割り当てられていて，この者のパスワードでしか利用できない」ため，相手方は，アカウントの下でなされた意思表示について，当該所有者本人またはこの者から（代理権に準じる）資格を付与された者によるものと信頼してよい。要するに「アカウントは，代理権授与証書に比肩しうる，同一性確認と資格付与証明という機能を有し，上記証書のように適格な権利外観を基礎づける」からである。

　この「アカウント≒代理権授与証書」という法的位置づけから，シュテーバーは，（パスワードによらない）不正操作による冒用リスクを承知しつつも，「当該証書の場合同様，おおよそ権利外観の発生を妨げることはない」として，（代

理権授与証書の交付・呈示による表見代理を規定した）BGB 172条の類推適用を解決策の一つとする（そして同様の法的位置づけから172条の類推適用を前面に出すのが，次の3の見解である）[36]。ただこの172条の枠組みにとどまる以上，権利外観責任は——代理権授与証書の保管上の過失事例に関する BGH 1975年5月30日判決[37]の「紛失した意思表示（Abhandengekommene Willenserklärung）」原則に準じれば代理権授与証書の交付に相当する——アクセス・データの意識的交付事例に限定されるであろうとして，せっかく上記反復・継続性要件を克服しても帰責要件の壁が立ちはだかる[38]。

　b　かくしてこれを克服すべく，シュテーバーは，第1章第3節4(1)のフェルゼ（Dirk A. Verse）とガシュラー（Andreas Gaschler）の見解に依拠して（表見代理の外延類型たる）過失を帰責要件とする外見代理の類推適用（?）を射程に収めつつ，次のようなネット取引に適合した一部要件の修正を試みる。

　ネット取引上の権利外観要件に関しては，前述aのとおりアカウントが代理権授与証書に比肩しうる程度の信頼に値する「正当な権利外観の基礎（Rechts-scheinträger）」であるため，必ずしも冒用行為の反復・継続性という外見代理の伝統的要件に固執する必要はない。

　ただ他方，（上記aの「交付」からは緩和された）「注意義務違反」という帰責性について，アカウント所有者によるアクセス・データの保管上の過失では足りず，——その伝統的な帰責要件をネット取引へそのまま置き換えた——冒用行為に対する予見・阻止可能性が必要とされる。そしてこの可能性は，冒用者と被冒用者が婚約者・夫婦間という健全な関係にあるときは，とくに具体的な拠り所がない限り認められないであろう[39]。結局，上記保管上の過失に関わる本件では，外見代理の類推適用の助けを借りても権利外観責任を認めることはできないことになる。

　c　以上，シュテーバーは，権利外観責任の否認という本判決の結論自体には賛成しつつも，アカウントがパスワードにより保護されている本件ネット取引の特殊性から，冒用行為の反復・継続性を放棄し初回冒用であっても（本判決が否認した）権利外観要件の存在は認める一方，帰責性については本判決同様「冒用行為に対する予見・阻止可能性」と捉えてその存在を否認したわけである。ただこの厳格な帰責要件に関する証明責任との関連で，アカウント所有者は「単に第三者の冒用行為を援用しただけで権利外観責任を免れ得」ず，「む

しろ第三者によるアクセス・データの濫用を予見する必要はなかったことを主張し，場合によっては証明しなければならない」とした点（いわば免責要件的な位置づけ）には，留意すべきであろう。

なおこの直後，第5章第2節5で紹介するとおり本判例評釈を契機に，シュテーバーは，最近の「インターネットや遠距離通信のアクセス（・データ）冒用」事件に考察対象を広げて番号（データ）所有者の法的責任に関する総合研究を試み，帰責要件についてもさらなる緩和的方向へと進む。

(4) ネット取引の安全保護の拡大をめざして伝統的な外観・帰責両要件を放棄するヘルティンクらの見解

　a　ヘルティンク（Niko Härting）とシュトュルベル（Michael Strubel）は，外見代理の類推適用に際して番号冒用行為の「反復・継続性」という伝統的要件に固執した本判決について，「遺憾ながら思い切って外見代理原則をネット時代に置き換えなかった」と批判する。

　aa　その上でヘルティンクらは，たとえ本件で出品者が冒用行為を反復していたとしてもこの事実を入札者は知る由もない（所詮，初めてかどうかは偶発的でしかない）ことから，上記「反復・継続性」要件はネット取引上機能し得ないとしてこれを放棄する。さらにアカウント所有者が「アクセス・データ取扱い時の過失」によりなりすましを可能にした場合にもこの者に権利外観責任を認めることで，「外見代理原則は満足いくよう濫用事例を解決でき」る。このように本件「初回冒用事例でも権利外観責任を肯定し，本人が過失により冒用を可能にしたことで……足りるとするのが，事実および利益に適合しよう」。

　たしかに本判決は，無権代理リスクの取引相手方負担を原則とした代理法（BGB 164条，177条，179条）に鑑みて（侵害された絶対権が優先的保護に値する）不法行為帰責とは異なる厳格な法律行為帰責を正当化したが，ヘルティンクらに言わせれば，「外見代理原則を適合的に拡大する機会を逸したのは同情に堪えない」。むしろアカウント所有者が過失によりなりすましを可能にした場合にまで外見代理類推適用の射程を拡大することにより，法律行為帰責は不法行為帰責と歩調を合わせることになろうとして，両帰責を明確に区別した本判決を批判する。

　bb　本判決の実務的影響について，ヘルティンクらは，「冒用行為の反復・

継続性」要件の充足を取引相手方が証明するのは困難であろうと危惧する。その結果，なりすましの張本人と名指しされた者（配偶者・愛人，親族や友人など）に対する責任追及（BGB 179条の類推適用）も考えられようが，この者の資力が実際乏しかったり——⑶のシュテーバーも指摘したように——免責される未成年者（同条3項2文）であったりする場合はもとより，そもそも冒用者が一体どこの誰であるかさえ突きとめられない最悪の事態も想定される[42]。

cc かくしてヘルティンクらは，冒用行為の反復・継続性要件を疑問視したシュテーバー説（（3[b]）参照）に同調するにとどまらず，当該行為に対する予見・阻止可能性という帰責要件についてもアクセス・データの保管上の過失へと緩和する方向で本判決と対峙するのである。

b その後，ヘルティンクはあらためて個人的にも，「eBayアカウント所有者が……無権限者の不正アクセスを——とくにパスワード保護により——妨げる可能性に比べれば，相手方が冒用に気づく可能性ははるかに小さい」という現実（「冒用阻止の可能性」の観点における「アカウント所有者＞相手方」）から，当該所有者は「冒用防止措置を過失により怠ってい」れば初回冒用でも権利外観責任を負うべきであり，反復・継続的な冒用事例に当該責任を限定するのを「恣意的（willkürlich）である」と言う。そして，このように（上記aでも主張した）外見代理を拡大していく方向性は「事実にも利益にも適合する」として，本判決に批判的な態度（第1章第3節4⑵も参照）を貫徹する[43]。

3．BGB 172条の類推適用を志向する見解

以上1・2の両見解は，本件ではアクセス・データの保管上の過失が問題となっていたことから，（「冒用行為に対する予見・阻止可能性」という直接的な意味ではあるが）過失を帰責要件とする外見代理の類推適用による解決を模索したが，ネット取引上のアカウントの特殊性を踏まえ「アクセス・データの入力≒（代理権授与）証書上の署名」に着目して，番号冒用なりすましに類推適用すべきは本来BGB 172条であるとの見方が示される。要するに3の見解は，類推適用すべき表見代理の類型が間違っていると本判決を批判するわけである。

⑴ アッカーマンによる問題解決の示唆

電子取引上のなりすまし問題についても（署名・交付された）白紙書面の補充問題同様，外見代理規律の拡大による「アウトラインすら示されない処理」よ

りも BGB 172条を類推適用する方がより良い解決を導くとの方向性が，たとえばアッカーマン（Thomas Ackermann）により示される[44]。

(2) シンケルスによる「権利外観なき権利外観責任」批判と BGB 172条の勿論解釈・適用

　a　シンケルスは，本判決について，一般的な「権利外観の観点からの帰責を検討する限りで必要に迫られて認容・外見代理を引っ張り出し（傍点筆者）」その関係上，（代理人が本人から授与された代理権に基づいて行為するとの正当な信頼を惹起する）「（無権代理行為の）反復・継続性」要件のもとで本件を判断したと分析する。その上で，このような代理関係を前提とした「反復・継続性」という権利外観要件は本件のような，アカウント所有者とは別人たる行為者の存在さえ認識できない「同一性の誤認惹起」（なりすまし）事例に適合しないことから，代理権の外観すらないのに「権利外観責任の一形態をでっち上げた」に等しいとして，いわば「権利外観なき権利外観責任（傍点筆者）」であるとの辛辣な批判を浴びせる。

　そもそもなりすまし事例において実際の行為者をアカウント所有者本人であると誤認させるのは，冒用行為が反復して行われたからではなく，本人の秘密のアクセス・データが利用されたからにほかならない。それにもかかわらず本判決は，外見代理を類推適用してしまったがゆえに，（その伝統的要件を置き換える形で）冒用行為の反復性を要件とせざるを得なかった。これにより，上記事例に本来ふさわしい外観は，実際の行為者が「公然と……アカウント所有者の秘密のアクセス番号を自由にできた点にある」のに，この事実は隠蔽されてしまうことになったわけである[45]。

　なお，上記シンケルスの「権利外観なき権利外観責任」というキャッチーな批判的フレーズは早速，前述1（4［b］）のヘックマンにより借用されていた。

　b　かくして他人の番号の下での行為について，シンケルスは，「アクセス番号の入力は書面表示上の署名に匹敵し」「自己のアクセス番号を交付した者は不完全な表示に署名し手交した者とまったく同様，保護に値しない」として，次の BGB 172条の勿論解釈・適用（Erst-Recht-Schluss）から，（「自ら署名して白紙書面を手交する者は，その意思に合致しない補充がなされた場合であっても，当該書面の呈示を受けた善意の第三者との関係では，その補充された書面内容を，自己の意思表示として自らに効力が生じることを認めなければならない」とする）白紙書面責任（Blanketthaftung）という伝統的な判例法理を参照するよう示唆する[46]。

たしかに本件 eBay の ID については，セキュリティの著しい脆弱性を理由に権利外観として原則適さないとの否定的な裁判例（第1章第2節1(2)dの OLG Köln 2006年1月13日判決）もあったが，シンケルスは，ID の不正探知に比して真正な代理権授与証書の窃取の方が難しいかどうかはともかく，偽造に限って見れば明らかに後者証書の方が格段に容易いとして上記理由づけに異論を唱える。この事実にもかかわらず BGB 172条が，権利外観の基礎として（上記「安全面でおおよそ劣った」）証書を規定したことに鑑みれば，より安全な（秘匿を通常期待してよい）パスワードにより保護された ID は当該基礎として「勿論十分であるにちがいない」（172条の勿論解釈・適用）。つまり ID の初回冒用でも，上記白紙書面責任の考え方に準じれば，ID を冒用者にアカウント所有者が意識的に交付していたときは，権利外観責任を負うことになる。

このとき何をもって「意識的交付」と評価するかが問題となるが，シンケルスは，パスワードをブラウザの自動入力機能により家庭のパソコンに保存していれば「当該パソコンを通常一般に利用する者すべてに意識的に交付した」ことになるとする。[47]

c ただ結局本件では，シンケルスは，上記bの「意識的交付を越えて一般的な過失の観点によっても権利外観帰責を認めようとするかどうか」という「答えに窮する決定的な問いかけ（Gretchenfrage. いわゆるグレートヒェンの問い）」がなされたにほかならないと言う。

シンケルス自身は，本判決により類推適用された（過失を帰責要件とする）外見代理は所詮「法律から乖離した裁判官による法の継続形成」（いわゆる判例法理）でしかなく，むしろ本来類推適用されるべきであった BGB 172条は過失による代理権授与証書の紛失という帰責性では足りないと規定することから，本判決が最終的に「不注意な保管」などという「通常一般的な過失では足りない」と判示したのは正当であろうと結論づける。この判断は，「過失という基準による権利外観帰責を原則承認しないこと」を意味しよう。[48]

(3) 代理との構造的差違・ネット取引の特殊性を踏まえたリナルダトスの批判的分析

リナルダトスは，本判決について，──すでに BGH 2006年判決（第1章第2節1(3)参照）はネット取引に類したコレクト・コール上の冒用なりすましに反復・継続性という外見代理の伝統的要件が適さないことを認めていたにもかかわらず──「少なくとも目下不十分なセキュリティ」から懸念される不正探

知など多様な冒用リスクに鑑みて，eBay上の取引では上記要件を放棄できないことを確認するなど「アカウント所有者の十把一絡げの履行責任」を排除したわけだが，その結論自体は積極的に評価する。ただその上で本判決の判断枠組みに対しては，後述a以下のとおり「その理由づけはより子細に考察すれば不明確さを露呈する」と批判するとともに，高度のセキュリティを装備したネット・サービスではアカウント所有者「本人が行為しているとの十分高い蓋然性が得られる」として，上記「反復・継続性」要件を放棄する余地も認める[49]。

a　そこでリナルダトスは，随所に直前(2)のシンケルスの見解を参照しつつ，次のとおり「他人の番号の下での行為」という特殊性から代理との構造的差違を重視した上で，本判決の採用した外見代理類推適用の意義とその要件を批判的に分析する。

表見代理判例法理では，取引相手方の信頼はもとより代理権の存在に向けられているため，この相手方は，本人と代理人が関与する代理という（自らも含めた）三者関係を前提としている。他方「他人の名の下での行為」では，名義人本人が法律行為をしているかのような外観が作出されているため，相手方は，代理の問題ではなく直接本人と行為していると考えている。とくにネット取引では，上記なりすまし外観はセキュリティが低ければ低いほど作出されやすい傾向にあり，実際の冒用事例では——あくまでもリナルダトスの感触であろうが——本人側に属する者ではなく「赤の他人である第三者が行為している」。

かくして代理法上の権利外観要件と「他人の名の下での行為」上のそれとの構造的差違は決定的である。この差違を無視して，本判決は，後者なりすまし事例で表見代理判例法理の類推適用を前提にその伝統的要件の存否を検討したわけだが，リナルダトスによれば，（2［a］）のシンケルス同様「一般的な権利外観原則による責任」と同程度の意味で「権利外観要件を『類推』適用」したにすぎないということになる[50]。

b　aa　次に各要件との関連で，リナルダトスはまず，外見代理の類推適用を前提に本判決が重視した「冒用行為の反復性」という（信頼保護・責任を制限すると同時に正当化する）メルクマールについて，一般的な権利外観法理の観点から「本人確認システムのセキュリティ」がこれに代わりうると言う。その安

全性が高ければ高いほど，アカウント所有者本人が行為している蓋然性は高くなるから，上記反復性は要らないというわけである。

　bb　帰責要件との関連では本判決について，リナルダトスは，ネット取引上はその内在する構造的特性から過失による履行責任を排除しないとのシンプルな考え方のもと（過失を帰責要件とする）「外見代理への近接性」を広範に追求したと分析する。ただ本来，アクセス・データの単なる保管上の過失が帰責根拠たりうるかという本件争点は，次のとおりBGB 172条との体系的比較で検討されるべきである。

　たとえば証書の保管を怠った作成者は履行責任を負わないと一般に解されていること，BGB 172条1項は代理権授与証書の「交付」を要件とすること，「法律行為上の履行効果（Erfüllungsfolge）は原則，少なくとも準法律行為を要件とする」ことに鑑みれば，上記保管上の過失に関わる本件に172条は類推適用できない。それにもかかわらず（権利外観にしか関わらないはずの）本人確認システムの安全性に基づいて，上記保管上の過失でも帰責性を充たしうると考えるのは，BGB 172条の価値判断との整合性から見て疑問であろう。

　またアカウント冒用事例の状況は，「ある意味（白紙部分がすでに相手方の知らないところで補充されている：筆者挿入）『隠秘の』白紙書面濫用事例に存在しBGB 172条1項の類推適用へと導く状況」と比較しうる。両事例とも，相手方は，いずれも本人自らが完全な表示をしたと考えているからである。そして（比較対象となる）後者の白紙書面濫用事例では，「いわゆる本人の容態が信頼責任にとって決定的であることから」，（合意に反して表示内容たる白紙部分が補充されたとしても）「交付者は相手方に信頼を生じさせたことを予見していなければならない」という意味で，「交付」というメルクマールが強調される。単なる過失では足りないのである。たしかに，「『通常の』商取引に比べて本人確認手段が独占・排他的かつ安全であることから」BGB 172条の帰責基準「交付」を引き下げる余地はあり得ようが，高度なセキュリティを備えた決済取引手続でも，（支払役務提供者に対して支払者が不当な支払事象により生じた全損害の賠償義務を負う場合を規定した）BGB 675v条2項（2017年改正後は同条3項）によれば，あくまで例外的であり重過失の限度にとどまる。

　かくして，前述aaのように（外見代理の伝統的な）無権代理行為の反復・継続性という権利外観要件を本人確認システムの安全性に置き換えてこの要件を

放棄することに成功したとしても，過失を帰責要件とする外見代理の類推適用可能性を認める本判決は，リナルダトスによれば，BGB 172条の価値判断と矛盾を来すことは確実であり「決して説得力あるものではない」と結論づけられる。そして保管上の過失に関わる本件では，権利外観責任の法欠缺補充機能にも留意して，優先すべき特別規定があればそれによる解決，たとえば（錯誤取消しをした者の損害賠償義務を規定した）BGB 122条の類推あるいは契約締結上の過失責任（280条1項，241条2項，311条2項）による「紛失した意思表示」原則に準じて（履行利益を上限とする）信頼利益に対する損害賠償責任が相当とされる。[53]

　c　結局，（代理とは構造的に異なる）「他人の番号の下での行為」という（しかも高度なセキュリティを通常備えた）ネット取引の特殊性や過失による履行責任の反体系性を踏まえて，リナルダトスは，BGB 172条，675v条（2項）との比較検討から権利外観責任の可能性を追求し，その限界を画したと言えよう。[54]もっとも権利外観要件にいたっては，一般的な権利外観法理の観点から見直しを提言しているため，もはやBGB 172条の類推適用という表見代理の枠組みから飛び出し，次の4のネット取引独自のなりすまし外観責任を構想する見解へと発展する萌芽を内包していたとも考えられる。

4．インターネット取引独自のなりすまし外観責任を構想する見解

　以上1から3の見解は，代理法の類推適用へと誘導する伝統的な「他人の番号の下での行為」に基づいた表見代理類推適用論における内部対立でしかなかった。これに対して「行為者の同一性の誤認」という番号冒用なりすましの本質に鑑みれば，そもそも本件で問題となっているのは代理権の外観などではなく（アカウント所有者の秘密のパスワードを冒用することにより作出された）「名義人（番号所有者）本人が自ら行為している」との外観にほかならない点を直視して表見代理類推適用論との決別を図るのが，ここで紹介する見解である。

(1)　グリゴライトとヘレストハルからの要望

　表見代理判例法理を類推適用した本判決に対して，グリゴライト（Hans Christoph Grigoleit）とヘレストハル（Carsten Herresthal）は，本件なりすまし事例では（本人確認）番号所有者が実際の行為者に代理権を授与していたなどという権利外観がまったく作出されていないことから，当該判例法理が本件に「適合」しないことを見誤っていると批判する。そもそも（番号所有者とは別人の）

第三者が他人の番号を冒用した事実さえ分からないからである。

判例に求められているのは、他人の番号の下での（冒用）行為について一般的な権利外観法理から独自のなりすまし外観責任を構想し発展させること（とくに第5章では、この流れが学説上定着したことから筆者による「同一性外観責任」との命名に至る）と、（冒用された）パスワード等の番号が（当該所有者本人による行為であるとの）正当な信頼を抱かせるに足るセキュリティを装備していると判断されるための条件を明確にすることである。[55]

(2) ノイバウアーとシュタインメッツの本判決批判

ノイバウアー（Mathias Neubauer）とシュタインメッツ（Wolfhard Steinmetz）は、たしかに「eBay アカウントが家族や友人間で『貸し出される』ことは、まま見受けられ周知のところではある」[56]が、さりとて「アカウント所有者に、自ら契約当事者になるつもりはないという意思が看取されるときは……おそらく代理権授与の権利外観さえ生じていない（傍点筆者）」として、3（2 [a]）のシンケルスによる「権利外観なき権利外観責任」という本判決批判に同調する。ただ本判決による表見代理判例法理の類推適用については、取引安全保護の観点から「個別事例を斟酌し適切な利益調整」を行うことができるものと受け止めているようである。

だがさらにノイバウアーらは、3（2 [b]）のシンケルスによる「白紙書面責任」法理の参照に加えて、カナーリス（Claus-Wilhelm Canaris）張りのより一般的な信頼責任原則による帰責をも模索した上で、とりわけ権利外観を十分根拠づけるだけの諸事情の存在を重視する。この点、本件パスワードは、eBay 約款自体が当事者の同一性に対する責任を排除していることからも分かるように、十分な信頼性を有しているとは言えない。[57]

(3) ハウクによる本判決の拡大評価と電子取引独自の新たな外観責任類型

a 代理法の類推適用により解決される「他人の名の下での行為」では、とりわけ冒用なりすまし行為について「権利外観責任原則により名義人に帰責する要件」、本件で言えば「アカウントの防護懈怠」が重要な問題であるとして、ハウク（Ronny Hauck）は、次の電子取引の特殊性を踏まえつつ検討する。

本判決も示唆するように、「とくにネット『オークション』では（架空）IDの利用により……そもそもある程度の匿名性が支配することから」、（ID 所有者を契約当事者と確定する）他人の番号の下での行為という事例群は「重要な意義

を持つ」。ネット取引では，（パスワードにより保護された）アカウント所有者のIDの下で行為がなされた事実により，その本人が行為しているとの（なりすまし）外観が生じるからである。[58]

　b　かくして，本件ネット・オークション取引で問題になるのは行為者の同一性（「行為者＝アカウント所有者本人」）に関する外観にほかならないことから，ハウクは，次のとおり「おそらくこのようなコンテクストで」本判決は表見代理判例法理の類推適用という手法を採ったと分析する。

　すなわち（【判決理由】［19］を参照すれば）本判決は，電子取引上，行為者の同一性に関する外観の保護という意味において，外見代理類推適用の帰責要件「冒用行為に対する予見・阻止可能性」を拡大しアカウント防護という社会生活上の義務に違反した（つまりアカウント所有者の不作為）という独自の主観的帰責根拠により当該所有者の権利外観責任を認めることが可能であると考えたのである。もとより（表見代理判例法理に隣接する）新たな権利外観責任類型は，代理権の外観に関わる表見代理判例法理よりも電子取引上のなりすましに適合的であろう。

　ただし（【判決理由】［20］を参照すれば）本判決は，無権代理リスクを取引相手方負担とする代理法上の原則を根拠に，それを破る例外たる権利外観帰責には，権利外観要件の存在に加えて「相手方の正当な利益が名義人の利益よりも保護に値することが必要である」とする。相手方が，（なりすました）第三者の容態をアカウント所有者は「認識し承認する（kennen und billigen）」と考えてよかった場合に初めて，権利外観責任が認められるのである。番号冒用なりすましによる絶対権侵害事例で直ちに認められた不法行為帰責（第1章第2節3(1)のBGH 2009年 Halzband事件判決）とは対照的に，本判決は，本件法律行為帰責には（相手方の利益が侵害されていれば直ちにというわけではなく）名義人の利益との比較較量という厳格な物差しをあてがった[59]と言えよう。

　c　以上ハウクによれば，本判決は，形式的な法解釈適用上は表見代理判例法理の類推適用によりながらも（かくして「冒用行為に対する予見・阻止可能性」を帰責性の限界とするかと思いきや）実は，アクセス・データの保管上の過失でも（利益較量により）「相手方の利益＞名義人の利益」と評価される場合には権利外観責任を認めうる，新しい（電子取引における「他人の番号の下での行為」に適合させた）責任ラインアップを拡充したと説明されることになろうか。この

ようなハウク独特の積極的説明は，本判決の意義をより高める興味深い分析と言えようが，必ずしも学説上一般的な理解とはなっていない。また，肝心の（「相手方の利益＞名義人の利益」と評価される）「相手方が，アカウント所有者は第三者の容態を『認識し承認する』」と考えてよかった場合とは具体的にどのような事例をさすのかも，定かでない。

(4) ヴェルナーによる本判決批判と「セキュリティの信頼性」からのアプローチ

　a　ヴェルナー（Dennis Werner）も，アカウント所有者が代理規律，（ただ実際は代理権も追認も認められないため）もっぱら表見代理判例法理の類推適用により第三者による番号冒用なりすましにつき権利外観責任を負うべきか，とくにその帰責性としてアクセス・データの防護懈怠で足りるかが本判決で問われていたとして，その批判的分析を行う。

　まず（表見代理判例法理の類推適用を可能とした）本判決によれば，アクセス・データの不正探知による冒用事例では，当該事実の発覚前にアカウント所有者がこれを阻止する可能性を有しないことから，外見代理類推適用の帰責要件「冒用行為に対する予見・阻止可能性」を通常充たすことはない。また外見代理の反復・継続性という（ヴェルナーに言わせれば付加的な）要件も（電子取引上の当該類推適用に際して）踏襲する本判決によれば，取引相手方が冒用行為の反復・継続性を認識している必要があるため，アカウント所有者への権利外観責任の追及は「ほとんど成功しないであろう」。さらに本判決によれば，本件アクセス・データの防護懈怠では，権利外観帰責は認められない。単なるアカウントの登録は，冒用なりすましを取引相手方に負担させる（代理法に準じた）原則を破る信頼法律要件とはなり得ないのである。

　このように外見代理を電子取引上の冒用なりすましに類推適用するに際してその厳格な伝統的要件を転用してその成立を否認した本判決について，ヴェルナーは，電子取引分野の権利外観理論をさらに発展させ当該分野の実情に適合させる機会を逸したばかりか，アカウント所有者は匿名の第三者が冒用したと主張すれば契約から解放される点で「eBay，その他の電子商取引事業者の取引モデルを危殆化」してしまったと手厳しい。[60]

　b　そもそも（パスワードにより保護された）アカウントの冒用事例について，ヴェルナーは，表見代理判例法理の類推適用では権利外観責任の成立する「余地はわずかしかない」と言う。電子取引では，実際の行為者がアカウント所有

者本人か，この者からアクセスを許された者か，それとも無権限の第三者か，一切分からず，通常は（本人・代理人という）代理関係が想定されていない。そのため，「代理権に対する信頼を保護する」表見代理判例法理の「要件はごくまれにしか存在しないか，とにかく証明しうるのは困難だ」からである。

　かくして電子取引において，ヴェルナーは，セキュリティの信頼性しだいではアクセス・データの入力によるアカウントの使用事実それ自体が権利外観たりうるとする。ただ本件 eBay の ID・パスワード保護システムでは，その脆弱性から否定的に考えざるを得ない。[61]

　c　最後にヴェルナーは，表見代理判例法理をその厳格な伝統的要件を維持したままネット取引に類推適用するとした本判決について，アカウント所有者に対する権利外観責任の追及を困難にしたばかりか，アカウントを通したあらゆる電子取引へのその拡大的影響を憂慮する。その上で，上記 b のとおり権利外観責任の鍵となる（アカウント保護システムの）セキュリティ向上に期待を寄せて稿を閉じる。[62]

(5)　外見代理の「類推の基礎」を疑い権利外観一般法理の観点からアプローチするファウストの見解

　a　ファウスト（Florian Faust）は，拡大するネット取引の時代における本判決の実際的意義を強調した上で，番号所有者に権利外観責任を負わせなかった本判決の結論自体は支持する。ただ肝心の表見代理を類推適用する出発点（つまり類推の基礎）については，本件は「既成の『引き出し』のどこにも詰められない」他人の番号の下での行為に関する事例であったにもかかわらず，本判決は「このことを見誤り，問題意識を持たずに不適切な外見代理に当てはめていることだけが残念である」と述べて疑問視する。当該行為では，表見代理が前提とする「代理権の外観」は問題にならず，番号所有者本人が行為者であるとの（なりすまし）外観が存在するにすぎないからである。

　さりとて他人の番号の下での冒用行為も一般的な権利外観責任の観点で見れば，ファウストは，なりすまし外観といえども，「代理権授与の権利外観同様，権利外観の基礎たりうる」ことを認める。それどころか（本人・代理人という二人格の関与を前提とした）代理の場合よりも（代理人という）「『中間者（Mittelsmann）』の存在をまったく知らない」相手方は，「より保護に値」する。なお（表見代理の場合と同様）帰責要件を充たさない限り，番号所有者が権利外観責任を[63]

負わされることはない。[64]

b かくして権利外観一般法理の観点から，ファウストは，その基本的要件を通して（冒用された）番号の所有者が履行責任を負うかどうかを判断し（表見代理類推適用論を踏襲した）本判決の是非を問う。その要件とは，十分な権利外観の存在，番号所有者の帰責性，権利外観に基づいて相手方が取引を締結したこと（因果関係），相手方の善意・無過失（BGB 173条参照）である。ただその際ファウストは以下 aa・bbのとおり，とくに前者の二要件をとり上げてBGB 172条との整合性の観点から検討している点が特筆されよう。

aa まず権利外観との関連で，「冒用行為の反復・継続性」という（外見代理に準じた伝統的）要件を踏襲した上でその存在を否認した本判決に対して，ファウストは次の理由から反対する。本来，「無権代理行為の反復・継続性」という外見代理の権利外観要件は，反復・継続的な無権代理行為に対して本人が異議を差し挟まない場合に代理権の存在が推論されるという意味で，代理権の外観に関わる事例にのみ適するからである。これに対して他人の番号の下での行為では，アカウント所有者本人が行為しているとの外観が問題となっていて，このなりすまし外観を基礎づけるのは，反復・継続的なアカウント使用の事実ではない。「アカウントはパスワードにより保護されているがゆえに通常は当該所有者によってしか使用され得ないという事実（傍点筆者）」にほかならない。

ところでパスワードの不正探知や「盗取」（「フィッシング」）など多様なリスクに鑑みて，本判決は，パスワード保護だけではセキュリティとして心許ないとするが，この判断は，BGB 172条の価値判断に照らし合わせれば説得力をもたない。この172条は，本人の署名を通常知らない相手方が代理権授与証書の真正さを判断できないにもかかわらず，その（相手方への）呈示を，代理権の存在を推認するに足る権利外観と規定するからである。

かくして当該証書に比べれば格段に，パスワードにより保護されたアカウントの冒用リスクは低いにもかかわらず，本件初回冒用を十分な権利外観と見なさない本判決について，ファウストは，BGB 172条の価値判断と矛盾することになろうとして，3（2[b]）のシンケルスの見解に同調する。

bb 次に番号所有者の帰責性との関連で，ファウストは，アクセス・データの防護懈怠は冒用リスクを生じさせる限りで過失を意味する（BGB 276条2

項）と言う。ただ本判決は，本件の冒用者・被冒用者が当時婚約者という関係にあったことから，「特別な徴候がない限り，家族構成員が周知のパスワードを濫用するであろうことを予見する必要はない」と判断したと分析した上で，ファウストは「共感できるとともに，実際に即している」と評する。

だがファウスト自身は，上記防護懈怠（保管上の過失）が十分な帰責根拠たりうるのかを根本的に問うべきであるとして，その結果，次のとおり否定的に考える。

たしかに——学説上，商取引以外では現在もその認否が争われている——外見代理について，通説は過失を帰責要件とするが，次の理由から，他人の番号の下での行為における番号所有者への帰責問題には転用できない。この帰責では，前述 aa のとおりアカウントの初回冒用で権利外観要件の充足を認める代わりに，過失よりも厳格な帰責性を要件とするのが「まったく適切だ」からである。現に，無権代理行為の反復・継続性を要件としない（代理権授与通知・公告による表見代理を規定した）BGB 171条1項，172条1項は，「本人が意識して……代理権の存在を通知していたことを要件とする」。判例も，代理権授与証書の不注意な保管が原因で窃取・濫用された事件で，保管上の過失は帰責根拠たり得ないと判示した。この法的判断は，アクセス・データの不注意な保管にも当てはまると考えられる。かくして帰責性に関しては，上記評価矛盾を避ける意味でも，「当該所有者がパスワードを知らせていた場合に限られる」。本件では，この事実は証明されていないため，番号所有者（本件Y）の権利外観責任は認められないことになろう。

cc このようにファウストは，（番号冒用行為の）反復・継続性要件は初回冒用へと緩和し，他方で当該行為に対する予見・阻止可能性要件は「アクセス・データの交付」へと厳格化するとして，相関関係的要件（いわゆる動的体系）論とでも呼ぶべき立場から，権利外観と帰責性の両要件について本判決の考え方を批判しているのである。

なお，無権代理リスクを取引相手方に負担させる代理法上の原則を本判決がネット取引上の番号冒用を含むなりすまし全般についても貫徹した点は，次のように分析する。ネット取引上のなりすましリスクといえども，「決して当該取引固有のものではなくすべての通信取引に付随するもの」であり，もとより書面や電話取引でも，発信者として告げられた者が実際自ら行為していること

は保証の限りでないからである。[68]

c かくして本件で取引相手方（X）に残された道は，第1章第2節2のLG Bonn 2003年12月19日判決では認められなかった「契約締結上の過失責任（BGB 280条1項，241条2項，311条2項）」や第1章第3節7(2)でコッホ（Robert Koch）やホフマン（Jochen Hoffmann）の主唱した「第三者のための保護効を伴う契約」構成により，せいぜい信頼利益の損害賠償責任を追及するぐらいであろう。ただファウスト自身は，たとえば前者の契約締結上の過失責任について，「単なるeBayの会員資格がそもそもXY両当事者間における契約前の債務関係を根拠づけるかどうかは疑わし」いとして否定的である[69]（この契約上の損害賠償責任という残された可能性については，第5章第4節で考察する）。

5．アカウント所有者による「番号冒用の濫用的主張」を疑う見解

(1) 「番号冒用の濫用的主張」に対するマンコフスキーの懸念

a 本判決の結論を左右した（アカウントの信頼性に関わる）パスワード保護システムについて，マンコフスキー（Peter Mankowski）は，「最後通牒的な正念場」の中にあるとしながらも，その脆弱性を指摘する大勢に対しては，すでに本判決以前の類似裁判例の評釈等で呈してきた疑問を，本判決の評釈でも繰り返す。当該システムは，電子メール・アドレスに加えてパスワードも必要とすることでセキュリティを高めるものである。このeBayも採用する，実装（インプリメント）・管理コスト面でも優れた二重セキュリティによれば，「『電子的（デジタル）同一性』が窃取される蓋然性はともかく従来より格段に少ない」はずである。[70]

b このパスワード・システムの安全性から，むしろマンコフスキーは，冒用事件の本質について，アカウント所有者が「気に入らない取引から逃れたり，実際に権限を与えた者が行為した事実を揉み消したりするために」「第三者による濫用を口実にしている（verschieben）」のではないかと大いに疑い，本判決を違った角度から眺める。かくして当該所有者は，濫用リスクが一般に存在し第三者が濫用した可能性は否定できないとの月並みな主張をするだけでは足りない。「パスワードは，アチコチ歩き回っていない。たしかに……ハッキングやスパイ・ソフトフェアの潜入は起こりうる」が，その実際上の蓋然性は特段大きくないどころか相対的に小さい。フィッシングの蔓延は「ハッキン

グがそれほど簡単でないことの証左にほかならない」。[71]

(2) 上記懸念への共感と防止・対応策

　上記マンコフスキーの疑った「番号濫用の濫用的主張」の可能性について，2(4[a])のヘルティンクらは，アカウント所有者が都合の悪い請求書や督促状を受け取った際に責任を逃れようとする上記口実を「二重の濫用」と称した上で，なりすまし事例に詳しい実務家であれば周知の事実であると言う[72]。また4(3)のハウクも，マンコフスキーの主張を参照して「『不利な取引』から解放されるために」濫用的主張をしたい衝動に駆られる現実を指摘する[73]。

　上記実情にもかかわらず，本判決は厳格な表見代理類推適用要件からその充足を否認したため，アカウント所有者が「ただ単に第三者による冒用だと主張すれば……契約責任を免れる可能性を開」いたとして，今後の実際的影響，つまり当該所有者に冒用行為の濫用的主張という責任逃れの口実を与えることが，2(3)のシュテーバーにより危惧されている[74]。

　この点を考慮してか，クライン（Winfried Klein）は，アカウント所有者が過去の取引で受けてきた評価を手がかりに，悪い評価を受けてきたのであれば，そもそも当該所有者の「冒用」主張に信憑性があるか，詳細に検討すべきであるとアドバイスする[75]。要するに，「eBay 評価システムによる市場統制を頼りにしている」と言えようか[76]。

　また4(2)のノイバウアーらは，（取引相手方が負担させられる「アカウント所有者本人＝契約締結当事者」という）証明責任を軽減することに消極的な判例を尻目に，自己のアクセス・データが濫用されたことを援用するアカウント所有者はその可能性について具体的に申述しなければならないであろうと言う[77]。

第4節　BGH 2011年5月11日判決の分析的解説

　本判決については第2節1で紹介した後，2(1)で簡単にその構造を見たが，ここではその内容にまで立ち入って分析し解説を加える。その際あわせて，第1章で考察した本判決直前までの「電子取引上の番号冒用なりすましへの表見代理の類推適用」をめぐって混迷した法状況（とくに裁判例）に，本判決がどのような決着をつけたのかについても，確認しておきたい。

1．契約当事者の確定と他人の名（番号）の下での行為

⑴ 「他人の名（番号）をいきなり示した行為」における契約当事者の確定

　本判決は，本件がすでに第１章第１節２⑶・⑷で紹介した「他人の名をいきなり示した行為」に関する事例であったため，当該行為の効果が帰属する当事者（契約当事者）を確定することから始める（【判決理由】[10] 参照）。[78)]

　すなわち本件ネット・オークション取引では，Y（妻）のeBayアカウントにより出品が行われていたが，この出品を実際に行ったのはY本人ではなく（当時婚約者で後の）夫であった（この事実認定を，上告で最高価格入札者Xも受け入れている．【判決理由】[9] 参照）。かくして法的には，「他人の名をいきなり示した行為」（とくにその現代「電子取引」版たる「他人の番号をいきなり示した行為」とでも言うべきか）が問題となる。この場合，Xの契約相手（効果帰属先）となる当事者は実際の行為者たるYの夫なのか，それとも（ID・パスワードという本人確認）番号により保護されたアカウントを所有するY本人なのかを確定することが，法的解決の出発点となる。

⑵ 「他人の名（番号）の下での行為」への本件整序

　この契約当事者の確定について従来，（本判決も踏襲する）判例は，通説同様，「取引相手方の保護」という顕名主義の本来的趣旨・機能を重視して，この相手方の視点に立った客観的解釈（BGB 157条）を基準に決定してきた。[79)]（Yのアカウントで夫が出品をした）本件で言えば，入札者Xが，Yの夫，Y本人いずれを本件売買契約の効果が帰属する当事者（売主）であると考えていたかにより，「実際に行為した者の自己取引」であったか「名義人（番号所有者）のための他人取引」であったかが決定される。

　a　この点，本判決は，もしYの夫が自ら出品者であることを明示してYのアカウントを使用していたのであれば，（上記解釈の基準となる）入札者Xは出品者をあくまでYの夫と認識している（「同一性の誤認惹起」の不存在，つまり単なる「名前の誤認惹起（Namenstäuschung）」）ため，夫自らを契約当事者とする取引が成立したと考えてよいとする。[80)]ただ本件では，そのような特段の「明示」事情は看取されない。

　b　むしろXは，本件出品がパスワードにより保護されたYのアカウントを使用しYのIDでなされていたことから，（eBayにアカウント所有者として届け出られた）Y本人を出品（売却申込み）の効果帰属主体（契約当事者）であると誤

認させられていたとして[81]，本判決は，Yのための他人取引，つまり「他人の名（番号）の下での行為」であると認定したのである（【判決理由】[10]・[11] 参照）。この認定は，第1章第2節1(2)cのAG Bremen 2005年10月20日判決やdのOLG Köln 2006年判決に代表される下級審裁判例の流れや通説に即したものである[82]。

2．外見代理の類推適用

かくして本判決は，他人の名の下での行為に関する判例・通説を，第1章第2・3節で見た下級審裁判例・学説に従い（電子取引という現代版の）「他人の番号の下での行為」についても踏襲し[83]，たとえ実際の行為者に代理意思がなくても，代理規定（BGB 164条以下）と認容・外見代理という表見代理判例法理の類推適用により解決する。（自己のアカウントが冒用されてなりすまされた）当該所有者は，（事前または事後の同意という意味で）行為者に代理権を授与していたか，当該冒用後に追認した場合，それぞれBGB 164条1項1文，177条1項の類推適用により，当該取引の効果帰属を引き受けることになる。

しかしながら，本件なりすましも例に漏れず[84]，Yによる代理権授与，追認いずれの事実も存在しないため，無権代理リスクに準じて，冒用なりすましリスクは取引相手方が原則負担することになる（【判決理由】[12]・[13]（あわせて[20]）も参照）[85]。これは，とくにネット取引では上記リスクがそもそも構造的に潜んでいるから，「各自参加者が注意せよ」ということを意味しよう。

ただ本件でも，Xが上告で最後まで争った（【判決理由】[9]参照）ように，ネット取引の安全保護の観点から，表見代理の類推適用という可能性が残されている。

(1) 本判決に対する評価と疑問

本判決は，（表見代理判例法理たる）認容代理と外見代理それぞれの伝統的要件を再確認の上「他人の番号の下での行為」にもそのまま類推適用する。

ただ当該類推適用に際して，本件なりすましは本来の代理事例ではないことから，本判決は，「本人」を「（従来の名義人に相応するネット取引上の）アカウント所有者」に読み換えるよう丁寧な配慮・説明をしている（【判決理由】[14]～[16]参照）。また本件なりすましで保護されるべき取引相手方の信頼についても，「名義人と取引が締結される状態にあるとの外観を相手方に作出し，それによ

り行為者の同一性を誤認させるとき」という判決文（【判決理由】[12]）からうかがえるように，その対象は——すでに第1章第2節1(1)bの（インターネット以前の）VTX（ビデオ・テックス）取引に関するOLG Oldenburg 1993年判決で意識され始めていたが——「代理権やそれに準ずる行為権限の付与」などではなく「行為者の同一性」であることが明確にされたと言えようか。ただこのように考えると，表見代理の類推適用の法的意味が，「類推の基礎」との関連で問題となってこよう。もはや本判決でいう「類推適用」とは，単なる権利外観法理一般を持ち出すという意味（いわゆるわが国の「法理・法意に照らす」という判決表現）でしかないのではないかとの疑問である。

(2) **外見代理の類推適用に関わる本判決の批判的分析**

そして本判決は，表見代理判例法理の類推適用要件への本件事実の当てはめを行うが，とくに問題となるのは，本件がアクセス・データの保管上の過失に関わることから，後述bのとおり（「冒用行為に対する予見・阻止可能性」という意味ではあるが）過失を帰責要件とする外見代理の類推適用についてである。

a 認容代理の類推適用に関しては——第1章第2節1(2)fのLG Aachen 2006年判決，最近はOLG Celle 2014年判決（本章第2節2(2)b参照）で認められたが——本件では，アカウント所有者Yがアクセス・データを夫に知らせていないことはもとより，その冒用行為さえ知らなかったこと，Yの外出中に関知しないところで夫が偶然知った上記データによりYのアカウントを冒用していたにすぎないことから，本判決は，Yによる「（夫の冒用行為に関する）認容」は存在しないとして否認した（【判決理由】[15]参照）。

b そして問題の外見代理の類推適用について，本判決は，（その要件を置き換えて）とくに「冒用行為に対するアカウント所有者の予見・阻止可能性」という帰責性と（取引相手方の善意・無過失要件に関わる）「冒用行為の反復・継続性」という権利外観を要件とする（【判決理由】[16]参照）。

aa その上で前者の帰責要件は，本件の単なるアクセス・データの防護懈怠では充足されないとした（【判決理由】[11]・[17]参照）。この点は，（第1章第2節1(2)aのOLG Köln 2002年9月6日判決を端緒として）従来の下級審裁判例で争われてきたが，単なる保管上の過失（いわゆる間接的過失）は，本判決によれば，第1章第2節1(2)eのOLG Hamm 2006年11月16日判決同様，当該帰責要件たる「冒用行為に対する予見・阻止可能性」（直接的過失）の判断に直接影響

を与えないとされたのである。かくしてネット取引の安全保護を重視して上記影響を（少なくともアクセス・データに近づき濫用しやすい家族関係では）認めた第1章第2節1(2)cのAG Bremen 2005年判決の判断は，一般論としては否定されたと言えようか。

これとの関係で，BGHは，すでに第1章第2節3(1)の2009年Halzband事件判決において，上記保管上の過失により絶対権が侵害された場合に不法行為帰責を認めたが，本判決では，本件法律行為帰責（権利外観責任）について，優先的に保護される絶対権に関わらない点を強調し不法行為帰責と厳格に区別した上で，すでにHalzband事件判決（【判決理由】Ⅱ1c) bb)）により示されていたとおり，冒用されたアカウントの所有者本人の利益と比較衡量して取引相手方の利益がより保護に値する場合にしか認められないとした。本判決は，(学説上一部争いのあった)上記Halzband事件判決の射程について，不法行為帰責とは異質の，利益較量を重視する法律行為帰責にまでは及ばないことを明確にしたと言えよう。かくして（不法行為帰責よりも）厳格な帰責性が要件とされる結果，（異説の存在を承知の上で）単なる（eBayとの関係でアカウント所有者が負う）パスワードの秘匿義務に違反しただけでは，取引相手方の優先的保護が必要であるとは考えられないと結論づけた（【判決理由】[19] 参照）。

なお，冒用者と被冒用者が家族など特別の信頼関係にあるとの個別事情が上記帰責性の判断に（プラス，マイナス含めて直接，間接的）影響をまったく及ぼさないのかについては，言及されていない。第1章第2節の下級審裁判例でも多くは親子や兄弟間で問題になっていたことから，このような共同生活を営む関係ではたとえ秘密のパスワードでも比較的容易に察知・冒用されやすいとの特性について（上記AG Bremen 2005年判決のように）斟酌する必要がなかったのか，疑問として残る。たとえば第1章第2節1(2)bのLG Bonn 2003年12月19日判決は，帰責性との関連でパスワードの保管状況に言及していたからである。

bb また後者の「冒用行為の反復・継続性」という権利外観要件も，夫による冒用行為は本件が初めてであったことから充足されないとした。もっとも本判決が，上記Halzband事件判決を引用して，（eBay約款によれば）アカウントは特定の者に割り当てられること，他人へのアカウント譲渡やパスワード漏洩は禁止されていることから，アクセス・データに行為者の同一性を確認する機能があることを認めている点には留意すべきである。この理解に立てば，必

ずしも冒用行為の反復・継続性を（当該所有者との取引が締結されているとの）権利外観（信頼）要件とする必要がなくなるからである。

　ただこの点，本判決は，（アクセス・データの不正探知やフィッシング等を誘発する）セキュリティの不完全性・脆弱性というネット環境を取り巻く現状に鑑みて，第1章第2節1(2)aのOLG Köln 2002年判決以降の多くの下級審裁判例同様，アカウントがパスワードにより十分に保護されているとは言い難いことから，その初回冒用では上記権利外観要件を充足するには足りないとした（【判決理由】[18]参照）。本来（代理法から看取されるように）取引相手方の原則負担すべき（無権代理に準じた）冒用なりすましリスクを表見代理の類推適用により名義人（アカウント所有者）に移転させるには，「冒用行為に対する予見・阻止可能性」という帰責要件だけでは足りず，「取引相手方が，第三者の容態を『本人』は認識し承認すると考えてよかったこと」，つまり「冒用行為の反復・継続性」という権利外観を前提とした「取引相手方の善意・無過失」も要件として加わることが重要だというわけである（「有責に作出された権利外観」という本判決の表現も参照）。あらためて後者の要件は，アクセス・データが同一性確認機能を持つとはいえ，その初回冒用では充足させることはできないとしたのである（【判決理由】[20]参照）。

　かくして下級審裁判例の中には，少数ながら電子取引の安全保護の観点から（権利外観の指標となる）「冒用行為の反復・継続性」要件を放棄すると思しき判決（第1章第2節1(1)aのLG Ravensburg 1991年6月13日判決や(2)cのAG Bremen 2005年判決）もあったが，本判決は，一応この立場を否定したと考えられる。この判断を強く後押ししたのは，上記OLG Köln 2002年判決からの大きな流れであった，ID・パスワードというセキュリティ方式の信頼性に対する懐疑的な見方であった。

　それでは，もし高度なセキュリティが確保されていれば初回冒用でも足りるとするつもりがあるのかについて，本判決は残念ながらそこまで明らかにしていないと言えよう[88]。ただこの点，第2節2(2)bのLG Darmstadt 2014年判決は，「冒用行為の反復・継続性」を要求した本判決について，あくまでセキュリティの強度との相関関係で上記要否を判断した（その結果eBayの脆弱なセキュリティゆえに本件では必要とした）にすぎないと相対的に評価して，権利外観要件として絶対視しておらず，興味深い。

(3) 電子取引独自の外観責任？

　ところで本判決は、（表見代理の類推適用という枠組みを越えた）より一般的な権利外観（信頼責任）法理という（第1章第3節5で紹介した電子取引独自の権利外観責任、後の第5章にいう「同一性外観責任」構想に相応する）観点から、アクセス・データの保管上の過失による初回冒用でも当該責任を認めることは考えていないのであろうか。なぜなら、BGHは、コレクト・コール上のなりすまし事件（2006年）判決ではあったが、匿名の大量通信取引に外見代理が（もとより当該事件ではその類推適用要件を充足しないことまで確認し）適合しないことを認めた上で、その基礎にある「危険領域による責任分配」という考え方に依拠しつつ電気通信の競争を規制する特別法上の取引安全保護規定（現在のTKG〔ドイツ電気通信法〕45ⅰ条4項1文）を持ち出して、外見代理の伝統的要件に縛られない独自の権利外観責任を模索しようとしていた（第1章第2節1(3)参照）からである。ただこの点については、第3節の諸見解を見る限り、4（3 [b]）以下のハウクを除き否定的な（というか踏み込まない）評価が大勢となっている。

第5節　BGH 2011年5月11日判決の評価・論点の整理
――第3節の諸見解のまとめも兼ねて――

　最後に以下では、本判決に関する複数の評価と論点について、第3節で見た本判決に関する諸見解のまとめも兼ねて整理を行い、本判決を契機に学説上展開された発展的動向を追跡・考察する第5章への架橋としたい。

1. 本判決の外見代理類推適用に対する複数の評価

　本判決が、すでに以後多くの裁判例や学説で引用・参照されていることからも分かるように、アカウントによる電子取引すべてに影響を及ぼすことは明らかであり、その意義を疑う者はいない。また権利外観責任を否認した結論自体については、その理由づけを度外視すれば（次の2参照）一定の賛同を得ている。[89] 本判決は、アカウント所有者にとにかく一律に権利外観責任を負わせるべしとの十把一絡げの結論を下さなかったからであろう。反面その弊害として、冒用なりすましが問題となる場面で実は――第3節5の見解で言われているように――アカウント所有者が「第三者による濫用を濫用的に主張している」（い

わゆる二重の濫用）とするならば，当該所有者に自ら行為しておきながら「第三者が冒用した」との責任逃れの口実を与えてしまうことが懸念されている。

　ただ肝心の，本判決が本件ネット取引上の番号冒用なりすましについて（代理法の類推適用へと導く「他人の番号の下での行為」を当然の前提として）外見代理を厳格な伝統的要件そのままに類推適用したことに対する評価は，第3節のとおり分かれている。ここではまず，この評価を次のとおり本判決の考え方に近い順から簡潔にまとめておく。なお，本判決により表見代理の類推適用が抑制される悪影響として，電子取引のビジネス・モデルが危殆化させられる点や，本件のようなアクセス・データの不正探知・冒用事例では上記要件を充足せず権利外観責任の追及が困難になる点が，第3節4(4)のヴェルナーから懸念されていた。

(1) **本判決に好意的な評価**

　a　本判決を好意的に受け止める第3節1の見解は，本件なりすましについても外見代理の「冒用行為の反復・継続性」と当該「行為に対する予見・阻止可能性」という権利外観と帰責性に関わる伝統的要件・判断枠組みで合理的な結論が得られることを示した点（(1[a])のクレースら）や，本件法律行為帰責を（アクセス・データの保管上の過失で足りるとした）不法行為帰責と明確に区別した点（(2)シュタドラー，(3)のリルヤ）を評価する。また帰責性に関する判断において，BGBの契約責任体系との整合性に鑑みれば，単なる上記保管上の過失という契約締結前の，しかも社会生活上の義務の違反では（履行利益の賠償責任に比肩しうる）権利外観責任を認めなかった点でも，本判決の結論は評価されようか。

　b　ただ上記見解に立った場合，「冒用行為の反復・継続性」要件に関して，具体的にどの程度の期間に冒用が何回行われていればこれを充たすのか，いくらその判断がケースバイケースであるとはいえ，およそはっきりしない。また「冒用行為に対する予見・阻止可能性」要件に関して，本件で問題となった「アカウントの防護懈怠」があれば通常一般に冒用リスクが生じると考えれば，第3節1(4[a])のヘックマンとは異なり，上記保管上の過失だけで当該予見・阻止義務に違反したと判断できるのではないかということも，問題となろう。その際，一体どのような防護措置を講じていれば予見・阻止義務を尽くしていたと判断されるのであろうか。この点，クラインは，不測のアカウント冒用を

察知できるよう当該所有者が定期的にアカウントを訪れることであり，本件オークションでは開催期間が通常1週間なので，週に一度ログインして自己のIDの出品履歴をたどることで足りると言う[91]。

(2) 電子取引への適応を怠ったことに対する批判的評価

これに対して第3節2の見解は，本判決の採った「冒用なりすましへの外見代理の類推適用」という解決手法自体を否定するわけではないが，当該類推適用に際して外見代理の伝統的要件をネット取引という現代型のなりすましに適合するよう置き換えず，拡大の機会を逸した点に不満を漏らす（第3節2（4[a]）のヘルティンクら。同旨，4（4[a]）のヴェルナー）。この不満は，本判決の立てた上記類推適用の要件では，アクセス・データの保管上の過失による初回冒用という本件事情を多少なりとも汲み取った解決，つまりネット取引の安全保護への現代的対応がまったく見込めない点に向けられたものであると言えよう。

(3) 類推適用すべき表見代理類型の選択ミスを疑う批判的評価

上記(1)・(2)の見解は，本件ではアクセス・データの保管上の過失が問題となっていたことから（「冒用行為に対する予見・阻止可能性」という意味であるにせよ過失を帰責要件とする）外見代理の類推適用可能性を検討したわけだが，これに対して，判例法理ゆえに不安定な外見代理は適さないとして，類推適用すべき表見代理の類型が間違っている点を批判するのが，第3節3の見解である。この見解は，（無権代理とは構造的に異なる）ネット取引上の番号冒用なりすまし（＝他人の番号の下での冒用行為）の特殊性を踏まえ「アカウント利用時のパスワード入力≒（代理権授与）証書上の署名」に着目して（法律上規定された表見代理の一類型である）BGB 172条の類推適用により，すでに判例上確立した「白紙書面責任」法理（第1章第4節1(4)参照。詳しくは第4章で考察する）を参照して解決すべきであると主張する。

(4) 「権利外観なき権利外観責任」を認めたことに対する批判的評価

以上(1)から(3)の表見代理類推適用論内部の対立に対して，本件なりすましではその「同一性の誤認惹起」という本質から，外観と言っても問題になっているのは代理権の外観ではなく（アカウント所有者の秘密のパスワードを冒用することにより作出された）行為者の同一性に関する「名義人（番号所有者）本人が自ら行為している」（たとえば第3節4（3[a]）のハウク，（5[a]）のファウスト参照）

との外観（なりすまし外観）にほかならない点を直視したのが，第3節4の見解である。

たしかに本判決も，「名義人と取引が締結される状態にあるとの外観を相手方に作出し，それにより行為者の同一性を誤認させるとき」が本件なりすましであると言っている（【判決理由】［12］参照）。かくして本件なりすましでは，代理権の外観が問題になっていない（換言すれば，取引相手方の信頼は代理権の存在に向けられたものではない）にもかかわらず，この代理との構造的差違を無視して，本判決は，不適切かつ強引に（代理権に対する信頼保護を目的とする）表見代理を類推適用したために批判されるのである（第3節4の見解以外に，3(3)のリナルダトスも同旨の主張をする）。本判決が，第3節3（2［a］）のシンケルスにより（代理権という）「権利外観なき権利外観責任」を認めてしまったと揶揄され4(2)のノイバウアーらも同調するゆえんである。正確には本判決にいう「表見代理の類推適用」とは，権利外観一般法理を持ち出すという意味でしかなかった（分かりやすく言えばわが国でいう「法理・法意に照らす」）と言うべきであろうか（たとえば第3節4（3［b］）のハウク。同旨の評価，3（3［a］）のリナルダトス）。だからこそ，第3節4(1)のグリゴライトらは，判例に対してなりすまし独自の（本書にいう同一性）外観責任を構想するよう求めるのであろう。なおこれとの関連で本判決（とくに【判決理由】［19］）が，アカウントの防護懈怠という電子取引独自の主観的帰責根拠により（表見代理に隣接する）新たな権利外観責任類型を創造したと分析・解説する第3節4（3［b］）のハウクのいささか先走った分析には，その信憑性はともかく，留意すべきであろう。

結局，上記第3節4の見解は，そもそも表見代理の類推の基礎が存在するかどうか，つまり表見代理類推適用論自体の妥当性を，なりすまし問題の本性に立ち返り今あらためて問い直していると言えよう。この問題提起は，第3節1（4［b］）のヘックマンが2014年の注釈書改訂時に追加したことからも要注目であろう。

(5) **複数の論点提示へ**

以上，本判決による外見代理の類推適用という問題解決に対する複数の評価を整理してきたが，なかでも本判決に批判的な上記(2)から(4)の評価は，それぞれの立場から次のとおり本判決に複数の論点を提示する。

2．本判決に関わる論点整理——第5章への布石

それでは以下，本判決に関わる論点，とくに問題の出発点と言うべき「なりすまし事象の法的理解・構成」と「(名義人（番号所有者）を契約当事者と確定して代理法の類推適用へと導く支配的な「他人の名（番号）の下での行為」論を前提とした）表見代理，なかでも外見代理の類推適用の妥当性」に立ち入って，第3節の諸見解を参考に，とくに後者の論点については上記1で整理した本判決に対する複数の評価と対応させながら整理していく。

(1) 「行為者の同一性」に対する信頼を保護する法規定の欠缺と苦肉の補充策

そもそもなりすましという不健全な現象を法律上どのように捉えて問題解決を図っていくのかが，重要な出発点であることは言うまでもなかろう。この捉え方いかんでは，なりすまし問題の解決へと至る道程を示すのに苦戦することが十分予想されるからである。

　a　そもそも本件なりすまし取引において，第3節1(2)のシュタドラーの認識に代表されるように，相手方は，代理の特徴である「三者関係」，つまり向こう側に実際の行為者たる代理人とその効果の帰属者たる本人という二人格が存在することをまったく想定していない。つまり，単なる「行為者の同一性の誤認惹起」事例でしかないのである。この点は，本件なりすましへの表見代理の類推適用に際して，本判決を含めた最近の判例や学説が，「アカウント所有者本人が行為しているとの外観」という表現を明確にし始めたことからも明らかであろう（第4節2(1)参照）。ただこの「同一性の誤認」というなりすましの本質的理解を前面に出しすぎると，——とりわけドイツでは——なりすまし行為者をアカウント所有者本人と誤信した取引相手方の保護に適した現行法上の制度・規定が見あたらないということにもなりかねない。

　b　この事態を回避すべく判例・学説は，「法の欠缺状態にある『他人の名の下での行為』について………，取引相手方が真実の名義人を効果帰属先たる当事者として契約を締結しようとする点で，その利益状況は代理と比肩しうること」から，この名義人のために実際の行為者が行った他人取引であると考えて，なりすまし問題を代理法の類推適用により解決してきたと言えよう。ただ，理論上はともかく実際のなりすまし事例では，代理権授与も追認も存在せず，大半が冒用なりすましであるため，もっぱら表見代理の類推適用が問題となる（第1章第1節2(4)b参照）。しかも本件では，アカウント所有者によるア

クセス・データの保管上の過失が問題となっていたことから，本判決は，第3節3（3［b bb］）のリナルダトスが分析したとおり，（「無権代理行為に対する予見・阻止可能性」という意味ではあるが）とにかく過失を帰責要件とする外見代理が本件解決に最も近接していると考えてこの類推適用を問題にしたと考えられる。[92]

(2) ネット取引という特殊性を外観責任の要件論に反映させる必要性

次に上記外見代理の類推適用にあたり，本判決は，その「無権代理行為の反復・継続性」と当該「行為に対する予見・阻止可能性」という（権利外観と帰責性に関わる）伝統的要件を——ただ無権代理行為を冒用行為に読み替えただけで——そのまま本件ネット取引上の番号冒用なりすまし事例に転用したが，この外見代理類推適用論を支持する上記1(2)の評価からも，ネット取引上のなりすましという本件特殊性を踏まえて，次のとおり上記要件の妥当性を疑問とする声が聞かれる（従来の攻防については，第1章第4節1(2)a以下の学説まとめを参照）。

a aa 前者の，権利外観要件に位置づけられる「冒用行為の反復・継続性」に対しては，電子署名に代表される特別なセキュリティを備えたアカウントであれば，初回冒用であっても，アカウント所有者本人の行為であると取引相手方が信頼するに足る外観であると考えられることから，ネット取引上は必ずしも必要でないという批判がなされている（この萌芽は，すでにVTX取引に関する第1章第3節1(1)のボルズム（Wolfgang Borsum）とホフマイスター（Uwe Hoffmeister）や(2)aのラッハマン（Jens-Peter Lachmann）の見解に見られた）。もっとも本件eBayのパスワード・システムでは，上記セキュリティ条件を満たさない（第3節2(1)のノイナー。類似，4(2)のノイバウアーら）。

かくしてこの（相対的）不要論によれば，どのような保護システムであれば上記「特別なセキュリティ」という条件をクリアーするのか，明らかにすることが求められる（第3節4(1)のグリゴライトら）とともに，セキュリティの一層の技術的向上が求められよう（4(4［c］)のヴェルナー）。この点，たしかに適格電子署名（qualifizierte elektronische Signatur. SigG（ドイツ電子署名法）2条3号）が理想的であろうが，さりとて現実はとにかく私的領域では普及しておらず，その実際的意義はネット取引の簡便性・コスト面から乏しいと言わざるを得ない（いわゆるトレードオフの関係）。[93]

bb　またネット取引特有のパスワードにより保護された「アカウント」の存在に注目した上で，その使用事実は信頼性においてBGB 172条の代理権授与証書の呈示に相応する，いやそれ以上の権利外観を意味すること（権利外観の強度の観点における「パスワードにより保護されたアカウント≧署名のある代理権授与証書」）から，上記「冒用行為の反復・継続性」を不要とする見解（第3節2(3)のシュテーバー）も主張されている。この見解によれば，一定程度の冒用リスクの存在は否定できないがさりとて権利外観の承認を妨げるほどのものではなく，上記aaの見解ほどネット取引のセキュリティに神経質になる必要はない。所詮この問題は，帰責性，とくに第三者によるパスワードの窃取など不可抗力に関する免責問題に還元されようか（第1章第4節1(2) a cc も参照）。

　b　後者の「冒用行為に対する予見・阻止可能性」という帰責要件は，まさに本件アクセス・データの保管上の過失との関連でその適格性が大いに問題とされている。たとえば第3節2(2)のヴェルテンブルフは，本判決に反対して上記保管上の過失を帰責要件とした上で，ただ本件では冒用者・被冒用者が当時婚約中という特別な信頼関係にあったことから当該過失を問えないとして，権利外観責任を否認した本判決の結論を正当化している（すでに類似，第1章第3節4(1)のフェルぜら）。

　c　さらに上記a・bのようにどちらか一方の要件ではなく双方について，見直しを迫る見解がある（第3節2(4)のヘルティンクら）。すなわちネット取引では，冒用が今回初めてであったか繰り返し行われていたかという事実を相手方が知る術をもたないため，前者の「反復・継続性」は権利外観要件として機能し得ない。後者の「冒用行為に対する予見・阻止可能性」も，相手方による証明が困難であることに加えて，相手方が冒用に気づく可能性に比してアカウント所有者がパスワードの適正管理により冒用行為を阻止できる可能性は格段に大きいことから，帰責要件として不適格である。

(3)　BGB 172条の類推適用からのアプローチ

　本件なりすましに本来類推適用すべきは外見代理ではなくBGB 172条であるとの上記1(3)の評価から，本判決の要件論を批判する考え方も主張されている。

　a　第3節3(2[b])のシンケルスは，(権利外観の基礎としての)「アカウント利用時のパスワード入力＝書面表示上の署名」と捉えてBGB 172条の類推適

用により，すでに定評のある「白紙書面責任」法理を参照するよう主張する。

　この見解によれば，次のとおり伝統的な権利外観要件，帰責要件ともに見直される。前者の「冒用行為の反復・継続性」については，セキュリティ面で本件インターネット上のアクセス・データは代理権授与証書よりも格上であることから，アクセス・データの初回冒用でも十分な権利外観たりうるため緩和されることになる（類似，第3節2(3)のシュテーバー（本節2(2) a bb も参照））。ただ後者の「冒用行為の予見・阻止可能性」については，BGB 172条が類推適用される結果，前者要件とは逆に「意識的交付」へと厳格化されてしまう。これによりネット取引の安全保護の停滞が懸念されるため——上記シュテーバーは早々にBGB 172条を諦めて（？）外見代理の類推適用を射程に入れることを余儀なくされたが——，この見解は，パソコンにパスワードを保存した場合は当該利用者すべてに交付したと考えてよいと緩やかに解することにより乗り切ろうと考えているようである。ただそれでもパスワードをめぐる本件事情が上記交付には包摂され得ないであろうことは，この見解の認めるところである（第3節3（2[b・c]）参照）。

　b　第3節3(3[b])のリナルダトスも，帰責要件についてはBGB 172条との体系的整合性を重視して，白紙書面を作成し交付した者と同様，アカウント所有者は「相手方に信頼を生じさせたことを予見していなければならない」という意味で（自ら設定した）「パスワードを交付していたこと」が必要とされると言う（ただし高度のセキュリティを条件として，BGB 675v条2項を参考に「重過失」に引き下げる余地を残す）。他方，権利外観要件たる「冒用行為の反復・継続性」は，権利外観一般法理の観点から，セキュリティが高い場合には上記要件に代わりうるため，絶対的な要件とは見なされない（すでに類似，第1章第3節5(2)のリーダー（Markus S. Rieder））。

　リナルダトスにいたっては，表見代理それ自体の類推適用論から脱却し始めたとも受け取れなくはない。[93a]

(4) 権利外観一般法理からのアプローチ

　かくして本判決の表見代理類推適用自体の妥当性を疑問視する上記1(4)の評価から，当該類推適用論と決別し権利外観一般法理からアプローチを試みる見解が主張される。この方向性を漠然と示しているのが，第3節4(1)のグリゴライトらや，(2)のノイバウアーらである。そのような中，前述1(4)で指摘したと

おり本判決を，アカウントの防護懈怠という電子取引独自の主観的帰責根拠により（表見代理に隣接する）新たな権利外観責任類型を創造したと積極的に（自説有利に）分析したのが，第3節4(3[b])のハウクである。

上記見解にあってより具体的に第3節4(5)のファウストは，なりすまし外観は信頼保護の観点で見れば代理権の外観と同じかそれ以上であるとして，権利外観一般法理の観点からその基本的要件を基にBGB 172条の価値判断を参考にしながら，とくに本判決で問題とされた権利外観と帰責性について，ネット取引上のなりすましに適した独自の外観責任要件を定立しようと試みる。前者については，アカウント所有者本人が行為しているとのなりすまし外観を基礎づけるのは，パスワードによって保護されたアカウントが使用されたという事実であるとして，本判決の要求した「冒用行為の反復・継続性」を不要とする。この判断は，代理権授与証書に関するBGB 172条の法的判断と矛盾を来すこともない。後者の帰責性については，権利外観の強度と相関的に把握する立場から上記172条の判断を参考に，初回冒用で十分な権利外観たり得るとしたため，このやや劣る強度との関連でアカウントの防護懈怠では足りず「交付」が要件とされることになる。

(5) 第5章の考察へ

以上より，いよいよ学説は本判決を契機に，なりすましと代理の構造的差違を直視して，「外見代理かBGB 172条か」という類推適用すべき表見代理の類型をめぐる争いから，当該類推適用論と決別し権利外観一般法理の見地からBGB 172条の価値判断を参照しつつ，ネット取引上のアカウント冒用なりすましに適った独自の外観責任を構想する段階へと突入したようである。この流れが今後，加速していくであろうことは想像に難くないが，その考察は第5章（さらには本書最後の「今後継続する研究に関して」）に委ねることとする。

もっとも上記構想にあたっては，ネット取引の安全保護を全面に押し出して無限定に恣意的ななりすまし外観責任論を展開してはならず，上記(3)・(4)で見たとおり「アカウント利用時のアクセス・データ入力≒（代理権授与）証書上の署名」からBGB 172条の法的評価やその類推適用により形成された「白紙書面責任」法理を，さらに権利外観一般法理の観点からはその帰責原理（たとえば第1章第3節1(3)bのレデカー（Helmut Redeker）や5(2)のリーダーの採用した危険主義（Risikoprinzip））を参照すべきであろう。またネット取引の特殊性とも

言える「セキュリティ」つながりということであれば第3節3（3［b bb・c］）のリナルダトスに倣って，最近BGB 675v条2項が，高度なセキュリティを備えた決済サービス取引について，当該認証手段の濫用に対する支払者の全損害賠償責任を過失にまで広げず重過失に限定した規律を設けた点も注目される[95a]。

(6) その他課題・留意点

最後にその他課題として，アクセス・データの保管上の過失に関わる本件で権利外観責任を否認した本判決に従う場合には，ネット取引の安全保護の観点からそれ以外の責任の成立する余地がないか，検討されるべきであろう[96]。たとえば第3節3（3［b bb］）のリナルダトスは「紛失した意思表示」原則に準じた損害賠償責任を，4（5［c］）のファウストは（自ら，そしてすでに第1章第2節2のLG Bonn 2003年判決は否定的だが，第1章第3節7の見解や本章第3節2(1)のノイナーが認めた）契約締結上の過失責任や第三者のための保護効を伴う契約形態の活用の可能性を検討していた（だからこそこの可能性については，第5章第4節で考察している）。

また第3節5の見解が指摘するように，「アカウント冒用なりすまし」の実態が少なからずアカウント所有者の責任逃れ（？）であるとするならば，有効な取引成立・（不成立の場合の）権利外観責任に関する証明責任の所在や（この所在が取引相手方に不利な場合には）表見証明に代表される証明責任の軽減についても，検討に値しよう（上記見解参照）。たとえばアカウント所有者が権利外観責任の追及から免れるには，単なる「第三者による冒用行為」の援用では足りず当該冒用行為を予見できなかったことを主張ないし証明までする必要があるとして帰責要件をいわば免責要件的に機能させるのも（第3節2（3［c］）のシュテーバー），その一つであろうか[97]。

---

1) 代表的なeBayを例にとれば，2013年，ドイツ国内の市場だけでもアクティブな購入者（aktive Käufer）は1700万人以上に上っている（vgl. http://presse.ebay.de/fakten-deutschland (Stand: 8/2014)）。
2) Vgl. etwa Alexander F. Bourzutschky, Rechtliche Fragestellungen bei Internetauktionen am Beispiel der Auktionsplattform eBay (2014), S. 166.
3) Vgl. Hoeren/Sieber/Holznagel/Kitz, Handbuch Multimedia-Recht, 39. EL 2014, Teil 13.1 Rz. 131.
4) なお，評価システム自体，アカウント所有者本人が契約当事者になるという前提がなければ，成り立たない（Alexander Stöhr, Der Einfluss des Internets auf das Zivilrecht,

in Jahrbuch Junger Zivilrechtswissenschaftler 2013 Metamorphose des Zivilrechts, Berner Tagung, 4.-7. September 2013 (2014), S. 98）.

5） ネット取引にとどまらず電子決済取引（銀行カードとPIN（暗証番号）の冒用など）について本文と同様の表現をする最近のものとして，たとえばMünchener/Haertlein, Kommentar zum Handelsgesetzbuch, Bankvertragsrecht, 3. Aufl.(2014), E Rz. 37。このように電子取引全般を包括する意味で，本文のハナウも「番号」を広く捉えていたことについては，第1章第3節2参照。

6） 表見代理には，BGB（ドイツ民法）171条（あるいは170条も含めて）から173条までの規定（いわゆる表見代理規定（Scheinvollmacht）と，認容代理（Duldungsvollmacht）・外見代理（Anscheinsvollmacht）という判例上創造・発展した法理（いわゆる表見代理判例法理）があるが，繰り返しを避けるため，これらの条文訳・定義（要件）については，はじめに部分の注22）を参照いただきたい。なお，第2節1のBGH（連邦通常裁判所）2011年5月11日判決も，【判決理由】[15]・[16]において表見代理判例法理の要件を再確認している。

7） BGHZ 189, 346 = NJW 2011, 2421.

8） なお，アカウント所有者がパスワードを肩越しに第三者に覗き込まれてなりすましに冒用された場合も，本文の過失に含まれよう（vgl. Thomas Hoeren, Internet- und Kommunikationsrecht, 2. Aufl.(2012), S. 299 ; ders., Internetrecht, 3. Aufl.(2018), Rz. 739）。

9） ちなみに第2章は，ドイツを離れてわが国の法状況を俯瞰した。

10） なお結論とはまったく無関係だが本件を考える際には，冒用なりすましに利用されたアカウントの所有者（Y）が，従来の裁判例で大多数だった落札者ではなく出品者の側であった点（「本人＝出品者，取引相手方＝落札者」）は，取り違えないよう注意する必要がある。

11） Vgl. Thomas Jandach, Identität und Anonymität bei der elektronischen Kommunikation, Informatik – Wirtschaft – Recht : Regulierung in der Wissensgesellschaft ; FS für Wolfgang Kilian zum 65. Geburtstag (2004), S. 443, 450.

12） Vgl. etwa Bourzutschky, a.a.O.(Fn. 2), S. 161f. ; Stöhr, a.a.O.(Fn. 4), S. 98 ; Eva Muchowski, eBay - „besser kaufen und verkaufen"?, JA 2015, S. 929 ; Kroiß/Kröger/Kummermehr/Wegner, FormularBibliothek, Zivilprozess - Grüter, Schuldrecht, 3. Aufl. (2016), § 1 Rz. 12f. ; Jens Prütting/Paul Schirrmacher, Vertragsnahe gesetzliche Schuldverhältnisse : § 179 BGB, Jura 2016, S. 1161 ; Hoeren/Sieber/Holznagel/Kitz, Multimedia-Recht, 44. EL 2017, Teil 13.1 Rz. 131.

13） 詳しくは，本文Halzband事件判決を紹介・分析した第1章第2節3(1)参照。

14） なお本件では，「次の日……オークションは出品取下げにより期限前に終了し……この時点で，Xが最高価格入札者であった」というやや特殊な事情がある（取り下げられたのは，本件設備の一部が夫の所有物でなかったためであるというYの説明がある）。ただ普通取引約款（以下eBay約款と称する。なお2014年時点の類似条項は6条6項）によれば，取下げに正当な理由がない限り，契約は成立し，本件でも上記取下げを理由に契約の成立が妨げられることはない（vgl. Michael Müller-Brockhausen, Haftung für den Missbrauch von Zugangsdaten im Internet (2014), Rz. 278 Anm. 16）ため，これ以上は立ち入らない（詳しくは，第1審LG Dortmund BeckRS 2011, 14455参照）。

14a)　ただ現在，会員アカウント責任条項（Mitgliedskonto-Haftungsklausel）と呼ばれた2条9号は存在しない（vgl. Spindler/Schuster/Spindler, Recht der elektronischen Medien, 3. Aufl.(2015), § 164 BGB Rz. 13 Anm. 81 ; http://pages.ebay.de/help/policies/user-agreement.html#anmeldung［2017年3月18日最終アクセス］）．

14b)　BGB 307条（内容の統制）1項1文
(1)　普通取引約款の規定が，それが，利用者の契約の相手方に対し，誠実及び信義の命令に反して不適切な不利益を与えるときは，効力を有しない．

　なおBGB第2編 債務関係法に関わる条文訳は，山口和人（訳）『ドイツ民法Ⅱ（債務関係法）』（国立国会図書館調査及び立法考査局，2015年）から引用する．

15)　本文中の「他人の名をいきなり示した行為」と「他人の名の下での行為」（その関係を含めて）については，第1章第1節2，とくに(3)・(4)参照．

16)　OLG Bremen NJW-RR 2012, 1519.

17)　同旨の裁判例，LG Gießen BeckRS 2013, 08243。最近の裁判例として，AG Berlin-Neukölln LSK 2017, 124205.

18)　AG Bremen BeckRS 2012, 05273.

19)　OLG Celle MMR 2014, 663.

20)　LG Darmstadt BeckRS 2014, 18219．この判決に批判的・懐疑的な論文・評釈として，Dimitrios Linardatos, Die Rechtsscheinhaftung im Zahlungsdiensterecht - Zugleich eine Anm. zu LG Darmstadt, Urt. v. 28.8.2014 - 28 O 36/14, BKR 2015, S. 96ff. ; Sebastian Omlor, Haftung bei Sorgfaltspflichtverstoß im Online-Banking, EWiR 2014, S. 701f. Vgl. auch Katja Langenbucher, Sein und Schein im Überweisungsrecht - zur Geltung von Rechtsscheingrundsätzen bei der Autorisierung des Überweisungsauftrags sowie im Bereicherungsausgleich, FS für Johannes Köndgen zum 70. Geburtstag (2016), S. 383ff.
　ネット・バンキングに関しては，決済サービスに関する（第2編 債務関係法 第8章 個別債務関係 第12節 委任,事務処理契約及び支払役務 第3款 支払役務に関する）675c条（支払役務及び電子マネー）から676c条（責任の排除）の特別規定と（少なくとも類推適用される）代理規定の関係，具体的には，675v条（支払認証手段の濫用の場合の支払者の責任）の特別規定（条文訳は第5章の注102）参照）が表見代理規定・判例法理の類推適用を排除するが，——本文のとおりLG Darmstadt 2014年判決は外見代理の類推適用を認めるが——大いに問題となろう．最近，BGH 2016年1月26日判決（BGHZ 208, 331）は，本事案も例に漏れず外見代理の（とくに「反復・継続性」）要件不充足から結論を出さなかったものの，判例・学説の対立を紹介した上で——傍論ではあるが——外見代理の類推適用に懐疑的な態度を示す（vgl. etwa Carsten Herresthal, Anscheinsbeweis und Rechtsscheinhaftung beim Online-Banking, JZ 2017, S. 32［ただし当該判決に反対］）．かくして上記適用に否定的な見解が増えつつある（たとえばSchimansky/Bunte/Lwowski/Maihold, Bankrechts-Handbuch, 5. Aufl.(2017), §54 Rz. 43, §55 Rz. 68参照）．ただその反論としては，BGB 675v条はあくまで損害賠償責任を規定したにすぎず，履行責任を問題とする，ゆえにとくに帰責要件の厳格な表見代理とは決定的に異なる点を挙げることもできようか．

20a)　最近のBGH 2017年4月6日判決（NJW 2017, 2273）も，「通常は（in der Regel）」反復・継続性要件が必要であるとする．

20b)　もう一つの重要な帰責要件についても，(なりすまされた) X は，(トロイの木馬などを潜ませた)「『中間者攻撃』に気づき阻止できたであろう」として充足を認める (上記攻撃について詳しくは，Borges/Schwenk/Stuckenberg/Wegener, Identitätsdiebstahl und Identitätsmissbrauch im Internet (2011), S. 48ff. 参照)。「X は，TAN-ジェネレーター (TAN-Generator) のディスプレー上に表示された振込データ (Überweisungsdaten) のコントロールにより支払行為の不正操作に気づく可能性を有していて，加えてその支払行為を止めることができたであろう」というわけである。たしかに約款上も上記注意義務を課せられているとはいえ，利便性を求めたあまり X は大きな代償を払わされ，かなり厳しい判断と言えようか。

21)　LG Fulda BeckRS 2013, 22697.

22)　本文の (いわゆる約款による補充的解釈に関わる) 判決理由部分を参照する最近の判決として，BGH NJW 2017, 1660.

　　ただ翌月 BGH は，2011年6月8日判決 (NJW 2011, 2643) で，オークション出品物が紛失等で販売できなかった場合にその取下げを留保した eBay 約款条項については「事実上の『対外的効力 (faktische Außenwirkung)』(傍点筆者)」を認めた (詳しくは Andreas Klees/Johanna Keisenberg, Vertragsschluss bei eBay - „3 ... 2 (... 1) ... meins"?, MDR 2011, S. 1216f. 参照。最近では同旨，BGH NJW 2015, 1009 m. Anm. Patrick Meier)。Vgl. auch Stephan Lorenz, BGH : Grobes Missverhältnis zwischen Leistung und Gegenleistung bei Internetauktion, LMK 2015, 365443 2 a)・3.

　　あくまで未熟な見通しにすぎないが，もとより eBay 約款全体について，上記対外的 (直接的) 効力は認められないであろうが，オークション取引秩序の維持・形成に関わる個別条項については，(約款に同意した) 会員全員を対象 (名宛人) とするのであれば，例外的に事実上認められるのではあるまいか。たとえば約款の定めた「パスワードの秘匿義務」について，本判決は，eBay との関係でのみアカウント所有者が負う義務にすぎないとして，取引相手方との関係には直接影響を及ぼさない，つまり上記対外的効力を認めなかった (【判決理由】[21] 参照) が，果たしてそう断言できるか，上記例外の認められる場合に当たらないのか，考えてみる必要があろう (第5章の注127)・130) の文献等参照)。その結果しだいでは，上記義務違反たる「保管上の過失」に対する法的評価が変わってくるからである。

　　なお，秘匿義務は，法律により課せられている場合もある。たとえば (セキュリティ強化が図られた) De メール (De-Mail) では DeMailG (ドイツ De メール・サービス法) 4条 (De メール・アカウントへのログイン) 1項2文，オンライン・バンキングでは BGB 675 l 条 (支払認証手段に関する支払者の義務) 1文 (2017年改正後は同条1項1文) という具合である (vgl. Müller-Brockhausen, a.a.O.(Fn. 14), Rz. 559)。

22a)　Müller-Brockhausen, a.a.O.(Fn. 14), Rz. 407.

22b)　OLG München MMR 2016, 167.

23)　BGHZ 149, 129. 詳しくは，右近潤一「外国判例研究　インターネット・オークションにおける売買契約の締結とその効力」同法54巻1号 (2002年) 312頁以下参照。

24)　通説も同様である (vgl. Jessica Schmidt, Der Vertragsschluss - ein Vergleich zwischen dem deutschen, französischen, englischen Recht und dem CESL (2013), S. 233f. ; Spindler/Schuster/Spindler, a.a.O.(Fn. 14a), Vorbem. §§ 145ff. BGB Rz. 5)。これに従

う最近の判決として、「ネット・オークションでのおとり入札（Shill Bidding）」に関する BGH NJW 2017, 468（はじめに部分の3参照）。

ところで本文の ricardo 事件判決は、出品と入札のどちらが「申込みであり承諾であるか」については、「法律効果とは無関係であるために考える必要はな」いとして明確にしなかった（右近・前掲注23）327頁）。

この点、後の BGH 2004年11月3日判決（NJW 2005, 53）は、eBay 約款でオークション終了時に最高価格入札者との間で自動的に契約は成立すると定められていることから、「出品」を申込み、「オークション期間」を売主たる出品者の定めた承諾期間（BGB 148条）、「オークション終了を停止条件とした（最高価格）入札」を承諾と捉えている（vgl. auch Christian Conrad/Janine Bisenius, Besondere Konstellationen des Kaufvertragsschlusses - Schaufenster, Automaten, Online-Handel und Selbstbedienungsläden, JA 2011, S. 742；Jürgen Oechsler, Der Allgemeine Teil des Bürgerlichen Gesetzbuchs und das Internet（2. Teil）, Jura 2012, S. 497f.；Johannes Wertenbruch, BGB Allgemeiner Teil, 4. Aufl.（2017）, § 10 Rz. 33ff.）。この立場を、本判決も、「XY両当事者間での売買契約の成立は、Y本人のした、あるいはとにかくYに帰せしめうる売却の申込みをXが最高価格入札者として（有効に）承諾していることを要件とする」（1）で割愛した【判決理由】［8］。この点につき第1審 LG Dortmund a.a.O.（Fn. 14）が詳しく論じていた）と述べていることから、採用していると言えよう。もっとも、出品を（拘束力ある）申込みとする eBay の取引モデル自体の問題性を指摘するものとして、Klees/Keisenberg, a.a.O.（Fn. 22）, S. 1214, 1218.

なお eBay の法的位置づけは、上記両（ricardo 事件、2004年）判決によれば、契約当事者双方の受働代理人（BGB 164条3項）とされる。Vgl. auch Bourzutschky, a.a.O.（Fn. 2）, S. 160.

24a）　要するに、競売に該当しなければ撤回権は認められる。Vgl. etwa BGH a.a.O.（Fn. 24）；Georg Bitter, BGB – Allgemeiner Teil, 2. Aufl.（2013）, § 5 Rz. 39；Münchener/Glossner, Anwaltshandbuch IT-Recht, 3. Aufl.（2013）, Teil 2 Rz. 376；Erman/Koch, Bürgerliches Gesetzbuch, 14. Aufl.（2014）, §312g Rz. 19；Spindler/Schuster/Schirmbacher, a.a.O.（Fn. 14a）, §312g BGB Rz. 63ff. Vgl. auch Alla Belakouzova, Widerrufsrecht bei Internetauktionen in Europa?（2015）, S. 16ff.

24b）　Vgl. etwa Müller-Brockhausen, a.a.O.（Fn. 14）, Rz. 276.

24c）　右近潤一「消費者の権利指令に基づくドイツ民法改正後の営業所外契約と隔地販売契約の撤回要件」京園2014年1号49頁も参照。

25）　LG Fulda BeckRS 2011, 18738.

26）　ただし、本件同様の出品取下げ事例で落札価格が著しく廉価であっても売買契約は成立するとした最新判例として、BGH NJW 2015, 548. 当該問題については、Juan Carlos Dastis, eBay-»Schnäppchen« - sittenwidrig und rechtsmissbräuchlich?, Jura 2015, S. 376ff.；Jürgen Oechsler, Der vorzeitige Abbruch einer Internetauktion und die Ersteigerung unterhalb des Marktwerts der Sache, NJW 2015, S. 665ff.；Thomas Riehm, Abbruch einer Internetauktion und grobes Missverhältnis zwischen Leistung und Gegenleistung, JuS 2015, S. 355ff. 参照。なお上記判例が引用する BGH 2012年3月28日判決（NJW 2012, 2723）については、渡邉拓『性質保証責任の研究』（成文堂、

2015年）281頁以下（初出2013年）参照。
27) Klees/Keisenberg, a.a.O.(Fn. 22), S. 1217f.
　　通常のネット取引に比べて eBay モデルが総じてより危険であることについても，dies., a.a.O., S. 1217参照。この eBay で締結された売買契約をめぐる最近の BGH 判決（前掲注24）の2004年判決や本判決を含む）については，Riehm, a.a.O.(Fn. 26), S. 356 Anm. 1参照。
28) Astrid Stadler, Handeln unter fremdem Namen durch Nutzung eines fremden eBay-Mitgliedskontos, JA 2011, S. 627, 629.
29) Anna-Julka Lilja, Kommentar zu BGH, Urteil v. 11.5.2011, NJ 2011, S. 427f.
30) Dirk Heckmann, juris PraxisKommentar : Internetrecht, 3. Aufl.(2011), Kapitel 4.3 Rz. 113ff., 124ff.
31) Dirk Heckmann, juris PraxisKommentar : Internetrecht, 4. Aufl.(2014), Kapitel 4.3 Rz. 128.
32) Manfred Wolf/Jörg Neuner, Allgemeiner Teil des Bürgerlichen Rechts, 10. Aufl. (2012), §50 Rz. 107f. この権利外観要件を前提に，相手方がなりすましにつき（BGB 173条にいう）善意・無過失であり，かつ上記外観を信頼して取引していた場合（いわゆる権利外観と信頼の因果関係の存在）は保護に値すると判断される（dies., a.a.O., §50 Rz. 109）。
　　他方で帰責要件は，認容代理の類推適用では，アカウント所有者が第三者による不正アクセスを知り認容することである（dies., a.a.O., §50 Rz. 110）。
　　これに対して，本件のような外見代理の類推適用が問題となる事例について，ノイナーは，そもそも外見代理という判例法理を認めること自体に懐疑的な立場（dies., a.a.O., §50 Rz. 98）から，「契約締結上の過失法理に基づく信頼損害の賠償のみが事実適合的である」と結論づけている（dies., a.a.O., §50 Rz. 111）が，もはや外見代理（の法的構成・効果論）固有の問題であるため，これ以上言及しない。
33) Johannes Wertenbruch, BGB Allgemeiner Teil, 2. Aufl.(2012), §31 Rz. 21. 2017年の改訂でも同旨，Wertenbruch, a.a.O.(Fn. 24), §31 Rz. 26.
34) Michael Stöber, Kurzkommentar zu BGH, Urteil v. 11.5.2011, BGH EWiR §164 BGB 1/11, S. 552.
35) とくに本条（1項）は，第3節3以降で頻繁に登場する重要な規定であるため，簡単に紹介しておく。
　　BGB 172条（代理権授与証書）1項は，「代理権授与者が代理人にその授与証書を交付し，代理人がそれを第三者に呈示するときは，代理権授与者による代理権授与の個別通知の場合と同様とする」として，（上記個別通知を規定した）171条と並び表見代理の一類型を規定する。
36) この詳細な検討は，第5章第2節5で紹介する Michael Stöber, Die analoge Anwendung der §§171, 172 BGB am Beispiel der unbefugten Benutzung fremder Internet- oder Telekommunikationszugänge, JR 2012, S. 225ff. で行われる。
37) BGHZ 65, 13. 詳細については，拙著『戦後ドイツの表見代理法理』（成文堂，2003年）35頁以下参照。
38) Stöber, a.a.O.(Fn. 34), S. 552.

39) Stöber, a.a.O.(Fn. 34), S. 552.
40) Stöber, a.a.O.(Fn. 34), S. 552.
41) 具体例は，ヘルティンク個人によれば——前述(2)のヴェルテンブルフ同様——「アクセス・データ所有者が，たとえば『メモ』にこれを書き記し第三者の近づくことのできるパソコンに貼り付けるといったように不注意に扱う」場合である（Niko Härting, Internetrecht, 5. Aufl.(2014), Rz. 573）。
42) Niko Härting/Michael Strubel, BB-Kommentar zu BGH, Urteilv. 11.5.2011, BB 2011, S. 2189.
43) Härting, a.a.O.(Fn. 41), Rz. 570ff.
44) NomosKommentar/Ackermann, BGB Allgemeiner Teil, 2. Aufl.(2012), §172 Rz. 13.
45) Boris Schinkels, BGH : Rechtsscheinszurechnung des Handelns unter fremder eBay-Nutzerkennung（Account-Missbrauch), LMK 2011, 320461, 2 b aa.
46) 詳細については，第1章第4節1(4)，第4章参照。
47) Schinkels, a.a.O.(Fn. 45), 2 b aa・bb.
48) Schinkels, a.a.O.(Fn. 45), 2 b bb. ただし，認容代理で問題となる「信義則違反を根拠づける過失」はその限りでない。すなわち，たしかに秘密のアクセス・データを意識的に交付してはいないが，「当該データが第三者の知るところとなったことを積極的に認識した」にもかかわらず，その変更を怠ったことにつきアカウント所有者に非難可能性があるときは，第三者による初回冒用であっても「それを許容していなかった」と主張することは，「矛盾行為の禁止（BGB 242条）」に抵触し許されないことになろう（ders., a.a.O., 2 b bb. すでに類似，第1章第3節1(3)cのクライエアー（Ulrich Kleier））。この事例に当たるのは，たとえば第1章第2節1(1)bのOLG Oldenburg 1993年1月11日判決事件であろうか。
49) Dimitrios Linardatos, Handeln unter fremdem Namen und Rechtsscheinhaftung bei Nutzung eines fremden eBay-Accounts, Jura 2012, S. 53ff.
50) Linardatos, a.a.O.(Fn. 49), S. 54.
51) ただし，後者の白紙書面補充事例では，補充した第三者がいわゆる使者として行為していること自体は認識できるが，前者のアカウント冒用事例では，当該所有者とは違う別人が行為していること自体，相手方は認識していない点で，両者には違いがある（第1章の注211）参照)。
52) ただこの結論ではずさんな保管，ひいてはなりすましの頻発を助長しかねないが，リナルダトスは，不法行為責任の成立する余地も残されていることから，ネット・ポータル利用者に対しては本人確認手段を厳重に取り扱うよう注意喚起がなされるであろうと言う（Linardatos, a.a.O.(Fn. 49), S. 55)。
52a) Vgl. auch Linardatos, a.a.O.(Fn. 20), S. 98.
53) Linardatos, a.a.O.(Fn. 49), S. 54f. 「紛失した意思表示」原則の適用については，父親の送信前の電子メールを誤って息子が送ったという現代的な事例を使ったOlaf Meyer, Die abhandengekommene Willenserklärung, JuS 2017, S. 960ff. が分かりやすい。
54) その他にも，エクスラー（Jürgen Oechsler），ゾンネンターク（Michael Sonnentag）がBGB 172条との比較検討を，2(3)で簡単な判例評釈のみを紹介したシュテーバーはさらに675v条2項も含めて詳細に行うが，これについては第5章第2節2・3・5で紹介する。

彼らの影響力の大きさは，本判決を解説した Hoeren/Bensinger/Eichelberger, Haftung im Internet（2014）, Kapitel 4 D Rz. 139ff. の脚注を見れば明らかである。

55) Hans Christoph Grigoleit/Carsten Herresthal, BGB Allgemeiner Teil, 3. Aufl.(2015), Rz. 644. 共著者たるヘレストハルが本判決を契機に執筆した研究論稿については，第5章第2節1で紹介する。なお本判決以前の論稿としては，本判決でも頻繁に（とくに【判決理由】[19]・[20]では異なる見解として）参照された Carsten Herresthal, Haftung bei Account-Überlassung und Account-Missbrauch im Bürgerlichen Recht, K&R 2008, S. 705ff. など。

56) 同じように「家族間等でのネット・ショップやオークションのアカウント共有」事情を指摘するものとして，Müller-Brockhausen, a.a.O.（Fn. 14）, Rz. 125.
　なおこの場合に，黙示の代理権授与の認定に前向きな見解として，第1章の注236）参照。最近シュナイダーも（Matthias Schneider）も，保管目的など例外を除けば，パスワード等の交付があればそもそも黙示の代理権授与が認められると言う（Die rechtsgeschäftliche Haftung für den Accountmissbrauch im Internet（2015）, S. 171）。

57) Hoeren/Sieber/Holznagel/Neubauer/Steinmetz, a.a.O.（Fn. 3）, Teil 14 Rz. 56f.

58) Ronny Hauck, Handeln unter fremdem Namen, JuS 2011, S. 967, 969.

59) Hauck, a.a.O.（Fn. 58）, S. 969f.

60) Dennis Werner, Kommentar zu BGHZ 189, 346, K&R 2011, S. 499f.

61) Werner, a.a.O.（Fn. 60）, S. 500f.

62) Werner, a.a.O.（Fn. 60）, S. 501.

63) わが国でも同旨，吉井（直昭）調査官解説（第2章第2節(2) a 参照）。

64) Florian Faust, Nutzung eines fremden eBay-Mitgliedskontos, JuS 2011, S. 1028, 1030.

65) BGB 276条（債務者の責任）2項
　(2) 取引において必要な注意を怠った者は，過失により行為したものとする。

66) 前掲注37) 参照。

67) Faust, a.a.O.（Fn. 64）, S. 1028f. なお本文の内容は，ders., Bürgerliches Gesetzbuch Allgemeiner Teil, 3. Aufl.(2013), §26 Rz. 41f. にて要約されている。

68) Faust, a.a.O.（Fn. 64）, S. 1030. もっとも，ネット取引上のなりすましリスクは，「――完全でないにせよ――パスワードによる保護を理由により小さい」（ders., a.a.O., S. 1030）ことは事実であろう。

69) Faust, a.a.O.（Fn. 64）, S. 1029. なお後者の責任についても否定的であるが，詳しくは ders., a.a.O., S. 1029参照。Vgl. auch Spindler/Schuster/Spindler, a.a.O.（Fn. 14a）, §164 BGB Rz. 13.

70) Peter Mankowski, Anmerkung zu BGH, Urteil v. 11.5.2011, CR 2011, S. 458. Vgl. auch Christoph Meinel/Harald Sack, Sicherheit und Vertrauen im Internet（2014）, S. 19f.

71) Mankowski, a.a.O.（Fn. 70）, S. 458.

72) Härting/Strubel, a.a.O.（Fn. 42）, S. 2189.

73) Hauck, a.a.O.（Fn. 58）, S. 967. なお，本文事態への eBay 側の対応策としては，たとえば決められた期間内に当該取引に異議を唱えなかったときは追認したものとみなすとの条項を設けることが考えられる（vgl. Schinkels, a.a.O.（Fn. 45）, 3 c）。

74) Stöber, a.a.O.(Fn. 34), S. 552.
75) Winfried Klein, Anmerkung zu BGH, Urteil v. 11.5.2011, MMR 2011, S. 451.
76) Werner, a.a.O.(Fn. 60), S. 499 Anm. 1．
77) Hoeren/Sieber/Holznagel/Neubauer/Steinmetz, a.a.O.(Fn. 3), Teil 14 Rz. 59. 同旨の裁判例として，AG Bremen a.a.O.(Fn. 18). この方向性を支持する見解として，たとえば Hoeren/Bensinger/Eichelberger, a.a.O.(Fn. 54), Kapitel 4 D Rz. 148；Münchener/Schubert, Kommentar zum Bürgerlichen Gesetzbuch, 7. Aufl.(2015), §167 Rz. 130.
78) なお本文の「契約当事者の確定」問題は，第１章第４節１(6)で紹介したとおり，他人の名をいきなり示して中古車を売却する事例でも盛んに議論されている。これを素材に上記問題を再検討する最近の論稿として，たとえば Soergel/Link/Löffler, Die Maßgeblichkeit des Namens beim Abschluss eines Rechtsgeschäfts, NJOZ 2013, S. 1321ff.
79) 第１章第１節２(3)b 参照。
80) 第１章第１節２(3)c bb の「祖母による孫のアカウント借用」事例も参照。
81) 第１章第１節２(4)a も参照。
82) Vgl. auch Müller-Brockhausen, a.a.O.(Fn. 14), Rz. 285.
83) 従来の「他人の名の下での行為」については，第１章第１節２(3)c 参照。
84) 追認はまれにしかなされず，また代理権の証明も不可能か，困難であろう（Werner, a.a.O.(Fn. 60), S. 499f.）。第１章第４節１(1)b cc も参照。
85) Vgl. auch Hauck, a.a.O.(Fn. 58), S. 968.
85a) この点を疑問視する見解として，たとえば Schneider, a.a.O.(Fn. 56), S. 155.
86) 第１章第２節３(1)の BGH 2009年３月11日（Halzband 事件）判決の【解説】参照。
86a) 同様の指摘をする最近のものとして，たとえば Eichhorn/Heinze/Tamm/Schuhmann, Internetrecht im E-Commerce (2016), S. 22.
87) 本文のリスク負担を実際に正当化するのは，次の（とくに eBay を取り巻く）実情であろう。他人の ID の利用を締め出すことができないことから，「eBay で登録された会員が契約当事者でないことも常に覚悟しておかなければならないことは，法取引上周知されている」（Münchener/Glossner, a.a.O.(Fn. 24a), Teil 2 Rz. 103）。
88) Linardatos, a.a.O.(Fn. 49), S. 54.
89) Vgl. etwa Müller-Brockhausen, a.a.O.(Fn. 14), Rz. 370.
90) Vgl. Klein, a.a.O.(Fn. 75), S. 450f.
91) Klein, a.a.O.(Fn. 75), S. 451.
92) もっとも，外見代理についてその民法上の認否をめぐり争いがある点は，本章に直接関係のない外見代理固有の問題ではあるが，本章の問題解決にも間接的な影響を及ぼすことが考えられる（現にこの影響を受けたものとして，第３節２(1)のノイナー（前掲注32）参照））。Vgl. auch Reinhard Bork, Allgemeiner Teil des Bürgerlichen Gesetzbuchs, 4．Aufl. (2016), Rz. 1559, 1565.
93) Vgl. etwa Hoeren/Bensinger/Eichelberger, a.a.O.(Fn. 54), Kapitel 4 D Rz. 147. 電子署名は偽造・濫用リスクがきわめて低いため十分信頼に足る外観たりうることについては，たとえば Torsten Spiegelhalder, Rechtsscheinhaftung im Stellvertretungsrecht bei der Verwendung elektronischer Signaturen (2007), S. 136f. 参照。Vgl. auch Daniel Schnell, Signaturmissbrauch und Rechtsscheinhaftung (2007), S. 141f. 帰責性と

の関連でも，上記電子署名の特性から，その所有者によるICカードとパスワードの単なる保管上の過失で外見代理の類推適用を認めるものとして，Spindler/Schuster/Spindler, a.a.O.(Fn. 14a), §164 BGB Rz. 10.

93a) Vgl. etwa Boris P. Paal/Lea Katharina Kumkar, Anfängerhausarbeit - Zivilrecht : Schuldrecht AT - Streit um die Internetauktion, JuS 2015, S. 712.

94) もっとも，白紙書面責任のようにBGB 172条を類推適用することについて懐疑的な見解として，第1章の注202)・248) 参照。

95) なおわが国でも「白紙委任状の濫用」との関連で，(BGB 172条に相応する) 民法109条の「代理権授与表示」規定を「信頼保護の原則的な帰責原理たるべき」「危険主義に立脚した」ものと考える見解として，多田利隆「白紙委任状の濫用と表見代理——帰責理論の観点から」田山輝明先生古稀記念『民事法学の歴史と未来』(成文堂，2014年) 76頁。

95a) なお，PIN・TANの利用事実に基づく「重過失」の表見証明（Anscheinsbeweis）について，学説の対立を踏まえたBGH 2016年1月26日判決（BGHZ 208, 331）は，現金自動支払機の支払カード（Zahlungskarte）に関する2004年10月5日判決（BGHZ 160, 308. Vgl. Yen-Pin Lu, Die Risikoverteilung im bargeldlosen Zahlungsverkehr bei Fehlen eines Zahlungsauftrags im deutschen und im taiwanesischen Recht (2016), S. 380ff.）とは異なり否認する。Vgl. Ulrich Schulte am Hülse/Michael Kraus, Das Abgreifen von Zugangsdaten zum Online-Banking : Ausgeklügelte technische Angriffsformen und zivilrechtliche Haftungsfragen, MMR 2016, S. 435ff. ; Herresthal, a.a.O.(Fn. 20), S. 34 ; Dimitrios Linardatos, Von Anscheinsbeweisen im Zahlungsdiensterecht und fehlgeleiteten Gesetzgebern, NJW 2017, S. 2145ff.

96) あくまでも取引相手方が訴訟上「履行」に固執するのであれば，アカウント所有者に対する（権利外観責任追及）訴訟が棄却された際にはこの者から実際の行為者と名指しされた者への履行責任（BGB 179条の類推適用）を別途請求することになろうが，その事態に備える意味で，先の訴訟における訴訟告知（ZPO 74条3項，68条）の活用が有用であろう（vgl. Schinkels, a.a.O.(Fn. 45), 3 d）。

97) 第3節3(2)のシンケルスは，PINシステムを導入した支払カードの濫用に関する従来の判例（第1章の注182) 参照）によれば，本判決がアクセス・データを実際に使用した行為者をアカウント所有者本人とする表見証明を否認したからといって，当該使用を可能にしたことに関する過失の表見証明まで排除したとは言えないとする（Schinkels, a.a.O.(Fn. 45), 2 d）。

なお，上記前者の表見証明について，本章では言及していないが，詳しくは第1章第2節4・第4節1(1) b bb 参照。

第4章

白紙書面の濫用補充と交付者の法的責任

——電子取引上のなりすまし問題を解決する手がかりを求めて——

第1節　はじめに

1.「白紙書面の交付・補充」概説
(1)　白紙書面による意思表示の特徴と作成者・補充者・相手方の法的地位・関係

　　a　書面による意思表示（schriftliche Willenserklärung）は，作成者（Aussteller. 本章では（白地）署名者（Blankozeichner），（白紙書面）交付者（Blankettgeber）と同一人物をさす）が（とくにその重要部分につき）不完全な内容あるいはまったく白紙の状態であることを認識しつつ自筆署名（自署）した書面を他人に交付し，この他人（本章では（白紙書面）被交付者（Blankettnehmer），所持人（Blankettinhaber），補充者（Ausfüllender）と称する）にその補充（Ergänzung od. Ausfüllung）による完成（Vervollständigung od. Perfizierung）と（表示）相手方（本章では第三者とも言う）への伝達による効力発生を委ねる方法でも行うことができる。[1]「白紙書面の交付（Erteilung eines Blanketts）の基礎には，おそらく常に完成に関する合意（Abrede）がある」[2]。白地署名（Blankounterschrift）は，署名者が合意（指図）に従った補充により完成させられた内容も含めすべてを自己の意思表示として自らに効力が生じることを認めようとするものである[3]。かくして白紙書面による表示（Blanketterklärung）は，被交付者が補充し完成させて相手方に伝達することにより交付者自身の意思表示として効力を生じる[4]。

　　b　白紙書面という未完成の意思表示（いわば表示の原案（Erklärungsentwurf））を完成させる権限（敷衍すれば，補充した内容を含む意思表示を署名者の意思表示としてこの者に帰せしめる法的根拠）を意味する補充権限（Ausfüllungsbefugnis）[5]は通常，その交付と同時に付与される。つまり P. フィッシャー（Peter Fischer）が指摘するように，「白紙書面の交付（Blankettbegebung）は，二つのアスペクトを有する：

白地署名者は，不完全な表示（lückenhafte Erklärung）と同時に，白紙書面の補充に関する『授権（Ermächtigung）』を内容とする補充表示（Ergänzungserklärung）をする」。言うなれば白紙書面は，交付者の意思表示の原案でありながら，他方で，間接的に補充権限をうかがわせる存在，いわば間接証拠たりうるわけである。「補充権限の付与（いわゆる補充授権（Ausfüllungsermächtigung. あるいは完成授権（Vervollständigungsermächtigung））」（後述 c 参照）は，商取引上頻繁に行われるが，このような書面表示作成の「労働分業（Arbeitsteilung）」も，原則として許容される。白紙書面は実務上，様々な法律行為に際して存在し，手形・小切手，債務証書（Schuldschein），代理権授与証書（Vollmachtsurkunde），抵当証券上の譲渡表示（Abtretungserklärung auf Hypothekenbrief），自動車担保証書（Kraftfahrzeug-Sicherungsschein. 保険証券（Versicherungspolice）の一種）などで起こりうるが，なかでも（とくに保証金額や債権者名を空欄にした）白紙保証（Blankobürgschaft）が頻繁に行われてきた。「白紙書面の実際的意義は，交付者が最終的に完成した規範設定（Geltungsanordnung）を行う段階にはいまだ至っていないという事実によるものである」。あえて未完成にした白紙部分について，交付者がすでに特定の法律効果を有していたのであれば，そもそも白紙書面を交付する必要はなかったはずである。

なお判例（RGZ 108, 389）によれば，白紙書面（本件では白地手形）の所持人は，補充につき授権されているとの事実上の推定を受ける。これは，白紙書面が——代理権授与の存在・範囲を直接的に知らせる代理権授与証書（BGB 172条）に類似して——補充授権の存在を間接的に知らせる役割・機能を果たしていることを示している。

c ところで白紙書面に関する「補充授権」は，シュラム（Karl-Heinz Schramm）によれば，BGB 164条以下の「代理権（Vollmacht）」でも182条・183条の「同意（Zustimmung od. Einwilligung）」でもないとされる（補充権限の法的性質）。白紙書面を補充して完成させる行為自体（つまり補充行為の法的性質）は法律行為ではなく，事実行為（いわゆる書面行為（Skripturakt））でしかないからである（強いて言えば，代行行為とでも言うべきであろうか）。またかりに白紙書面の補充行為を法律行為であると考えても，いわゆる補充授権は，被授権者（Ermächtigter）の法律行為に関わる授権ではないため，厳密な意味で「授権」とは言い難い。白紙書面の補充では，授権者（Ermächtigender）の法律行為が行われているか

らである。補充権限および補充行為の法的性質については，古くから争いのあるところである（第3節1(2)参照）。

　d　また（白紙書面の交付を受けた）補充者について，この者は，本人の名を示して自己の意思表示をするわけではない[20)]（つまり「顕名（Offenkundigkeit）」の欠缺と「自己の意思表示」の不存在）ので，対外的形態としては代理人ではなく（他人の意思表示を伝達する）使者として行為しているように見える。さりとて役割（機能）としては，自らの意思決定（Willensentscheidung）によりいまだ不完全な白紙書面の内容を補充して完成させ（相手方に伝達し）て書面表示の効力を生じさせるため，意思形成への関与（Mitwirkung）が認められ，ただ単に使者として他人の完全な（つまり補充を要しない完成済みの）意思表示を伝達するにとどまらない[21)]（この「行為形態」と「行為機能」の乖離については，第4節1(2)も参照）。ただ（代理行為自体を単独で行う）代理人と呼べるほどでもなく，作成者が（代理行為それ自体全部を委ねる）「代理権授与の枠組みを逸脱して表示行為に関わっている」ため，補充者は，「表示の内容がすでに作成者により確定されている限りで，もはや自ら行為する余地をもたない」[22)]（補充者の法的地位に関する学説は，第3節1 (2)のミュラー（Gerd Müller）の紹介に委ねる）。白紙書面における作成者と補充者の立ち位置は，「代理における本人と代理人」両者の関係と比較すれば「事実上明らかに近い」[23)]。白紙書面の特殊性は，形式上，作成者が自らすべて決定した形成意思（Gestaltungswille）を表出するという「書面による意思表示」を選択した点にある。[24)]

　e　かくして白紙書面の作成・完成に複数当事者が関与する法律関係については，代理の規律も使者の規律も，さらには（顕名主義を放棄した）処分授権に関するBGB 185条1項も直接適用できない点で，「（白紙書面の）補充授権」に関する法的位置づけ・理解の難しさがある。もとより「法の欠缺」と言うほかないが，イメージとしては，使者と代理人の中間に位置するのが補充者ということになろう（第6節1(1)a bb も参照）。

　ただいずれにせよ白紙書面の交付・補充事例では，意思表示の（法律上規定されていないという意味で非典型的な（atypisch）[25)]労働分業的作成（arbeitsteilige Herstellung）が問題となっていて，いわば授権者と被授権者の協働（Zusammenwirken）[26)]により授権者に法的効力を生じる点（いわゆる「他人効（Fremdwirkung）[27)]」）で代理と類似する。かくして「意思，正確に言えば意思形成にお

ける法律行為上の代理（rechtsgeschäftliche Vertretung im Willen bzw. in der Willens-bildung）」規律全般，とくに合意に反した（濫用）補充事例では代理権授与証書の交付・呈示による表見代理規定（なかでもBGB 172条)[28]の類推適用による解決が志向される[29]のは，(2)以下のとおりである（補充権限付与（いわゆる補充授権）・代理規定類推適用説とでも呼ぶべきか）。

(2) **白紙書面の正常補充と濫用補充**

　a　補充権限が付与された場合において，合意に従い白紙書面が補充され完成したときは（本章では以下，「（白紙書面）正常補充」事例と称する），第3節1(2)のミュラーによる学説紹介に見られるとおり法技術的説明に紆余曲折はあるにせよ，BGB 164条（代理人のした表示の効果）1項の類推適用により（上記(1) e 参照），白地署名をした者は自己の意思表示として上記書面の補充内容に拘束される[30]（ただし保証の書面性要件との関連で，白紙保証が無効となりうることについては，第5節1参照）。要するに，「交付者は，あたかも自らが完全な書面を作成したかのような（法律行為：筆者挿入）責任を負う」[31]のである。

　b　とくにドイツ法上「議論が盛んである」[32]のは，次のような，署名のうえ交付された白紙書面を被交付者が指図に反して補充した場合（本章では以下，「（白紙書面）濫用（Blankettmissbrauch）補充」事例と称する）[33]である。この場合には，「白地署名者は，白紙書面の交付を受けた者の背信行為（Vertrauensbruch）につき責任を負わなければならないのか，負うとしてその範囲はどこまでなのか」が問題となる[34]。なお上記「指図違反（Weisungswidrigkeit）」は，「補充授権の踰越（Überschreitung）や消滅」に起因する[35]。以下に，濫用（不当）補充の具体例を二つ掲げておく。

【白紙売買契約】
　Uは，中古店舗設備に関する署名済みの売買契約書を従業員Aに手交したが，代金欄は白紙であった。UA間内部では，売却代金は12000ユーロ以上との取決めがあった。Aは，これを隠して購入に前向きなKと交渉したが，結局11500ユーロで売却せざるを得なかった[36]。

【白紙保証】
　銀行Kは，Sが保証人を見つけることを条件に融資する用意があったことから，SはBに保証の引受を依頼した。Bは，最終的な融資金額は未確定だったので，Sの持参した銀行の保証契約書に白地署名し，Sとの間で，40000ユーロまでの金額を書き入れてもよいことを合意する[37]。しかしSは，この合意に反して，60000ユーロを書き入れた上で当該書面をKに渡した。その後Bは，Kから後者金額を支払うよう求められた[38]。

(3) 白紙書面の公然・隠秘両濫用補充と BGB 172条の類推適用

「白紙書面の濫用補充」事例において，その呈示を受けた相手方（上記(2) b の具体例ではいずれも K）が書面内容の真正（正当）性（Authentizität od. Richtigkeit）を信頼しているときは，保護に値しうる。有価証券法の領域では，WG（ドイツ手形法）10条，ScheckG（ドイツ小切手法）13条が，濫用補充された手形や小切手を善意・無重過失で取得した者を保護する[39]。しかしながら，これら「流通証券」事例を越えた白紙書面全般をカバーする法律上の善意者保護規定は存在しない[40][41]。

　a　そこで法的解決の手がかりとなるのが，BGB 172条であり，(1) b で前述したとおり（代理権授与，補充授権を含む上位概念としての）資格付与（Legitimation）を（直接あるいは間接的に）知らせるという点における代理権授与証書と白紙書面の類似性（Verwandtschaft）に着目したアプローチである（第2節2以下参照）。この172条1項は，本人が代理人に代理権授与証書を手交し代理人が第三者にこれを呈示した場合を，本人が第三者に代理権授与の事実を通知した場合（171条）による表見代理と同列に置く。本人は，代理権授与証書を手交するという行為により代理権の外観を作出し[42]，その呈示を受けた第三者は，その内容が正しい，つまり代理権が記載された範囲で代理人に対して有効に授与されていて消滅していないこと（代理権の存続）を信頼してもよいからである。かくしてBGB 171条同様，172条でも，善意・無過失の第三者は保護される（173条）。

　さらに BGB 172条は，白地署名した代理権授与証書（本章では以下，白紙代理権授与証書と称する）の補充を他人（通常は代理人）に委ねていた場合（わが国でいう白紙委任状）にも適用される。本人は，補充授権をして上記証書を他人に手交することにより，BGB 172条により拘束されなければならないところの権利外観を作出しているからである[43]。

　b　かくして BGB 172条という一般法上の規定であれば，上記 a の白紙代理権授与証書にとどまらず他の白紙書面の濫用補充事例についても，善意の第三者保護のために少なくとも類推適用できるのではないかと考えられる。なぜなら，補充権限は交付者から所持人に対して対内的に付与されるものの，この付与の事実は，白紙書面の交付を受けた所持人が第三者に呈示することにより対外的に「告知される」からである[44]。より正確に言えば，白紙書面は，意思表示であると同時に，間接的にではあるが——前述(1) b のとおり代理権授与証書に

類似して——補充権限に関する（作成・交付者に調査確認する必要のないぐらいの）「確かな外観要件（gewisser Scheintatbestand）」を示す存在と言えるからである。補充された白紙書面の呈示があれば，さらに（補充）授権証書（Ermächtigungs-urkunde）を呈示させる義務は原則，生じない。

ただ類推適用が可能であるとしても——本章で主要テーマの一つとなるように——，交付者の意思に反して補充されていたがゆえに，権利外観責任の成立する範囲や，BGB 119条1項の錯誤取消規定の類推適用（その結果122条による信頼利益の損害賠償責任への軽減）いかんが問題となる。

　c　なお，そもそも「白紙書面」問題を考えるに際しては，第3節で紹介するミュラーはもとよりすでに学説も区別してきたように，その補充が公然であったか隠秘であったか，つまり補充する場面を第三者が見ていたか，すでに第三者に隠れて補充されていたかが，次のとおり重要である。

前者の「公然の白紙書面（offenes Blankett）」事例は，補充に際して所持人が補充権限に基づいて（他人たる）作成・交付者の意思表示に関わることを開示して（unter Offenlegung des Fremdbezugs）当該効力をこの者と第三者との間に生じさせるため，この「他人効」という観点で，代理に似通っている。もっとも濫用補充事例に限って言えば，「通常は濫用の発覚を恐れて相手方の面前で補充しない」ことから，裁判実務上はほとんど起こりえないであろう。もし補充者が公然と濫用補充を行えば，その権限につき面前の第三者が交付者に調査確認するという危険を誘発することになるからである。

これに対して後者の「隠秘の白紙書面（verdecktes Blankett）」事例では，第三者が目にした時はすでに補充済みであるため，白紙書面であった事実さえ知らず（つまり作成者が自ら書面をすべて完成させた上で交付したと考えていて），隠秘の補充者は単なる（完成した意思表示の）伝達使者にしか見えない（たとえば第4節1(2)参照）。果たしてこの事例にまで，代理規律を類推適用できるのかは問題とされよう。隠秘の濫用補充事例における第三者保護が，「かなり以前から白紙書面の最もトピックな問題」であった所以である。

濫用補充における第三者の信頼の対象（権利外観の内容）について公然，隠秘事例それぞれ違いをまとめれば，前者では「白紙書面の交付を受けた者の補充権限への信頼」であるのに対して，後者では書面「表示を作成した者は誰か（Urheberschaft）に関する権利外観」，つまり「交付者が書面作成者であること

第4章　白紙書面の濫用補充と交付者の法的責任

への信頼」である。[54a)]

2．本章の執筆動機と考察対象・順序
(1)　執筆動機

　ところで，筆者が「電子取引上のなりすまし」問題と一見まったく無関係と思える本章を執筆した動機は，ドイツ法上議論の盛んな「白紙書面の濫用補充における第三者保護」，とりわけBGB 172条類推適用法理の意義・可能性と限界を考察することを通して――長年来興味を持つ「わが国における白紙委任状の問題」解決への新たな視角・示唆もさることながら――[55)]（行為者が他人になりすましているとは思わない，つまり他人自らが行為していると誤信させる）「なりすまし」問題につき貴重な解決の手がかりが得られるのではないかと考えたことによる（得られた法的示唆については，第7節2参照）。白紙書面の補充問題同様，代理法が類推適用される上記なりすまし問題の解決にあたって，第3章第5節2(5)で明らかになったとおり，有力学説，[56)]最近では次の第5章第2節2でとり上げるエクスラー（Jürgen Oechsler）なども，（交付者が自ら一人ですべて作成し完成させた書面であると誤信させる）「隠秘の白紙書面による意思表示（verdeckte Blanketterklärung）」事例にすでにBGB 172条の法的考え方を妥当させてきた判例・学説に大いに注目している。[57)]

(2)　考察対象・順序

　かくして本章では，「白紙書面の（隠秘の）濫用補充」のリーディング・ケースたるBGH 1963年7月11日判決（BGHZ 40, 65．本章では以下BGH 1963年判決と略称する。なお他の判決表記もこれに準じる）を確認することに始まり[58)]（第2節)，そのBGB 172条類推適用法理を批判的に――とくに当該問題解決につき絶大なる影響力を持つカナーリス（Claus-Wilhelm Canaris）のアプローチを発展的に参[59)]照しつつ――考察したミュラーの論文，キンドル（Johann Kindl）のモノグラフィーの該当部分をそれぞれ紹介し（第3・4節)，その後の判例・学説状況をいささか断片的にではあるが概観した（第5節）上で，白紙書面の問題解決に対する複数のアプローチを整理することにより，上記類推適用法理の意義・可能性と限界を指摘したい（第6節)。シュネル（Daniel Schnell）によれば2007年当時まで，「公然の」白紙書面濫用補充事例における本人の責任を判示した判例は見あたらず，「すべて例外なく……『隠秘で』濫用された補充に関するも

199

のであった」点には注意を要しよう（前述1(3)cも参照）。

　なおわが国では，白紙書面の濫用補充は通常，補充権限（ないし代理権）の踰越にあたることから，民法110条の越権代理規定が問題となる。

第2節　リーディング・ケースとしての BGH 1963年7月11日判決を中心に

1．旧来の判例・学説状況

　かつて――有価証券法（第1節1(3)冒頭参照）外の――白紙書面一般の濫用補充事例では，白紙書面が作成者の意思表示であることから，判例・学説は，この者の効果意思が一部欠けていても客観的には意思表示の存在自体は認めた，つまり白地署名し交付した書面による意思表示（交付後に補充された内容をも含む）を作成者に帰せしめた上で，意思表示に関する一般規定により，濫用補充された内容の表示をする意思がなかったことから，読まないまま書面に署名した事例，いわゆる署名上の錯誤（Unterschriftsirrtum）とパラレルに考えてBGB 119条1項による錯誤取消しの可能性を認めてきた。もっともRG判例上，実際に取消しの主張がなされた事案はなかったことから，取消しにつき判示した部分は「単なる傍論（obiter dicta）」でしかないとの指摘もある（直下で引用した判決部分の末尾を読むと，この指摘はおそらく間違いとは思えない）。

　判例では，たとえばRG 1922年9月25日判決（RGZ 105, 183. 郵便はがき事件（Postkartenfall）判決）が，次のとおり判示した。（会社名が下部に印刷された）「郵便はがきや白紙書面で重要な営業上の知らせがなされることを許容する者は，それを自己の危険で行い，注意深い監督により濫用から防御しなければならない。それがうまくいかなかったとき，上記の者は通常，取消しの方法に訴えることしかできない，蓋し，上記知らせが有した内容の表示をする意思がなかったからである，BGB 119条。取消しをしなければ，概して契約に拘束される。上記の者は……自己の営業上の利用，無頓着さや不注意から生じる危険を契約相手方に転嫁できないし，当該知らせが取決めどおり行われるかどうかを調査確認するよう契約相手方に要求もできない」。

　かくして上記「（作成者の）意思表示」構成により条文を形式的に適用していけば，第三者保護は，BGB 122条に基づく信頼利益の損害賠償請求権に縮減されうることになる。もっとも一部では，すでにBGB施行直後という早い段階

でBGB 172条との法的類似性（Rechtsähnlichkeit）を指摘した学説や，上記RG 1922年判決以降ではあるが2のBGH 1963年判決に近いRG 判決（RGZ 138, 265）もあった。

2．BGH 1963年7月11日判決の紹介と分析・解説
(1)　BGH 1963年判決の紹介

　これに対して，（隠秘の濫用補充事件に関する）BGH 1963年判決は，上記1の意思表示法の適用から一転，被交付者に付与された「補充権限」に焦点を当て代理権に近い存在と捉えた（判決文中では下記のとおり「補充代理権」と言う）上で（無権代理ならぬいわば無権限補充を前提に）BGB 172条の類推適用法理を創造した。このような「（白地署名者の）意思表示」構成から「（表見代理の類推適用による）権利外観責任」構成への転換の意義を考えるため，本章表題の論点に関わる判決部分のみをとり上げて紹介し分析・解説を加える。

【判決要旨】
　自ら署名して白紙書面を手交する者は，その意思に合致しない補充がなされた場合であっても，当該書面の呈示を受けた善意の第三者との関係では，その補充された書面内容を，自己の意思表示として自らに効力が生じることを認めなければならない（BGB 172条2項の類推適用）。

【簡略化した事実概要】
　Yが，W会社から新車を購入するにあたりXの融資を受けるため，白地署名した消費貸借（の申込）書面をWに交付したところ，Wは，濫用補充した上でその書面をXに渡し，Xは，承諾書面をYに送付するとともに，Wに融資金額を支払った（なお，直後にWは破産）。そこでXは，本件消費貸借契約に基づいてYに上記金額の支払いを求めて訴えた。

　第1審，第2審ともにXの請求を棄却したため，Xが上告したところ，BGHは，原判決を破棄し原審に差し戻した。

【判決理由】
　1．控訴審裁判所は，XY間の消費貸借契約は成立していないとする；……Wは，Yの白地署名した用紙を補充してXに呈示した時点で，当該補充につき授権されていなかったからである。

　この点を，上告が攻撃するのは正当である。

　白地署名をし手交する者は，その行為により，白紙書面が自己の意思に反し

てあるいは異なって補充され取引過程に置かれる可能性を生ぜしめる。この者は，それを信頼する者に対して責任を負う基礎となる権利外観を根拠づける。

これは，BGB 172条2項の類推適用から生じる。この規定によれば，代理権授与者が代理人に代理権授与証書を手交しこの代理人が善意の（gutgläubig）第三者（BGB 173条）に当該証書を呈示したときは，この第三者との関係では，証書が代理権授与者に返還されるかあるいはその失効が表明される（176条）ま̇で̇代理権は存続する（傍点筆者）。

本件で，Xは，たしかに白紙書面を補充するWの代理権の存続を信頼していたわけではなかった；なぜなら，Xは，すでに補充されていた消費貸借の申込みを目にしたにすぎず，かくして，Yが署名した用紙を白紙のままWに引き渡しその後Wがこれを補充していたという経緯を知る由もなかったからである。

それにもかかわらず，当該利益状況は，誠実な商取引（redlicher Geschäftsverkehr）の保護の必要性が問題となる限りで，BGB 172条2項におけるのと同様である。書面による意思表示から，合意に反して補充され取引過程に置かれた白紙書面であったことを看取できなかったためにその存在を信頼する者は，書面による代理権授与証書を目の前にして代理権の存続を信頼する者と少なくとも同様の保護に値する。白紙書面では失効表明は問題にならないので[69]，BGB 172条2項の類推適用は，以下の法原則へと導く：自ら署名して白紙書面を手交する者は，その意思に合致しない補充がなされた場合であっても，当該書面の呈示を受けた善意の第三者との関係では，その補充された書面内容を，自己の意思表示として自らに効力が生じることを認めなければならない（vgl. auch RGZ 105, 183；138, 265, 269；Enneccerus/Nipperdey, BGB Allg. Teil 15. Aufl. 2. Halbband §167 Ⅱ 1 und Anm. 4 S. 1034；BGB-RGRK 11. Aufl. §126 Anm. 6；Staudinger, BGB 11. Aufl. §119 Rz. 12）。

したがって，控訴審裁判所の判示したところとは異なり，ＸＹ間では消費貸借契約は成立していることを前提に考えるべきである。……

2．省略。

(2) BGH 1963年判決の分析・解説

a BGH 1963年判決は，隠秘の濫用補充事件では白紙書面であった事実さえ知らないため，相手方は必ずしも補充代理権（正確には権限と言うべきであろう，第5節の冒頭参照）の存在を信頼していたわけではないとする。さりとて外

見上，当該表示が合意に反して補充され取引過程に置かれた経緯を知り得ないことから，白地署名者の真正な書面表示であることを信頼した相手方の保護という点では，隠秘事例の利益状況もBGB 172条のそれと同様であり，権利外観責任の観点から見れば，白紙代理権授与証書の濫用補充事例との間に本質的差違はない（第1節1(3)bも参照）として，172条を類推適用した（いわゆる白紙書面責任（Blanketthaftung））。「両事例状況は，作成者が署名して自ら正当と認めた書面内容の外観を帰責可能な方法で（in zurechenbarer Weise）作出した点において共通する」[70]。もっとも，「なぜBGB 172条1項ではなく，同条2項の類推適用であるのかは明らかではない」と言われる[71]。

かくして一般にBGH 1963年判決は，白紙書面の濫用補充の解決について権利外観責任に舵を切ったと説明されるが[72]，「自ら署名して白紙書面を手交する者は……自己の意思表示として自らに効力が生じることを認めなければならない」という判決文の表現自体は，第三者保護の限度で意思表示と擬制するかのようでもあり，いまだ従来の意思表示の擬制的発想から完全に抜け出し切れていないように感じさせる[73]（もとより「あたかも補充された内容も含めて自己の意思表示として行った」という外観に対する責任の意味であるとは思われるが）。

b　そして上記判例法理は，BGH 1963年判決が明示したとまでは言えないが[74]，「署名者は，BGB 119条1項により，書面の後発的な内容に関する錯誤を理由に取り消すことはでき」ず「自ら生ぜしめた権利外観につき責任を負わなければならない（172条2項，173条の法的考え方）」，つまり意思とは無縁の権利外観責任では錯誤取消しは問題になり得ないことまで含意するものであり，前述1の判例から方向転換を図った点で重要である[75]。この点，P. フィッシャー[76]が当時「白紙書面の議論に新たな衝撃を与えた」と評する所以である[77]。かくして白地署名者は，善意の第三者との関係では，白紙書面の濫用補充を援用することはできない[78]。

c　上記判例変更は，ヴルム（Michael Wurm）がラーレンツ（Karl Larenz）の表現（「段階的発展（Stufenfolge）」）を参照しながら指摘したとおり，「法律行為と権利外観の緊張関係と，厳格な自己拘束（Selbstbindung）から権利外観責任への段階的移行（stufenweise Übergang）が，具体的に白紙書面による表示……で示され」たものと言えよう[79]。

なお早速，同年（1963年）11月25日判決（BGHZ 40, 297）は，同じく隠秘の濫

用補充事件で「……書面による意思表示の存在を信頼する者は……代理権授与証書を目の前にして代理権の存続を信頼する者と少なくとも同様の保護に値する」という前述(1)の判決理由を参照していた。

3．白紙書面の濫用補充に関する主要争点

以上判例の変遷から，白紙書面の濫用補充をめぐる主たる争点は次の二点であることが判明した。

第一は，白紙書面交付者の法的責任を理論上どのような構成，つまり「意思表示」構成，「権利外観責任」構成のどちらで説明するのかという点である。[80] とりわけ隠秘の濫用補充事例について，BGH 1963年判決も「代理権の存続を信頼していたわけではな」いと判示してBGB 172条における権利外観・信頼要件（Vertrauenstatbestand）と異なる点を自覚しているようにいささか強引とも思えるが，果たして172条を類推適用できるのか，である。

第二は，上記「責任性質論」と密接に関連して，この交付者が最終的に負う責任は履行責任なのか，それとも濫用補充された白紙書面の内容を欲する意思がなかったことを理由にBGB 119条1項の錯誤（厳密には1選号の「内容上の錯誤（Inhaltsirrtum）」[81]）による取消しを主張すれば，交付者は信頼利益の損害賠償責任（122条）に縮減できるのかという問題である。[82] とくに現在，「権利外観責任」構成では，「一般的な『積極的（＝履行責任的：筆者挿入）』信頼保護はBGBの錯誤規律と相容れない」[83]との認識が定着しているからである。

第3節　ミュラーによる「BGB 172条類推適用法理の射程・限界」の分析と「暫定的権利外観責任」論の提唱

1．ミュラーの見解

第2節2(1)のBGH 1963年判決が形成した「BGB 119条の錯誤取消しを排除する172条類推適用」法理について，ミュラーは，とくに(4)以下で詳述するとおり批判的考察を行い[84]，制限的結論にたどり着く[85]。その結果，上記判例法理の履行責任的保護から抜け落ちた場面について，独自の暫定的（＝上記取消しにより信頼利益の損害賠償へと縮減される）権利外観責任（vorläufige Rechtsscheinshaftung）論（後述(6)以下参照）を展開して信頼利益の損害賠償責任的保護を志向

する。

　なお，ミュラーのアプローチたるや，白紙書面問題の核心を突くものであり，今なお基本書等で引用・参照されることが多いため，彼の見解を丁寧に紹介する。

(1) BGB 172条類推適用法理に対する問題提起

　ミュラーは，「長きにわたり法律学上広範に議論されてきた」「白紙書面の濫用補充」問題について，その核心を指摘することから始める。

　　a　当初判例・通説は，第2節1のとおり，白紙書面の濫用補充内容に基づいて交付者が請求された場合，BGB 119条1項による内容上の錯誤取消しを主張して自己の法律行為（履行）責任を信頼利益の損害賠償責任に軽減すること（122条）を認めていた。つまり濫用補充事例では，「『補充により完成された（perfiziert）』意思表示の背後に交付者の真の意思はもはや存在しない」と考えたのである。

　しかし（第2節2(1)のBGH 1963年判決に代表される）判例・学説とも，すでに今現在（1981年当時）その立場を変え，「白紙書面の交付」を「代理権授与証書の交付による代理権授与通知」と同置できる容態と捉えBGB 171条，172条を類推適用して（その権利外観責任的性質から），上記119条1項の錯誤取消しが問題となる余地を排除した。この判例変更は，「第三者が……合意に反して補充された白地小切手や手形を受領しその法的有効性を信頼する者（WG 10条，ScheckG 13条）と同様の法的保護を受ける」ことを意味する。すなわち，これら有価証券法上の規定と同様に「白紙書面の濫用補充」事例でも，交付者は，第三者の悪意等を抗弁として履行責任を免れることしかできない。

　　b　これに対してミュラーは，果たして「補充目的で交付された白紙書面」に判例・通説の主張するような「代理権授与証書」との法的類似性が認められるのか，つまり「白紙書面補充」事例に代理規律，なかでも濫用補充との関係では――第2節2で判例変更されたように――BGB 171条，172条を類推適用できるのかという（1981年当時まで十分論証されてこなかった）問題を提起する。なぜなら，白紙書面自体は，補充されるまでは単なる署名者の自筆署名（Namenszug）以上の意味を持たないと考えうるからである。もし実際上も，「代理権授与証書の交付」事例と比較しうる利益状況すら存在しないということになれば，判例・通説とは異なった結論に至る可能性がある。

(2) 白紙書面補充者の法的地位と白地署名者への効力発生の法律構成

　ところで本題の「濫用補充」問題に入る前に，ミュラーは，そもそも補充者が合意どおりに補充をした場合（「正常補充」事例）に当該表示の効力が白地署名者に生じることについて，どのような法律構成で説明するのかを考えておく必要があるとする。つまり「補充者」という中間者（Mittelsperson）が介在する場合，法律上規定された「使者（BGB 120条）」，「処分授権（185条）」，「代理（164条以下）」のいずれの制度がもっとも示唆的であるか，である。

　ミュラーは，使者説（Botentheorie），授権説（Ermächtigungstheorie），これらと対峙する有力な代理人説（Vertretertheorie）の順に考察する。なおその際，白紙書面の補充が相手方の面前で行われた「公然の白紙書面補充」事例（offene Blankettlage）か，所持人によりすでに秘密裏に，つまり相手方の知らないところで行われていた「隠秘の白紙書面補充」事例（verdeckte Blankettlage）かにより，場合分けした上で論じる（第1節1(3)cも参照）。

　a　第一の使者説は，白紙書面を補充して完成させる際に補充者は自己の意思表示をしておらず他人の意思表示として他人に効力を生じさせる行為をしたにすぎないとして，使者と同等か，少なくともそれと比較しうる働きをしていると考える。

　だがこの説には，次の弱点がある。まず公然補充事例では，補充者が表示内容の確定に際して自己の裁量（eigenes Ermessen）を働かせていることが看取される。また隠秘補充事例でも，本人と中間者の内部関係により代理と使者を区別する考え方によれば，所持人が補充について裁量の余地（Entscheidungsspielraum）を有することから，また「法取引における中間者の対外的振舞い（Auftreten）」を基準に上記区別を行う通説に従っても，交付者は公然補充事例と同様，全体に関わる重要な白紙部分の補充を所持人に委ねていて，自らが作成したのは「表示の原案」でしかなかったこと（つまり「本人による意思表示の交付」を欠くこと）から，いずれにせよ所持人を，単なる表示伝達上の補助者，つまり使者とは言えないだろう。

　b　第二の授権説は，ネーミングのとおり，所持人は白紙部分の補充につき「授権」されていると考える。

　だがこの説に対しては，「授権」概念の意味内容の不明確性はもとより，白紙書面の補充で問題なのは「処分（Verfügung）」ではなく署名者の「債務負担

(Verpflichtung)」であるので，（処分授権に関する）BGB 185条を直接適用できない。また類推適用についても，署名者の債務負担が開示されていることに鑑みれば，代理規律の方が説得力をもつ。さらにBGB 185条では，常に同意を得た者が契約当事者であるのに対して，白地署名事例では，同意を得た者は補充者であるが契約当事者は（この補充者ではなく）署名者であることも，授権説を支持できない理由である。[93]

c 最後に上記二説を克服しようと，所持人は白紙部分の補充に際し（上記a説とは対照的に，BGB 164条以下の「代理」という意味で）自己の意思表示を行うと考える代理人説が一般に主張されている。

aa ただこの代理人説も，法理論上説明を要する二つの問題を抱えている。第一に，そもそも白地署名事例では——代理人行為説の支配的な代理とは対照的に——，補充された白紙書面は，その趣旨によれば署名者の意思表示である。第二に（所持人も白紙書面を補充して完成させたという協働の事実を対外的に知り得ない）隠秘補充事例では，代理を支配する原則である「顕名」すら欠いている。

bb だがこれに対して，ミュラーは次のとおり反駁する。

まず顕名要件を充足しうる公然の補充事例において，所持人には，代理権者と同様，署名者と相手方との間に法律行為上の効力を生じさせる法的権能（Rechtsmacht）が認められているため，代理法と比較しうる状況にある。

次に隠秘の補充事例でも，内部関係を重視して代理と使者を区別する見解によれば，所持人には自己裁量の余地（eigener Entscheidungsraum）が認められているため，代理規定を類推適用することは可能である。

これに対して，たしかに「法取引における中間者の対外的振舞い」を基準に使者と代理を峻別する通説では，隠秘事例への上記類推適用は不可能なように思われる。しかし「濫用補充」事例まで視野に入れれば，この事例では通常一般に，所持人は，故意に交付者の指図に反しているため，この「故意による使者権能の踰越」事例では——「過失による使者権能の踰越」事例(BGB 120条〔誤った伝達に基づく取消可能性〕)とは対照的に——通説によれば，交付者はそもそも法律行為上拘束されない。[94]他方で，上記代理規定の類推適用を認める見解でも，補充権限の踰越となり，BGB 177条（無権代理人による契約締結）の類推適用により交付者に意思表示の効力は生じない。かくして相手方にとっては，濫用補充事例でいずれの説に立っても結論は変わらない。

そうであるならばミュラーは，例外的に内部関係により代理と使者を区別する立場から補充者「自身の裁量余地」を根拠に，代理人説を支持することも許されようとする。かくして隠秘補充事例でも，当該法律行為上の帰属（効力発生）・帰責（rechtsgeschäftliche Zurechnung）は，代理諸原則の類推適用（entsprechende Anwendung der Stellvertretungsgrundsätze）を前提として評価されうる。[95]

(3) 公然，隠秘の各濫用補充事例へのBGB 172条類推適用の検討

いよいよ代理規律を類推適用する立場から，ミュラーは，本題の「白紙書面の濫用補充」事例について本格的検討を始める。

この事例では，上記(2)の正常補充事例とは異なり，濫用補充者は，対内的に「許可された範囲」を逸脱するにとどまらず，対外的にも補充権限を踰越しているため，代理規定であるBGB 177条の類推適用によれば，交付者には書面表示の効力は生じないことになる。[96]

そこで交付者に履行責任を負わせるならば，適用条文の問題として法律上の表見代理規定であるBGB 171条，172条を類推適用することが考えられるが，ミュラーは，濫用補充事例が上記規定の表見代理事例と同一の処理を必要とするほど類似しているかどうか（つまり類推の基礎）を詳細に検討する必要があると言う。なお，濫用補充事例でもまた(2)の正常補充事例と同様，公然事例と隠秘事例とに分けて考察を進める。[97]

a　前者事例については，次のとおりである。BGB 172条は，「代理権授与証書の呈示は，単なる代理人の主張と比べて，取引相手方に代理権の存在に関する確信を与えるにふさわしい」という法的考え方に依拠した規定である。この信頼保護の基礎は，代理権授与証書に基づいた代理権の外観である。

これに対して白紙書面は，補充権限の存在・範囲を明示に知らせるものではないので，その呈示から，所持人が補充権限を与えられていることは，ただ間接的に推論されるにすぎない。つまり相手方は，補充権限の存在・範囲について，所持人の主張を信頼したにすぎない。さりとて白紙書面は本来，所持人の補充に関してその占有により資格証明される（legitimiert）目的でこの者に交付されたものであるがゆえに，相手方は，署名者に調査確認（Rückfrage）をする必要はない。「すでに単なる白紙書面の占有が，補充権限に関する権利外観を根拠づける」のである。かくしてBGB 171条，172条の類推適用により，原則として交付者の履行責任が肯定されることになる。[98]

b　これに対して後者の，隠秘濫用補充事例については，白紙部分がすでに相手方の知らないところで補充されていることから，（補充者なる存在による濫用補充という）「当該書面の交付に関する経緯（ゴタゴタ）を知らない」相手方は，「署名者自身が完全な債務負担表示をしていたことを信頼する」。

　この隠秘濫用補充事件のリーディング・ケースたる BGH 1963年判決（第2節2⑴参照）を確認した上で，ミュラーは，代理法との類似性が公然事例のようには確認できないとしつつも，次のカナーリスが明らかにした利益状況に基づく観点から判例の類推適用論を支持する。

　「利益状況から見れば，なぜ隠秘の白紙書面補充事例の表示相手方が未補充の白紙書面の呈示事例（＝公然事例：筆者挿入）よりも悪い立場に置かれることになるのか，理解できない。また逆に，前者事例の署名者の方が原則，後者事例よりも保護を必要とするというわけでもないだろう。かくして実際上，白地署名事例に BGB 171条，172条を類推適用して信頼保護を認めるにあたって，補充が偶然に……公然とあるいは隠秘で行われたかどうかは決定的な差違とはなり得ないという結論になる（傍点筆者）」[99]。

　ここまでの，カナーリスの見解を引用・参照したミュラーの見解は，現在も通説であるとされている[100]。

⑷　BGB 172条類推適用法理による信頼保護の射程と限界

　ただミュラーは，「BGB 172条とは対照的に……外観要件の射程（Reichweite），つまり『白紙書面』がいかなる範囲の補充権限の外観を生ぜしめるのかがはっきりしない」[101]というカナーリスの指摘を受けて，早くも上記172条類推適用法理による信頼保護の限界を意識し，公然の濫用補充事例と隠秘事例とに分けてその射程の検討に注力する。

　a　まず前者事例では，代理権授与証書自体から信頼に足る代理権の範囲まで明らかになる BGB 172条とは異なり，白紙書面からは補充権限の範囲が明らかにならない。そのため学説では，「白紙書面が許容する限り」という条件を付けつつ，外観要件の及ぶ範囲を包括的・無制限であると考えてその負担を署名者に負わせることが一部で，たとえばヤコビ（Ernst Jacobi）により「包括授権の外観（Schein einer Generalermächtigung）」として主張される。

　しかしミュラーは，相手方が通常一般に，白紙書面の不完全な内容から，所持人には思うがままに（beliebig）補充する権限が付与されていると考えること

はできず許されないとして,上記学説の不支持に回る。むしろ相手方は,交付者が補充権限を限定していることを念頭に置かなければならない[102]。白紙書面の不完全な内容は,(カナーリスの主張した)「『通常の範囲内の (im Rahmen des Üblichen)』補充権限に関してのみ権利外観を根拠づけるにすぎない」[103]。具体例で説明すれば,白紙書面において「現代絵画の買付け」といったようにすでに取引の目的 (Geschäftsgegenstand) が確定されていた場合,権利外観は,当該種類の平均的取引に関する補充権限のみをカバーするにすぎず,通常「ピカソの買付け」は含まれない。

そしてミュラーは,上記「白紙書面で,取引の要素 (Geschäftsbestandteil) に関わる記載が少なければ少ないほど」,補充権限の「外観は僅少である」と言う。極論だが署名だけの完全な白紙書面では通常一般に,「相手方は,経済的にごく普通な (unbedeutend) 取引についてしか補充権限を推論することは許されず」,とくに慎重であることが求められる。この点,カナーリスは,穀物商人を例に,「平均量の小麦を購入する権限について権利外観が存在する」と言う[104]。

b 次に隠秘の濫用補充事例については,代理権授与証書との法的類似性は前述(3)bのとおり確認できないため,上記aの(公然)事例と異なった結論になるかどうかが問題となる。隠秘事例へのBGB 171条,172条の類推適用を認めた論拠は,ひとえに「相手方は実際の結論において『公然の白紙書面補充』事例よりも悪い立場に置かれず,署名者はそれよりも良い立場に置かれないという一般的な衡平な考慮 (Billigkeitserwägung)」でしかなかったからである(前述(3)b参照)。この論拠による限り,――カナーリスは「白紙書面による契約締結が通常の範囲にあるかどうか」を重視する上記aの公然事例とは異なり隠秘事例では「使者の伝達した書面表示による契約締結が通常であったかを問題にする(傍点筆者)」が――ミュラーは,隠秘事例の相手方保護は公然事例よりも過ぎたる(手厚い)ものにはならないと言う[105]。

c このようにミュラーは,濫用補充事例へのBGB 171条,172条の類推適用の可否と同様,その射程との関係でも,隠秘事例か公然事例かという区別は実際の結論において重要でないとしつつ上記考察から次の限界を明らかにする。

交付者は,「自ら設定した通知要件 (Kundmachungstatbestand) の範囲でのみ

責任を負うにとどまる，つまり責任の限界は，代理権授与証書の場合には代理権の範囲に関する言明（Angabe）から生じ，白紙書面の場合には，善意の取引相手方が未補充の（交付者が交付した状態のままの：筆者挿入）白紙書面から債務負担権限（Verpflichtungsbefugnis）を看取してもよかったのと同様の……範囲から生じる（傍点筆者）」。なおこうして得られた，外観要件の射程を制限する結論は，前述(3)の判例法理とも矛盾しない。なぜなら，判例の事案はすべて，白紙書面の重要部分をすでに交付時に署名者が記入していたからである。[106]

(5) **有価証券法や権利外観一般法理による解決可能性の検討**

かくしてミュラーは，「白紙書面の濫用補充」に対する法の欠缺を埋めるべく，上記(4)で見たとおり BGB 172条類推適用法理の射程を検討したがこれに収まらない事例（たとえば(4) a の「署名しかない白紙書面」の濫用補充事例）について，有価証券法や権利外観一般法理による解決可能性を探る。

a まず WG 10条，ScheckG 13条の類推適用により，善意の相手方との関係では合意に反し補充された内容に従って交付者を拘束する少数説について[107]，これら条文は手形・小切手という「流通性格（Umlaufcharakter）」から法律上承認された特殊な有価証券法上の権利外観責任を規定したものであり「一般的な信頼保護」を具体化した規定ではないことを理由に，端から支持できないと言う。[108]

b 続いてミュラーは，権利外観一般法理，とくに自身大いに前述(3) b 以下で参照したカナーリスの信頼責任（Vertrauenshaftung）論[109]，すなわち（「誤解（Irreführung）を生じさせる危険を意識的に惹起した者は善意で信頼する第三者よりも明らかに当該結果を負担することに近い」との価値判断に基づく）「意識的に作出された権利外観に対する保証義務（Einstandspflicht für wissentlich gesetzten Rechtsschein）」と[110]，「第三者への法的事実の意識的通知に対する保証義務（Einstandspflicht für die bewußte Kundgabe einer drittgerichteten Rechtstatsache）」という（BGB 171条・172条の規律から導き出されうる）両原則により，濫用補充事例の履行責任を根拠づけられないかについて，順次検討する。

aa 前者原則との関連で重要なのは，濫用「補充された書面が，その射程において，ともかく交付者の惹起した権利外観の基礎を越える……権利外観要件を示す場合に，署名者はどの範囲で補充書面に基づく責任を負担しなければならないのか」である。これに関しては，白地署名者が濫用補充の可能性をと

にかく意識して惹起したことが論拠として主張されうるが、ミュラーは、次のとおり説得的でないと批判する。

　たしかに通常は、白地署名者が濫用補充リスクを想定することは事実に適っているかもしれない。しかしそもそも問題なのは、この者が著しい濫用補充まで思索し当該リスクを想定していたかと言えば、そこまで広範な濫用を覚悟していないことも十分考えられる。「むしろ白紙書面の交付者は、補充が速やかに合意に従ってなされることを確実に信頼して署名する（傍点筆者）」。つまり白地署名者は、濫用補充されることを積極的に認識してはいないのである。この主観的帰責性は、せいぜい「認識ある過失（bewußte Fahrlässigkeit）」でしかなく、とくにBGB 118条[111]で表出された法律上の利益評価によれば履行責任を根拠づけるにはおおよそ足りない。

　bb　次に後者の——上記 aa の原則とは対照的な——「第三者への法的事実の意識的通知に対する保証義務」原則では、通知者は、とにかく通知どおり履行責任が生じるものと認識していなければならない。

　この原則については、そもそも承認されうるか、されるとしてその範囲いかんが従来議論されてきたが、いまだその答えは出ていない。いずれにせよ無制限に、当該原則を白紙書面の濫用補充事例に転用することはできない。たしかに、白紙書面の手交は補充権限に関する意識的通知とみなされうるが、それは、交付者自身のした通知が及ぶ限度で妥当するにすぎない[112]。

(6)　錯誤関連規定の類推適用を受け入れる「暫定的権利外観責任」論の提唱

　以上(4)・(5)から、ミュラーは、白紙書面の濫用補充について、BGB 171条・172条類推適用法理、さらには権利外観法理一般によっても解決できない事例がありうると結論づける[113]。かくして履行責任を負わせて積極的に信頼を保護するに足りる厳格な要件を充足しない場合について、「利益適合的な法発見（interessengerechte Rechtsfindung）」の必要性から、従来の「権利外観責任＝履行責任」という（要件・効果両面で）硬直的な権利外観責任論を打破し、新たに以下の「暫定的（＝BGB 119条・122条という錯誤関連規定の類推適用により信頼利益の損害賠償へと縮減される）権利外観責任」論を提唱する。

　a　従来、信頼保護の形態には、積極的信頼保護と消極的信頼保護があり、前者に相応するのが、「権利外観の存在」という要件を前提に効果として「権利外観を法的現実（Rechtswirklichkeit）と同置する（傍点筆者）」権利外観責任

であると考えられてきた。ただこのように法律効果を権利外観に即した内容（つまり「信頼者が自ら想定した法律状況が実際に存在するかのような状態に置かれる」こと）として硬直的に考えると，当該責任が問題になる場面では，効果意思の欠缺を理由に履行責任を免れることができないばかりか，BGB 119条，122条の類推適用により信頼利益の損害賠償責任に縮減することさえできない。つまり結果的に，権利外観責任を根拠づける段階で，積極的あるいは消極的いずれの信頼保護が適切であるかを振り分ける判断がなされてしまうため，（積極的信頼保護としての）「権利外観責任」については自ずと厳格な要件が設定されることになる。

このようなカナーリスの主張する，上記両信頼保護を厳格に区別する「信頼責任の複線性(Zweispurigkeit)」という一般的理解・図式に対して，ミュラーは，「権利外観責任は，権利外観と法的現実の同置を意味する……が，……当該同置が絶対的かつ最終的性質を有するか，暫定的なものかはとにかくまだ決定されていない（傍点筆者）」と述べた上で，次のとおりBGBの意思表示法を参照しつつ，「権利外観責任の段階化（つまり暫定的段階と最終的段階の二段階化）」と，最終的段階で履行責任を負わせる場合には「（それに足る）厳格な要件の必要性」を主張する。

BGB 119条と122条の関係に鑑みても——諧謔表示（Scherzerklärung）の無効を規定した118条はともかくとして——，「とにかく表示要件の帰責可能な与因(zurechenbare Verursachung eines Erklärungstatbestandes)が存在する場合には」，「権利外観と法的現実の暫定的同置としての責任（傍点筆者）」が承認される。この「暫定的責任」は，意思表示における「表示意識欠缺」事例の法的処理に関する理論状況，つまり表示意識が欠けていても意思表示の成立自体は認めつつBGB 119条の錯誤取消しにより信頼利益の損害賠償責任へと軽減する（フルーメ（Werner Flume）に代表される1981年当時の）有力説——2018年現在は判例・通説となったが——の結論とも符合する。[114]

b　もっとも，上記「暫定的責任」の法的性質が「法律行為」責任なのか，当該論文で主張する「権利外観責任」なのかは明確でない。前者の考え方は，「私的自治の原則は，法律行為による拘束をいかなる者にも強制してはならないという内容を持つが……この自己決定と，自己責任の原則は相互に関連し合う……がゆえに行為者は，帰責性をもって（zurechenbar）作出した表示要件に

ついて責任を負わなければならない」として,「相手方の視点からの解釈」に基づいた「法律行為責任」である——たとえばラーレンツ（Karl Larenz）は「帰責による意思表示（Willenserklärung kraft Zurechnung）[115]」と称するが——と説明する。[116]

しかしミュラーは，次のとおり上記説明を否定し「表示意識欠缺」事例で「暫定的権利外観責任」論を展開する。

上記説明では,「表示意識のない行為者には法律関係の自己決定という要素が欠けていることが，明らかに無視される」。「自己責任という考え方でさえ，自己決定（の欠缺：挿入筆者）を埋め合わせることはできず……，表示意識欠缺事例では……もはや意思表示概念の問題ではなく善意の法取引保護が明らかに考慮」されている，つまり,「表示意識欠缺事例における拘束は，法律行為の帰結ではなく，暫定的権利外観責任の適用事例」にほかならない。

このことからも，ミュラーは,「意思欠缺の援用（BGB 119条の錯誤取消し）を排除しない」暫定的権利外観責任という法形態が裏付けられたとする。[117]

(7) 白紙書面濫用補充への暫定的権利外観責任論の応用と要件・効果の確定

上記(6)で論証された暫定的権利外観責任を，ミュラーは，白紙書面の濫用補充事例へと具体的に応用し，当該事例の特殊性を斟酌しつつ要件・効果を確定していく。

まず暫定的権利外観責任の要件は,「行為者が帰責性をもって……外観を作出している」ことであり，通常この帰責性は「有責行為（schuldhaftes Handeln）あるいは責務（Obliegenheit）違反」であろう。しかし白紙書面の濫用補充事例では，上記帰責性が一般的な危険理論（Risikogedanke）により根拠づけられるという特殊性から，具体的証明がなくても「暫定的権利外観責任」を認めることができる。白紙書面の交付者は，信用できる補充者を選任しその支配を通して濫用リスクを最小限に抑える立場にあるため，当該書面を「信頼する第三者よりも結果を負担することにより近いところにいる」からである。

しかし最終的に（白紙部分について効果意思の形成を補充者に委ねた）白地署名者は，合意に反した補充事例では（外観要件に対応する）拘束意思（Bindungswille）の欠缺をBGB 119条1項（・122条）の類推適用により主張して，自己の権利外観責任の内容を「表示意識欠缺」事例に準じて信頼利益の損害賠償責任へと縮減することが可能となる。[118]

(8) まとめ

　以上見てきたとおり，ミュラーは，白紙書面の濫用補充に対する交付者の「権利外観責任は暫定的権利外観責任という法形態により有意義に補完されうること」が明らかになったと同時に，履行責任を負わせるには厳格な要件が必要となるため，最終的に上記責任が（履行責任という内容で）認められるのは「限られた範囲にとどまること」には留意すべきであると締めくくる。なお――いささか難解な彼独自の構想として――権利外観責任の枠組みの中で（錯誤取消関連の BGB 119条１項・122条の類推適用による）信頼利益の損害賠償責任という（履行責任より軽減された）責任形態を認める「暫定的権利外観責任論」を提唱したことについては，実際上「信頼利益＝履行利益」であるため何ら新しい解決策たり得ないという批判的見方が主張されているが，ミュラーは，「信頼利益≦履行利益」であること（つまり必ずしも「信頼利益＝履行利益」ではないこと）と，当該批判には「権利外観責任の問題を可能な限り細分化して考察し」ようと試みる法ドグマティーク（Rechtsdogmatik）が対峙している事実を挙げて反駁できるとする。[119]

2. 小　括

　以上ミュラーの見解は，ともすれば危険主義という近時有力な一帰責原理のもと白紙書面を交付した者に厳しく臨み，その結果「履行責任」という重い権利外観責任を負担させる方向へと傾きやすい中――とくにわが国ではその傾向が非常に強いが――，権利外観責任を――カナーリスに代表される「信頼責任の複線性」路線（前述１(6)ａ参照）とは一線を画して――履行責任と信頼利益の損害賠償責任へと二分し，前者についてはその責任内容から権利外観，帰責両要件の厳格化を試みた点で，上記流れに一石を投じるものとして評価に値しよう。その上で，最終的に履行責任を認めるには至らないものの（１(4)・(5)参照）一定の信頼保護が要請される事例のために，「表示意識欠缺」事例において意思表示の外観の存在を前提に BGB 119条・122条の適用により信頼利益の損害賠償責任への軽減を導く「暫定的権利外観責任」論を展開し（１(6)参照），これを類推適用という形で（危険性を多分に内包した）白紙書面の濫用補充事例に応用している（１(7)参照）。このように柔軟な信頼保護を提案する「暫定的権利外観責任」論は，現在支配的な「表示意識欠缺」論とも連動していて，意思表示

法の価値判断を権利外観責任に導入する点では時代を先取りしたものであったと言えようか。

第4節　キンドルによる「白紙書面の特殊性・交付目的に基づく権利外観責任」論

1．キンドルの見解

キンドルは、「白紙書面の濫用補充」問題は（第3節で紹介したミュラーの論文が公表されて少し経った）1980年代末頃から沈静化を見せ始めたものの何ら解決されたわけではないとして[120]、モノグラフィーのタイトル『権利外観要件とその遡及的除去』が示すとおり「錯誤取消しの認否」も含めて、上記濫用補充事例における交付者の法的責任（いわゆる白紙書面責任）について考察する。なおキンドルの著書は、上記問題を詳細に扱った文献として評価されている[121]。

(1)　白紙書面責任の法的性質「権利外観責任」の確認と問題の所在

キンドルは、白紙書面の濫用補充事例における交付者の責任が「法律行為責任」なのか「権利外観責任」なのか、白紙書面の法的意義から見極めておく。

公然の濫用補充事例では、第三者は、目の前で補充者が白紙書面を完成させるのを見ているため、この者に補充権限が付与されていたと考える。これに対して隠秘事例では、第三者は、すでに補充済みの書面を受け取るだけなので、この者を（伝達）使者と考える。とにかく補充授権との関連では、白紙書面は、「第三者にとってせいぜい宣言的な表示価値（deklaratorischer Erklärungswert）を有するにすぎない（傍点筆者）」こと（観念の通知）から、上記責任の法的性質は、権利外観責任であることが確認される。

かくして善意の第三者保護の観点から、白紙書面事例において外観要件が存在するか、その及ぶ範囲はどこまでかが問題となる[122]。

(2)　白紙書面の正常補充の法律構成

ただ第3節のミュラー同様、問題解決を容易にする意味から、キンドルも、まずは白紙書面の補充が合意どおりになされた場合（「正常補充」事例）の法律構成を考える必要があるとして、（第3節1(2)ですでに紹介された）使者説、代理権説（Vollmachtstheorie）の問題点を——本章では割愛したが——挙げた上で、次のとおり白紙書面の特殊性から問題解決の難しさを指摘する。

署名しかない（まったくの）白紙書面でも後に補充されれば，交付者の意思表示となる。隠秘の補充事例はもとより公然事例でも，補充者はたしかに白紙部分につき自己の意思決定（eigenes Willensentschluss）を行うが，所詮は交付者の意思表示を「完成させた（perfiziert）」にすぎない。かくして補充者は，行為形態から見れば「使者」であろうが，ただ（上記のとおり白紙書面の完成に際して自己の意思決定を行ったという）機能から見れば「代理人」として行為する。このような，公然事例でのみ対外的に現れる「行為の『形態』と『機能』の乖離（Divergenz）」については，残念ながらBGBで規定されていないがゆえに，法的評価を困難にしている。[123] そもそも正常補充事例において，交付者の法律行為責任（交付者への効力発生）を理論的に説明するのがいかに難しいか，明らかになった。

とはいえキンドルは，補充者に「自己の意思決定に基づいて他人の（＝交付者の）意思表示をし，交付者に直接その法的効力を生じさせる（筆者括弧書・傍点）」権限が与えられていることから，「補充権限が任意代理権に近いこと（近似性）」は否認されてはならず，代理規律の（類推）適用をそのつど検討すべきであると結論づける[124]（補充権限付与（いわゆる補充授権）・代理規定類推適用説，第1節1(1) e も参照）。

(3) 公然・隠秘の各濫用補充事例における外観要件とその射程

いよいよ前述(1)末尾で判明した「権利外観責任」を前提とした濫用補充問題の解決について，キンドルは，次のとおり公然事例と隠秘事例では第三者の信頼する法的事実が異なることから，ここでも第3節1(3)のミュラー同様，両事例を区別してこの者の客観的要保護性，つまり客観的な外観要件（objektiver Scheintatbestand）を考察する。[125]

a 公然事例の外観要件は，補充者が交付者の白地署名がある書面を手にしている事実であり，これにより第三者は，実際は濫用補充事例であるにもかかわらず，合意された範囲内での補充と交付者の意思表示の伝達につき権限（つまり補充権限と伝達権限）を付与されていることを信頼する（実際に付与された補充権限を越えた信頼）。かくして交付者の権利外観責任を根拠づける信頼の基礎（Vertrauensgrundlage）を承認するにあたり，（BGB 172条1項の規定する）代理権授与証書と白紙書面の類似性から，172条1項の類推適用を志向する。[126]

ただその際，第3節1(4)のミュラー同様，キンドルも，代理権授与証書と白

紙書面との差違に留意する必要があると言う。すなわち，前者は，証書自体から対外的に宣言された代理権の範囲を推論させるのに対して，後者は，(交付者の意思表示を完成させて効力を生じさせる) 補充権限の存在自体は推論させるものの，その範囲まで明らかにするものではない[127]という重要な差である。

かくして慎重な判断を要する「外観要件の及ぶ範囲」の決定にあたっては，(第三者が本人に対し代理権につき調査確認するには及ばないという考え方に基づいてBGB 172条で規定された)「通知 (Kundgabe)」がいかなる範囲の補充権限にまで及んでいるのかが重要となる。そして上記のとおり白紙書面の場合，書面自体からは直接，補充権限の範囲は明らかにならないため，代理権授与証書の場合 (BGB 172条) に比べれば，第三者には補充権限の範囲を調査確認する契機があるということになる。ただし第三者が，たとえば交付者との事前交渉から知った事実を考慮して上記調査確認をしなかったときは，その限りでない[128]。

b 上記aの公然事例に対して，隠秘事例では，そもそも代理権授与証書との類似性が認められない。第三者は，補充された白紙書面であるにもかかわらず交付者自身がすべて作成したものと信頼している (実際には存在しない表示の真正性に対する信頼) からである。

かくしてキンドルは，(公然事例に比して)「隠秘事例の第三者はより悪いあるいは良い立場に立たされない」という第3節1(3)b・(4)bでミュラーも援用したカナーリスの利益衡量を根拠に，上記aの公然事例の原則を隠秘事例にも妥当させることができないか，検討する。ここでは結論のみを述べれば，キンドルは，第三者の要保護性の観点から，隠秘事例の権利外観要件は通常 (上記aのとおり補充権限をにおわせる) 公然事例よりも強いとして，勿論解釈の説得力 (Überzeugungskraft des Erst-Recht-Schlusses) をもって隠秘事例でも上記ミュラー同様，公然事例と同じ結論になるとする[129]。

(4) 公然濫用補充を軸とした帰責性論の展開

次に，上記(3)で議論された権利外観要件を前提に，帰責性の議論へと移る。

a 公然事例では，すでに(3)aで前述した「代理権授与証書と白紙書面の類似性」から，キンドルは，BGB 172条1項同様，交付者が白紙書面を補充者に手交したことを帰責要件とする[130]。

隠秘事例でも，交付者が，白紙書面を手交することにより，濫用リスクを初めから意識的に惹起している点で公然事例と変わりはない。かくして帰責性の

面からも，キンドルは，「隠秘事例の交付者は公然事例よりもより良い立場に置かれてはならない」という（上記(3)bの）利益衡量の正当性は裏づけられたとする。[131]

　b　ところで，実際には起こらない公然事例を原則としてその解決を隠秘事例に転用する（(3)b・(4)a 参照）のは憂慮すべきというライニケ（Dietrich Reinicke）とティートゥケ（Klaus Tiedtke）の批判に対して，キンドルは，たしかに「通常は濫用の発覚を恐れて相手方の面前で補充しない」実情はそのとおりだが，法律学では「What-if („was wäre wenn")」分析手法がこのような論証の価値に疑いを持つことなく頻繁に利用されていることから，ともかく上記カナーリスのアプローチ自体に論理的誤りはないとして，上記批判を退ける。[133]

(5) BGB 119条の錯誤の存否と取消しの可否

　次に上記(4)までの議論を踏まえて，白紙書面の濫用補充事例で BGB 172条の類推適用により権利外観責任を負う交付者が「補充者の権限踰越」を理由に 119条1項の錯誤取消しを主張できるかについて，キンドルは検討を加える。

　a　まず，そもそも上記錯誤が存在するか，見ていく。

　aa　補充者が指図どおりに行為するであろうという交付者の表象（Vorstellung）は，単なる動機でしかないため，所詮は動機の錯誤である。また補充者自身は，故意に権限を踰越しているため，錯誤に陥ってはいない。[134]

　bb　ただ上記考え方について，キンドルは，白紙書面が濫用補充された結果は「交付者の意思に合致しない，交付者の意思表示である（傍点筆者）」という特殊性を看過するものであり，次のとおり取消可能な錯誤は存在すると言う。比較対象となりうる「読まずに署名した書面」事例において，この者が当該書面の内容につき異なる表象を抱いていたときは，通説によれば，錯誤取消しが認められることから，上記濫用補充事例でも認められることになろう。[135]

　b　さりとてキンドルは，（濫用補充事例で意思と表示の不一致を生ぜしめた）補充者は自己の意思決定に基づいて白紙書面を完成させ第三者に呈示していて，この行為は「機能面から見れば代理人のそれに等しいこと」から，「補充者の権限踰越」を理由に錯誤取消しを認めることを疑問視する。事の発端は，交付者が BGB 164条以下の代理とは異なり法律上規定されていない非典型的な労働分業形態を選択したことにある。この選択は非難されるべきものではないが，交付者が取消しの——第三者からすれば不意打ち的な——結果として利益

を得るのは正当かどうかが，問われよう。また法感情（Rechtsgefühl）としても，白紙書面の交付者は，表意者がただ単に完成した表示の伝達を使者に委ねる場合に比べて，意思表示の完成を委ねている点でより多くの信用を補充者に与えているので，錯誤取消しを認める結論には満足できない。[136]

c　かくしてキンドルは，交付者が相手方との間で法律行為を成立させるために交付した——代理権の存在・範囲につき第三者を安心させて代理行為の成立を促す代理権授与証書と同様の——「白紙書面の役割」から上記取消問題にアプローチすべきであるとして，（代理権授与証書の交付・呈示による通知をも含めて規定した）BGB 171条以下の表見代理が取消しを排除する根拠，つまり「本人から代理権の存在・範囲につき通知を受けた第三者は本人に対してさらなる調査確認をする契機を持たないため，本人に通知内容の正当性リスクを負担させること」が白紙書面の濫用補充にも当てはまるかどうかを検討する。

aa　公然の濫用補充事例では，上記「白紙書面の役割」を前提に，交付された白紙書面による補充権限の外観が及ぶ限りで，上記根拠が取消しを排除することは明々白々である。

bb　これに対して隠秘事例では，交付者は，白紙書面の交付により，「補充者の協働は背景に退くか，まったく隠れたままであり」（つまり補充者はただ単に使者として行為するか，補充した白紙書面を郵便に出すことでその姿すら見せず）表面上はその内容すべてを交付者自身が記載したという「——公然事例との比較において少なくとも同程度の大きな——危険（傍点筆者）」を意識的に惹起しているわけだが，果たしてこれが交付者の役に立っているのかが，問題となる。隠秘事例では，たしかに代理権授与通知との類似性を示唆する権利外観は存在しないが，公然事例同様，白紙書面は，相手方との法律行為を成立させる目的で交付されている。

かくして隠秘事例でも上記白紙書面の役割を確認できたことから，キンドルは，交付者が善意の第三者に対して書面表示の外観上の真正性（scheinbare Authentizität）を根拠に（いわゆる白紙書面）責任を負う場合，もはや取消しの余地はないとする。[137]

d　最後にキンドルは，上記 c の結論によれば，補充者が故意に濫用行為をした場合に交付者は取消しができないが，さりとて他方で補充者が錯誤に陥って白紙書面を完成させた場合は（意思の欠缺等は代理人を基準に判断すると規定し

た）BGB 166条1項の類推適用により取消しが認められるため，評価矛盾を来していることが疑われるが，次の理由からこれを否定する。

第三者が保護されるのは，白紙書面の交付により作出された権利外観が及ぶ範囲に限られており，公然，隠秘両事例の上記外観は，補充者が重要な錯誤に陥っていないことを示すものではないからである。隠秘事例でも，上記「補充者が陥った錯誤は，表示の外観上の真正性という白紙書面に存する，署名者が責任を負わなければならない特殊な危険の帰結ではない」。かくしてBGB 166条1項の類推適用により，上記補充者の錯誤を理由に交付者は取消しをすることが認められる。ただし，補充者の錯誤が自己に実際付与された補充権限の範囲に関わる場合，交付者が権利外観責任を負う限りで，取消しは排除される。[138]

2．小　括

以上，キンドルの見解を見てきたが，第3節のミュラー説との比較において特筆・評価すべきは，白紙書面の特殊性・交付目的（役割）を濫用補充問題の解決に反映させて結論を導き出した点であろう。すなわち，交付者の責任が権利外観責任であるという共通の前提に立ちながらも，濫用補充された白紙書面は「交付者の意思に合致しない，交付者の意思表示である（傍点筆者）」という特殊性を重視し，「読まずに署名した書面」事例に準じて取消可能な錯誤の存在自体は認めた。ただその上で，白紙書面の交付が代理権の存在・範囲を告知する代理権授与証書と同様，交付者・相手方間の法律行為の成立に向けられていたというその目的に鑑みれば，これを補充者から受け取った相手方はもはや交付者に調査確認をする必要はないことから，書面内容の濫用補充リスクを交付者に負担させることができるとして，最終的には錯誤取消しを排除する。

第5節　現在の判例・学説状況

以上第3節のミュラーと第4節のキンドルは，権利外観責任（とくにその成立範囲・限界）とBGB 119条の錯誤取消しの関係について詳細な議論をした上で結果的に対峙していた。しかし現在の判例・学説は，彼らの議論に応接することなく（第2節2(1)のリーディング・ケースたる）BGH 1963年判決に追随し，権利外観責任の性質・趣旨から錯誤取消しを排除するという強固な信頼保護を善

意・無過失の第三者に認める傾向にある。なお，上記1963年判決は「『……白紙書面を補充する代理権』を有するかという問題が本件では取引相手方に提起されるであろうことを示唆した」が，「これ以降の判決は『書面を……補充する授権ないし白紙書面の補充権限』に注意を向けさせる」と分析されているように，判例が「白紙書面の濫用補充」を代理ではなく補充権限の付与に関わる問題であるとした点（補充権限付与（いわゆる補充授権）・代理規定類推適用説の明示的採用）には留意すべきであろう。

1．判例による BGB 172条類推適用法理の拡大

(1) 補充授権の方式不備による白紙保証の無効と BGB 172条類推適用法理の拡大

ところで第4節のキンドルの著書とは若干前後するが，BGH 1996年2月29日判決（BGHZ 132, 119）は，BGB 766条1文の方式不備（Formfehler）を理由に無効とされた白紙保証の正常（つまり合意に従った）補充事件にも判例の172条類推適用法理は妥当すると判示した。すなわち（隠秘事例を念頭に），方式に従った授権をせずに白紙保証をしたため当該保証が無効となる場合であっても（詳細は次の(2)a 参照），保証人が「帰責性をもって誠実な取引相手方の信頼しうる権利外観を作出」し，完成された書面を取得した債権者が「当該書面は有効に授権されなかった第三者により補充された（傍点筆者）」事実を看取できなかったときは，保証人は，有効な（授権を前提とした）保証であったという権利外観に対する責任を負う（詳細は(2)b 参照）。

(2) 上記拡大への疑問

a ただこの1996年判決による BGB 172条類推適用法理の拡大は，方式不備により無効と判断された白紙保証という本件特殊性の観点から強い疑義を生じる（批判については，後述(3)参照）。

なぜなら，この判決が，軽率・無思慮な保証人保護の観点から保証の書面性を要求した BGB 766条の空洞化を阻止すべく，従来「（代理行為との独立性を前提に）代理権授与に関する方式自由」原則を規定した167条2項の類推適用により補充授権につき方式を問わなかった判例（RGZ 57, 66；RGZ 76, 99；BGH NJW 1962, 1102；BGH NJW 1992, 1448）を変更したからである（上記のとおり「保証人の意思に合致する」（正常）補充であったため，判例変更さえなければ「有効な保証」とされる事件であった）。すなわち「文書にして（schwarz auf weiß）」という判決

文に表れているとおり,「方式を要する保証は,保証人が白地署名をし他人に口頭で当該書面の補充権限を付与するという方法では,有効になされ得ず」,「商人でない者は,他人に保証を行う権限を,書面でしか有効に与えることはできない」[147]（判旨部分）[148]。白紙保証の補充に関する口頭の授権だけでは,BGB 766条1文の方式要件（「書面性」）[149]を充たさず,当該保証は無効となる[150]（結果的に167条2項の類推適用は制限される,いわゆる「167条2項の目的論的縮減（teleo-logische Reduktion)」）[151]。さらに書面の方式に関してBGB 126条1項が要求する自筆署名では足りず[152],白紙保証が書面性を充たすのは,保証人が保証契約の本質的要素（つまり保証の意思はもとより,債権者,主たる債務者,保証債務の範囲）を記載した上で書面により授権した場合に限られることになった[153]。白紙書面の交付者は,「自らその意思表示の一部を交付しようとする」わけであるから,実際上は代理ではなく方式が問題になっていること[154]からすれば,当然と言えようか[155]。この判決以後,白紙保証が下火になることも予想される[156]。

b ただ——問題はここからで——それにもかかわらず,結果としてBGH 1996年判決は,もっぱら隠秘補充事例を念頭に,方式不備ゆえに無効な補充授権においても（この事実を知り得ない債権者との関係では）BGB 172条の類推適用により,当該無効を度外視して白紙書面に基づく権利外観責任を保証人に認めた[157]。BGBは,WG 10条・ScheckG 13条とは異なり,方式の無効性に対する「善意の保護を知らない」,つまり方式不備は第三者の善意により治癒されないにもかかわらず[158],（隠秘事例において）債権者が完全な書面を入手し外見からは他人による補充を看取できないときは,白地署名者は権利外観責任を負うとされてしまったのである[159]。この立場は,「その後の判例によっても踏襲され,学説の多くからも基本的に是認されている」[160]。ちなみに公然補充事例では,相手方の面前で方式不備の書面に補充がなされているため,相手方が方式不備に関する善意・無過失という保護要件（BGB 173条の類推適用）を充足することはない[161]。もとよりBGH 1996年判決も（隠秘補充事例で）「保護に値するのは……当該表示は保証人本人がしたものと判断してよい者,つまり有効な授権を受けていなかった第三者が補充したことを当該完全な書面から看取できない者に限られる」と判示したように,白紙書面の交付を受けて補充した者が（白紙保証の相手方たる）債権者であった場合も,この限りでない。

(3) ビンダーの判例・学説批判

　この結論に対して，たとえばビンダー（Jens-Hinrich Binder）は，問題の発端となった「白紙書面の方式有効性（Formwirksamkeit）」の問題は，一方で白紙書面による表示の帰責問題と，他方で法律上の方式規定・その規律目的との緊張関係に位置している」ことを的確に指摘した上で，「方式規定の第一義的な名宛人（primärer Adressat）は表示の交付者である（傍点筆者）」として，そもそも167条2項の類推適用自体を否認する。さらに軽率・無思慮な保証人保護を目的としたBGB 766条1文の警告機能（Warnfunktion）に鑑みれば，126条に違反し「125条の無効制裁（Nichtigkeitssanktion）」を覆すことは許されないため，方式無効の白紙保証をした者に対して171条，172条の類推適用により履行責任を負わせることはできないとして，判例・通説に反対する。

　かくして上記覆滅は，「具体的な法律行為に適用される方式規定を変更することによって」しかできないというわけである。上記BGB 766条1文の保護目的との矛盾を避けるのであれば，履行責任を内容とする権利外観責任ではなく——エクスラーが正当にも指摘したように——契約締結上の過失責任に関する（「法律行為類似の行為によって生じる接触」を規定した）311条2項3文による信頼利益の損害賠償責任が妥当ということになろうか。

(4) BGB 172条類推適用法理の限界

　このようにBGH 1996年判決は，第2節2(1)の1963年判決で問題となった「BGB 119条の錯誤取消規定の類推適用」の可否にとどまらず新たに766条違反による無効との関係でも，172条の類推適用による権利外観責任の限界について——ただ結果的にはいずれの判決もその限界を否定したわけだが——問題提起をしたと言えよう(ただ本章では，白紙保証に特化した書面性要件に関わる問題への言及はこの1のみにとどめる)。

2．白紙書面の濫用補充におけるBGB 119条1項の錯誤取消可能性の排除

　ところで従来議論されてきた「白紙書面の濫用補充におけるBGB 119条1項の錯誤取消可能性」について，支配的な権利外観責任構成では，これを肯定しようとする第3節のミュラーの見解は少数説にとどまり，多くの学説は，第4節のキンドル同様，これを認めない判例を支持する。

第4章　白紙書面の濫用補充と交付者の法的責任

(1) BGB 119条1項の錯誤取消しを認めない権利外観責任説

たとえばメディクス（Dieter Medicus）は，（BGB 172条が直接適用される）「代理権授与証書の場合，代理権授与者は，代理権者の表示を欲していなかったことを理由にこの者の表示を取り消すことはできない」ことからすれば，172条が類推適用される白紙書面の濫用補充事例でも同様であると述べる[169]。この理由づけを支持した上で，ヴェルテンブルフ（Johannes Wertenbruch）は，濫用補充により「欲しなかった内容の意思表示を帰責される」作成者がこの法律効果を錯誤取消しにより除去できるならば，「権利外観責任は空転する」と言う。要は，補充権限を付与された者についての見込み違いに起因する「権利外観責任に特徴的な」濫用補充リスクは，（補充権限を付与した）「当該書面の作成者が全面的に負担す」べきということである[170]。またビッター（Georg Bitter）は，意識的に濫用リスクを招来させたことも理由とする[171]。より正確に言うならば，白地署名をするということは，その後に自己の期待に反して，つまり単なる動機の錯誤状態で，所持人が思うがままの内容（beliebiges Inhalt）を補充したとしてもこの内容の表示を自らしたと理解されることを意味するからである[172]。さらに濫用補充リスクを意識的に惹起した交付者は，これに影響を及ぼさなかった第三者よりもこの危険の「近くにいる」[173]。このように帰責原理として，少なからず危険主義が強調されている。

なお，白紙書面の補充事例に代理規律を類推適用する判例・通説では，BGB 166条1項の類推適用により，意思欠缺の有無を判断する基準となるのは作成・交付者ではなく補充者とされるが，この者は誤って指図に反した補充をしたのではなく意図的に濫用していたため，錯誤の存在自体が認められないことも付け加えられようか[174]。

(2) 錯誤取消しの例外的許容

ただし上記(1)の見解においても，次のような，署名者がすでに白紙書面の交付の際に自ら意思欠缺の状態にあったとき，取消しは認められる。

【具体例：サイン会】
歌手が，サイン会で，色紙を白紙書面とすり替えられて渡され，気づかずにこの書面に署名する。歌手は，表示意識を欠くため法律行為上の表示をする意思がないことから，表示上の錯誤を理由に取り消すことができる（BGB 119条1項）。当該取消しは，歌手が帰責性をもって権利外観を作出したわけではないので，権利外観法理によって排除されることもない[175]。

第6節　白紙書面の問題解決に対する複数のアプローチと若干の検討

1.「白紙書面」事象の法律構成
(1)　ボルクに代表される一般的見解の再確認

「白紙書面の作成・交付 → 中間者による白紙書面の補充・完成（→ 表示相手方への伝達） → 作成・交付者の意思表示としての効力発生」という「白紙書面」事象の法律構成は，最近もボルクが正当に指摘するように中間者の法的性質いかん，つまり「使者か代理人か，あるいはそれ以外の特殊な存在か」に関わるが，「しばしばおろそかにされ，まったく容易なことではない」。また上記構成は，とくに白紙書面の濫用補充事例において——後述2(1)b・3(1)のヴェルバも近時あらためて指摘したが——第2節の判例における「意思表示」構成から「権利外観責任」構成への転換で見られたとおり，交付者が負う責任の法的性質と，錯誤取消しの可否をめぐり当該責任の内容・範囲を左右する。ここでは，頻繁に引用・参照されるボルクの民法総則の基本書を使いつつ一般的見解を再確認しておきたい。

a　ボルクは，上記「白紙書面」事象を次のように説明する。

作成者（いわゆる背後者（Hintermann））が「白地署名をした段階では，いまだ完成された意思表示は存在しない。後に補充される内容を，すでに背後者の法律行為上の意思が覆っていようとも，この意思は，いまだ法律行為の本質的部分（essentialia negotii）すべてにつき対外的には完全に表されていないから」である。

それでは中間者（補充者）は，法的にいかなる存在と考えるべきであろうか。

aa　表意者の白地署名をした書面を補充するとき，この補充者は，表示の内容につき表意者とともに決定するから，使者とは言えない。白紙保証を例に取れば，（被交付者たる）主債務者が保証人の白地署名をした保証書面にその金額を書き込むときは，「保証人がすでに交付した意思表示を伝達するにとどまらない。主債務者は，『配送人（Transportperson）』であるのみならず表示内容の決定にも加わっている」。

さりとて（補充を行った）主債務者は，BGB 164条以下の代理人でもない。（相手方に隠れてすでに書面を補充した）隠秘事例では，「通常，そもそも他人の名で

(im fremden Namen)」，つまり代理人として行為したのではなく，「せいぜい他人の名の下で（unter fremdem Namen）」，つまり他人の名をいきなり示して行為したにとどまる。「補充により完成された書面表示は，法取引上は，署名者の意思表示として現れるからである（傍点筆者）」。

　bb　そこでボルクは，次のように説明する。「補充者は，決定的な意思表示を自ら完全に表示したわけではなく，ただすでになされた署名者の意思表示を補充して完成させたにすぎないことから，署名者の法律行為上の意思と補充者のそれが，共同で作用する。つまり問題となっているのは，使者と代理の間に位置する『署名者の意思表示の労働分業的作成』である（傍点筆者）」。

　かくしてボルクは，「補充者が署名者とともに意思表示の内容を決定している」ことから，「白紙書面の補充」という（法律上規定されていない）非典型的事象への代理規律の類推適用を導く。「代理の場合のように……補充授権が補充者になされていた場合」（「白紙書面の正常補充」事例）は，「補充者の容態は署名者に帰せしめられうる。補充授権と任意代理権が同様の，要するに他人の容態（Verhalten）を帰せしめる根拠（Zurechnungsgrund）になる機能を果たす。この根拠が存在するときは，署名者を，補充者の完成させたところに拘束することが当を得ている」[178]。

　b　上記 a のボルクに代表される支配的見解について，近時ドイツ法の「白紙保証」の議論を参照してわが国の「白紙保証」の解釈論を展開する山本教授は，公然補充か隠秘補充か，補充者は誰か，「交付者・補充者・相手方間の個別的な事情や経緯の小異に左右されずに，統一的・安定的な理解を可能にする」点で，補充権限（と伝達権限）を「使者でも代理でもない，書面による意思表示に特徴的な独自の概念」であるとして賛成する。

　敷衍すれば，「補充者自身は……意思表示をするつもりもなく，書面にあるのは交付者の意思表示であると認識しているのが通常である」。補充者は，相手方に交付者の意思表示を伝達して合意を導くことを意図していて，公然，隠秘いずれの補充事例においても「通常，補充者自身の意思表示は存在せず……代理意思もない」。このような「事態の自然な経過に即して」白紙書面の法律構成を考えれば，交付者は，補充者に対して「書面の空白を補充する権限」に加えて，「その必然的延長として……完成された書面による意思表示を伝達する権限も授与するものと理解すべきである」。とくに中心となる補充権限につ

いては，代理権と比較して，「意思表示の内容の一部を補充者自身が最終決定できる点で」類似するが，ただ「あくまで交付者の意思表示である点で」相違する[179]。

(2) **筆者の所感**

以上の点について，筆者の所感を述べれば次のとおりである。

a 白紙書面による未完成の意思表示（いわば意思表示の原案）と言えども最終的には署名者の意思表示として効力を生ずるという形式・効果面から直截に説明をすれば，白紙書面の問題は，意思表示法の一般規定により処理・解決するのが自然であるということになろう。この「意思表示」構成をかつての判例・学説が前提としてきたことは，第2節1で見たとおりである。

ただ問題は，公然補充という理論上の原則的事例をまず念頭に置けば，表示相手方は所持人が白紙書面を補充し完成させている場面を目の当たりにしているため，白紙書面はあくまで未完成の白地署名者の表示原案でしかないこと，白地署名者は白紙部分の完成を補充者に委託していること，補充者が協働して交付者の意思表示を完成させた上で相手方に伝達するという（単なる使者を越えた）重要な役割・機能を果たしている実態を無視し得ないことである。このような「署名者の意思表示の労働分業的形成」という（代理とも通じる）白紙書面の機能的特徴に鑑みれば，代理規律を類推適用するという方向性に異論はないだろう。

それならもう一歩踏み出して，たとえば代理の法的構成について「代理人の『効果意思』は観念されていない」ため「代理人の位置づけは使者と近似する」と考える近時有力な本人意思重視構成（たとえばミュラー・フライエンフェルス(Wolfram Müller-Freienfels)の統一要件論）[180]の後押しを受けつつ，顕名主義との関連でわが国の署名代理論のような緩和された理解を前提にすれば，白紙書面問題に代理規律を直接適用することもまったくあり得ないわけではない。たださすがにG. フィッシャーが批判するように，署名者の書面表示の完成を委ねられたにすぎないという白紙書面補充問題の特殊性に鑑みれば，代理の中に含めるべきとの結論ありきで「代理概念をできるだけ広範に捉えようとするのは，方法論として正しくない」[181]ため，行き過ぎであろう。「BGB 164条以下に内在する本人の代理（Repräsentation des Geschäftsherrn）という考え方」は，「すでに概念上必然的に本人と代理人という複数（当事）者関係（Mehrpersonenverhältnis）の開示を前提とする（傍点筆者）[182]」はずである。この点，山本教授も，署名代理として強引に顕名を認めるわが国の理解は，公然補充事例でも「無理を伴うが」，隠秘事例では「補充者は相手方に書面を交付するだけであるから，さらに強引な感がある」と言う[183]。

ただいずれにせよ，「『補充授権』により白紙書面の交付者は，被交付者の（補充：筆者挿入）行為によりもたらされる規律に同意したと考えるのが自然である[184]」ため，少なくとも代理規律を類推適用する，ひいては「代理権授与」とともに「補充授権」をも包摂する「資格付与（Legitimation）」概念で署名者への意思表示の帰属自体を説明することは可能であろう[185]。この（補充資格付与・代理規定類推適用説とでも言うべき）あたりが，議論の落としどころとなるように思われる（前述(1) a bb 参照）。

b　しかしながらこのような一般的見解以外にも，公然の白紙書面補充事例では対外的に認識しうる補充者の「裁量の余地」からこの者を代理人とし，隠秘事例では対外的に見て使者とする対外的峻別説も主張されている[186]。

この見解については，たしかに公然事例の補充者を代理人と積極的に位置づける点には躊躇を覚えるものの（あくまで署名者の白紙書面表示を補充し伝達する権限を付与された者であろう），表示相手方から対外的に見て公然事例，隠秘事例により補充者の法的位置づけ，つまりは白紙書面の法律構成を峻別するアプローチに，筆者は惹かれる。なぜなら，法律行為の形成に複数当事者が関与する場面では，まさに代理法が顕名主義を原則としたことから分かるように（上記 a 参照），取引安全保護の観点から問題解決の際に基礎となる各関与者の立場を明らかにしておくことが求められるからである[187]。たとえ代理権が存在していようとも代理人が顕名を行わず諸般の事情からも代理意思が明らかにならなければ，相手方は，本人の存在，ひいては代理制度の利用を知り得ず契約当事者は行為者（たる代理人）自身である（単なる二当事者間の通常取引）と考えるはずである。かくして BGB 164 条 2 項（わが国の民法 100 条も同様）によれば，代理人の錯誤取消しも封じ込められ代理人自身の行為として効力を生じることになる。この処理が，法律行為の形成において複数当事者関与のもとで労働分業がなされる場面の原則を意味するのではないだろうか。

そうであるならば，たしかに公然の白紙書面補充事例では，相手方は，白紙部分が補充されていく過程を見ているため，白紙書面は署名者の不完全な意思

表示であることを前提にこれを今日の前で補充して完成させる者の存在を認識していて,この者の補充権限を信頼して完成書面の引渡しを受けているはずである。かくして,代理規律を類推適用する一般的見解に違和感はない。

だがこれに対して,隠秘の補充事例は,対外的に見れば上記公然事例とはまったく様相が異なる。相手方は,すでに完成された白紙書面による意思表示を伝達されるにすぎないため,補充者を伝達使者としか考えておらず,(代理人,代理行為に準じる)補充者,補充行為の存在自体を知らない。相手方は,交付者本人が一人で完成させた書面表示であると考えていて,当該書面の真正性を信頼しているのである。この信頼の対象・内容に着目すれば——相手方から対外的に見て,補充に関する「裁量の余地」が被交付者に認められているかどうかにより(代理人に準じる)補充者か伝達使者かを区別する考え方では——隠秘補充の法律関係に,代理規律をいくら類推であれ適用することについては,即答できず検討を要しよう。むしろ相手方には,「署名者の意思表示の労働分業的作成」は見通せなかったわけであるから,第2節1のかつての判例・学説のように,署名者の意思表示としてこの者に帰せしめる説明(いわゆる「意思表示」構成)の方が,出発点として無理がないようにすら思える。だからこそ,それにもかかわらず代理規律の類推適用を主張するのであれば,たとえばとくに濫用補充事例へのBGB172条の類推適用との関係で——第3節1(3)bのミュラーや第4節1(3)bのキンドルが参照する——利益状況に基づく観点から隠秘事例を公然事例と同様に扱うべきであるとしたカナーリスの特別な根拠づけが必要となるわけである。

2.白紙書面の濫用補充と交付者の法的責任

次に白紙書面の濫用補充事例では,交付者に法的責任を負わせる法律構成,つまり責任の法的性質が法律行為責任なのか権利外観責任なのかが問題となり,その帰趨は当該責任の内容・範囲にまで影響を及ぼす。すなわち,上記1の議論をそのままスライドさせて,濫用補充された白紙書面による意思表示は,白地署名者の意思表示であることを出発点に「内容または表示上の錯誤ある意思表示」と考えて(錯誤取消しに関わる)BGB 119条・122条の適用により法律行為(履行)責任を信頼利益の損害賠償責任へと軽減するのか,それとも上記意思表示の形成に協働した補充者の役割に着目し「補充権限の踰越」を出

発点に無権限補充による不確定的無効（177条の類推適用）を前提とした上で172条を類推適用して相手方の信頼を積極的に保護するのかということになる。

(1) 旧来の「意思表示構成による法律行為責任」の継承

　a　この点，かつての判例・学説は，第2節1で見たように，上記前者の立場を採用して白地署名者の錯誤取消しを認めてきた。これによれば相手方は，BGB 122条の信頼利益の損害賠償請求の限度でのみ消極的に保護されることになる。

　b　上記見解は，第2節2以下で見たとおり判例・通説のBGB 172条類推適用法理に取って代わられたが，細々とライニケら（第4節1(4)b参照），そして近時ヴェルバへと受け継がれている。

　ヴェルバは，公然の濫用補充事例，隠秘事例とも，補充者は代理人として自己の意思表示をしているわけではないという白紙書面の特徴から，次のとおり交付者の責任を代理ではなく意思表示法により探求していく。とはいえ白紙書面は，作成者の意思表示の原案でしかなく，補充により初めて完成しその効力を生じるという特殊性は認めている。

　「白紙書面は，相手方から見れば（BGB 133条，157条）この者が信頼し，補充権限の踰越や消滅を知らない限りで信頼してもよい交付者の意思表示である（傍点筆者）」。交付者は，自ら完成させておけば本来回避できたはずの濫用補充リスクを，そうしなかったことにより惹起した。加えて，とくに信用できる者を補充者に選任しておけば，上記リスクを抑えることができた。このように自ら惹起し制御できたリスクについては，交付者が責任を負わなければならない。かくして白紙書面（という意思表示の客観的要件）に，意思表示規定によれば，作成者は自己の意思表示として拘束される[188]。ただこの「意思表示」構成の宿命として，後述3(1)のとおりBGB 119条の錯誤取消しを主張すれば，122条により信頼利益の損害賠償責任へと縮減される点には注意を要する。

(2) 現在支配的な「BGB 172条の類推適用による権利外観責任」構成の妥当性について

　だが，上記結論では相手方保護の観点から不十分であるとして，判例・学説が，白紙書面の法律構成自体を見直しBGB 172条の類推適用（いわゆる「権利外観責任」構成）へと方向転換を図ったことは，すでに第2節2，第3節以下等で見てきたとおりである。

　ただ公然事例，隠秘事例のどちらを（出発点となるべき）原則事例と位置づけ

るかにより，次のとおり上記類推適用を正当化する説明が異なってくる。

　a　公然事例という理論上の原則事例から濫用補充問題にアプローチするのが，カナーリスに代表され第3節1(3)のミュラー，第2節2(2)cのヴルムや第4節1(3)のキンドルも追随した現在一般的な見解であろう。

　まず濫用補充の原則事例たる公然事例の白紙書面には，補充権限の外観に対する信頼という点で代理権授与証書との類似性が認められるため，BGB 172条自体を類推適用することについて問題は生じない。だがこれに対して，隠秘事例では，相手方は，交付者が自ら一人ですべて作成した書面表示であるとの外観を信頼している（敷衍すれば，補充者を伝達使者としてしか認識しておらず信頼の対象は補充権限には向けられていない）ため，この点で，代理権授与証書との類似性は存在せずBGB 172条を類推適用することはできないのではないかとの壁にぶつかる。[189] かくしてそれでも相手方保護の観点から上記類推適用を正当化するために，1(2)b末尾で前述したとおり，カナーリスは利益状況に基づく観点から隠秘事例を公然事例と同様に扱うべきであるとの特別な根拠づけを行い，一般的見解もこれに従うわけである。

　b　これに対して，隠秘事例から濫用補充問題へアプローチすることも考えられる。なぜなら，実際に濫用補充が行われるのは，裁判例が示すようにほとんどが隠秘事例だからである。補充者がなぜ自己の役割を隠すのかと言えば，濫用を悟られないためにほかならない（第4節1(4)b参照）。この隠秘事例を問題解決の出発点・中心に据えれば，外見上は（補充者が一切関わらず）交付者がすべて一人で作成した書面表示であったわけであるから，にもかかわらず相手方に，白紙書面であった可能性も疑ってかかるよう要求することは，法取引にとって受忍できない負担を意味する。[190] この点は，隠秘の濫用補充事例では公然事例よりもいっそう，「諸般の事情が何ら疑念を招かない限りで」合意に従って（正常に）補充されたことを信頼できるにちがいないとの指摘[191]にも現れている。

　ただ上記隠秘事例の特徴を踏まえて相手方保護を考えれば，その法律構成が難題となる。相手方は補充権限を信頼したわけではないので，公然事例とは異なり代理法の類推適用を導くのが困難だからである。交付者がすべて一人で作成した（もとより濫用補充を想定し得ない）書面表示であったかのような外観の存在と，白紙書面を交付した者は隠秘の濫用補充リスクを十分予見し得た点に

鑑みれば，交付者が（代理権授与証書と同様）法律行為に関わって相手方を信頼させるために交付したという意味で，BGB 172条の——わが国流に言えば——法理・法意に照らして（つまり権利外観一般法理から）白紙書面による表示責任を負うと説明するよりほかなかろう。実は第2節2(2) a で前述したとおり，BGH 1963年判決も，「あたかも自らが補充された内容も含めて効果意思を有する意思表示として行った」という外観に対する責任の意味で，「自ら署名して白紙書面を手交する者は，その意思に合致しない補充がなされた場合であっても，当該書面の呈示を受けた善意の第三者との関係では，その補充された書面内容を，自己の意思表示として自らに効力が生じることを認めなければならない」と判示していたとすれば，上記説明と矛盾しないものと思われる。

(3) 隠秘濫用補充事例の特殊性

　ところで，わが国の——「濫用補充」ではないが——「方式無効の白紙保証（＝無効な補充権限の付与）」の問題解決にあたって，前述1(1) b の山本教授が，第3節のミュラーや第4節のキンドルにとどまらず現在にまで影響力を有するカナーリスの見解を参照し，公然事例と隠秘事例を区別して相手方の信頼の対象が有効な補充権限の存在か交付者自らすべて完成させた意思表示かという点で異なることを踏まえながらも，第4節1(4) a のキンドル同様，交付者が白紙書面を交付して補充権限を授与した旨を表示したという「問題の発端という意味での帰責性」が同じ点，さらには「個別的経緯に左右され」る白紙書面の補充形態「公然か隠秘か」の「差異によって相手方の保護の可否や法理が大きく異なるのは適切でない」点を強調して，（BGB 172条に相応する）民法109条の類推適用構成を採用する。

　もっとも厳密に言えば次の理由から，隠秘事例では，公然事例を媒介としてその109条類推適用法理を「さらに類推適用するという解釈」（いわば「109条の（二重）類推適用」）によることになる。隠秘事例では，上記のとおり相手方は補充権限の存在を信頼したわけではないので，民法「109条の類推適用により相手方を保護するための基礎を欠く」。しかし相手方から見れば，隠秘事例では「もともと完成済みの書面による意思表示が使者によって単純に伝達された場合と区別がつか」ないため，公然事例よりも「その信頼は保護に値する」であろう。[192]

　なお，本章が考察対象とした濫用補充，つまり補充権限の踰越事例は，わが

国では，民法110条の越権代理規定が類推適用されることになる。[193]

3．交付者の法的責任の縮減・限定可能性

続いて濫用補充において交付者の負う履行責任が縮減されたり，その範囲が限定されたりすることがないのかが，問題となる。危険な白紙書面を交付した点（換言すれば「危険主義」的観点）を強調するあまり，この者の履行責任が広範になりすぎるきらいが散見されるからである（権利外観帰責原理としての危険主義の内在的な暴走リスクとでも言えようか）。

(1) 「意思表示構成による法律行為責任」と錯誤関連規定の類推適用による縮減可能性

ここでも前述2(1)の「意思表示」構成による法律行為責任では，BGB 119条の錯誤取消しを主張して認められれば，122条により信頼利益の損害賠償責任へと縮減されることになる。この解決こそが，2(1)bのヴェルバによれば，「誰もが自らする意思のなかった表示に拘束されてはならない」という「私的自治の原則を正当に評価するものである」と評される。[194] この帰結は，第2節1で見たBGH 1963年判決以前への回帰を意味する。[195] 要するに，濫用補充された書面による意思表示は，BGB 119条1項の錯誤による意思表示なのである。

ただこの点，とくに隠秘事例では，相手方は，自己に呈示された書面表示は交付者がすべて一人で作成したものと信じて疑わない点を強調すれば，そもそも交付者が補充者という中間者を介在させたことに起因する濫用補充リスクを錯誤取消しにより軽減しうるのか，検討を要しよう。あるいは錯誤と言えども，動機部分に存在するにすぎず法律上重要な，つまり取消可能な錯誤には当たらないと考える余地もあろう[196]（後述(2) a も参照）。

(2) 「BGB 172条類推適用による権利外観責任」とその範囲の縮減・限定可能性

これに対して，（代理規律の類推適用を前提とした）BGB 172条類推適用法理による権利外観責任では，そもそも責任の趣旨・性質上，119条の錯誤取消しが問題となり得ない（その結果，信頼利益の損害賠償責任へと縮減され得ない）ばかりか，作成者は未完成ゆえ思うがままに補充されうる危険な白紙書面を交付したという帰責性から，当該履行責任の範囲が無制限となりうる点が危惧される。この点については，どのように考えるべきであろうか。なお，ここで問題となっている交付者の主観的帰責性は，せいぜいのところ「認識ある過失」でしかないという（第3節1(5)b aaのミュラーによる）分析もある。

a　そもそも——前述(1)の見解への批判ともなり得るが——濫用補充事例にBGB 119条の取消可能な錯誤が存在するのかが，疑われる。作成者は，たしかに指図どおり補充してくれるであろうと考えて交付したわけであるが，所詮は交付段階の期待でしかなく単なる動機の錯誤でしかないと考えられるからである。

さらに代理規律を類推適用するという当該支配的構成を採れば，BGB 166条1項の類推適用により，濫用補充における錯誤は交付者ではなく補充者を基準に判断されることになるが，問題の補充者は故意に補充権限を踰越しているため，この者に錯誤は認められない。[197] 前述(1)のように「（交付者の）意思表示」構成を採るからこそ，錯誤取消しという問題が生じると言われる所以である。

ただ上記いずれの考え方も，第4節1(5)a bbのキンドルが正当にも指摘したとおり，白紙書面の特殊性，つまり濫用補充された交付者の書面表示は最終的に交付者の意思（つまり補充に関する合意・指図）に合致しない表示になってしまった点を看過するものであり，（たとえば相手方と交渉を重ねてきた者が）読まずに署名した書面事例に準じて（あるいは第3節1(7)のミュラーのように拘束意思の欠缺から）取消可能な錯誤自体は存在すると考えることは可能であろう。

b　さりとて上記錯誤の存在を認めたとしても，第2節2(1)のBGH 1963年判決が濫用補充事例で交付者の負う履行責任の法的性質を法律行為責任から権利外観責任へと転換した以上，もはや取消しは当該責任の趣旨・性質上問題になり得ないと一般に考えられてきた。この点は，どうであろうか。

この点についても，第3節1(6)のミュラーがカナーリスの「信頼責任の複線性」を批判し展開した「（表示意識なき意思表示という外観の存在を前提に）錯誤取消しを排除しない」暫定的権利外観責任論を採用・応用すれば，権利外観に基づく履行責任を縮減するという意味で錯誤取消しに関わるBGB 119条・122条の規定を類推適用する余地は残されている。問題はその可能性であるが，（権利外観責任に整序される）表見代理の主観的帰責論争を意思表示法の主観的帰責問題に還元する最近有力な「普遍的帰責（allgemeine Zurechnung）論」[198] にも通ずるものであり，検討する価値は十分にあると思われる。

しかしながら，白紙書面の交付者が——意思表示の労働分業的作成に関する規定が法律上存在しないのに——あえて補充者という自ら選んだ中間者を介在させることで濫用補充リスクを惹起している，換言すれば「白地署名者は，第

三者に対して書面という方法で意識的に，単なる使者の派遣を越えた信頼要件を作出していた」ことに鑑みれば，(使者の誤伝につき BGB 119条と同様の要件下で錯誤取消しを認めた）120条の規律（つまり最終的には122条による信頼利益の損害賠償責任）よりも厳格な責任を問われてもやむを得ないとも言えそうである[199]。また第4節1(5)cのキンドルが正当にも指摘したとおり，交付者が白紙書面を相手方との法律行為の成立に向けて交付したという（相手方を安心させて代理行為の成立を促す代理権授与証書と同様の）目的から，これを補充者から受け取った相手方はもはや交付者に調査確認をする必要がないぐらい当該書面に信頼を寄せている（この点，上記キンドルのみならず第3節1(3)aのミュラーも同様）ため，濫用補充リスクを交付者に負担させること，つまり錯誤取消しの排除を導くことは可能であろう。さらに隠秘の濫用補充事例では，補充者という中間者介在の事実さえ分からない特殊性から，相手方は，書面表示は交付者が全部一人で作成したものと信じて疑わず，（中間者をうかがわせる補充の跡が看取される特段の事情が存在する場合を除けば通常一般に）[200]交付者に調査確認する契機を有しないため，補充者なる者のしでかした濫用に起因する錯誤取消しを認めることは難しそうである。

　c　いずれにせよ，aにおいて取消可能な錯誤の存在を認めた上で，bにおいて BGB 119条の類推適用により122条の信頼利益の損害賠償責任へと権利外観責任の内容を縮減する可能性があることを見てきた。これは，危険主義という一帰責原理のもとで白紙書面の権利外観責任が無制限になること（「危険主義による権利外観責任の拡大傾向」）に一定の歯止めを掛けようとする動きであると評価できる。

　aa　もとよりこの動きは，錯誤取消しを権利外観責任に持ち込まない伝統的な判例・通説においても，当該責任の成立する範囲を制限するという形で受け止められている。その代表的なものが，カナーリスの（危険主義を前提にした）「通常の範囲論」（第3節1(4)a参照）であり，「理性的な取引参加者が誠実な態度で，自ら正しく理解した自己の利益を顧慮すれば取引をしなかった」と考えられる，つまり当該取引の通常の範囲を超える場合には，もはや権利外観の射程は及ばないとされる[201]。この制限を支持する者は多いが，ただ次のとおり金額や取引の種類などが白紙の場合，その判断は恣意的なものとなりやすい。

　たとえばヴルムは，白紙保証で5000マルクと書くべきところ15000マルクと

書いても上記範囲に収まると言う（100万マルクならこの範囲を超える）[202]。要するにこの範囲を超えるのは，諸般の事情が何らかの疑念を抱かせる場合（わが国流に言えば不審事情の存在）ということであろうか[203]。実際に，権利外観責任の成立する範囲をどの程度制限することができるか，その実効性は疑わしい。

　bb　かくして，第3節1(4)aのミュラーは，白紙書面の交付者は本来付与する補充権限を限定しているとの制限的立場（あわせて第3節1(5)bも参照）から，交付した補充前の白紙書面を基準に，その外観がどこまで及んでいるかを判断する。とくに書面の白紙部分が取引の重要部分に関わる場合や，白紙部分が多ければ多いほど制限的に捉える。ミュラーの判断基準によれば，補充前の状態を相手方が知らない隠秘事例では，相手方に酷な結果となることも懸念されるが，公然事例よりも過ぎたる積極的（＝履行責任による）信頼保護を与えないとの衡平的見地からすれば，それもやむなしと言ったところであろうか（第3節1(4)b参照）。ただだからこそミュラーは，白紙書面という危険な権利外観を作出した交付者に（上記のとおり履行責任は無理だが）信頼利益の損害賠償（という権利外観）責任を負わせるべく独自の「暫定的権利外観責任」論を提唱した上で，これを上記濫用補充事例へと展開したわけである（第3節1(6)以下参照）。

4．小　括

　以上,「白紙書面」事象の法律構成にはじまり濫用補充事例における交付者の責任の法的性質，その内容・範囲まで見てきたが，その道程は分岐したかと思えば交差し複雑であった。この原因は，ひとえに次の白紙書面の特殊性に関わり，しかも法律上の規定が存在しないことにあると言える。すなわち白紙書面では,「白地署名者が交付した自己の書面表示の補充・完成への協働を他人に依頼し，この他人が自己の裁量で，署名者の意思表示を完成させて相手方に伝達する」という意思表示の労働分業的作成が行われているが，この分業が公然の補充事例でも対外的に明確ではなく，補充者は，外形上，つまり相手方への伝達という点では使者のようであるが，内容補充に際して自己の裁量を働かせている点で実質的には代理人に近い，ただあくまで白地署名者の意思表示を完成させるにとどまる。さらに（裁判例ではその大半を占める）隠秘の補充事例では，相手方に呈示されるのは，交付者が自ら一人で完成させたかのような外

観を備えた完全な書面であり，補充者は単なる伝達使者として現れるため，公然事例とは異なり，意思表示作成に関わる労働分業のプロセス自体まったく見通せないことが，上記問題解決をより困難にしている。なおこの状況を目の当たりにしたとき，複数当事者の関与する法律関係を整理し当該規律を設けるにあたっては，同じく法律行為の労働分業的形成に関わる代理法の「顕名主義」がいかに重要な取引安全保護機能を果たしているのかが，よく分かる。

第7節　おわりに

1．わが国における白紙委任状を含む白紙書面の問題解決への法的示唆

(1) 民法109条の表示責任への志向

　ところで，わが国における白紙委任状を含む白紙書面の問題解決について，基本代理権または補充権限が踰越されて濫用補充された場合を想定すると，民法110条の越権代理規定が直接または類推適用されることになる。ただ白紙委任状や白紙書面を法律行為に関わって相手方を信頼させるために作成者が交付した点を主たる帰責根拠とするならば，わが国でも，（BGB 172条に相応する）民法109条に基づく表示責任という方向性を追求すべきではなかろうか（第6節2(2)b参照）。さもなくば上記基本権限が存在するために，適用条文として，要件および証明責任との関係で相手方に不利な民法110条が選択されることになるが，これはいかにも奇妙である。

(2) 権利外観責任の拡大への歯止め

　またわが国では，白紙委任状の濫用において（信頼保護の原則的な帰責原理「危険主義」により）本人の権利外観責任が拡大しすぎる局面があるとの配慮から，非輾転予定型のうちの（転得者がとくに委任事項欄まで著しく濫用した）間接濫用型では制限を加える議論がなされてきたが[203a]，本章で見てきたとおり——白紙書面一般に関してではあるが——ドイツ法では，わが国でいう（被交付者自身の濫用した）直接型において権利外観責任の成立範囲を制限したり錯誤取消規定の類推適用により履行責任を信頼利益の損害賠償責任に軽減したりする議論が盛んになされている。わが国では，表示意識を意思表示の成立要件としないのが判例・通説であるため，たとえば第3節1(6)以下のミュラーによる暫定的権利外観責任論などは一見，馴染みやすいようにも思われるが，いかんせんBGB

119条の錯誤取消規定といわばワンセットになった（無過失でも取り消した者に信頼利益の損害賠償責任を負わせる）122条に相応する規定を欠くことが，上記理論導入の障壁となろうか。おそらく民法95条の錯誤無効（平成29 [2017] 年改正により取消）[203b]規定の類推適用自体を認めたとしても[204]結局は次のとおり，錯誤無効を認めないというバイアスがかかるだろう。たとえば小林（一俊）教授は，「表示に対する相手方の信頼が保護に値しない場合（錯誤が相手方に認識可能であるなど）にのみ錯誤を顧慮する要件を立てることこそ(積極的信頼保護)，信頼責任・危険分配論による帰責の観点に最も適合する」とする[205]。また河上（正二）教授は，「表示上の錯誤（95条）を論ずる可能性もないではないが……おそらく本人に重過失ありとされるのが通常ではあるまいか」と言う[206]。

２．電子取引上のなりすまし問題解決への法的示唆——第５章への展開

最後に，第１節２(1)で前述したとおり本章執筆の動機は，電子取引上のなりすまし問題の解決にあたって白紙書面の濫用補充事例の法的解決がその手がかりとなるのではないかと考えたからであった。本章で得られた法的示唆は，次のとおりである。

(1) 隠秘濫用補充事例との比較の有用性

電子取引上のなりすましの法律構成を考えるにあたっては，本章の白紙書面がそうであったように，その現象をしっかりと分析することが先決である。その際の比較対象として，隠秘の濫用補充事例が役立とう。とはいえ電子取引上のなりすましは，（アカウントを保護する）ID・パスワードに代表される本人認証番号の所有者本人が行為しているという外観が生じる点で，上記隠秘事例に類似しているものの，もはや相手方から見て，行為者はバーチャルな世界ゆえその姿すら現さない点が特徴的である（隠秘の補充者がその書面を，自らではなく郵便により相手方に送付した場合と同様であろうか）。ともかく，この電子取引上のなりすましの特殊性を踏まえた法律構成が求められる。

(2) なりすまし外観責任の範囲限定の必要性

またID・パスワードを例に取れば，それ自体，いかなる外観の範囲も示さず，むしろこれらの交付を受けてしまえば下手をすると，当該アカウント所有者本人になり代わっていかなる取引も行うことができよう。この危険性をどのように考えるかが，白紙書面以上に問題となろう。筆者は，すでにいわゆるなりす

まし外観責任の範囲を限定する方向性に興味を持ってきたが，——第3節1(4)のミュラーや第6節3(2)c aaのヴルム等により参照された——権利外観の射程を画して履行責任の不当な拡大を阻止するカナーリスの「通常の範囲」論は注目に値しよう。とくにミュラーが提唱した，署名しかないまったくの白紙書面の場合に「経済的に重要でない取引」にのみ限定する考え方（第3節1(4)a参照）や，「錯誤関連規定の類推適用により信頼利益の損害賠償責任に軽減する暫定的権利外観責任」論（第3節1(6)・(7)参照）は，まさに完全なる白紙書面に等しいID・パスワードの交付事例に有用であるように思われる。

1） Vgl. etwa Münchener/Schramm, Kommentar zum Bürgerlichen Gesetzbuch, 6. Aufl. (2012), §172 Rz. 14.
2） Dieter Medicus, Allgemeiner Teil des BGB, 10.Aufl. (2010), Rz. 913.
3） なお通説によれば，BGB（ドイツ民法）126条（書面の方式）は，その文言上，自筆署名を要求するだけであり，当該署名の時点で書面が完成している必要はない（Bamberger/Wendtland, Kommentar zum Bürgerlichen Gesetzbuch, 3. Aufl.(2012), §126 Rz. 6）。BGBの理由書も，はっきりと白地署名を許容していた（vgl. etwa Peter Fischer, Die dogmatische Stellung der Blanketterklärung (1969), S. 35 ; Christopher Keim, Das Ende der Blankobürgschaft?, NJW 1996, S. 2775）。Vgl. auch Claudia Neuschäfer, Blankobürgschaft und Formnichtigkeit (2004), S. 236f.
4） Vgl. etwa P. Fischer, a.a.O.(Fn. 3), S. 64f. ; Johann Kindl, Rechtsscheintatbestände und ihre rückwirkende Beseitigung (1999), S. 119.
　「補充者が白紙書面交付者との取決め（Abmachung）を守る限りで，最広義の意味において次のように言われうる：その署名者は，自ら『欲した』ことに達している」(P. Fischer, a.a.O., S. 79f.)。
　署名とZPO（ドイツ民事訴訟法）上の証明との関係については，次の規定がある。
　ZPO 416条　私文書の証明力
　　私文書は，それが作成者によって署名され又は公証人が認証した筆跡によって署名されている限り，その私文書に記載されている表示が作成者によってなされたものであることについて完全な証明力を有する。
　ZPO 440条　（私文書の真正の証明）2項
　　署名の真正が確定しているとき又は文書上の筆跡が公証人により認証されているときは，その署名若しくはその筆跡のある書面は，真正であるとの推定を受ける。
　上記邦訳については，法務大臣官房司法法制部編『ドイツ民事訴訟法典——2011年12月22日現在』（法曹会，2012年）140頁・144頁から引用した。
　なお，白紙書面の補充をめぐっては，本章で扱う問題以外に，交付後に白地署名者が破産や死亡したり行為無能力になったりした場合にどうなるのか等が問題とされる（Gerfried Fischer, Die Blanketterklärung (1975), S. 30ff.）。
5） 本章では，「補充権（Ausfüllungsrecht）」と表記すると権利的性格の強調（たとえば「財

産権」，とくに形成権（Gestaltungsrecht）としての議論が展開される手形法）を想起させる懸念があったため，白紙書面一般を考察対象とする関係で，本文のとおり「補充権限」と表記する（vgl. auch G. Fischer, a.a.O.(Fn. 4), S. 4 Anm. 4, S. 38ff.）。ただ「代理権」同様，対外的資格，つまりドイツ流に言うと「対内的許可（Dürfen）」ではなく「対外的可能性（Können）」を意味する（後掲注96）参照）。

6) P. Fischer, a.a.O.(Fn. 3), S. 31.

7) Vgl. etwa Helmut Köhler, BGB Allgemeiner Teil, 36. Aufl.(2012), § 7 Rz. 28. 本人の名において代理人が自己の意思表示をする（つまり代理人の意思表示としてその全面的形成を委ねる）代理が認められていることから，ただ単に本人の未完成な書面表示を補充する（つまりその一部形成を委ねる）可能性を与える「補充授権」も当然認められるというわけである。

なお補充授権は，代理権授与と同様に単独行為である（Manfred Wolf/Jörg Neuner, Allgemeiner Teil des Bürgerlichen Rechts, 10. Aufl.(2012), § 50 Rz. 102）。

8) Medicus, a.a.O.(Fn. 2), Rz. 912. 白地手形については少し古いが，ボルフガング・ツェルナー（泉田栄一訳）『ドイツ有価証券法』（千倉書房，1992年）98頁以下参照。

9) Kindl, a.a.O.(Fn. 4), S. 119. Vgl. auch P. Fischer, a.a.O.(Fn. 3), S. 28 Anm. 1.

10) P. Fischer, a.a.O.(Fn. 3), S. 81. Ebenso Medicus, a.a.O.(Fn. 2), Rz. 910.

11) ツェルナー（泉田訳）・前掲注8）101頁も参照。

12) Vgl. Claus-Wilhelm Canaris, Die Vertrauenshaftung im deutschen Privatrecht (1971), S. 57.

13) 「根本的に，表示の法律効果を支えるのは，白紙書面交付者の意思だからである」（Münchener/Schubert, Kommentar zum Bürgerlichen Gesetzbuch, 7. Aufl.(2015), § 172 Rz. 2）。

14) Münchener/Schramm, a.a.O.(Fn. 1), § 172 Rz. 14. Ebenso Susanne Wimmer-Leonhardt, Rechtsfragen der Blankourkunde, JuS 1999, L 83；Münchener/Schubert, a.a.O.(Fn. 13), § 172 Rz. 2.

15) たとえば——民法理論を超越した——手形法では一般に（白地）補充権の財産権的性質が強調される中，清瀬（信次郎）教授は，——結果として白紙書面による意思表示といえども「作成・交付者の意思表示」であるとの民法上の理解に通じると思しき？——補充権否認論の立場から，「白地手形の補充というは，ただ単に，振出人より手形要件記載権限を付与され代行をなすにすぎないのである。この代行は単なる事実行為であり，補充権者の独立した補充権行使というような大げさなものでない」と言う（「白地手形の補充権」亜大29巻1号（1994年）50頁）。類似，渋谷光義「白地手形の補充権に関する一考察——補充権の法的性質とその行使期間」愛媛32巻3・4号（2006年）272頁以下。

16) たとえばボルク（Reinhard Bork）は，補充行為を「純粋な事実行為」と捉えるシュラムに反対する（第6節1(1)a aa 参照）。果たして補充行為が，一部不完全な意思表示を補ったというレベルにとどまるのか，それとも（相手方との法律行為に向けられた）白地署名者の意思表示の本質部分に関わる決定を分担したと言えるのかは，難しい問題である。

17) ドイツで「授権」とは，「『自己の名において他人の権利領域へ法律行為によって干渉する力の付与』，あるいは，『自己の名においてする法律行為によって他人の権利領域へ

干渉しうる権利ないし権能』のことをいう」（渋谷・前掲注15）264頁）。授権は、「他人の名における法律行為」たる代理とは『『自己の名』かに違いはあるものの『他人の権利圏内に直接干渉しうる』点に……代理権に類似する制度と解されてきた」（伊藤進「第２部　代理総論　Ⅳ　『代理』と『授権』の関係についての若干の考察」椿寿夫＝伊藤進編『代理の研究』（日本評論社、2011年）124頁）。

18) 同じく処分授権（Verfügungsermächtigung）に関するBGB 185条、代理法上の顕名主義から一般に否認される債務（義務）負担授権（Verpflichtungsermächtigung）との関連で「補充授権」の意味内容が不鮮明であると指摘するものとして、たとえばJens-Hinrich Binder, Gesetzliche Form, Formnichtigkeit und Blankett im bürgerlichen Recht, AcP 207 (2007), S. 162. あえて言うならば、代理人が自己の意思表示をする（これにより成立した代理行為の当事者効果を本人に帰属させるという構成を採る）代理とは異なり、他人の（権利の譲渡ならぬ）意思表示の作成という意味的関連で「授権」と表現したのであろうか。

　もっとも最新の注釈書では、その本質は代理であるとされながらも、授権のラインアップに加えられている（vgl. Münchener/Bayreuther, a.a.O.(Fn. 13), §185 Rz. 40）。

　なおドイツ法における授権概念の生成、その種類等については、たとえば伊藤進『代理法理の探求――「代理」行動様式の現代的深化のために』（日本評論社、2011年）32頁以下、48頁以下参照。

19) Staudinger/Schilken, Kommentar zum Bürgerlichen Gesetzbuch, Neubearbeitung 2014, Vorbem. §§ 164ff. Rz. 72a.

20) この点で、「ドイツ法において、空白の補充について代理という法律構成が否定される」（山本宣之「民法446条２項の保証の書面性について（下）」産法48巻１・２号（2015年）181頁の注（109））。

　これに対して、代理構成を採用し手続法的にもこれと整合的に「代理人の意思表示」であることを論証したわが国の見解として、滝澤孝臣「契約書の真正の推定とその作成主体」銀法640号（2004年）24頁以下（もっとも、交付者が行った署名・捺印を補充者が行った署名・捺印、「すなわち署名代理と捉えるは、奇をてらった見解として批判されるおそれもある」とされる、同25頁）。

21) Vgl. etwa Canaris, a.a.O.(Fn. 12), S. 55；Keim, a.a.O.(Fn. 3), S. 2774；Diederich Eckardt, Blankettbürgschaft, Jura 1997, S. 192；Johannes Wertenbruch, BGB Allgemeiner Teil, 3. Aufl.(2014), §31 Rz. 15. 山本宣之「ドイツ法における保証の書面性と民法446条２項」産法45巻２号（2011年）82頁以下も参照。

22) G. Fischer, a.a.O.(Fn. 4), S. 17.

23) Binder, a.a.O.(Fn. 18), S. 170. かくして通説は、使者と代理の中間に位置すると考えている（Alla Hajut, Handeln unter fremder Identität : die Verantwortlichkeit des Identitätsinhabers (2016), S. 85 Fn. 98）。

24) G. Fischer, a.a.O.(Fn. 4), S. 9.

25) G. Fischer, a.a.O.(Fn. 4), S. 9；ders., Formnichtigkeit der Blankobürgschaft - BGHZ 132, 119, JuS 1998, S. 207.

26) この協働により作成された「意思表示は、まさに作成者にも所持人にも起因する要素を内容として含んでいる」（Binder, a.a.O.(Fn. 18), S. 170）。かくして補充授権行為と補

充（完成）行為は，代理権授与行為と代理行為のようにそれぞれ独立した行為とは言えないのではあるまいか。そうであるならばこの白紙書面の特殊性から，第5節1のBGH（連邦通常裁判所）1996年2月29日判決事件で問題となる（代理行為との独立性を前提に代理権授与に関する方式自由の原則を規定した）BGB 167条2項（後掲注144）の条文訳参照）は，そもそも類推適用されないことになろうか。

27) Vgl. Eckardt, a.a.O.(Fn. 21), S. 191f. かくして「補充権限」は，代理権寄りの表現ではあるが「他人形成権限（Fremdgestaltungsbefugnis）」とも称される（vgl. G. Fischer, a.a.O.(Fn. 4), S. 53 usw.）。なおドイツでは，授権を代理と統一的に把握する際に「他人効」がキーワードとされてきた（伊藤・前掲注17）126頁）。

28) BGB 172条　代理権授与証書
   ⑴ 代理権授与者が代理人にその授与証書を交付し，代理人がそれを第三者に呈示するときは，代理権授与者による代理権授与の個別通知の場合と同様とする（筆者注：「代理権授与者……同様とする」とは，一般的には（上記個別通知を規定した）171条と並び表見代理の一類型を規定するという意味である）。
   ⑵ 代理権は，その授与証書が代理権授与者に返還される時又はその失効が宣言される時まで存続する。

29) Vgl. etwa G. Fischer, a.a.O.(Fn. 4), S. 22 ; Binder, a.a.O.(Fn. 18), S. 165 ; Staudinger/Schilken, a.a.O.(Fn. 19), Vorbem. §§ 164ff. Rz. 72a. もっとも，意思表示規定に従う第2節1のRG判例・初期の学説を支持する見解として，Dietrich Reinicke/Klaus Tiedtke, Die Haftung des Blankettgebers aus dem abredewidrig ausgefüllten Blankett im bürgerlichen Recht, JZ 1984, S. 552や，第6節2⑴bのヴェルバ（Ulf Werba）が挙げられる。

30) Vgl. etwa Münchener/Schramm, a.a.O.(Fn. 1), §172 Rz. 14.

31) Medicus, a.a.O.(Fn. 2), Rz. 913.

32) 山本・前掲注20）183頁の注(128)。

33) „Missbrauch" に「濫用」という訳語をあてたが，正確には（代理権同様，対外的資格を意味する）補充権限の踰越であり，誤解をしないよう注意を要する（後掲注96）も参照）。

34) P. Fischer, a.a.O.(Fn. 3), S. 39.

35) Ulf Werba, Die Willenserklärung ohne Willen (2005), S. 144.

36) Johannes Wertenbruch, BGB Allgemeiner Teil, 4. Aufl.(2017), §31 Rz. 15 Fall 5.

37) なお白紙保証では，補充権限の付与に関する方式について，BGB 766条の書面性要件との関係で問題となるが，詳しくは，第5節1参照。

38) Köhler, a.a.O.(Fn. 7), §7 Rz. 28. なお，補充者が本文のような主たる債務者ではなく，第5節1のBGH 1996年判決事件のように（白紙保証の相手方たる）債権者である場合も考えられよう。

39) 各条文は，わが国の手形法10条・小切手法13条と同様である。

40) なお，これら規定は，手形や小切手を喪失した場合にも適用され，また振出（交付）契約（Begebungsvertrag）が交付者・受取人間で無効等の場合にも類推適用により善意の第三者を保護する（Münchener/Schubert, a.a.O.(Fn. 13), §172 Rz. 3）。

41) Vgl. Medicus, a.a.O.(Fn. 2), Rz. 913.

42) かくして代理権授与証書を保管上の過失により盗まれたときは、「交付」要件を充足しないためBGB 172条自体、適用できない（BGHZ 65, 13. 詳しくは、拙著『戦後ドイツの表見代理法理』（成文堂、2003年）35頁以下参照）。

43) Reinhard Bork, Allgemeiner Teil des Bürgerlichen Gesetzbuchs, 4. Aufl.(2016), Rz. 1528.
　もっとも厳密に考えれば、たしかに当該補充を委ねられた他人が補充権限の範囲内で行為した（つまり正常補充の）場合は、たしかに結果的に問題のない（つまり交付者が当初より望んでいた）代理権授与証書が出来上がったという点でBGB 172条が直接適用されるのであろう（vgl. Münchener/Schubert, a.a.O.(Fn. 13), §172 Rz. 2）。だが果たして、白紙代理権授与証書の濫用補充についてまで本来、BGB 172条自体が適用対象としていたのか、疑問である。むしろ上記濫用補充という現状を前に、代理権授与証書（わが国では委任状）の重要性に鑑みていささか強引に、危険な白紙書面を交付した以上はもとより濫用補充を覚悟しているはずであるとの道義的責任に依拠した政策的判断を織り込んでBGB 172条（わが国では民法109条）の直接適用の範疇としたとも言えそうである。この動きに、権利外観法理の有力な帰責原理たる「危険主義」も一役買ったように思われる。

44) Canaris, a.a.O.(Fn. 12), S. 62.
45) Canaris, a.a.O.(Fn. 12), S. 57f.
46) Wimmer-Leonhardt, a.a.O.(Fn. 14), L 84.
47) BGB 119条（錯誤による取消可能性）1項
　　(1) 意思表示をする際その内容につき錯誤に陥った、又はその内容の表示を全くする意思のなかった者が、事情を知り、かつ、その事情を合理的に判断すれば表示をしなかったと認められるべきときは、その表示を取り消すことができる。
48) BGB 122条　取り消した者の損害賠償義務
　　(1) 意思表示が第118条により無効であり、又は第119条、第120条に基づき取り消された場合には、表意者は、表示を相手方に対してすべきであったときはその相手方に、その他のときは第三者に、相手方又は第三者が意思表示の有効性を信頼したことにより被った損害を賠償しなければならない。ただし、相手方又は第三者が意思表示が有効であることにより得る利益の額を超えてはならない。
　　(2) 損害賠償義務は、被害者が無効若しくは取消しの原因を知り、又は過失により知らなかった（知るべきであった）場合には、生じない。
49) Vgl. etwa Canaris, a.a.O.(Fn. 12), S. 56 ; Wolf/Neuner, a.a.O.(Fn. 7), §50 Rz. 101 ; Hans Christoph Grigoleit/Carsten Herresthal, BGB Allgemeiner Teil, 3. Aufl.(2015), Rz. 385.
50) Kindl, a.a.O.(Fn. 4), S. 132.
51) Vgl. Reinicke/Tiedtke, a.a.O.(Fn. 29), S. 552.
52) Vgl. etwa Keim, a.a.O.(Fn. 3), S. 2774. さらに隠秘の補充者がその書面を郵便により第三者に送付したとき（第2節1のRG（帝国最高裁判所）1922年9月25日判決事件）は、もはやこの者の存在すら第三者には見えない（vgl. G. Fischer, a.a.O.(Fn. 4), S. 4）。
53) Vgl. etwa Canaris, a.a.O.(Fn. 12), S. 64.
54) Eckardt, a.a.O.(Fn. 21), S. 190.

54a) Hajut, a.a.O.(Fn. 23), S. 85ff. 隠秘の濫用補充事例では,「作成者と持参人(Überbringer)を同一人物である」と誤信していて持参人を使者としてすら見ていない,つまり作成者本人と勘違いしていること(いわゆる「他人の同一性の下での白紙書面(Blankett unter fremder Identität)」)も考えられよう(vgl. dies., a.a.O., S. 91, 106)。

55) 具体的には,危険主義という権利外観法理の一帰責原理から白紙委任状の濫用補充リスクを交付者に対して広範に負担させる傾向の中(判例の変遷・状況については,於保不二雄＝奥田昌道編『新版 注釈民法(4)総則(4)』(有斐閣, 2015年)161頁以下［椿寿夫＝三林宏］参照),筆者は,「白紙委任状が不当補充され,完成された委任状の外観が相手方に呈示された場合は,相手方を当該取引に導いたのは,不当補充した所持人の行為であるから,109条の授権表示は否定されるべき」とする髙森(哉子)教授の限定的方向性(「白紙委任状と表見代理」髙森八四郎先生古稀記念『法律行為論の諸相と展開』(法律文化社, 2013年)149頁)に一定の共感を覚えるからである。また,「『白紙委任状を交付した以上,本人に責任が課されてもやむを得ない』との道徳的直観ないし規範意識を超える実証的研究が求められている」という池田(清治)教授の指摘(「白紙委任状の濫用と109条責任――判例理論の再検討」藤岡康宏先生古稀記念『民法学における古典と革新』(成文堂, 2011年)67頁)も傾聴に値しよう。

なお髙森研究以外にも最近,上記の池田教授は,すべての学説が出発点とする判例の理解を再定位する(同上31頁以下,結論は64頁以下)。また多田(利隆)教授は,「信頼保護の原理的な帰責原理」たる危険主義に依拠して「自分がいかなる外観を作出しているか」という交付者の認識――これは「危険の支配・引き受け」に相当する――を重視した結果,上記の髙森見解とは異なりおおよそ広範に代理権授与表示を認める(「白紙委任状の濫用と表見代理――帰責理論の観点から」田山輝明先生古稀記念『民事法学の歴史と未来』(成文堂, 2014年)76頁)。

56) この学説については,第1章第4節1(4),第3章第3節3,同章第5節1(3)・2(3)参照。

57) Jürgen Oechsler, Die Bedeutung des §172 Abs. 1 BGB beim Handeln unter fremdem Namen im Internet, AcP 208(2008), S. 565ff. 同旨の最新文献として,Hajut, a.a.O.(Fn. 23), S. 110ff., 144ff. Vgl. auch Bamberger/Wendtland, a.a.O.(Fn. 3), §119 Rz. 27 ; Münchener/Schubert, a.a.O.(Fn. 13), §172 Rz. 5.

58) すでに簡単な紹介については,第1章第4節1(4)。

59) この証左として,わが国の議論に際しても積極的に参考にする山本(宣之)教授の論稿(前掲注21)および20))を挙げることができよう。

60) Daniel Schnell, Signaturmissbrauch und Rechtsscheinhaftung (2007), S. 188.

61) 於保＝奥田編・前掲注55)274頁以下［中舎寛樹］参照。

62) Vgl. etwa Christoph Hirsch, BGB Allgemeiner Teil, 8. Aufl.(2014), Rz. 504. ただし,書面内容をまったく知らないで,あるいは(了知を放棄する形で)どうでもよいと考えて,読まずに署名がなされていたときは,錯誤自体が存在しない(vgl. BGH NJW 2002, 956 ; Georg Bitter, BGB Allgemeiner Teil (2011), §7 Rz. 86f. ただ当該表示の法的重要性(Rechtserheblichkeit)すら認識していなかったときは,通説は,BGB 119条1項の類推適用により表示意識の欠缺を理由に取消しを認める,Grigoleit/Herresthal, a.a.O.(Fn. 49), Rz. 174)。当該問題について詳しくは,Gerhard Strohmaier, Neue Überlegungen

zur Abgrenzung der Irrtumstatbestände (2015), S. 39ff.；Münchener/Armbrüster, a.a.O.(Fn. 13), §120 Rz. 48ff. 参照。

63) なお，近時わが国の議論において，たとえば滝沢（昌彦）教授は，本文の「完成している契約書に盲判を押した場合」について，「補充権（一種の代理）の問題が絡む」「押印した後に署名者以外の者が補充した場合」とは「問題の質が異なる」としながらも，ただ前者の場合につき「署名者に全く認識可能性がなかったような条項については署名・押印の効果は及ばないという解釈をするなら，相手を信頼して補充を委任する（この場合にも認識可能性がないような補充は権限の逸脱となろう）のと結果的には大差ないのではなかろうか」と述べる（「第3章 契約書の真正の推定の実体法的意義」潮見佳男ほか編『特別法と民法法理』（有斐閣，2006年）85頁）。

64) Vgl. etwa P. Fischer, a.a.O.(Fn. 3), S. 39；Hans-Martin Pawlowski, Anmerkung zu BGHZ 132, 119, JZ 1997, S. 309f.；Münchener/Schubert, a.a.O.(Fn. 13), §172 Rz. 4. 詳しい学説については，Gerd Müller, Zu den Grenzen der analogen Anwendbarkeit des §172 BGB in den Fällen des Blankettmißbrauchs und den sich daraus ergebenden Rechtsfolgen, AcP 181 (1981), S. 516 Anm. 3；Kindl, a.a.O.(Fn. 4), S. 121 Anm. 16f.

なおわが国でも，濫用補充事例において交付者が「当該書面による意思表示の錯誤無効を主張する場合が実務的に多々みられる」ことを指摘したものとして，滝澤孝臣「書面による意思表示と錯誤論の成否」銀法638号（2004年）28頁。

65) Michael Wurm, Blanketterklärung und Rechtsscheinhaftung, JA 1986, S. 581.

66) Etwa Münchener/Schramm, a.a.O.(Fn. 1), §172 Rz. 17；Medicus, a.a.O.(Fn. 2), Rz. 913.

67) Vgl. Wurm, a.a.O.(Fn. 65), S. 579；Schnell, a.a.O.(Fn. 60), S. 33 Anm. 70.

68) Vgl. G. Fischer, a.a.O.(Fn. 4), S. 83.

69) 白紙書面の場合，作成者は，表示相手方が濫用補充書面を受け取る前に，この相手方に対して適宜，補充権限の不存在または消滅を通知することで権利外観を破壊するほかない（vgl. etwa Wolf/Neuner, a.a.O.(Fn. 7), §50 Rz. 106）。

70) Wertenbruch, a.a.O.(Fn. 21), §31 Rz. 17.

71) 山本・前掲注21) 94頁の注(79)。Ebenso bereits etwa G. Fischer, a.a.O.(Fn. 4), S. 65f.

72) Vgl. Claus-Wilhelm Canaris, Die Vertrauenshaftung im Lichte der Rechtsprechung des Bundesgerichtshofs, in Canaris/Heldrich/Hopt/Roxin/Widmaier, 50 Jahre Bundesgerichtshof, FS aus der Wissenschaft Band I (2000), S. 159.

73) Vgl. P. Fischer, a.a.O.(Fn. 3), S. 66.

74) Vgl. Wurm, a.a.O.(Fn. 65), S. 580.

75) なぜなら1963年当時，権利外観法理に基づく履行責任を錯誤取消しにより信頼利益の損害賠償責任に縮減することは，まったく許容されていなかったからである（vgl. P. Fischer, a.a.O.(Fn. 3), S. 44f.）。

76) Köhler, a.a.O.(Fn. 7), §7 Rz. 28. なおボルクは，BGB 172条2項に代えて1項を挙げる（Bork, a.a.O.(Fn. 43), Rz. 1650. 前掲注71)も参照)。Vgl. auch Wurm, a.a.O.(Fn. 65), S. 581.

77) P. Fischer, a.a.O.(Fn. 3), S. 44.

78) Hans Brox/Wolf-Dietrich Walker, Allgemeiner Teil des BGB, 38. Aufl.(2014), Rz. 422,

301.
79) Wurm, a.a.O.(Fn. 65), S. 577.
80) なお，本文の問題はわが国では白紙委任状の濫用をめぐる議論の際に意識されていたことについては，池田・前掲注55）37頁以下参照。
81) もっとも，同号2選号の「表示上の錯誤（Erklärungsirrtum）」に位置づける見解（etwa Reinicke/Tiedtke, a.a.O.(Fn. 29), S. 551；Bitter, a.a.O.(Fn. 62), §7 Rz. 90；Bamberger/Wendtland, a.a.O.(Fn. 3), §119 Rz. 27；Florian Jacoby/Michael von Hinden, Studienkommentar BGB, 15. Aufl.(2015), §119 Rz. 10）もある。この位置づけの違いは，補充者を代理人，使者のいずれに近づけて理解するかに関わっているのだろうか。
82) Etwa Müller, a.a.O.(Fn. 64), S. 516；Kindl, a.a.O.(Fn. 4), S. 121f.；Werba, a.a.O.(Fn. 35), S. 144f.
83) Canaris, a.a.O.(Fn. 12), S. 28. Vgl. auch Wolfgang Selter, Die Entstehung und Entwicklung des Rechtsscheinsprinzips im deutschen Zivilrecht（2006), S. 241.
84) Erman/Maier-Reimer, Handkommentar zum Bürgerlichen Gesetzbuch, 14. Aufl.(2014), §172 Rz. 16.
85) Vgl. Staudinger/Schilken, a.a.O.(Fn. 19), §172 Rz. 8；Bork, a.a.O.(Fn. 43), Rz. 1650 Anm. 361.
86) Etwa Medicus, a.a.O.(Fn. 2), §56 Ⅱ Literatur. Vgl. auch Binder, a.a.O.(Fn. 18), S. 163 Anm. 29.
87) Müller, a.a.O.(Fn. 64), S. 516f.
88) Müller, a.a.O.(Fn. 64), S. 517f.
89) なお白地手形についてではあるが，ドイツにおける（所持人の）補充権の法的性質論を概観したものとして，渋谷・前掲注15）260頁以下。
90) 古くは本文以外にも特筆すべき（意思表示の擬制理論（Fiktionsgedanke）に支えられた）学説として，補充された白紙書面を常に署名者の意思表示とみなす「擬制」説（Fiktionstheorie），白紙書面の発行者は署名により補充される内容を（濫用された場合も含めて）自己の意思表示として承認する意思があることを当該書面で証明するという「先取り意思」説（Theorie vom Aneignungswillen）があった（Müller, a.a.O.(Fn. 64), S. 518 Anm. 7．各学説の検討も含めてより詳しくは，P. Fischer, a.a.O.(Fn. 3), S. 65ff.；G. Fischer, a.a.O.(Fn. 4), S. 5 ff. 参照)。
91) Müller, a.a.O.(Fn. 64), S. 518f.
92) Müller, a.a.O.(Fn. 64), S. 519. なお芦野（訓和）教授によれば，ドイツにおける使者と代理の区別については，意思主義的基準ではなく表示主義的基準による，つまり「本人との内部関係によって決するのではなく，外部に対していかに振る舞ったかによって決定すべきである」とされる。そして上記区別の実益は，「使者によって完成された意思表示の内容が本人の決定した効果意思と異なる場合にその法律効果をどのように処理すべきかという問題に関連すること」を指摘される（「第2部 代理総論 Ⅴ 使者」椿＝伊藤・前掲注17）142頁以下)。
93) Müller, a.a.O.(Fn. 64), S. 520.
94) すなわち「意図的に誤伝された意思表示はもともと無効であり……表意者はBGB 120条により取消す必要はない」（小林一俊『錯誤法の研究』（酒井書店，1986年）496頁)。

Vgl. auch Bork, a.a.O.(Fn. 43), Rz. 1361 ; Münchener/Armbrüster, a.a.O.(Fn. 13), §120 Rz. 4.

95) Müller, a.a.O.(Fn. 64), 521ff. なおわが国でも，代理人説を支持する最近の見解として，たとえば滝澤・前掲注64）26頁以下。

96) 「濫用」とは一般に，隣接分野で用いられる「代理権濫用（Missbrauch der Vertretungsmacht）」に代表されるとおり「対外的可能性（Können. つまり代理権）」の範囲内ではあるが「対内的許可（Dürfen. 代理権限）」を逸脱する場合であるため，白紙書面の「濫用」補充という表現は混乱を招きやすいとの指摘（vgl. etwa Canaris, a.a.O.(Fn. 12), S. 57 Anm. 15）がある（vgl. auch G. Fischer, a.a.O.(Fn. 4), S. 96. なお，前掲注5）も参照）。たとえば，「不当」補充という代替的表現が考えられよう。

97) Müller, a.a.O.(Fn. 64), S. 523.

98) Müller, a.a.O.(Fn. 64), S. 524.

99) Müller, a.a.O.(Fn. 64), S. 524ff., 528f. かくしてカナーリスによれば，「顕示（＝公然：筆者挿入）の補充におけるBGB 172条の類推適用の法理が，別形態の補充である隠れた（＝隠秘の：筆者挿入）補充にも類推適用される，と構成するほかない（傍点筆者）」とされる（山本・前掲注21）95頁の注(86)）。これは，いわば権利外観法理一般を持ち出したという意味でわが国流に言えばBGB 172条の「法理・法意に照らす」に当たるとでも言うべきか。

100) Vgl. Keim, a.a.O.(Fn. 3), S. 2774 ; Oechsler, a.a.O.(Fn. 57), S. 569.

101) Canaris, a.a.O.(Fn. 12), S. 59.

102) Ebenso G. Fischer, a.a.O.(Fn. 4), S. 67.

103) なお「通常の範囲」の判断について，カナーリスは，「各事例の諸事情による」ほかないとしながらも，名前なのか取引金額なのかといったように補充を必要とする白紙部分しだいであるとの指針を示す。本質的に重要なのは，「理性的な取引参加者（vernünftiger Verkehrsteilnehmer）が誠実な態度で，自ら正しく理解した自己の利益を顧慮すれば取引をしなかった」と考えられるかどうかである（Canaris, a.a.O.(Fn. 12), S. 59）。

104) Müller, a.a.O.(Fn. 64), S. 526f.

105) Müller, a.a.O.(Fn. 64), S. 527f.

106) Müller, a.a.O.(Fn. 64), S. 528.

107) ここ半世紀では，WG 10条，ScheckG 13条に関する独特の理解を前提としたP. Fischer, a.a.O.(Fn. 3), S. 207ff, insbes. S. 215ff.

108) Müller, a.a.O.(Fn. 64), S. 529ff. 本文の見解を支持するものとして，たとえばBinder, a.a.O.(Fn. 18), S. 167.

109) 従来の権利外観理論と比較したカナーリスの信頼責任論の特徴については，多田利隆『信頼保護における帰責の理論』（信山社，1996年）156頁以下参照。カナーリスの採用する危険主義については，同159頁以下が詳しい。Vgl. auch Reinhard Singer, Die Dogmatik der Vertrauenshaftung im deutschen Privatrecht, FS für Claus-Wilhelm Canaris zum 80. Geburtstag : Privatrechtsdogmatik im 21. Jahrhundert(2017), S. 425ff.

110) なお当該原則は，たとえば行為無能力者保護の観点からBGB 104条（行為無能力）以下が類推適用される場合には，例外的に排除される（vgl. Müller, a.a.O.(Fn. 64), S. 533）。

111) BGB 118条　真意の欠缺

真意の欠缺が誤認されないことを期待してなした真意でない意思表示は，無効とする。

112) Müller, a.a.O.(Fn. 64), S. 532ff.
113) Müller, a.a.O.(Fn. 64), S. 535.
114) Müller, a.a.O.(Fn. 64), S. 536ff.「権利外観責任の二段階化」を主張する類似の見解として，クラウスハール（Götz von Craushaar）説（詳しくは拙著・前掲注42）156頁以下参照）が挙げられよう。
115) 詳しくは，たとえば山下末人『法律行為論の現代的展開』（法律文化社，1987年）208頁以下参照。
116) 判例・通説の表示意識不要論を援護射撃したメルクト（Hanno Merkt）による解説（拙稿「ドイツにおける表見代理法律行為説（Rechtsgeschäftstheorie）の再興──メルクト（Merkt）の唱える『法律行為説への回帰』を中心に」立命310号（2007年）94頁以下）などは分かりやすい。
117) Müller, a.a.O.(Fn. 64), S. 538f.
118) Müller, a.a.O.(Fn. 64), S. 539ff. すでに少し前に錯誤取消しを認めた見解として，G. Fischer, a.a.O.(Fn. 4), S. 85ff., 90, 95, 109. G. フィッシャーは，とくに隠秘の濫用補充事例において第三者は交付者が一人で書面表示を完成させたことを信頼していることから，通常の書面表示における法的処理と同様の保護で足りるとする。また交付者が濫用補充の証明責任を負うことから，不利な取引から免れるために取消しが悪用される懸念はかなり少ないとも言う（ders., a.a.O., S. 94）。

またミュラーは，「表示意識欠缺」論とリンクした「暫定的権利外観責任」論に基づいて，判例上創造・展開された（過失を帰責要件とする）「外見代理（Anscheinsvollmacht）」法理についても，本人は表示意識なしに代理権の外観を惹起していることから，履行責任という形態では民法上認められないとする（詳しくは，拙著・前掲注42）92頁参照）。たしかにBGB 370条（受取証書持参人への給付）は，受取証書が紛失した事例にも適用されるが，あくまで例外規定でしかない（Müller, a.a.O.(Fn. 64), S. 543）。

なお，取引相手方に軽過失があれば，本文の損害賠償責任すら生じない（BGB 122条2項（前掲注48）の条文訳参照），Müller, a.a.O.(Fn. 64), S. 544）。
119) Müller, a.a.O.(Fn. 64), S. 544.
120) Kindl, a.a.O.(Fn. 4), S. 121.
121) Wolf/Neuner, a.a.O.(Fn. 7), §50 Rz. 103 Anm. 202.
122) Kindl, a.a.O.(Fn. 4), S. 122f.
123) このような相違こそが，G. フィッシャーは，「非典型的な法律行為の特徴的現れ」である（G. Fischer, a.a.O.(Fn. 4), S. 9 Anm. 48）とした上で，いずれを優先すべきかという観点からアプローチする。そして法律効果の決定にあたっては，代理人類似の行為機能を優先して代理法を援用することを基本としつつも，個別問題ごとに判断して「行為形態により保護される利益の方がより重大なときは（傍点筆者）」その限りでないとする（ders., a.a.O., S. 22f.）。
124) Kindl, a.a.O.(Fn. 4), S. 124ff, insbes. S. 127f.
125) Kindl, a.a.O.(Fn. 4), S. 128.
126) なお WG 10条，ScheckG 13条は，「流通能力（Umlauffähigkeit）への特殊な有価証券法上の取引保護要請」に基づく規定であるため，民法上の類推適用の基礎としては不

適切である（Kindl, a.a.O.(Fn. 4), S. 129 Anm. 45）。
127) Ebenso bereits G. Fischer, a.a.O.(Fn. 4), S. 67.
128) Kindl, a.a.O.(Fn. 4), S. 128ff. なお結果的には，カナーリスの「通常の範囲」論と変わらないであろうと言う（ders., a.a.O., S. 131）。
129) Kindl, a.a.O.(Fn. 4), S. 132f. すでにこれに従う見解として，Wurm, a.a.O.(Fn. 65), S. 580. なお，この勿論解釈に反対するものとして，G. Fischer, a.a.O.(Fn. 4), S. 69.
130) なお，交付者が——たとえばすり替えられた当該書面に——法的拘束意思（Rechtsbindungswille）なしに署名した場合において，自己の意思表示として白紙書面が法取引の過程に置かれることを認識し予見する義務があったときは，表示意識欠缺論により，取消可能な暫定的拘束（vorläufige Bindung）が根拠づけられる（Kindl, a.a.O.(Fn. 4), S. 134. 後述の第5節2(2)も参照）。
131) Kindl, a.a.O.(Fn. 4), S. 133ff.
132) Reinicke/Tiedtke, a.a.O.(Fn. 29), S. 552. ライニケらは，第2節1のRG判例や初期の学説を支持する。
133) Kindl, a.a.O.(Fn. 4), S. 132. Ebenso bereits Wurm, a.a.O.(Fn. 65), S. 580.
134) Ebenso bereits Canaris, a.a.O.(Fn. 12), S. 60（山本・前掲注21）95頁の注（87）参照）。
135) Kindl, a.a.O.(Fn. 4), S. 135ff. 本文の理由づけに反対する見解として，Müller, a.a.O.(Fn. 64), S. 540f.
136) Kindl, a.a.O.(Fn. 4), S. 137.
137) Kindl, a.a.O.(Fn. 4), S. 137f.
138) Kindl, a.a.O.(Fn. 4), S. 139.
139) Vgl. etwa BGHZ 40, 297（第2節2(2)c参照）；Binder, a.a.O.(Fn. 18), S. 165；Wolf/Neuner, a.a.O.(Fn. 7), §50 Rz. 103.
140) Schnell, a.a.O.(Fn. 60), S. 188f.
141) この判決について詳しくは，山本・前掲注21）70頁，83頁以下参照。この判決は，以後の判例・学説により踏襲・是認されている（同85頁。なお，その射程を限定しようとする有力学説についても，同85頁以下参照）。
142) BGB 766条（保証の意思表示の文書方式）1文
　　保証契約が効力を生じるには，その意思表示を書面により行わなければならない。
　　上記書面とは，BGB 126条1項によれば，作成者の自筆署名のある文書を言う。なおBGB 766条の書面性に関わる問題・解釈論については，山本・前掲注21）69頁以下，とくに白紙保証については，同82頁以下に詳細な解説がある。
143) 白紙保証は，補充権者の「空白の補充によって最終的には適式の書面が完成する」が，「保証人が署名する時点では完全な書面が存在しない」という特徴を有するため，BGB 766条の立法目的たる「保証人に対する警告機能」の点では「十分ではないという事情がある」（山本・前掲注21）82頁）。
144) BGB 167条　代理権の授与
　　(1) 代理権の授与は，代理人となるべき者又は代理行為のなされるべき第三者に対する意思表示によって行う。
　　(2) 前項の意思表示は，代理権が目的とする法律行為について定められた方式を必要としない。

またBGB 185条1項の授権に準じて考えれば，「同意は，法律行為について定められた方式を必要としない」と規定した182条2項によることになろう（vgl. Jürgen Oechsler, Vertragliche Schuldverhältnisse (2013), Rz. 1387）が，いずれにせよ方式不要となる。

もっとも，BGB 167条2項の規定については，「法政策的に考えれば争いがないわけではな」く，「本来的には，代理権の方式は代理行為につき要求される方式に従うとする方が，首尾一貫している」との見解（Wertenbruch, a.a.O. (Fn. 21), §29 Rz. 4）もある。

145) Vgl. Ulrich Keil, Die Systematik privatrechtlicher Rechtsprechungsänderungen (2007), S. 179. 従来の判例・通説が白紙保証を有効とした理由は，BGB 167条2項に加えて，「単純に書面性に反する場合と異なり，保証人が署名の不完全さを認識したうえで，他人に空白の補充権限を授与するのであるから，保証人に対する警告機能は果たされている」と考えたためである（山本・前掲注21）83頁）。最近もこの見解を支持するものとして，Eckardt, a.a.O. (Fn. 21), S. 192（ただしBGH 1996年判決事件では，補充者が債権者であったこと（BGB 181条の自己契約に類似）から，——いくら明示の許可があったとしても——この者に保証人の利益を守ることを期待することはできないとして例外とする．ders., a.a.O., S. 192f.。Ebenso Susanne Kandler, Die Formbedürftigkeit von Vollmachten bei formgebundenen Geschäften（2004), S. 295f.）。

146) 山本・前掲注21) 84頁。

147) 本文とは対照的に，保証人が商人であり保証が保証人にとって商行為である場合，警告は不要である（HGB（ドイツ商法）343条〔商行為概念〕，350条〔方式自由〕）。経済および法取引の慣習を熟知している商人には，保証リスクへの注意を喚起する必要がないからである（Johannes Heyers, Wertungsjuristische Grundlagen der Bürgschaft - von einem liberalen zu einem sozialen Vertragsmodell, JA 2012, S. 86. 山本・前掲注21）70頁も同様）。

148) 本文のBGH 1996年判決を引用するものとして，生命保険契約に関するBGH NJW 1999, 950，本文同様の保証に関するBGH NJW 2000, 1179，消費者消費貸借契約（Verbraucherdarlehensvertrag）に関するBGH NJW-RR 2005, 1141.

149) たとえばヘイヤース（Johannes Heyers）も，保証人にその債務の内容および範囲を自覚させるというBGB 766条1文の目的が損なわれないよう，補充権限は書面により付与されていなければならないというように167条2項の類推適用にあたりその規範を修正する（いわゆる目的論的修正）（a.a.O. (Fn. 147), S. 86）。また山本教授も，BGH 1996年判決のように解さないと，「保証人となる者がそれに署名押印して交付する段階では現に空白があるため，書面性による保証のリスクに関する警告機能が不十分にしか働かないのは明らかであ」り，「とくに，主たる債務の債務額が空白であり，主たる債務者や債権者にその補充が委ねられる場合は，書面性の要件はほとんど無意味になるおそれがある」との懸念を示す（前掲注20）167頁）。

なおBGB 492条4項1文は，同2文の例外を除き，「借主が消費者消費貸借契約の締結のために授与した代理権」についても方式を要求し，そもそも明文で167条2項の適用を排除する。

150) 厳密には，本文の書面性を充たさない補充授権がなされた場合，（方式不備に関する）BGB 125条1文により無効となり，代理規律が類推適用される結果，当該保証契約は177条（無権代理人による契約の締結）1項により不確定的無効となる（vgl. etwa Keim,

a.a.O.(Fn. 3), S. 2775)。

151) 本文以外の，ただ最も重要な縮減事例は，BGB 311b条（土地，財産及び相続財産に関する諸契約）1項1文の方式規定に関わるが，詳しくは，ディーター・ライポルト（円谷峻訳）『ドイツ民法総論（第2版）』（成文堂，2015年）377頁以下参照。もっとも，BGH 1996年判決は，「BGB 311b条（旧313条）と BGB 766条の相違を強調して判断していることに注意する必要がある」との指摘（山本・前掲注21）91頁の注(34)）がある。

152) BGB 126条（書面の方式）1項
   (1) 法律が書面によるべきことを規定するときは，作成者は，文書に自筆の記名又は公証人により認証された記号により署名しなければならない。

153) Vgl. Kandler, a.a.O.(Fn. 145), S. 295 ; Ralf Josten, Kreditvertragsrecht (2012), Rz. 579. 詳しくは，山本・前掲注21）70頁，73頁参照。

154) Bork, a.a.O.(Fn. 43), Rz. 1648. Ebenso Binder, a.a.O.(Fn. 18), S. 172. 前掲注20）も参照。
　なお，かりに代理の問題に引き寄せてみれば，補充者は BGB 179条（無権代理人の責任）1項の類推適用により無権限補充者として責任を負わなければならないが，670条により委任執行につき支出した費用を白紙書面交付者に償還請求できるため，意図された上記交付者の保護は空転するであろう（Bork, a.a.O., Rz. 1648 Anm. 357）。

155) もっとも，BGB 766条の方式規定の意味を勘案した上でもなお167条2項の類推適用により補充授権につき方式不要として BGH 1996年判決に反対するものとして，たとえば Grigoleit/Herresthal, a.a.O.(Fn. 49), Rz. 392f.

156) Vgl. etwa Kindl, a.a.O.(Fn. 4), S. 119. 山本教授は，「白紙保証の利便性は大きく低下すると思われる」が，従来犠牲にされてきた「軽率な保証のより効果的な防止を図るために」「利便性は譲歩を強いられる」と言う（山本・前掲注20）177頁，162頁。同179頁の注(91)も参照）。

157) Vgl. etwa Wolf/Neuner, a.a.O.(Fn. 7), §44 Rz. 31.

158) Keim, a.a.O.(Fn. 3), S. 2776.

159) Jacoby/von Hinden, a.a.O.(Fn. 81), §766 Rz. 1.

160) 山本・前掲注21）85頁。

161) Vgl. etwa Neuschäfer, a.a.O.(Fn. 3), S. 242.

162) Ebenso G. Fischer, a.a.O.(Fn. 4), S. 30.

163) Binder, a.a.O.(Fn. 18), S. 171f., 177, 182ff., 187, 195ff. (彼の見解については，山本・前掲注21）96頁の注(89)に言及がある）. Ebenso etwa Peter Bülow, Blankobürgschaft und Rechtsscheinhaftung, ZIP 1996, S. 1694ff. ; Keim, a.a.O.(Fn. 3), S. 2775f. ; Neuschäfer, a.a.O.(Fn. 3), S. 239ff. Vgl. auch Awaalom Daniel Moussa, Das Dogma vom formgerechten Zugang (2016), S. 183.

164) Neuschäfer, a.a.O.(Fn. 3), S. 240.

165) Oechsler, a.a.O.(Fn. 144), Rz. 1388. Ebenso Neuschäfer, a.a.O.(Fn. 3), S. 240.

166) なお後者の限界問題について個人的には，民法上の権利外観責任は原則，行為能力同様，方式の有効性に対する信頼まで保護するものではないと考えている。

167) Etwa Reinicke/Tiedtke, a.a.O.(Fn. 29), S. 552.

168) Vgl. etwa Bamberger/Valenthin, a.a.O.(Fn. 3), §172 Rz. 3.

169) Medicus, a.a.O.(Fn. 2), Rz. 913. Ebenso Münchener/Schramm, a.a.O.(Fn. 1), §172 Rz. 17；Bork, a.a.O.(Fn. 43), Rz. 1650.

170) Wertenbruch, a.a.O.(Fn. 21), §31 Rz. 18. 2017年の改訂でも同旨，Wertenbruch, a.a.O. (Fn. 36), §31 Rz. 17f.

171) Bitter, a.a.O.(Fn. 62), §7 Rz. 90. Ebenso Burkhard Boemke/Bernhard Ulrici, BGB Allgemeiner Teil, 2. Aufl.(2014), §12 Rz. 67. Ähnlich Wurm, a.a.O.(Fn. 65), S. 581. 白紙書面を交付する者は，濫用補充されるリスクを覚悟しなければならない（Münchener/Armbrüster, a.a.O.(Fn. 13), §119 Rz. 55)。

172) Vgl. Wurm, a.a.O.(Fn. 65), S. 580. ただだからこそ署名の位置は重要であり，「証書を閉じる」という意味で文面の直下になければならない。„unterzeichen"という言葉が表すように，署名は完結機能（Abschlussfunktion）を有するため，文書の末尾になされる（vgl. Boemke/Ulrici, a.a.O.(Fn. 171), §10 Rz. 21)。なお署名には，作成者が誰であるかを認識させる機能（いわゆる同一性確認機能（Identitätsfunkution))と，署名された文書が署名者の作成によるものであることを証明する機能（いわゆる真正担保機能（Echtheitsfunktion)），警告機能（Warnfunktion）もある（vgl. etwa Bernd Rüthers/Astrid Stadler, Allgemeiner Teil des BGB, 18. Aufl.(2014), §24 Rz. 12；Hajut, a.a.O.(Fn. 23), S. 87f.)。

かくして「冒頭署名（Oberschrift)」がなされた白紙書面は，判例（BGHZ 113, 48）によれば，そもそも BGB 172条により帰責可能な権利外観の基礎たり得ない。署名の下に書かれている表示が署名・交付者によるものであるという権利外観を根拠づけないからである（vgl. Kindl, a.a.O.(Fn. 4), S. 119 Anm. 1；Münchener/Schramm, a.a.O.(Fn. 1), §172 Rz. 14)。冒頭署名について詳しくは，たとえば Kindl, a.a.O.(Fn. 4), S. 131f. 山本・前掲注21) 87頁も参照。

173) Wolf/Neuner, a.a.O.(Fn. 7), §50 Rz. 104.

174) Vgl. Boemke/Ulrici, a.a.O.(Fn. 171), §12 Rz. 67；Bork, a.a.O.(Fn. 43), Rz. 1650. なお，補充者を代理人と位置づける滝澤（孝臣）判事も，民法101条1項の直接適用から本文と同様の主張をする（前掲注64) 27頁)。

175) Vgl. Köhler, a.a.O.(Fn. 7), §7 Rz. 28. なお本文の具体例では，「白紙書面」に置き換えた。

176) Bork, a.a.O.(Fn. 43), Rz. 1644.

177) Werba, a.a.O.(Fn. 35), S. 145.

178) Bork, a.a.O.(Fn. 43), Rz. 1644ff.

179) 山本・前掲注20) 167頁以下。山本教授は，白紙保証の問題が従来「比較的緩やか」であった「契約書の空白補充」に関する「法律構成を再検討すべき重要な契機となりうる」というわが国独自の事情を指摘する（同191頁)。

なお――本章の考察対象外であるが参考までに――日独両国における白地手形の補充権の法的性質論については，たとえば髙木正則「白地手形の補充権概念の検討」法論72巻6号（2000年）55頁以下参照。

180) 伊藤・前掲注18) 29頁。

181) G. Fischer, a.a.O.(Fn. 4), S. 19.

また代理法の顕名主義からすると，(これを放棄した) BGB 185条の法的思考を（人

的要素が重視されない）処分行為にとどまらず債務負担行為にまで拡大するのは，登場した関係者の役割が外部から見て分からないことから，問題があるように思われる．

182) Müller, a.a.O.(Fn. 64), S. 521.
183) 山本・前掲注20) 181頁の注(107)。
184) P. Fischer, a.a.O.(Fn. 3), S. 83f.
185) Ähnlich etwa Heinz Hübner, Allgemeiner Teil des Bürgerlichen Gesetzbuches, 2. Aufl.(1996), Rz. 1292.
186) Neuschäfer, a.a.O.(Fn. 3), S. 237ff.
187) ドイツでは一般に顕名主義の意義・目的は，「代理行為の相手方の保護」にとどまらず，「法取引の保護」，すなわち「第三者の利益，例えば代理人の債権者が顕名に対して有する利益の保護にも存する」（佐々木典子「顕名の意義──民法100条但書について」同法65巻2号（2013年）184頁。より詳しくは，野々上敬介「代理における顕名の意義──民法100条本文を手がかりに」静法18巻3・4号（2014年）85頁以下参照）。

なお，本章に該当する拙稿の脱稿後，日米の顕名に関する原則・規律の概観・比較を試みた西内祐介「授権の追認と顕名の関係に関する一考察──最判平成23年10月18日民集65巻7号2899頁を手がかりに」近法63巻3・4号（2016年）65頁以下に接した。
188) Werba, a.a.O.(Fn. 35), S. 145f.
189) Etwa Reinicke/Tiedtke, a.a.O.(Fn. 29), S. 552 ; Binder, a.a.O.(Fn. 18), S. 168.
190) Vgl. G. Fischer, a.a.O.(Fn. 4), S. 70, 99.
191) Wolf/Neuner, a.a.O.(Fn. 7), §50 Rz. 105. わが国でも同旨，後述(3)の山本教授の見解。
192) 山本・前掲注20) 172頁以下。本文の自説を山本教授が二つの「白紙保証」裁判例に当てはめて詳細に解説した，いささか難解な部分については，同174頁以下参照。
193) 山本・前掲注20) 183頁の注(125)。
194) Werba, a.a.O.(Fn. 35), S. 146f. Ebenso Christian Conrad, Die Vollmacht als Willenserklärung (2012), S. 118f. 隠秘の濫用補充事例に限り錯誤取消を肯定する見解として，Pawlowski, a.a.O.(Fn. 64), S. 311.
195) Vgl. Reinicke/Tiedtke, a.a.O.(Fn. 29), S. 552.
196) 公然事例に限り本文のように考える見解として，Hans-Martin Pawlowski, Allgemeiner Teil des BGB, 7. Aufl.(2003), Rz. 736b.
197) なお，補充者を代理人と捉える考え方を採れば，当然本文のように解されよう（前掲注174) 参照)。
198) 拙著・前掲注42) 98頁以下，197頁以下参照。
199) Canaris, a.a.O.(Fn. 12), S. 66.
200) なお，G. フィッシャーは，書面表示による法取引の安全に鑑みれば，署名さえあれば「当該表示がどのようにして作成されたかについて詳細に確認し調査することを相手方に要求することはできない」として，筆跡の不一致があってもこの種の調査責務（Prüfungsobliegenheit）を簡単には認めない (G. Fischer, a.a.O.(Fn. 4), S. 98ff.)。
201) Canaris, a.a.O.(Fn. 12), S. 59. 前掲注103)も参照。
202) Wurm, a.a.O.(Fn. 65), S. 580.
203) Vgl. Wolf/Neuner, a.a.O.(Fn. 7), §50 Rz. 104.

203a) 拙稿「32　代理権授与表示の範囲を超えてされた代理行為と表見代理」潮見佳男＝道垣内弘人編『民法判例百選Ⅰ総則・物権（第8版）』別冊ジュリ237号（2018年）67頁参照。
203b) BGB 122条の損害賠償を含む錯誤者の責任に関する日独英の比較法研究として直近，岩本尚禧「錯誤者の責任」瀬川信久・吉田克己先生古稀記念『社会の変容と民法の課題（上巻）』（成文堂，2018年）143頁以下が公表された。
204) 民法109条への95条の類推については，佐久間毅『代理取引の保護法理』（有斐閣，2001年）138頁以下が詳しい検討を行う。
205) 小林・前掲注94) 502頁。
206) 河上正二『民法総則講義』（日本評論社，2007年）477頁以下。
207) 第1章第4節2(3) a bb・cc。

第5章

電子取引上のなりすましにおける
"同一性外観責任"論の発展的展開
―― BGH 2011年5月11日判決を契機とした発展的学説を中心に ――

第1節　第4章までの振返りと本章の考察対象・順序

(1)　リーディング・ケースとしてのBGH 2011年判決の再確認・分析

　　本書では，ID・パスワードに代表される「同一性の濫用（Identitätsmissbrauch）」リスクを非対面という構造上（さらに本人確認という発展途上の技術システムも相俟って）高める現代的な電子取引が伝統的な法律行為論に突きつけた「なりすまし取引の安全保護」[1]問題を解明すべく，当該取引が登場した1980年代にまで遡り比較法研究を行ってきた。ただなりすましにおいて，行為者にはアカウント所有者を代理する意思の存在が疑わしい，つまり厳密な意味での「顕名」がないため[2]，代理法，とくに表見代理の直接適用による解決は望めない[3]。
　　そこでドイツ法において判例・学説は，取引相手方の保護という顕名主義の本来的趣旨・機能に鑑みて，この者の視点に基づく客観的解釈（BGB（ドイツ民法）157条）から名義人（ネット取引では番号所有者）を契約当事者と確定して代理法の類推適用へと導く「他人の名（番号）の下での行為（Handeln unter fremdem Namen（-er Nummer））」[4]を前提に，表見代理（Rechtsscheinsvollmacht）[5]を類推適用するわけだが，伝統的要件をそのまま借用するのか，現代の番号冒用という電子取引の特殊性を踏まえて要件の修正を図るのかで激しく対立してきた。具体的には，セキュリティ不安を内包するネット取引で，本人確認機能を果たすID・パスワードの利用事実のみをもって（「利用（行為）者＝アカウント所有者」を表す）「同一性」の外観と判断してよいのかという（「取引相手方の善意・無過失」に関わる）問題や，アカウント所有者はパスワード等の意識的な交付（Aushändigung）[6]をした場合にとどまらず保管（・管理）上の過失により冒用を可能にした場合にまで権利外観責任（Rechtsscheinhaftung）を負うのかという帰責

性，とくにその限界をめぐる問題である。ただ対立は，なりすまし取引では相手方の信頼が「代理権の存在」ではなく上記「同一性」に向けられていることから果たして表見代理の類推の基礎が存在するのか，もはや表見代理を離れて権利外観一般法理から，電子取引独自のいわゆる"同一性"の外観に対する法律行為的（履行）責任を構想すべきではないかという萌芽が現れ始めていた。[7]

　その後登場した待望のBGH（連邦通常裁判所）2011年5月11日判決（本章では以下，本判決と称する）については，リーディング・ケースとしての重要性から，第3章第2節で紹介し第4節で分析的解説まで加えて注目してきた。

　本判決は，現代的なデジタル取引上の番号冒用なりすまし事例においても，今までアナログ取引上の名義冒用事例につき形成されてきた表見代理類推適用法理を踏襲することを初めて明言した。とくに本VIP-Lounge事件（本章では以下，本件と略称する）で上記類推適用（権利外観責任）の成否を左右したのは，本件の冒用なりすまし行為が今回初めてであった点（初回冒用）と，当該原因はアカウント所有者がID・パスワードの厳重な保管（Aufbewahrung）を怠ったこと（保管上の過失，冒用行為との関連で表現するならばあくまで間接的な過失）による点にあった。そして本件では，ともかく過失つながりということで，表見代理の中でもとくに（「無権代理行為に対する予見・阻止可能性」という意味で厳密には直接的な）過失を帰責要件とする外見代理という一判例法理の類推適用が中心とされたわけである。

　ただ当該類推適用に際して，本判決は，本人を名義人（とくに本件ネット取引では番号所有者）に，「無権代理行為の反復・継続性」と当該「行為に対する予見・阻止可能性」という権利外観と帰責の伝統的両要件についても無権代理行為を冒用行為に読み替えただけで，そのまま転用しその成否を検討した。冒用なりすましリスクの取引相手方負担という（代理法に準じた）原則（いわゆる「易々と人を信じるな（Trau schau wem）」）[8]の観点からも，これを破る表見代理の類推適用要件は厳格に論じられたと言えよう。

　敷衍すれば，「冒用行為の反復・継続性」という外観要件について，本判決は，（当時婚約者であった妻Yになりすました）夫の冒用行為は本件が初めてであったことから充足されないとした。たしかにeBay約款によれば，アカウントは特定の者に割り当てられること，他人へのアカウント譲渡やパスワード漏洩は禁止されていることから，アクセス・データに同一性確認機能があることは認

めつつも，(その不正探知やフィッシング等による不正入手を誘発する)セキュリティの技術的不完全性・脆弱性を理由に——第1章第2節1(2)aのOLG(上級地方裁判所) Köln 2002年9月6日判決以降，下級審裁判例の潮流であった——セキュリティ方式の信頼性への懐疑的な見方から，アカウントがパスワード等によって十分に保護されているとは言い難いとして，ともかく本件の初回冒用事例では上記外観(信頼)要件を充足するには足りないとした。

　他方で，帰責要件たる「冒用行為に対する予見・阻止可能性」(直接的過失)についても，第1章第2節1(2)eのOLG Hamm 2006年11月16日判決同様，その判断に単なる保管上の過失(間接的過失)は直接影響を与えないとされた。ただ単に(eBay約款との関係でアカウント所有者が負う)パスワードの秘匿義務に違反しただけでは，取引相手方の優先的保護が必要であるとまでは言えないというわけである。たしかにこの判断は，すでに代理権授与証書の「保管上の過失」に関してBGH 1975年5月30日判決が下した法的評価と軌を一にするものである。もっともこの判断に対しては，第1章第2節1(2)cのAG(区裁判所) Bremen 2005年10月20日判決，第3章第3節2(4)aのヘルティンク(Niko Härting)とシュトゥルベル(Michael Strubel)以外にも，「アカウントの無権限利用(冒用)は不注意なパスワード保管の当然の結果にほかならない(傍点筆者)」(という直結的)事実に鑑み，保管上の過失事例でも当該所有者に上記「予見・阻止可能性」を認める(要するに「保管上の過失≒冒用行為の予見・阻止可能性」という)反対説があり，その存在には注意を要しよう。

　かくして「初回冒用」と「保管上の過失」という本件の外観と帰責性では，権利外観責任の成立は叶わなかった。結果的に本判決は，「電子取引上の番号冒用なりすましに関わる権利外観責任」をめぐり混沌とした法状況に終止符を打つどころか，第3章第3節および本章第2節のとおり，火に油を注いだ感がある。

(2)　本判決の意義・評価と「同一性」外観責任の構想

　もとより本判決については，電子取引全般において現在まで判例(たとえばBGH 2016年1月26日判決など)のみならず第2節を見れば明らかなように，学説でも数多く引用・参照されていて，その意義自体を疑う者はいない。たとえば第2節4の，「代理法の類推適用」に首の皮一枚つながったと思しきボルゲス(Georg Borges)も，本判決について「広く説得力を有し」「実務上も非常に重

要である」とともに、「長い間争いのあった権利外観責任の核心的要素（Kernelement）に言及する」ものと一定の評価をする。また本件上記事情において権利外観責任を否認した結論自体についても概ね、その理由づけを度外視すれば一定の賛同を得ている。

ただ肝心の、本件ネット取引上の番号冒用なりすましに外見代理の厳格な伝統的要件をそのまま類推適用した本判決のアプローチに対する学説の評価は、当初から、第3章第3節で紹介し第5節で本判決の考え方に近い見解から順に分析したとおり分かれていた。たとえば——あくまで表見代理類推適用論内部の対立にとどまるが——ネット取引上の特殊性から「アカウント利用時のパスワード入力≒（代理権授与証書という）書面上の署名（権利外観の強度の観点における「アカウント≧代理権授与証書」）」に着目して（法律上規定された表見代理の一類型である）BGB 172条の類推適用により、すでに判例上確立した「白紙書面責任」法理（第4章第1節1(3)以下参照）を手がかりに解決を試みる見解に加えて、とくに電子取引上のなりすまし事例では「同一性」に対する信頼の保護が問題になっているという表見代理との構造的差異を直視して、一般的な権利外観法理の観点からなりすまし独自の外観責任を構想する見解などが主張されるに至っている。このように「外見代理かBGB 172条か」という類推適用すべき表見代理の類型をめぐる争いから、表見代理類推適用論と距離を保ち（中には決別し）172条（あるいは171条）の価値判断を参考にしつつも一般的な権利外観法理の見地から、ネット取引上の「同一性」外観責任を構想する段階へと突入した（詳細については、第3章第5節参照）。

かくして筆者は本章にて、上記で構想された責任を——とくにわが国では聞き慣れないことを承知の上であえてその本質を正確に表現する意味から本書タイトルにも象徴的に使ったが——（第3章第3節4の、いわゆるなりすまし外観責任を改め）「同一性外観責任（Identitätsscheinhaftung）」と命名するに至ったわけである。

(3) 本章の考察対象・順序

そして上記(2)の傾向は、詳細な考察・検討が進むにつれて顕著となり、議論の関心は——とくに第3章第3節3・4で方向性として顕著に認められた——BGB 172条の類推（ないし勿論）適用またはその法的思考・価値判断に依拠した「同一性」外観責任要件の措定・具体化へと移っている。そこで本章は、本

判決を契機として——第3章第3節でとり上げた比較的簡潔な反応以外でほぼ同時期に——公にされた五つの発展的な判例研究・論稿(本書最後の「今後継続する研究に関して」でとり上げるモノグラフィーを除く)を対象にその動向を探りたい。なお考察の順序は,「代理権授与証書の交付に基づく権利外観責任」というBGB 172条(あるいは代理権授与通知による「権利外観の意識的作出」という171条)の価値判断枠組みに固執し「電子署名(elektronische Signatur)[18]」のみを外観要件としてその「交付」のみを帰責要件とする,いわば厳格な要件を措定する見解から緩和する見解へと行った上で,いかに電子取引上要請される動的安全保護との調和を図ろうと腐心しているかにも注目したい。すでに上記要請に応える意味から,ハウク(Ronny Hauck)は,支持こそ得られていないが本判決を,(利益較量により「相手方の利益>名義人の利益」と評価される場合という条件付きながらも)「アカウントの防護懈怠という電子取引独自の主観的帰責根拠により(表見代理に隣接する)新たな外観責任類型を創造した」ものと積極的に位置づけようとしていたからである。[19]

第2節 "同一性外観責任"を標榜し電子取引独自の要件定立・具体化を試みる発展的学説の展開

1. 外観・帰責両要件ともに厳格なヘレストハルの見解

ヘレストハルは,後述(1)bのとおり,なりすまし事例における「他人による行為の効果帰属・帰責」に着目して「代理法の類推適用」という枠組みには踏み留まるものの,すでに本判決でも頻繁に参照された論稿「アカウント引渡し・濫用における民法上の責任」(2008年)を公表し,表見代理判例法理の法律要件が他人の番号の下での(冒用)行為には適さないことから,権利外観一般法理に基づいて電子取引独自の同一性外観責任論を展開することを主唱していた。[20] 以下では,上記主張に依拠して大幅かつ大胆な要件の見直しを目論んだ,本判決に批判的な判例研究[21]を中心に紹介する。

(1) **本判決の批判的評価**

ヘレストハルは冒頭,(電子取引上のなりすましに関する)本判決について,第3章第3節4(4)のヴェルナー(Dennis Werner)同様,「代理法上の権利外観責任の法律要件を評価上適切に(wertungsadäquat)法的現実の機能状態・条件

(Funktionsbedingungen der Rechtswirklichkeit) に適合させる機会を逸してしまった」として，次のとおり本判決が今後及ぼす悪影響を大いに懸念する。

判例は，電子取引においてパスワードや暗証番号など（法取引上個人を識別化する）本人確認番号が冒用された事例にまで，（本来は不適切な）代理法上の権利外観責任（つまり表見代理）を拡大している。かくして「上記番号の入力と関連づけられた法取引の信頼は，今後も適切に保護されない」結果，番号冒用リスクを助長し，電子取引の効用を減じる。

a　ヘレストハルは，表見代理判例法理の「法律要件を大幅に修正しないまま他人の名の下での行為に転用する BGH の試み」について，次の信頼対象の違いを理由に，「初めから挫折すべき運命にあり認められ得ない」と断罪することから始める。

表見代理判例法理は，その要件を見れば分かるとおり，（当該行為が認識しうる程度に行為者自身ではなく本人のために代理人によりなされているという意味の）「容態の認識可能な第三者関連性（erkennbare Drittbezogenheit des Verhaltens）」，つまり代理に対する法取引の信頼を保護する。そして「信頼の基点（Bezugspunkt des Vertrauens）」となる「代理人としての行為」であることを認識させるのが，代理法上の顕名主義にほかならない。

これに対して（他人の確認番号が利用された場合に問題となる）「他人の名の下での行為」では，顕名がないため，名義人本人が契約当事者であるとの行為者の同一性を誤認させる外観が作出されている。これにより取引相手方は，名義人（ネット取引でいうならば番号所有者）本人が行為しているとの信頼を抱くことになる。つまり他人の名の下での行為は，代理人としての行為を欠くため，代理法上の表見代理とは「異なった信頼の基点」に依拠しているのである。

このことを，BGH は，すでに2006年コレクト・コール事件判決（第1章第2節1(3)参照）で認識していたにもかかわらず，「でっち上げられた（insinuiert）」本判決では，他人の名の下での行為について（本人を名義人（アカウント所有者）に読み替えただけで）当該要件はそのままに表見代理を類推適用するという「不適切な」方法での信頼保護論を展開した。しかし上記のとおり（行為者を名義人本人と誤信した）他人の名の下での行為では，当該信頼は（「代理権の外観」要件としての）無権限行為の反復・継続性とは無関係であるため，この（表見代理判例法理から転用した）伝統的要件は（いわば同一性外観責任の要件事実たる）「権

利外観の基礎（Rechtsscheinträger）として適していない」[25]のである。

　b　もっとも表見代理要件の転用自体には問題があるにせよ，ヘレストハルは，他人の名の下での行為について，代理法規律（無権代理規律も含む）の評価的本質（Wertungskern. つまりは他人による行為の効果帰属）の適切性からBGB164条以下の代理規定の類推適用が正当化されうるように，表見代理判例法理の評価的本質（つまりは他人による行為の帰責）も同様に妥当性を有すると言う[26]。かくして，番号所有者が第三者の冒用を認識し認容する場合は認容代理に，当該所有者が過失により第三者の冒用を可能にした場合は外見代理にそれぞれ準じた帰責処理が適切であるということになる[27]（後述(2)b参照）。

(2)　権利外観一般法理からの電子取引独自の外観責任要件の導出

　前述(1)aのとおり他人の名の下での冒用行為については，（代理権に対する信頼を保護する）表見代理判例法理の法律要件が適さないことから，ヘレストハルは，同一性に対する信頼保護の観点から，権利外観一般法理にまで立ち戻りその基本的法律要件（Grundtatbestand），なかでも外観要件を中心に——前述(1)b・後述(2)bのとおり効果論にも影響及ぼしうる——名義人の帰責性に応じた「独自の権利外観責任の要件を展開・発展させることが肝要であり」，「これによってしか保護に値する信頼が適切に把握されない」として，電子取引独自の外観責任の具体化をめざす[28]。

　a　まず外観要件の具体化にあたり，ヘレストハルは，すでに第１章第３節５(2)のリーダー（Markus S. Rieder）が「パスワード・システムの安全性」に着目していた点を参照しつつ，「本人認証記号（番号）がいつでも自由に使用される可能性を実効的に制限すること（effektive Begrenzung der Dispositionsmöglichkeit über das Legitimationskennzeichen）（傍点筆者）[29]」，つまりその「アクセス防護（Zugangssicherung）」が重要であるとする。そして，法取引の信頼が保護に値する「保証レベル（Gewährleistungsgrad）[30]」を越えているかどうか，つまり当該番号利用が適切な外観の基礎であるかどうかを決断する基準として，次の三つを掲げる。

　第一の基準は，番号の防護・秘匿（Geheimhaltung）を法取引上正当に期待できるかどうかである。この判断は，「番号の種類・目的，プラットフォームの種類やそこで法律行為が一般に行われていること，濫用リスクの大小ならびに……契約上のパスワード防護義務」による。「レターヘッド（Briefkopf）は，名

義人の行為であることを十分に保証するものではない」。情報ポータルやオンライン・フォーラムへアクセスするパスワードも，当該ホームページ上で法律行為は一般に行われずリスクも小さいため，法取引上，パスワードの厳重な防護を期待できない。対照的にネット市場の取引では原則，パスワードなどアクセス・データは法律行為に利用されるので，上記防護を期待してよい。続く第二，第三の基準は，番号を発行する側のアクセス・データの安全性（セキュリティ・レベル）と，第三者による侵害からの通信過程の安全性（たとえば安全なネット接続（Secure Dialog；https））である。

　これらの基準に従い段階的に低い順から区別すれば，簡単に模造・偽造されやすいレターヘッド，ファクシミリ・スタンプ，（単なるフォーラムやオークション・プラットフォームの）アカウントを保護するパスワード，適格電子署名（qualifizierte elektronische Signatur. SigG（ドイツ電子署名法）2条3号）となり，最後の電子署名のみが十分保護に値する信頼を根拠づける。

　このように本来は「電子商取引における法的安定性と適切な信頼保護のために，認証手段の濫用（事例：筆者挿入）に適した基準を措定する」べきであったにもかかわらず——前述(1)a のとおり——「その機会をみすみす逃」した本判決について，ヘレストハルは，「学説上すでに前もってこの問題領域の特殊性が知られていて議論されてきただけに残念でならない」と繰り返す。

　b　上記外観要件の存在を前提に，ヘレストハルは，カナーリス（Claus-Wilhelm Canaris）の「積極的信頼保護と消極的信頼保護」という厳格に区別された「信頼責任の複線性（Zweispurigkeit）」に倣い（厳密には一部要件・効果面にとどまるが），名義人や番号所有者が「外観要件を意識的に作出したかそれとも過失にすぎなかったか」という帰責性の差違により，同一性外観責任の法律効果を区別する。すなわち，名義人や番号所有者が，第三者による名義・番号の冒用を意識的に可能にしたり，冒用を知ったにもかかわらずあえて阻止しなかったりした場合（いわゆる「外観要件の意識的作出」事例）は，履行責任を負う（BGB 171条の法的考え方）。これに対して過失による場合は，せっかく権利外観責任に整序されたにもかかわらずその効果において，信頼利益の損害賠償責任を負うにとどまるため，実際上は「外観要件の意識的作出」のみが（通常一般的な履行責任の）帰責要件とされたのに等しいと言えようか。

(3) 憂慮すべき課題

　最後にヘレストハルは，今後も判例は電子取引「独自の権利外観要件につき然るべき検討」を行わないまま（「代理法上の権利外観責任の旧態」たる）表見代理判例法理を類推適用し続けることになろうが，その結果，電子取引における「信頼保護に評価上不適切な対応をとる」こととなり「著しい濫用リスクを顕在化させ」てしまうとしてあらためて警鐘を鳴らす[36]。

(4) 小　括

　かくしてヘレストハルは，名義人（ネット取引上は番号所有者）本人が契約当事者であるとの同一性を誤認させるなりすましの実態を強調して，本判決との対決姿勢を鮮明にした。これにより，表見代理という代理権の信頼保護を前提とした不適格な要件に縛られることを拒否し，一般的な権利外観法理の観点からいわばフリーハンドで電子取引に適合する要件の定立を試みたのである。とくになりすまし事例に適した外観要件がどのようなものであるかについて，その判断基準を詳細に検討した点は有意義である[37]。

　もっとも結果的には，ネット取引で現在一般に普及していない電子署名のみを外観要件として認め，さらにその意識的作出のみを（履行責任の）帰責要件としたのに等しいことから実際，（履行責任としての）同一性外観責任の成立する場面が本判決以上に限定的となることは必死であろう。そうであるならば，そこから脱落したパスワード事例や過失事例を念頭に，信頼利益の損害賠償責任がどの程度認められるのかを本格的に議論すべきではあるまいか（かくしてこの問題には，第4節で言及する）。

2．帰責要件のみ厳格なエクスラーの見解

　エクスラーも，すでに1のヘレストハル同様，本判決以前の2008年に「インターネット上の他人の名の下での行為におけるBGB 172条の意義」と題した研究論稿を公表している[38]が，ここでは，基本的に（すでに時代を先取りしていた）その主張に沿ってなされた本判決に関する判例研究を中心に紹介したい[39]。

　家族構成員（Familienangehörige）間でアクセス・データの単なる保管上の過失により冒用なりすましが今回初めて行われた本件で，外見代理の類推適用につき本判決が当該要件の不充足を理由に否認したことを契機として，エクスラーは，取引安全保護が強く要請される電子取引でアカウント所有者に外観責

任を負わせる要件を中心に考察する。

(1) BGB 172条1項と関連づけた考察

　エクスラーは，法律行為帰責（権利外観責任）に関する本判決では，不法行為帰責に関してアカウント所有者の注意義務違反で妨害者責任（Störerhaftung）を認めた（UrhG（ドイツ著作権法）・MarkenG（ドイツ商標法）等違反に関わる）BGH 2009年3月11日判決や（著作権侵害に関する）2010年5月12日判決（それぞれ第1章第2節3(1)・(2)参照）とは決定的に異なり，帰責根拠を代理法体系の中で探求すべきであるとの方向性を示す。なかでも本件なりすましについては，すでに上記2008年の論稿でも指摘したが，次のとおり「善意保護（Gutglaubensschutz）を代理権授与証書の呈示に関連づけた」BGB 172条1項でなされた立法者の帰責判断に近いこと（後述(2)参照）から，本規定との関連で考察を行う。[40] もとよりこの172条1項は，（126条の書式要件「自筆署名（eigenhändige Namensunterschrift）」を前提に）代理権の範囲が定められた場合にしか直接適用できないが，この要件を，プロバイダで開設されたアカウントが充足しないことは明らかである。[41]

　さりとて本件なりすましについて，エクスラーは，代理権授与証書事例（BGB 172条1項）よりも取引安全保護の要請が強いことを考慮に入れ，[42]（代理権授与の通知が有形化された（verkörpert））「代理権授与証書のように強い権利外観の基礎を本人が代理人に手交していたときは本人に帰責できる（傍点筆者）」という172条1項の基礎にある法的考え方を重視する。もちろん後述(2)以下で詳しく考察するように代理権授与証書とは異なり，（パスワードにより保護された）「アカウントのような，誤りを生みやすく（fehleranfällig）およそ正確でない」，つまり（上記証書よりも）弱い外観の基礎については，むろんBGB 172条1項よりも「軽い要件のもとで当該所有者に帰責することはできない（傍点筆者）」と考えている[43]（後述(3)参照）。

(2) 外観に関するBGB 172条1項の「代理権授与証書交付」事例との共通性

　まず外観に関して，（アルファベットや数字など）「表示記号（Erklärungszeichen）を通して誤った外観が告知される」という点で，エクスラーは，本件なりすましがBGB 172条1項の「代理権授与証書交付」事例と共通することを確認する。

　すなわちこの172条1項では，上記交付により代理権授与の通知が永続的に有形化されているため，それ以外の（方法による）通知を規定した171条1項に

比べて，とくに175条（代理権授与証書の返還），176条（代理権授与証書の失効公告）による特別な外観除去の手続が示すとおり，より危険性が大きい。「代理権授与証書を介して……観念の表示（Wissenserklärung）が長期間，実際に無制限の名宛人に対して継続し，誤った外観を幅広く，永続的に惹起しうる」からである。他方，本件なりすましでも，無権限の第三者が初めてであっても他人のアカウントへの不正アクセスにより「プロバイダのシステムに接続された全利用者に対して……誤った外観を惹起し」，アクセス可能な限りこの危険な状態は存続することから，「BGB 171条1項……よりも172条1項による継続された観念の表示を想起させる」。[44]

(3) 帰責性に関するBGB 172条1項の勿論解釈・適用からの帰結
　　「アクセス・データの交付」

　a　次に帰責性に関しても，以下のとおりBGB 172条1項が代理権授与証書の「交付」を帰責要件とすることにより，当該証書作成者を保護する意味で外観責任を限界づけている点を，エクスラーは重視する。「交付とは，意識的に取引過程に置くこと（bewusstes Inverkehrbringen）あるいは自由意思に基づいて代理人に引き渡すこと（freiwillige Überlassung）であ」り，BGB 172条1項は，「証書作成者が意識的な危険決定（Risikoentscheidung）をした」ことを要求する。かくして自由意思により当該証書を交付した場合に限り，「この証書に由来する，重大な権利外観リスクを帰責される」。単なる過失による証書の紛失では足りないのである。[45]

　b　その上で，上記172条の帰責思考を，代理権授与証書事例との違いに留意しつつアカウント冒用事例に応用する。上記違いとは，「アカウントは代理権授与証書に比べて明らかにより弱い権利外観の基礎であろう（傍点筆者）」こと，「代理権の範囲に関する明示的な確定はなされず，誤った外観は本人による個人認証（persönliche Autorisierung）に基づかず，権利外観の基礎が……相手方に呈示されない」点でBGB 172条の代理権授与証書事例とは異なること，「権利外観の基礎たるアカウントは代理権授与証書よりも明らかに濫用されやすい」ことである。とくに最後に挙げた差違から，アカウントの冒用事例では，この所有者の保護，つまり帰責性に配慮することも重要となろう。[46]

　かくしてエクスラーは，BGB 172条1項の限定的な帰責要件のもとで，つまり外観の基礎たる秘密のアクセス・データを交付していた場合にしか，アカウ

ント所有者が代理権授与証書の作成者同様，権利外観責任を負わないのはなおさら当然と結論づけることになる（172条1項の勿論解釈・適用論（Erst-Recht-Schluss）であり，法適用上はその類推適用という形を取る）。[47]

(4) 上記交付の認定基準と証明責任の軽減問題

そして，上記(3)で帰責要件とされた「アクセス・データの交付」が認められる場合を，エクスラーは下級審裁判例から抽出・分析する。

a 「アカウント所有者が秘密の鍵（geheimer Schlüssel）を第三者に意識的に知らせる（offenbaren）場合」は，上記交付が常に認められよう（たとえば，認容代理の類推適用を認めた第1章第2節1(2) f のLG（地方裁判所）Aachen 2006年12月15日判決）。[48]さらに第三者が無断で他人の会員登録をしたが，後にこの他人が無断開設されたアカウントを実際に利用した場合も，同様である（第1章第2節1(2) d の OLG Köln 2006年1月13日判決）。たしかにアカウント所有者の帰責性は，上記登録自体には認められないが，登録後この者が意識的な危険決定を行った上でアカウントを利用した点に認められよう。なお裁判実務は，当該所有者が不正探知に精通しない第三者によるパスワードの冒用を主張する場合に，取引安全保護の観点から交付に関する表見証明を認めている。

これに対して，第三者が不正探知によりパスワードを冒用していたことが確かな場合（LG Stralsund 2006年2月22日判決）[49]，アクセス・データの交付は認められない。「この場合には，せいぜい契約準備段階の債務関係に基づく消極的利益の責任にとどまる」[50]（詳細については，第4節(2) b 参照）。

b かくして最終的には「アカウント所有者によるパスワードの意識的交付」に関する証明責任の所在が問題となるが，エクスラーは，履行を請求する契約相手方負担を原則とした上で，証明の軽減（Beweiserleichterung）という困難な問題について次のように述べる。

パスワードは様々な技術的方法で容易に探知されうるため，アカウントは冒用されやすい。そのため，「アカウント所有者またはこの者から代理権を授与された者が行為しているという内容の経験則（Erfahrungssatz）」を持ち出すのは困難であり，相手方の証明責任を軽減するにはかなり限界がある。

さりとてアカウント所有者が，問題の時間に eBay サイトを訪問していた事実を認めているにもかかわらず，OLG Hamm 2006年判決（第1章第2節1(2) e 参照）は，この事実だけでは「当事者本人の尋問（Parteivernehmung）にとって

は……いまだ不十分（ZPO 448条〔職権による尋問〕）」とした（つまり問題の入札を行ったとまでは言えないとした）が、さすがにこのようなアカウント所有者の過大な保護は「確実に行き過ぎであ」る。アカウント所有者が自ら「危険を孕んだパスワード保護」を利用した場合において、対外的事情から、「この者自身が表意者であると考え」られるときは、当該利用につきあらゆる責任から免れられない[51]。

(5) エクスラーによる総括

最後にエクスラーは、次のように自己の見解を総括する。

たしかに（パスワードによる不十分な保護では不正操作されやすい）アカウントは、代理権授与証書よりも弱い外観の基礎であるが、これが冒用された場合、代理権授与証書の濫用事例（BGB 172条）よりも取引安全保護の要請が強いことから、本人が（代理権授与の通知が有形化された）当該証書を代理人に交付していたときは、つまり意識的な危険決定を根拠に権利外観責任を認めるという172条1項の基礎にある法的考え方を妥当させることができる。かくして上記ネット取引上のなりすまし事例でも、法適用上は BGB 172条1項の類推適用という形で、アカウントの所有者はパスワードを冒用者に意識的に交付していたときに限り履行責任を負うことになる。すなわち、代理権授与証書より弱い外観ゆえ最低でも172条1項と同様の意識的交付という帰責性が必要であるという勿論解釈・適用論から導かれる。ただ通常は、当該所有者本人（またはこの者から権限を与えられた者）が行為していたとの表見証明は認められないばかりか、相手方が原則負担する証明責任を軽減する余地すらほとんどないと付け加える[52]。

(6) その後の研究

ところで本判例研究後にも、エクスラーは、（ネット・ショップ経営者がパスワードを友人に教えて代理権を授与した後で撤回して消滅させた場合（BGB 168条2文）においてパスワードの変更を怠った）「なりすまし」設例で基本的に同様の解説・検討を行っている。外見代理を「無権代理行為の反復・継続性」（という権利外観）要件そのままに類推適用することについては、「誤った外観を取引上生じさせる」のは厳重管理されるべきパスワードが利用された事実にほかならないことから懐疑的である。アカウントが「不正操作されやすい」からといって、体系的にそもそも外観が問題にならないというわけではない。むしろ前述(3)以下同

様、なりすましの中心的問題を帰責性に関連づけた上で、BGB 172条の類推適用アプローチから、アカウント所有者が秘密のアクセス・データを自由意思により引き渡していたという「交付」を重視する。

なお蛇足だが、上記設例に関わって特徴的であったのは、インターネットというバーチャル世界の（いわゆる仮想）店舗もHGB（ドイツ商法）56条の店舗へ含めようとする拡大解釈の可能性を示唆した点であろうか。

3．厳格な帰責要件を判断基準の操作により一部緩和するゾンネンタークの見解
(1) 本判決の批判的分析

ゾンネンターク（Michael Sonnentag）は、インターネットにおける他人の名（番号）の下での行為に表見代理判例法理を類推適用できるかという一大争点について、判例・学説の状況を一瞥することから始める。

　a　本判決へと至るそれまでの判例は、本人を名義人に読み替えた上で表見代理判例法理の類推適用を認めていて、第3章第3節1(3)で見たリルヤ（Anna-Julka Lilja）に代表される本判決の一部評釈もこれを支持する。また中には、外見代理の反復・継続性要件を放棄して初めての冒用行為への拡大を主張した、第3章第3節2(4)aのヘルティンクらのような評釈まである。

だがこのような表見代理判例法理の類推適用論について、第3章第3節4(1)および本章第2節1(1)aのヘレストハルや第3章第3節4(5)aのファウスト（Florian Faust）らは、「他人の名の下での行為では、行為者の代理権に対する信頼ではなくその同一性に関する誤認が問題であることを理由に、すでに的外れであると評する」。

　b　上記対立を踏まえた上で、ゾンネンタークは、「表見代理判例法理では、取引相手方が権利外観に基づいて行為者の代理権を正当に信頼してよいかどうかが問われている（傍点筆者）」として後者の懐疑的見解に与する。他人の名の下での行為において、行為者は、すでに上記ヘレストハルが評したとおり決して代理人として行為しておらず、同一性を誤認させているので、（代理権という）「権利外観に基づく代理関係への信頼はそもそも考慮されない」からである。つまりすでに上記ファウストが指摘したとおり、「他人がアカウント所有者本人として行為するため、代理の事例が問題であることを契約相手方は認識できない（傍点筆者）」のである。

かくして（行為者とアカウント所有者が同一人物なのか別人なのか認識できない）ネット取引においては，冒用なりすまし行為が今回初めてなされたのか過去にも反復してなされてきたのか，そもそも取引相手方が知る由もないので，表見代理判例法理の「無権限行為の反復・継続性」は（他人の名の下での行為における）同一性の外観要件として適切でない。それにもかかわらず本判決では，上記判例法理の類推適用により，第3章第3節3(2)aのシンケルス（Boris Schinkels）の表現を借用すれば（代理権という）「権利外観なき権利外観責任が根拠づけられ」てしまった。BGHは，すでに2006年コレクト・コール判決事件（第1章第2節1(3)参照）において「外見代理原則が適さないことを確認してい」ながら，これに基づくことなく本件アカウント冒用事例において外見代理の類推適用を認めたのは，ヘレストハルも指摘する（本章第2節1(1)a参照）ように「奇妙である（interessant）」。

(2)　権利外観一般法理からの電子取引独自の外観責任要件論の展開

　以上からゾンネンタークは，他人の番号の下での行為について，独自の（本書にいう同一性）外観責任の要件論を展開する必要性を唱える。その際，前述1(2)のヘレストハルや第3章第3節4(5)bのファウスト同様，一般的な権利外観責任の要件，つまり外観の存在，外観の帰責性，外観を信頼して相手方が取引をしたこと（因果関係），この相手方の要保護性（BGB 173条の類推適用による善意・無過失）という四つが基本となる。とくに前二者の要件の具体化に重点を置いて考察が行われる。

　a　第一に外観要件との関連で，パスワードにより保護されたアカウントが外観たりうるかについては，次の見解が対立する。本判決に至る判例および一部学説は，パスワード入力により「ネット・ログイン時に同一性を効果的にコントロールできない」ことから否定的である。これに対して，後述5(3)aのシュテーバーは，使用されたパスワードの秘密性を理由に肯定的である（なお，前述1(2)aのヘレストハルも，「パスワードの厳重な保管を当該所有者に期待できる」として番号の防護・秘匿という第一の外観適性基準を満たすことは認めていた）。

　aa　上記対立を踏まえた上で，（秘密のアクセス番号たる）パスワードに代表される特定の同一性確認（・資格付与証明）指標（Identifizierungs- und Legitimierungskriterium）の利用が外観たりうるかについて，ゾンネンタークは，当該番号を行為者が（その所有者たる）権利者自身として（あるいは権利者の同意を得て）

第5章　電子取引上のなりすましにおける"同一性外観責任"論の発展的展開

利用した者であると取引相手方が信頼してよかったかどうかを決定的に重視する。これとの関連でとくに重要なのは，当該番号の信頼性，つまりセキュリティの高さと，第三者によるデータ不正探知の難しさ（ネット接続の安全性など）である。「スキャンされてインターネットで利用されるレターヘッドのようにごく簡単に模造・偽造されうるときは」，外観は否認されうるのに対して，電子署名は外観としての適性を備える。

　bb　問題のパスワードの扱いについては，当該所有者に特別な防護を期待できるかどうかを重視した上で，ネット取引に関わるパスワードであるときは，冒用リスク（さらにはネット・ポータル運営者の約款）を根拠に，確実な防護を期待できるとする。結局パスワードも，電子署名と同様，「特定の者に割り当てられ，決まった範囲での法取引への参加資格を認められている」ことに鑑みれば，同一性確認等の指標として外観を根拠づける。

　さらに上記帰結は，BGB 172条1項との比較からも導かれる。立法者は，本人の意思に反した代理権授与証書の濫用リスクは「当該交付に起因することから」，当該証書を「資格付与証明の指標」とみなして，その交付・呈示を代理権授与の個別通知（BGB 171条）と同置した。この状況に，「ネット・ポータルのパスワードが交付される場合はまったく比肩しうる」のである。

　なお，パスワード濫用の容易さからその安全性を疑問視して外観に値しないとした OLG Köln 2006年判決（第1章第2節1⑵d参照）等に対して，ゾンネンタークは，代理権授与証書や署名も簡単に偽造できるし，むしろ第3章第3節5⑴のマンコフスキー（Peter Mankowski）同様，「通常はパスワードの不正探知の方がかなり難しい」として安全性を強調する。そして，立法者がBGB 172条1項で「代理権授与証書に確かな権利外観効（Rechtsscheinwirkung）を譲歩して認め」ている以上，法取引において「パスワードの確かな秘密保持を期待してよい」ときは，当然（これにより保護された）アカウントも外観としてふさわしいはずであると言う。

　b　かくして前述2⑶bのエクスラーや後述4⑷のボルゲス同様，まさにその帰責性しだいであるとして，ゾンネンタークは，パスワードをアカウント所有者が意識的に交付した場合と，（その濫用に備えた防護を怠ったという意味での）過失により当該冒用を可能にした場合に分けた上で，後者を中心に論じる。もとより前者事例では，（アカウント所有者との取決めに反した）濫用リスクが意識

的に作出されているため，帰責性の観点から，当該事例が代理権授与証書の意識的交付事例（BGB 172条）に匹敵しうるのは明白だからである。

　aa　後者事例では，まさに単なる過失で帰責性を充たしうるのかが争われている。下級審裁判例（第1章第2節1(2)cのAG Bremen 2005年判決）や一部学説（たとえば結果的に免責要件に位置づける第3章第3節2(3)b・cのシュテーバー）は，家族構成員間など健全な関係（intakte Beziehung）ではアカウント所有者にデータ冒用の予見可能性を容易に期待できるとして，帰責性を認める。

　ただこれに対して，後述4(4)のボルゲスに代表される見解（第3章第3節3(2) b・cのシンケルス，4(5)b bbのファウストも）は，「意識的な危険増大（Risikoerhöhung）」という帰責の観点を重視して，単なる過失では足りないとする。

　bb　上記対立を踏まえた上で，ゾンネンタークは，次のとおり「パスワード交付の必要性」から後者の見解に与する。

　たしかに外見代理は，本件「パスワードの保管上の過失」事例同様，（ただ厳密には「無権代理行為の予見・阻止可能性という直接的な意味での」）過失を帰責要件とするが，無権代理行為の反復・継続性を権利外観要件とする（上記ファウストの見解を参照して敷衍すれば，反復・継続的な無権代理行為に対して本人が異議を差し挟んでこなかった場合に代理権の存在が推論される）点で，今回初めての冒用なりすまし行為が問題となった本件とは基本的に異なる。この違いから，「両事例では……帰責性について異なった要件が措定されうる」。

　このようにパスワードの意識的交付と保管上の過失を区別することについて，ゾンネンタークは，代理権授与証書の意識的交付を帰責要件としたBGB 172条1項により正当化されると言う。さらに「理論教義学上の観点では，BGB 172条1項の交付基準は，物の善意取得を排除する935条1項の（占有）離脱に匹敵しうる（筆者挿入）」。「両事例では，物ないし正当性承認符号を意識的に流通過程に置くことが問題になっているからである」。「帰責を根拠づけるのに……物ないしパスワードの盗難または単なる紛失で足りてはならない」。

　なお，パスワードを直接交付したわけではなく後に冒用を知った場合であっても，パスワードを変更するなど対抗措置を意識的に講じなかったときは「認容代理事例に類似し」，信義則上例外的に外観責任を認めるべきである。[62]

　c　次にゾンネンタークは，いかなる事情をもって「パスワードの交付」を認定するか，この基準の具体化は難問であるとして，前述2(4)aのエクスラー

や後述4(4)ボルゲス等を参照しつつこれに腐心する。

　帰責要件としての上記交付は，その決められた目的に反して冒用された場合のみならず，「他人から頼まれていないのにある者が他人のためにアカウントを新設したところ，後に他人がこれを使用した場合」にも認められる。さらに「パスワードが意識的に事務机に放置されたままである」とか，通常一般にパソコンを利用できる身近な者との関係でパスワードがパソコンに入力済みである場合も，同様であろう。これに対して，パスワードが不正探知されていた事例では，上記交付は認められない。[63]

　かくしてゾンネンタークによれば，かなり幅広く柔軟に上記交付が認められると言えよう。[64]

　d　なお，上記(2)bで見たとおり帰責性を充たさなかった「保管上の過失」事例について，ゾンネンタークは，契約締結上の過失を明文化して信頼利益の損害賠償責任を規定したBGB 311条2項からも，1(2)bのヘレストハル同様，履行責任を認めることに反対の姿勢を示す[65]（第4節(2)c参照）。

(3) 自説の当てはめと本判決の再批判

　最後に，パスワードの意識的交付を帰責要件とする自説を本件に当てはめて，ゾンネンタークは，上記交付の事実が確認できない以上，アカウント所有者の履行責任を否認した本判決の結論は正当であったとしながらも，やはり法律構成として表見代理判例法理の類推適用に固執した点を再批判する。「他人の番号の下での行為」（いわゆる「ネット取引上のなりすまし」）に合わせた独自の外観責任を構想・展開することを怠ったからである。[66]

(4) 小　括

　以上より，ゾンネンタークは，もはや表見代理の類推適用という伝統的枠組みではなく一般的な権利外観法理の観点から，なりすまし独自の要件論を展開する。まず外観要件については，本人確認番号の信頼性，とくにセキュリティの高さと，第三者によるデータ不正探知の難しさ（インターネット接続の安全性など）から，電子署名がその適格性を有することを認める。問題のパスワードについては，その保管・秘匿を法取引上期待できることに加えて，BGB 172条の規定する代理権授与証書・署名の偽造に比してパスワードの不正探知の方が難しいことから，1(2)aのヘレストハルとは対照的に，外観としての適格性を認める点が特徴的である。かくして無権限行為の反復・継続性を外観要件としない

273

なりすまし事例（本件のような初回冒用でも足りる）では、この（表見代理判例法理との）外観要件の違いから、帰責性についても（過失を要件とする外見代理とは）異なった要件を措定すべきであり、（代理権授与証書の交付に関する）BGB 172条1項を参照してパスワードの意識的交付を帰責要件とする（このような、外観と帰責性を相関的に判断する、いわば動的体系論的な考え方は、第3章第3節4(5)ｂのファウストも主張していた）。ただ実際はネット取引の安全保護に配慮してか、「交付」の判断・認定基準がかなり柔軟かつ緩やかであり、保管上の重過失事例をも含むかのようである。

4．厳格な帰責要件を「危険増大」論から一部緩和するボルゲスの見解

(1) アカウントの所有者を基準とした契約当事者の確定

ボルゲスは、まず本件アカウント冒用なりすまし事例における「契約当事者の確定」という前提問題について、次のアカウントの性質・位置づけから、他人のアカウントで意思表示をする者は「概してアカウント所有者と同一人物であることを前提に行為する」と言う。

アカウントは「通常一般に、具体的な者に割り当てられるため、当該所有者を表意者と呼ぶ機能を有する」。また本件の eBay 約款がそうであったように、アカウントの使用は当該所有者にのみ許されている。かくしてアカウントを使って契約が締結された場合に重要なのは、当該所有者である。相手方はアカウント所有者と契約を締結する意思を有し、当該アカウントを利用した実際の行為者とではないのである。[67]

(2) 一般的な権利外観責任の基礎と各要件の関係

上記（アカウント所有者本人を契約当事者と確定して代理法の類推適用へと導く）「他人の同一性の下での行為」論を前提に、ボルゲスは、ネット取引上のなりすましにおける外観責任の考察を始めるにあたり、一般的な権利外観責任の基礎と各要件の関係を確認しておく。

権利外観責任は、相手方負担を原則とする「無権代理または同一性の誤認惹起（Identitätstäuschung）リスク」を本人に移転させるが、「その基礎は、表示の有効性に対する相手方の信頼保護であり、この信頼は、効率性の求められる商取引では重要であり保護に値する」。ただし、本人保護の観点から、上記危険移転は「これを本人に要求できる限りでしかなされ得ない（傍点筆者）」。か

くして権利外観責任では,「本人と表示相手方間での適切な危険分配」が「二つの本質的メルクマール」,つまり「相互に依存し合う」外観要件と帰責要件により行われ,各要件は「きわめてフレキシブル」なものとなる。[68]

すなわち,外観は,「本人の容態(たとえば行為者が冒用行為を反復した場合における本人の不作為)から,さらには信頼に値する真正証明(Echtheitsnachweis.たとえば証書,適格電子署名)の利用からも生じうる」。帰責性も「非常に様々である」が,その指針は,無権限行為の「阻止を具体的事例で本人に期待できる場合に,本人が当該責務(Obliegenheit[68a])を負うことである(傍点筆者)」。なお概して,外観と帰責性は同じ事情から生じる。たとえば外見代理事例でも,反復された(無権)代理行為により相手方の信頼が基礎づけられ,他方で,当該行為に関する本人の認識義務が不作為と相俟って帰責性となっている。[69]

(3) 「権利外観責任の促進(動機付け)構造」の独自分析に基づく
　　外観・帰責両要件の検討

いよいよアカウント冒用事例について,ボルゲスは,次のとおり「権利外観責任の促進(動機付け)構造(Anreizstruktur)」を分析し明らかにした上で当該要件を詳細に検討する。

a　身分証明書(Personalausweis)やパスワードなど認証手段が冒用された場合の(同一性)外観責任は,「とかく濫用に対する当該手段の安全性と関連づけられる」。「重要なのは,権利外観責任にとって,上記安全性にはどのような意義があるのかであ」り,──総合的研究はできないにせよ──法律要件事実として具体化する際に考慮されうる「権利外観責任の促進(動機付け)構造を考察する必要がある」。

aa　まず本人に対して,権利外観責任は,無権代理や冒用なりすまし行為「による損害を阻止する措置を講じるよう(動機づけ)促進する」。

bb　他方で,相手方に対する上記「促進(動機付け)構造はより複雑である」。そもそも相手方はいくら注意深く行為したとしても,上記無権限行為を本人に帰責できない余地(たとえばBGB 172条では代理権授与証書が不真正なものであったり紛失されたものであったりするリスク)が存在するからである。もとより相手方の信頼する外観要件が強ければ強いほど外観責任の認められる可能性は高くなるわけだが,当該責任は,相手方に対して,(強い外観としての)代理権や同一性の証明を行為者に要求することを積極的に(動機づけず)促進しない。「相手

方は，確かな証拠（たとえば代理権授与証書）を要求するか，それより不確かな認証手段（たとえばアカウントを保護するパスワード[70]）でよいとするかを自由に選択できる」。

このような選択の余地について，ボルゲスは，「正当」と評価した上で，相手方は「あらゆる状況下で，自己の視点から見て適切な安全性基準を選択」すればよいと言う。また実務上も，「取引の重要性やリスクに応じて様々な認証手段が求められる[71]」。

b　そして上記「権利外観責任の促進（動機付け）構造」から，ボルゲスは，権利外観要件が弱い場合であっても当該責任は完全には排除されていないとして，上記証明手段の意識的交付事例を挙げる。「パスワードを漏洩させて意識的に自己の同一性の下で第三者が表示することを可能にした者」は，「代理権授与証書の交付」に準じて「合意に反する冒用リスクを意識的に惹起」したからである。この帰結は，上記 a aa で見た，権利外観責任がアカウント所有者に対してパスワードを意識的に交付しないよう（動機づけ）促進するというその構造からも正当化されよう[72]。

(4)　「意識的交付」要件と「危険増大」論によるその一部緩和

以上よりボルゲスは，パスワードについて，本判決に逆らい（弱いながらも）「十分な権利外観」たりうるため「権利外観責任がまったく認められないわけではない」とした上で，帰責性こそが重要であると言う。そして以下，「パスワードの意識的交付」と「不注意な保管」に分けて考察する。

前者事例では，本人は意識的に，合意に反した冒用リスクを招来するため，帰責性を充たす[73]。本人に対して，パスワードの意識的交付をしないよう求めることは可能であるとともに，冒用リスクは通常一般に十分認識できるからである。ただし「通常一般に，意識的交付は証明できない」ため，この交付に基づく「権利外観責任は，裁判実務では重要な意義を持たない」であろう。

これに対して後者の「不注意な保管」事例では，本人が意識的に危険を増大させていないため，外観責任は否認される。たとえパスワード「より高い安全性を伴う証明手段が利用された」としても，結論は変わらない。保管上の過失では，外観責任を根拠づけることはできないのである。

もっとも両事例の境界を，ボルゲスは「流動的」に捉え，たとえばパスワードのメモ書きをモニターに貼り付けたりパソコン周辺に意識的に放置したりす

る行為について,「意識的な危険増大」という帰責性の観点から「意識的交付」と同等であると評価する点（意識的な危険増大から見た「（パスワードの保管に関わる?）重過失≒交付」とでも言うべきか）[74]には注意を要する（結果的には,「意識的交付」の認定を緩和する3(2)cのゾンネンタークとほぼ同様か）。まさに帰責性は,ボルゲスによれば,本人が意識的にパスワードへの接近を簡単に許し第三者の冒用を予見しなければならなかったことである。また,アカウント冒用に気づいた当該所有者が次なる冒用に備えて対策を取らなかった場合にも,意識的な危険増大が認められる[75]。もっとも,上記パスワードのメモ書きを机の引出しの書類の下に隠すなどしていた場合には,さすがに交付を認定することは困難であろうか。

(5) **損害賠償責任の検討余地**

最後にボルゲスは,（パスワードの保管上の過失にとどまる本件において）権利外観責任を認めなかった本判決を妥当であると結論づけながらも,「BGHが暗黙の内に（implizit）確認するように」「契約または法律上の秘匿義務（Geheimhaltungspflicht）違反を理由とするアカウント所有者の損害賠償責任が考慮される」と付言する[76]。

(6) **小 括**

ボルゲスは,かろうじて代理法の類推適用にとどまりながらも,実際は一般的な権利外観法理の観点から,同一性外観責任の独自要件を定立しようと試みていた。具体的に,外観要件については,独自に分析した「権利外観責任の促進（動機付け）構造」から,本判決とは異なりパスワードという弱い外観でも足りるとする一方,BGB 172条から看取される帰責原理「意識的な危険増大」から「意識的交付」を帰責要件とする。ただ「パスワードの意識的交付」に関わって特筆すべきは,むしろ上記帰責原理に依拠して,本人が意識的にパスワードへの接近を簡単に許し第三者の冒用を予見しなければならなかったという帰責性の程度（上記交付との同等評価）で足りるとする点であろう。

5．外観・帰責両要件ともに柔軟なシュテーバーの見解

シュテーバー（Michael Stöber）は,すでに第3章第3節2(3)で紹介した,本判決に関する短い評釈でその影響を憂慮していたが[77]翌2012年,本判決を含む――第1章第2節1・3で見た――最近の「インターネットや遠距離通信のア

クセス・データ冒用」事件に触発されて，番号（データ）所有者の法的責任に関する総合研究を行い，当該「解決の基礎となる」独自の責任構想を明らかにしようと試みる。上記評釈において当初は，データの保管上の過失事例にも対応できるように「過失を帰責要件とする外見代理の類推適用（？）を射程に収め」たと思しき私見を展開したかのように思われたが，本研究では，むしろ類推適用されるべき（解決）規律は法律上の表見代理規定（BGB 171条, 172条）であるとの感触を得て，当該規定の適用範囲（類推適用の射程をも含む）を詳細に検討する。その上で（後述(2)のとおり外見代理をも取り込むこととなる）表見代理規定の類推適用の観点から，上記最近の事件を，アカウント冒用事例（第1章第2節3(1)のBGH 2009年 Halzband 判決事件や本件），IPアドレス冒用事例（同節3(2)のBGH 2010年 Sommer unseres Lebens 判決事件），電子メール・アカウント冒用事例（同節1(2)a の OLG Köln 2002年判決事件），電話接続冒用事例（同節1(3)のBGH 2006年コレクト・コール判決事件），ネット・バンキング・データ冒用による無権限振込事例（OLG Schleswig 2010年7月19日判決事件）の五つの事例群に類型化し各特殊性を踏まえつつ番号所有者の外観責任を考察する。

(1) 表見代理規定における「（正当な信頼に関する）確実な実際上の基礎」の重要性

シュテーバーは，表見代理規定について，立法段階の議論（起草委員ゲープハルトの準備草案（Gebhard-Entwurf）の理由づけ）によれば，「第三者は代理権の存在に対する正当な信頼において……『確実な実際上の基礎（feste thatsächliche Grundlage）』が所定であるとき保護されうる」という一般的な権利外観法理の徴表（Ausdruck）であるとする。そしてこの171条, 172条は，信頼を保護する場合として「個別通知，公告や代理権授与証書の交付」を明示するが，これらに限定するという意味の「完結・閉鎖的性質（abschließender Charakter）」を有するものではない。たしかに「第一草案理由書（Motive）には，代理権の存続に対する正当な信頼の保護は，『代理権の授与が第三者に対して代理権授与者により格別に通知されていた』場合にのみ必要であり『さもなくば不要である』」と記述されているが，「とにかく（何かある）通知の存在は必須であるけれども，ある特定の通知の種類」に限られているわけではない。「善意保護にとって必要かつ十分なのは，上記ゲープハルト草案の理由づけによれば，『確実な実際上の基礎』であ」り，これは，BGB 171条，172条で規定された通知の種類以外の方法でも根拠づけられる。

(2) 各表見代理規定の分析とその類推適用・範囲の検討

　かくしてシュテーバーは，表見代理規定について一般的な権利外観法理の「徴表として，その直接適用の範囲外の事例解決にも」類推適用が可能であるとした上で，BGB 171条，172条の順にその類推適用の範囲も含めて検討する。

　a　aa　BGB 171条は，個別通知または公告による代理権授与告知事例を規律する。前者の個別通知とは，「特定の名宛人に向けられた，特定の他人が代理権を授与されていることが看取される，意識的かつ意図的な (bewusst und willentlich) 本人の表示」である。しかし前述(1)のとおり「代理権の存在に対する善意にとっての『確実な実際上の基礎』は，BGB 171条で明示的に規律された通知によってしか根拠づけられ得ないわけではない」。むしろ本規定からは，「一般的な評価 (allgemeine Wertung)」として，「上記以外の，本人に帰責できる容態から，第三者が疑う余地なく，この本人が偽装（自称）代理人 (Scheinvertreter) に代理権を授与している事実を明白に推論できるとき，本人は，この代理人のした意思表示の効力が自らに生じることを認めなければならない（傍点筆者）」ことがうかがわれる。そして「本人の容態がBGB 171条で格別に規律された通知のように本人に直接由来する積極的行為に存するときは，第三者は，偽装代理人の初めての行為であっても，上記推論をしてよい（傍点筆者）」。

　bb　それに対して「本人の単なる不作為」の場合は，「代理人が反復して本人のために行為し，この本人が認識できたのに対処しなかったときに初めて（傍点筆者）」（つまり外見代理の伝統的要件を充たすとき），「上記不作為はBGB 171条の通知と同置されて」その類推適用が可能となる。

　かくしてシュテーバーによれば，外見代理（という一判例法理）は，そもそも創造・展開されるには及ばなかったと結論づけられる。この（表見代理判例法理の存在意義に関わる）理解，いわゆる外見代理不要論は，表見代理学説の中でも異彩を放つであろうが，その肝となる上記同置を支える帰責原理は必ずしも明らかにされていない。

　b　aa　続いてBGB 172条について，その類推適用を含めた検討に移る。

　この172条の規定する代理権授与証書とは，「代理権者と代理権の存在・内容が看取される，本人署名の文書である。署名は，本人の明白な同一性の確認 (Identifizierung) を可能にし，この機能を当該証書に付与する。さらに当該証

書は，代理人の指名と代理権の存在・内容の告知により，疑いの余地なく代理権者に本人の名において意思表示をする資格付与を証明する（legitimieren）（傍点筆者）」。このように二重の機能を併有した「代理権授与証書は，適格な（qualifiziert）権利外観を根拠づける（傍点筆者）」ため，無権代理行為が初めてなされた場合でも，本人は，前述 a の BGB 171条同様，172条により履行責任を負うことになる。

この172条は，本人による代理権授与証書の交付，つまり「意識的かつ意思的な交付」を要件とする。かくして（第1節(1)の）BGH 1975年判決・通説は，本人が当該証書の不注意な保管など単なる（間接的）過失により偽装代理人の入手を可能にした場合，その適用を認めない。

bb　しかし次の理由から，シュテーバーは，上記判例・通説に批判的で，保管上の過失事例にも BGB 172条の類推適用は可能であると主張する（上記 a bb も参照）。

第一に判例・通説が，外見代理（という一判例法理）では過失を帰責要件とするにもかかわらず，他方で「代理権授与証書の呈示により根拠づけられた権利外観事例において過失で足りないとする」のは論理矛盾にほかならない（いわゆる「外見代理の帰責性との不均衡」という現状追認からの批判）。第二に（BGB 172条によりその信頼が保護されるところの）第三者から見れば，（偽装代理人の呈示した）「代理権授与証書が取引過程に置かれたのが本人の意思によるのか，単なる過失によるのか」判別できない。前述(1)のゲープハルト草案の理由づけでも強調されていたのは，「『当該証書がいまだ代理権者の手中にあるかどうか』が善意保護にとって決定的に重要であること」であった。第三に，判例が意思表示の成立要件として——表意者が，取引上要求される注意義務を尽くしていれば自己の容態は意思表示として理解されることを認識し，かつ阻止することができたという意味での——潜在的な表示意識（potentielles Erklärungsbewusstsein）[85]で足りるとして表示意識必要説からの転換を図ったことに鑑みれば，過失により取引過程に置かれた意思表示の存在は通常一般に認められないという（BGB 172条の類推適用に反対するため援用された，上記 aa の）判例の論拠自体がもはや「時代遅れとなった（überholt）」[86]（いわゆる現代の意思表示帰責論との連動）。かくして代理権授与証書は，ゲープハルト草案の理由づけで詳述されたとおり「代理権授与者にとって非常に危険な文書になり得」[87]，相手方保護優先の観点から，

本人に履行責任を負ってもらうことになる。[88]

　c　その上でシュテーバーは，インターネットや遠距離通信のアクセス・データ冒用事例との関連を視野に入れて，BGB 172条を代理権授与証書以外の書面や上記データに類推適用できるかというさらなる問題に言及する。

　すでに白紙書面交付事例において，判例・通説は，合意に反した（いわゆる濫用・不当）補充がなされた場合でも，交付者は「善意の第三者との関係で，BGB 172条の類推適用により当該書面の内容を自己の表示内容として帰責されなければならない」と結論づけていた。[89]この事例と「同様，データ利用により『確実な実際上の基礎』が根拠づけられる限りにおいて，BGB 172条で表された」権利外観法理は，「有形化されていないデータにも転用することができる」。アクセス・データも，代理権授与証書と同様「同一性確認と資格付与証明の効力（Identifikations- und Legitimationswirkung）を有する」ため，その利用により作出された外観は，保管上の過失によるものであっても，上記証書事例（上記 b bb 参照）に準じて本人に帰責することができる。[90]

　かくしてシュテーバーによれば，アクセス・データ冒用事例に外見代理を持ち込むまでもないということになる。

(3)　表見代理規定の類推適用の観点に基づく「インターネットと遠距離通信の
　　　アクセス・データ冒用」諸事例の検討

　いよいよシュテーバーは，「インターネットや遠距離通信のアクセス・データ冒用」事例について，外見代理という一判例法理に依拠する判例とは異なり，前述(2)で考察した「本人の過失」事例までも射程に収める「BGB 171条，172条の類推適用」の観点から，冒頭で類型化した五つの事例を詳細に検討する。

　a　第一の（第1章第2節3(1)のBGH 2009年 Halzband 判決事件や本件に代表される）アカウント冒用事例（ただし，電子メール・アカウントは後述cの第三事例に分類される）では，表意者が他人の（パスワードにより保護された）eBay アカウントを冒用して売買契約を締結した場合，当該所有者がBGB 172条の類推適用により履行責任を負うのかが問題となる。まずは，eBay アカウントの信頼性を考える上で，その取得・アクセス方法に言及しておく。

　aa　「アカウントは，名前，住所，誕生日，電子メール・アドレスを届け出れば新設できる。この開設に先立って，上記アドレスの有効性は，確認コード

(Bestätigungscode）を含むメールの発信により確認される。アカウントは各個人に新設され，譲渡できない。ID は，他人の ID と重複しないよう決定される。かくしてアカウントは，所有者の同一性を明確に確認できる。あわせてパスワードも決定される；アカウントへのアクセスは，上記 ID とパスワードの入力によってのみ可能となる。会員はパスワードを秘匿し，アカウントへのアクセスの安全性を注意深く確保しなければならない」。

bb このような eBay のセキュリティから，シュテーバーは，本判決とは異なり，「アカウントにより意思表示がなされたときは，相手方は，当該表示が正当なアカウント所有者によるものであることを信頼してもよい」とする。（代理権授与証書の偽造・変造リスク同様）「単なる不正操作（Manipulation）の可能性は……アカウントにおける信頼法律要件（Vertrauenstatbestand）の発生を妨げるものではない；不正操作が確実である場合に初めて，権利外観の帰責を排除できる（傍点筆者）」。

cc かくしてシュテーバーは，(ID・パスワード入力により同一性確認が担保された）eBay アカウントが（本人の署名のある）代理権授与証書に類する外観要件であるとした上で，上記不正操作リスクについては別途，帰責要件で考慮すれば足りると言う。そして，「当該所有者がとにかく上記証書の交付に相応する方法で，表意者をアクセス・データに近づけるようにしていた場合に（傍点筆者）」BGB 172条の類推適用を認める。この典型例は，たとえば2(4)のエクスラー同様，意識的なデータ交付事例であるが[91]，これにとどまらず前述5(2)b bb において，上記証書に関わる保管上の過失事例で BGB 172条の類推適用を認めていたことから問題となる。

（正確には不法行為帰責に関する）BGH 2009年判決事件では，アカウント所有者は，（冒用を行った妻も近づける）自身の書斎机で不十分にパスワードを保管し，本件でも，（当時の）婚約者からアクセス・データを防護していなかった。ただ「これら保管が不注意（sorgfaltswidrig）とみなされうるのは，当該所有者がデータ冒用を少なくとも予見しなくてはならなかった場合に限られる」[92]（つまり保管上の過失は冒用行為の予見・阻止可能性との関係で捉えられる）が，とくに妻や婚約者など近い（家族）構成員（nahe Angehörige）にあっては，具体的な拠り所（konkreter Anhaltspunkt）がある場合にしか予見可能性は認められない。そして両事件とも，上記拠り所は見当たらなかった[93]。

b　第二のIPアドレス冒用事例について，不法行為帰責に関するBGH 2010年（Sommer unseres Lebens事件）判決（第1章第2節3(2)参照）ではあったがその法律行為帰責にも妥当する判断部分を参考に，シュテーバーは，無線LAN接続へのアクセスは通常パスワードでしかできないが，IPアドレス自体は「特定の者ではなくインターネットと結ばれた装置ないし接続に割り当てられ」ていること，「コード化された無線LAN接続はその所有者に限られずより多くの人が利用することは，通常一般的にも法的にも許容されていないわけではない」ことを確認する。これらの実状に鑑みれば，意思表示が特定の無線LAN接続によりなされていても，相手方は，「当該表示が接続所有者によるもの……と疑いの余地なく推論することはできない」。要するにIPアドレスには，BGB 172条の代理権授与証書に準じる「同一性確認と資格付与証明の効力が欠けている」ことから，当該冒用事例に172条を類推適用することはできないのである。[94]

　c　第三の（第1章第2節1(2)aのOLG Köln 2002年判決事件に代表される）電子メール・アカウント冒用事例でも，たしかに「特定のアドレスに割り当てられた電子メール・アカウントへのアクセスは，パスワードの入力でしかできない」。さりながら「多数の当該サービス提供者は，アカウント新設にあたり，人に関する届け出を要求しなかったり，いかなる同一性の審査もしないため，アカウント所有者は匿名であり続ける。とりわけ電子メールは頻繁に……パスワードが通常一般に保存されていて毎回入力する必要のない，パソコン上にインストールされた電子メール・プログラムにより送信される」。かくして，当該パソコンに近づくことのできる者であれば誰でも，当該アカウントから送信できることになる。

　この第三事例も上記bの第二事例同様，電子メール・アカウントは代理権授与証書に匹敵する同一性確認等の効力を欠くため，BGB 172条の類推適用を受けられない。ただし，当該「アカウントによりすでに一度，意思表示がある特定の相手方に対してなされた上で，成立した法律行為……がアカウント所有者により異論なく実行されていたときは（傍点筆者）」，――おそらく判例・通説では認容代理が持ち出されようが――表見代理判例法理の存在自体に懐疑的なシュテーバーにあっては，BGB 171条が類推適用されることになる。[95]

　d　第四の（第1章第2節1(3)のBGH 2006年コレクト・コール判決事件に関する）

電話接続冒用事例では，当該接続は名前と住所を届け出た特定の者に割り当てられるが，通常一般にパスワードの入力などは不要であり，「接続所有者の部屋に立ち入ることさえできれば誰でも自由に利用できる」。

かくしてシュテーバーは，前述 b の第二事例・c の第三事例同様「電話接続に，BGB 172 条の類推適用を正当化しうるであろう同一性確認」等の効力はないと結論づけた上で，171 条の類推適用の可能性を検討する。

他人の電話接続により（遠距離通信サービス自体に関しない）商品の発注がなされたときは，上記 c の第三事例同様，この行為を接続所有者が異論なく実行した場合にしか，BGB 171 条は類推適用できない。ただし，BGH 2006 年コレクト・コール判決事件のように遠距離通信サービス自体に関する意思表示については，特別法たる TKG（ドイツ電気通信法）45i 条 4 項 1 文を顧慮する必要がある。この規定によれば，接続所有者は，冒用阻止に向けて期待されうる，技術的に可能なすべての措置を講じていたことを証明しない限り免責されない[97]からである。もっとも実際に，接続へのアクセス制限など「注意深い平均的顧客に求められるであろう」特別措置を講じなければならないのは，「過去すでに冒用がなされていた」など「然るべき理由がある場合」に限られる。しかし上記事件では，過去一度も問題の電話接続によりコレクト・コールは受信されていなかった[98]。

e 最後に第五の（OLG Schleswig 2010 年判決事件に関わる）ネット・バンキング・データ冒用・無権限振込事例で問題となった PIN・TAN は，口座開設時の金融機関の審査を経て口座所有者に割り当てられるため，その同一性を明確に確認する。口座所有者も金融機関も，法律上，つまり BGB 675l 条 1 文，675m 条 1 項 1 文 1 号[99]によれば，PIN・TAN に第三者を近づけてはならないので，当該番号の使用者は，口座の利用権限を有する者とみなされうる。

かくして PIN・TAN には前述 a の第一事例同様，同一性確認等の効力が認められることを前提に，シュテーバーは，口座所有者が過失により PIN 等に冒用行為者を近づけるようにしていた場合に履行責任が認められるかについて，ZDRL（EU 決済サービス指令：2007 年成立）の国内法化に伴う BGB の 2009 年改正により新たに規定された（第 2 編 債務関係法 第 8 章 個別債務関係 第 12 節 委任，事務処理契約及び支払役務 第 3 款 支払役務に関する）675c 条（支払役務及び電子マネー）から 676c 条（責任の排除）[100]を考慮する。

BGB 675j条1項1文[101]によれば，支払者が自己の同意，とくにPIN等に代表される特定の支払認証手段（同項4文）を与えた支払行為しか，この者に対して効力を有しない。つまり，支払行為に関する口座所有者の意識的かつ意思的な容態が必要とされる。過失によりPIN等に第三者を近づけるようにしただけでは足りないのである。この帰結は，（ZDRL 61条（無権限取引についての支払者の責任）に基づいて，同意なき支払行為の結果として金融機関に生じた損害に対する口座所有者の賠償義務を規定した）BGB 675v条によって確認される[102]。裏返せば，単なる保管上の過失事例では，BGB 172条の類推適用に基づく「支払行為の帰責と口座所有者の履行責任は排除されているということになる（傍点筆者）」。

かくしてシュテーバーは，口座所有者が特定の振込みにつき第三者にPIN等を交付していた場合にのみ，これらの「利用を前提とした支払行為の実行に同意している」ことから，第三者が合意に反して自己の口座へ振込みを行っていても口座所有者の履行責任は認められると結論づける。この結論は，前述(2) cの白紙書面交付事例に関するBGB 172条の類推適用法理（第4章第1節1(3)以下参照）により正当化されよう[103]。

(4) シュテーバーによる総括と筆者の補足コメント

a　最後にシュテーバーは，次のように自ら総括する。

他人のインターネットや遠距離通信のアクセス・データ冒用事例について，外見代理という（表見代理）判例法理の類推適用により解決する判例ではなく，権利外観法理の徴表たる「BGB 171条，172条の（直接ではない）類推適用」の観点から，五つに類型化した上で解決を検討した。その際に留意すべきは，外見代理で問題とされる「不注意の容態」も，本人が通知や代理権授与証書の交付に相当する「意識的かつ意思的な容態」で外観を作出する場合と同置されうるのかという帰責性に関わる法的評価である（その結果シュテーバーによれば，上記類推適用に外見代理は取り込まれ，表見代理判例法理自体の不要論へと行き着く）。

第一の（電子メールを除く）アカウント冒用事例では，（パスワード入力により同一性確認の担保された）アカウントの信頼性から，冒用行為が初めてであり，当該所有者が過失で行為者をアクセス・データに接近できるようにしていた場合であっても，BGB 172条の類推（厳密に言えば二重の類推？）適用により履行責任を負う。ただし——BGB 675j条1項1文，（重過失の場合に全損害の賠償責任を負わせた）675v条2項という特別規定の存在を理由に——第五のネット・

バンキング・データ冒用・無権限振込事例では，口座所有者は自らの意思でPIN・TANを交付していた場合にしか履行責任を負わない（172条の類推適用の例外的制限）。

上記以外，第二から第四のIPアドレス，電子メール・アカウント，電話接続の冒用事例では，その外観の弱さゆえにBGB 172条を類推適用することはできない。上記所有者が反復・継続的に行われてきた冒用行為に対抗措置を講じてこなかった場合に初めて，BGB 171条の類推適用により履行責任が認められる。[104]

b　かくして（外見代理自体の不要論を唱える）シュテーバーによれば，類推適用されるべき規定，つまりBGB 172条かそれとも171条かを決める分水嶺は，冒用されたアカウント等が172条の代理権授与証書に匹敵しうる「同一性確認と資格付与証明」を担保されていたか，つまり外観の強度しだいと言えよう。外観が弱いときは，BGB 172条は類推適用できず，なりすまし冒用行為が反復・継続的に行われることにより相手方の信頼に足る強度を備えて初めて171条の類推適用が可能となる。なお帰責要件としては，前述(2)のとおりアカウント等所有者の過失で原則足りるとされている点が特徴的である。

第3節　発展的学説の整理・分析

第2節で紹介した五つの発展的見解に至りそのすべてが，本件「パスワードの保管上の過失に基づくアカウントの初回冒用」なりすまし事例に関して，外見代理を伝統的要件そのままに類推適用する本判決のアプローチに疑問を呈した。そして各見解は，分析手法などに違いこそあれ，なりすまし独自の「同一性」外観責任を標榜する点で一致している。[104a]第2節1のヘレストハルが再三懸念するように，なりすまし事例にしっくりこない表見代理の要件を適用し続けることは，なりすましへの有効な対応の放棄を意味し，現代社会で重要性を増す電子取引の信頼を損なわせるとともに，法の存在意義も問われかねない事態となろう。かくして以下では，同一性外観責任の要件がどうあるべきか，その具体化も含めて，（外観責任一般に共通する基本的な）外観要件と帰責要件との相互関連性にも留意しつつ，学説の整理・分析を行うことにする。

第5章　電子取引上のなりすましにおける"同一性外観責任"論の発展的展開

(1) 現代的な電子取引における伝統的外観要件の妥当性に対する疑問

　まず，表見代理判例法理の（とくに外見代理を中心とした）伝統的な権利外観要件「無権代理行為の反復・継続性」が現代的な電子取引上のなりすまし事例に妥当するかについては，たとえばすでに第3章第3節2⑷ａのヘルティンクらに加えて，本章第2節1⑴ａのヘレストハルや3⑴ｂのゾンネンタークも否定的に解する。（行為者とアカウント所有者が別人であることさえ認識され得ない）非対面・匿名のネット取引では，なりすましが今回初めてなされたのか過去にも反復してなされてきたのか，知る由もないからである。メイヤー（Susanne Meyer）も，取引相手方は「今までアカウント使用時に行為していたのが当該所有者なのか第三者なのかという情報をどこから入手すべきなのか」と疑問を投げかける。というのも，「行為者と直接接触する場合とは異なり，アカウントの利用では，いかなる自然人が入力しているのか，まったく認識できないからである」。[105] これが，ネット取引上のなりすましの現状・実態にほかならない。

(2) 「パスワードの入力」と外観要件としての適格性

　ａ　それでは一体なぜ，なりすまし行為者をアカウント所有者本人であるとしてその同一性を誤信してしまうのであろうか。ともかく建前上は，アカウントがパスワードにより十分保護されていてその他人利用や譲渡が約款上禁止されているからである。

　たとえば第2節2⑵のエクスラーは，（パスワードにより保護された他人のアカウントを使用した）なりすましについて，（アルファベットや数字など）「表示記号を通して誤った外観が告知される」点でBGB 172条1項の「本人の署名ある代理権授与証書交付」事例と共通することを確認している。この共通項から，上記なりすまし事例の解決にあたっては，表見代理判例法理ではなくむしろBGB 172条の規定を参考にすべきであるという主張に繋がる。[105a] その結果，電子取引において，第2節5⑶ａのシュテーバーが分析したとおり，本人の署名のある代理権授与証書の「資格付与証明」に相応する「同一性確認」がID・パスワード等により実質的にも担保されていると考えてよいのかが問題となろう。

　ｂ　とすれば取りも直さず，パスワード等のアクセス・データの信頼性が問われることになる。この評価が，当該データ（入力によるアカウントの――初めてか継続的かを問わず――使用）が外観要件としてふさわしいのかを決する分水

287

嶺となろう。この点で，多様な「インターネットや遠距離通信のアクセス・データ」を扱ったシュテーバーの総合研究（第２節５参照）は示唆に富むが，ここでは本件との関連で，パスワードにより保護されたアカウントを中心に扱うにとどめたい。

　aa　電子署名については，第２節３(2) a aaのゾンネンタークが言うように，セキュリティの高さと，データ不正探知の難しさ（ネット接続の安全性など）から外観としての適格性を有することは間違いない。また――本章ではあえてその特殊性からほとんど取り扱わなかったが――ネット・バンキングで使用されるPIN・TANも，セキュリティの強固さから同様に考えてよかろう。ただ気軽さが売りのネット取引で，仰々しい電子署名等が果たして有用であるかは，現段階では疑問符が付こうか（いわゆるトレードオフの関係）。[106]

　bb　そこで問題は，（費用・技術・操作性の面で安価・単純・容易ゆえに）最も普及している本件パスワードの信頼性に関する法的評価であるが，代理権授与証書の窃取・偽造リスクと同程度（もしくはそれより低い）と見るか，あるいはそれより高いとしても，たとえば第２節２(1)のエクスラーらのようにネット取引の安全保護の強い要請を強調するなどして弱いながらも外観として足りると評価するかである。

　aaa　「アクセス防護」の観点を重視する第２節１(2) aのヘレストハルによれば，（法律行為に関わるネット取引市場の）パスワードについては一応，当該所有者にその保管・秘匿を法取引上期待できるとはいうものの，その安全性基準等から結局は十分な信頼を基礎づける外観要件たり得ないとされる。

　bbb　これに対して上記懸念を考慮しつつも，第２節３(2) a bbのゾンネンタークは，第３章第３節５(1)のマンコフスキー同様，BGB 172条の規定する代理権授与証書・署名の偽造に比べればパスワードの不正探知の方がむしろ困難であることを理由に，後者も外観として適格性を有すると結論づける。また本章第２節４(3)以下のボルゲスは，相手方は「あらゆる状況下で，自己の視点から見て正しい安全性基準を選択」すればよく，実務上も「取引の重要性とリスクに応じて様々な確認手段」が存在することから，パスワードは外観として弱いものの必ずしも当該責任の成立を排除しておらず，帰責要件しだいであると言う。５(3) aのシュテーバーは，eBayアカウントの取得・アクセス方法からその信頼性を確認した上で，当該パスワードについては，代理権授与証書と同

様「同一性確認（と資格付与証明）」の効力・機能を有することから，BGB 172条の類推適用を認める。シュテーバーによれば，同一性の確認効力・機能を有するか否かが，上記類推適用の認否の決め手となる。かくして（代理権授与証書の偽造・変造同様）単なる不正操作リスクの存在自体は，「アカウントにおける信頼法律要件の発生を妨げるものではなく」，帰責要件で考慮すればよいと考えられるわけである。[106a]

ccc　ともかく上記のヘレストハル，ゾンネンタークともに，ネット取引に関わるパスワードについては，その所有者に保管・秘匿を法取引上期待できるとする点では一致している。違いは，（いささか心許ない）安全性や不正操作リスクを外観要件の適格性判断にまで影響を及ぼすものと評価するか，帰責要件で考慮すれば足りると考えるかにある。

　なお，理想のセキュリティとして——第2節1(2) aのヘレストハルの主張にも通ずるところがあるが——欧州中央銀行（Europäische Zentralbank：EZB）の公表した指令は[107]，オンライン・バンキングを含むあらゆる遠距離手続（Fernverfahren）に妥当する点で，興味深い。[108]

(3)　帰責性の重要性とBGB 172条1項から導出される「意識的交付」要件

　ただパスワードについて，第2節2(3) bのエクスラーや3(2) bのゾンネンタークのように代理権授与証書との差違，つまり弱い外観であることを承知した上でなおも外観要件たりうると考えるならば，なおさら帰責性が要件としての重みを増してくる。ともかく（多少なりとも懸念されている）パスワードの不正探知・入手とその濫用リスクに鑑みれば，アカウント所有者保護の観点からこの者の外観（履行）責任を限界づけるという意味で，帰責要件が果たす役割は大きいはずである。

　a　aa　冒用行為の反復・継続性を外観要件としない（つまり本件のような初回冒用でも構わない）なりすまし事例では，表見代理判例法理の権利外観要件との違いから，第2節3(2) b bbのゾンネンタークは，帰責性についても（本人の過失に関わる）外見代理とは異なった要件を指定すべきであると主張する。

　1(2) bのヘレストハルは，一世を風靡したカナーリスの「信頼責任の複線性」論に倣いBGB 171条の法的考え方から，いわゆる履行責任要件について外観要件（厳密に言えば自身は電子署名に限るわけだが）の「意識的作出」に限定する。

2(3)bのエクスラーは，パスワードについて，(1)・(2)において文字などの「記号」，「有形化」と「濫用リスク」つながりで近似するとした代理権授与証書よりも弱くて濫用されやすい外観であることから，(上記証書に関する）BGB 172条の勿論解釈によれば（「意識的な危険決定」という意味を持った）「交付」は当然必要であると言う。この172条から看取される帰責思考「意識的な危険増大」の観点を重視する4(4)のボルゲスも，パスワードの意識的交付を帰責要件とする（なお萌芽として，第1章第3節5(2)のリーダーの見解が挙げられよう）。彼らの見解のベースには，危険主義的な帰責理論[109]の存在をうかがい知ることができる。

bb　それでは具体的に，何をもって「交付あり」と考えるべきであろうか。BGB 172条重視のアプローチを採れば，すでに第1章第4節1(4)で課題として指摘したとおりこの帰責要件に縛られるため，本章第4節で見る契約上の損害賠償責任も視野に入れた「過失」事例への対応を迫られるからである。

すでに第3章第3節3(2)bのシンケルスは，パスワードをブラウザの自動入力機能により家庭のパソコンに保存していれば「当該パソコンを通常一般に利用する者すべてに意識的に交付した」ことになるとして乗り切ろうとした。さらに本章第2節4(4)のボルゲス（おそらく3(2)cのゾンネンタークも）のように，「意識的な危険増大」という（いわゆる危険主義的な）帰責理論と関連づけた上で，パスワードのメモをパソコン周辺に放置する行為や，アカウント冒用に気づいた当該所有者がさらなる冒用に備えて対策を講じなかった不作為を「意識的交付」と同価値と評価するのであれば，後記bのいわば「保管上の重過失」を帰責要件とする見解に接近しようか。[110]

そして，このような緩和的認定を志向するのであればなおさら，アカウント所有者が履行責任を問われる範囲・内容に関する議論は，第1章第3節5(2)のリーダーら一部学説を除けばほとんどなされていないが重要となろう。この問題を考える上で，同じくBGB 172条の類推適用が問題となる白紙書面の濫用責任論は大いに参考になると思われる。このような意味・理由から――一見，何ら関係のないように思われるが――執筆したのが第4章であった（当該示唆については，その第7節2参照）。

なお，とくに（アカウント所有者の保護機能を担う）帰責要件との関連では，「交付」に関する表見証明は，第2節で見たとおり各見解で温度差があり困難な問

題となろう。

　b　他方で上記aの，パスワードの意識的交付に帰責性を厳格化した見解に対して，第2節5のシュテーバーは，（判例・通説により承認された）過失を帰責要件とする外見代理との均衡，代理人による代理権授与証書の入手経路を相手方は知り得ないこと，表示意識を意思表示の成立要件としない判例変更，さらに危険な代理権授与証書から取引安全を保護する必要性を根拠に，表見代理規定（とくにBGB 172条）を代理権授与証書の保管上の過失事例に類推適用できると主張し，上記厳格な見解の克服に挑む。そしてこれをテコに，アクセス・データも同一性確認機能を有することから，それにより作出された同一性外観は保管上の過失による場合であっても，上記証書事例と同様BGB 172条を類推適用することは可能であるとの見方（いわば「二重の類推適用」論？）を示したわけである。[110a] もっともシュテーバーによれば，保管上の過失は当該冒用行為との関わりで，「データ冒用を当該所有者が少なくとも予見しなくてはならなかったこと」と理解されていて，とくに濫用が問題となりやすい妻や婚約者など近い家族関係にあっては，具体的な拠り所があった場合に限定される点には注意を要しよう。[111]

(4)　本書研究の今後

　そして，上記到達点を踏まえた研究書が2014年から2016年にかけて毎年一冊ずつ出揃うに至って，いよいよ議論は煮詰まってきた感がある。[112] 本書最後の「今後継続する研究に関して」では，来たるべき最終結論を見据えて，上記各著者がどのように考えているのかを取り急ぎ簡単に紹介することにする。

第4節　おわりに
――契約上の損害賠償責任の可能性について――

　ところで本件「パスワードの保管上の過失による初回冒用」なりすまし事例に関して，外見代理の類推適用を検討する本判決も結論自体は否定的であったし，第2・3節で見たとおり最近の研究では，外見代理とは異なった独自の要件を措定した上でとくに帰責要件を厳格化する傾向にあるわけだが，権利（最近の研究を踏まえれば正確には「同一性」）外観に基づく履行責任（略して同一性外観責任）が否認されるとき，引き続き相手方保護の観点からカナーリスの「信

頼責任の複線性」に倣い，保管上の過失とはいえこの（いわば間接的）過失を根拠に，契約上の損害賠償責任であればアカウント所有者に負わせることができないのか，考えてみる必要があろう。たとえば本件パスワードについて，[113]eBay は，ネット取引上その入力を重要な本人確認手続きとするがゆえに，約款で「厳重な保管義務」を課しているからである。またこのような認識は，国を問わずデジタル社会一般に浸透しているものと思われる（だからこそこのリスクを察知して，わが国の高齢者などは，そもそもアカウントを開設すること自体，躊躇うのであろう）。

　上記損害賠償責任に関する本判決前夜までの判例・学説状況は，第 1 章第 2 節 2・第 3 節 7 で紹介したが，以下(1) a・(2) a で要約するとおりである。なお，本章第 2 節 4(5)のボルゲスにより「パスワードの秘匿義務違反に基づく損害賠償責任」を視野に入れているはずであると評される本判決を受けて，第 3 章第 3 節 3(3) b bb のリナルダトス（Dimitrios Linardatos）は「紛失した意思表示（abhanden gekommene Willenserklärung）」原則による信頼利益の損害賠償責任を，4(5) c のファウストは——自らは否定的だが第 1 章第 3 節 7 の見解や第 3 章第 3 節 2(1)のノイナー（Jörg Neuner）が認めた——「契約締結上の過失責任」や「第三者のための保護効を伴う契約（Vertrag mit Schutzwirkung für Dritte）」構成の可能性を検討していたが，その後どのような展開が見られるのであろうか。以下(1) b・(2) b 以降では，おわりにを兼ねて，第 2 節 2・3 でそれぞれとり上げたエクスラー，ゾンネンタークが上記可能性についてどのように考えているのかを中心にフォローしておきたい。

(1)　「第三者のための保護効を伴う契約」構成に依拠する可能性

　a　第 1 章第 3 節 7(2)のコッホ（Robert Koch）やホフマン（Jochen Hoffmann）は，ネット・ポータルの利用関係が（契約の保護領域に第三者（＝被害を受けたユーザー）を取り込んで契約上の保護を与える）「第三者のための保護効を伴う契約」として形成されていることから，これに関わる BGB 280 条 1 項[114]，241 条 2 項[115]に基づく義務違反による損害賠償責任を主唱していた。

　b　だがこの見解に対して，ゾンネンタークは，加害，被害ユーザーは「ともに同じようにネット・ポータルと対峙する結果，第三者のための保護効を伴う契約の要件とされる債権者との近接性（Gläubigernähe）[116]が欠けている」ことから，否定的な見方を示す。（債権者たる）プラットフォーム運営者（Plattformbetreiber. 本件eBay) は，加害，被害両者「の地位の同等性 (Gleichrangigkeit) を根拠に」，（契約外の第三者たる）被害を受けた後者を契約関係に取り込むことにつき正当な利益を有しないからである。[117]

c 上記aの法的構成の長所を認めつつ，ノイバウアー（Mathias Neubauer）とシュタインメッツ（Wolfhard Steinmetz）も，上記「保護効を伴う契約」に関する要件の厳格さを理由に懐疑的である。[118]

d なお他にも，登録に際してオークション・ハウス（Auktionshaus）との間の契約とともに締結される「参加者間の枠契約（Rahmenvertrag zwischen den Teilnehmern）」という構成も，主張されている。[119][120]

(2) 「契約締結上の過失」による損害賠償責任の可能性

a 他方で，契約締結上の過失責任（BGB 311条2項，241条2項，280条1項）[121]については，唯一の下級審裁判例 LG Bonn 2003年12月19日判決（第1章第2節2参照）は，なりすまされた番号所有者と（なりすまし行為者と当該契約を締結した）相手方との間には（311条2項1文の要件たる）契約交渉の開始も（同2文の要件たる）準備（Anbahnung）も認められず，契約準備段階の信頼関係が存在しないことを理由に否定的であったのに対して，第1章第3節7(1)の学説は肯定的であった。

b この動向に関して，エクスラーは，次のとおり「白紙書面責任」との比較検討から，「名義人または番号所有者が同一性確認記号（署名，パスワード，暗証番号）を交付しておらず」その保管上の過失により冒用を可能にした事例では契約締結上の過失責任が問題となるが，BGB 675v条2項に則って重過失の場合に限定されると結論づける。

aa 判例は，「表示意識なき意思表示」事例において，意思表示の成立を前提に BGB 119条1項による錯誤取消可能性を表意者に認めつつ（錯誤取消しをした）表意者には122条により信頼利益の損害賠償責任を負担させるが，「保管上の過失に関する白紙書面責任」事例でも「それに準じた態度をとる」。「白紙部分により，証書作成者は特殊な方法で（in spezifischer Weise）取引を危険にさらす」ことから，保管上の過失により白紙書面が当該作成者の意思に反して取引過程に置かれるに至った場合には，契約締結上の過失責任が認められる（BGB 122条の類推による「紛失した意思表示原則」に準じた損害賠償責任）。この白紙書面責任の基礎にある法的考え方は，2001年の債務法改正後の新体系下にお

いて BGB 311条2項3号で規定された。かくして，白紙書面により債務負担の成立と範囲につき取引上の期待（Verkehrserwartung）が危殆化することで，「BGB 311条2項1号・2号の事例に準じるであろう取引上の接触 (geschäftlicher Kontakt)」が生じる。

bb　その上でアカウント冒用事例でも，エクスラーは，上記 aa と同じような方法で取引上の期待が損なわれることから，上記「白紙書面責任」事例との比較が「有効である」とする。アカウントを所有者が第三者により濫用されるとき，同じシステムに接続する他の利用者との関係でも，(BGB 311条2項3号の要件たる)「取引上の接触」が生じる。かくしてアカウント所有者が，当該冒用につき帰責性を有するときは，相手方に対して信頼利益の損害賠償責任を負わなければならない。

cc　ところで上記帰責性の内容・程度について，BGH 2004年3月4日判決（ウィルスを仕掛けて高額サービスに誘導する Dialer 事件判決）は，ネット利用者は「危険のないと思しきデータ・ファイルに危険なプログラムが潜伏することを予見するには及ばない」として，重過失という（上記利用者に）「最も寛容な基準をあてがった」。しかしこの基準は，(第1章第2節3(2)の) BGH 2010 年 Sommer unseres Lebens 事件判決により「妨害者責任の領域では放棄された」。

それにもかかわらずエクスラーは，次のとおり「慎重に BGB 675v 条2項から体系的に論証」した結果，アカウント所有者の損害賠償責任を重過失の場合に限定する。

BGB 675v 条2項は，支払認証手段が濫用された場合において，当該所有者が保管の懈怠により損害を生じさせたときは重過失の場合にのみ賠償責任を負うと規定する。「たとえば通信販売（Mailorderverfahren）で，上記支払認証手段としてクレジット・カード番号が利用される」ことを想起すれば，本件と「酷似しているように思われる」。かくしてクレジット・カード番号やアカウントのパスワードといった「同一性確認番号が非常に濫用されやすい」ことや，「その利用に関する複雑な技術上の基本条件（Rahmenbedingung）」に鑑みれば，BGB 276条（債務者の責任）2項の注意義務違反のハードルを高くしたり，「──法的安定性の理由からより説得力をもって──675v 条2項に則って重過失に限定したりすること」が考えられる。

c　上記 b のエクスラーの見解に，ゾンネンタークは諸手を挙げて賛成する。

(3) 筆者の見通し

すでに筆者としては,「出品(取下げを含む)・入落札」に関わるネット・オークション取引の締結方法や「パスワードの保管・秘匿義務」など当該取引秩序の維持・形成に関わるeBayの(少なくとも個別関連)条項については,約款に同意した会員全員を対象(名宛人)として,出品者・入札者(つまりオークション参加者)間でも直接的な効力を有するのではないかとの見通しを立てていた[127](これを足がかりに,少なくとも契約上の損害賠償責任を導けないだろうか)。たしかに本判決で,BGHは,「eBayと各アカウント所有者との間で個別に合意されているにすぎないため,出品者・入札者間では直接的な効力を有」しないとしたが[128],翌月8日判決では,オークション出品物が紛失等で販売できなかった場合にその取下げを留保した個別条項について「事実上の『対外的効力』」を認めている[129](第3章第2節2(3)a参照)[130]。

また,それとは別に上記(2)bのエクスラーの見解も,本件アカウント冒用事例の解決にあたり,保管上の過失に関する白紙書面責任事例の処理,契約締結上の過失責任に関するBGB 311条2項や――2009年改正時に新設された――支払認証手段の濫用に関わる675v条2項の規定を参考にしていて大変興味深い。ネット取引では――アカウントがなりすましに濫用された際――同じシステムに接続する他の利用者との関係でも(BGB 311条2項3号の要件たる)「取引上の接触」が生じているのではないかと,鋭くエクスラーが指摘した点は注目すべきであろう。他方で,コンピュータの性能向上に伴い(暗号技術の解読時間の短縮など)セキュリティ技術の安全性が危殆化されやすい,だからこそエクスラーは,保管上の重過失事例に損害の賠償責任を限定する配慮をしたものと思われる。

(4) プラットフォーム運営者への期待・要望

最後に,そもそもなりすまし自体を予防するにあたっては,電子署名に匹敵する程度に安全性の高い,加えて利便性にも優れた認証手段の開発・導入が必要不可欠となるが,これには,eBayなどのプラットフォーム運営者たちにも重い腰をあげてもらうほかなかろう[131]。なお近時,非対面であるネット取引の特性からシステム利用契約上の上記運営者の義務として,一定の技術水準確保等により「安全な取引環境を整備する義務」を観念しうると主張されている[132]。

1 ）ただ「通常一般にテクノロジーの濫用リスクについては，アクセス・データを注意深く取り扱っていても，無権限者が当該データを入手しうることが容易く考えられるので，ユーザーの責任を問うことはできない（傍点筆者）」（Volker M. Haug, Grundwissen Internetrecht, 3. Aufl.(2016), Rz. 578)。

　　　本文の「同一性の濫用」としばしば混同されやすい「同一性の盗難（Identitätsdiebstahl)」については，Borges/Schwenk/Stuckenberg/Wegener, Identitätsdiebstahl und Identitätsmissbrauch im Internet (2011), S. 9 ff. 参照。

　　　なお，初学者向けのなりすまし設例課題および解説として，たとえば Thomas Pfeiffer, Hausarbeit im Zivilrecht für Anfänger – Der Abiball, StudZR-A 2015, S. 163ff. があるが，非常に丁寧で分かりやすい。

2 ）たとえば，第2節1(1)aのヘレストハル（Carsten Herresthal）の分析参照。

3 ）Statt vieler Eichhorn/Heinze/Tamm/Schuhmann, Internetrecht im E-Commerce (2016), S. 21f.　なお最近，顕名主義との関連で代理意思の問題を扱ったものとして，Johannes Heyers, Handeln unter fremdem Namen im elektronischen Geschäftsverkehr, JR 2014, S. 227ff.；Florian Bartels, Die Bestimmung der Vertragssubjekte und der Offenheitsgrundsatz des Stellvertretungsrechts, Jura 2015, S. 438ff.

4 ）なお，最新のモノグラフィーである Alla Hajut, Handeln unter fremder Identität : Die Verantwortlichkeit des Identitätsinhabers (2016) のタイトルに見られるように，従来のアナログ・タイプの「他人の名」と現代のデジタル・タイプの「他人の番号」を総称して「他人の同一性の下での行為」という概念が使用されることがある（はじめに部分の 1，第1章第1節2(1)も参照）。本書も，独語タイトルでこの概念を使用している。

5 ）表見代理には，BGB 171条（あるいは170条も含めて）から173条までの規定（いわゆる表見代理規定（Scheinvollmacht））と，認容代理（Duldungsvollmacht）・外見代理（Anscheinsvollmacht）という判例上創造・発展した法理（いわゆる表見代理判例法理）があるが，繰り返しを避けるため，詳細については，はじめに部分の注22）を参照いただきたい。

6 ）なお第4章まで，たとえばID・パスワードで保護されたアカウントの所有者がこれらを他人に知らせること（伝達）を「交付」としてきたが，「引渡し（Überlassung)」あるいは（パスワード等の発行者から交付を受けた当該所有者がこれらを別の第三者に交付するという意味で）「転交付（Weitergebung od. -gabe)」との表記もなされうる。

7 ）第1章第4節1(3)a 参照。

8 ）Gerald Spindler, Rechtsgeschäftliche Haftung des Anschlussinhabers - Friktionen zwischen Telekommnikationsrecht und Internetrecht, FS für Wolfgang Schlick zum 65. Geburtstag (2015), S. 332.

9 ）詳しくは，拙著『戦後ドイツの表見代理法理』（成文堂，2003年）35頁以下参照。

10 ）Elena Dubovitskaya/Leonhard Gehlen, Postmortaler Persönlichkeitsschutz und Haftung von eBay Account-Inhabern, JuS 2013, S. 534. すでに同様の指摘については，第1章第4節1(2)b aa 参照。また，かつて前述 BGH 1975年判決の分析でも，筆者は，同様の可能性を示したことがある（前掲注9）37頁以下）。

11 ）この判断は，従来多くの下級審裁判例に沿ったものと言えようが，上記 AG Bremen 2005年判決とは異なる。

12) BGHZ 208, 331.
13) なおボルゲスの活躍については，はじめに部分の注20）ですでに詳しく紹介した。
14) Georg Borges, Rechtsscheinhaftung im Internet, NJW 2011, S. 2403.
15) Borges, a.a.O.(Fn. 14), S. 2401.
16) 第3章第5節1の冒頭部分参照。
17) この見解は，(交付者自身がすべて作成し完成させた書面であると誤信させる)「隠秘の白紙書面（補充）による意思表示（verdeckte Blanketterklärung)」事例について判例・学説がBGB 172条の法的考え方を妥当させてきた点に注目している（第1章第4節1(4)，第3章第3節3，同章第5節1(3)・2(3)，第4章第1節2(1)参照。本章でとり上げるエクスラー（Jürgen Occhsler）が本判決以前に執筆した論文（Die Bedeutung des §172 Abs. 1 BGB beim Handeln unter fremdem Namen im Internet, AcP 208（2008), S. 565ff.）もこれに位置づけられよう)。最近の見解として，本書最後の「今後継続する研究に関して」の第1節3で簡単に扱うHajut, a.a.O.(Fn. 4), S. 112ff., 144ff.
18) 電子署名は，「ZPO（ドイツ民事訴訟法）416条（私文書の証明力）を準用する371a 条（電子文書の証明力）によれば，表意者の同一性を完全に証明する」(Oechsler, a.a.O.(Fn. 17), S. 581)。なおZPO 416条の邦訳については，第4章の注4)参照。
19) 第3章第3節4(3) b・c，同章第5節1(4)参照。
20) Carsten Herresthal, Haftung bei Account-Überlassung und Account-Missbrauch im Bürgerlichen Recht, K&R 2008, insbes. S. 707ff.
21) Carsten Herresthal, Anmerkung zu BGH, Urteil v. 11.5.2011, JZ 2011, S. 1171ff. なお最近も，ders., Anscheinsbeweis und Rechtsscheinhaftung beim Online-Banking, JZ 2017, S. 32f. においてその主張を変えていない。
22) Herresthal, a.a.O.(Fn. 21[2011]), S. 1171f. Ebenso Hoeren/Bensinger/Eichelberger, Haftung im Internet (2014), Kapitel 4 Rz. 146.
23) 取引相手方は，他人の番号の下での行為の場合，行為者が番号所有者なのか第三者なのかを見分けることができないし，さらにしばしば電子取引では，「別のコミュニケーション手段での調査確認（Rückfrage）によりアカウント所有者の同一性を確かめる」可能性も欠けている（Herresthal, a.a.O.(Fn. 20), S. 707)。
24) つまり，「外見代理に関する伝統的基準は……電話機で番号を押して（コレクト・コールに関する：筆者挿入）接続サービス契約を締結する事例には適合しないという……説に与するべきである」(第1章第2節1(3)の【判決理由】Ⅱ2 b) bb))。
25) Herresthal, a.a.O.(Fn. 21[2011]), S. 1172f.「無権代理行為の反復・継続性」という外見代理の要件は，当該代理人が代理行為を繰り返し行うことにより，代理人としての行為をあたかも本人が認識し認容しているかのような代理権の外観が作出されることをさす。
26) また，結果的に表見代理の類推適用が否認された本件において——実際には資力がある事例に限られようが——冒用なりすまし行為者に対して責任追及するとき，なるほど当該行為者の存在自体を取引相手方は認識すらしていないとはいえ，当該取引の効果が帰属する当事者の同一性を誤認させたこと（つまり行為者がまさにその張本人であること）に鑑みれば，無権代理人の責任を規定したBGB 179条の類推適用を認めることはなおも有用であろう（vgl. Jens Prütting/Paul Schirrmacher, Vertragsnahe gesetzliche Schuldverhält-

nisse：§179 BGB, Jura 2016, S. 1160ff.）。もっとも，「行為者がそもそも誰であるか，アカウント所有者の協力がないと分からない」（第1章の注89）。第3章第3節2(4)a bb も参照）であろうから，上記適用は非現実的かもしれない。できれば当該所有者に対する取引相手方の情報提供請求権（Auskunftsanspruch）を観念したいところである。
27) Herresthal, a.a.O.(Fn. 21[2011]), S. 1173.
28) Herresthal, a.a.O.(Fn. 21[2011]), S. 1172. 最近も同旨，ders., Privatrechtsdogmatik im Bankvertragsrecht, FS für Claus-Wilhelm Canaris zum 80. Geburtstag : Privatrechtsdogmatik im 21. Jahrhundert (2017), S. 892.
29) Herresthal, a.a.O.(Fn. 21[2011]), S. 1173.
30) Herresthal, a.a.O.(Fn. 20), S. 706.
30a) これに一部批判的な見解として，Michael Müller-Brockhausen, Haftung für den Missbrauch von Zugangsdaten im Internet (2014), Rz. 561.
31) この電子署名に，セキュリティの強固な「PIN（暗証番号）・TAN（取引番号）」は準じることになろうか（vgl. Herresthal, a.a.O.(Fn. 21[2017]), S. 37f.）。
32) Herresthal, a.a.O.(Fn. 21[2011]), S. 1173f.
33) 「利用者がアカウント所有者以外に考えられないことを十分に保証する資格付与証明番号」が存在する場合，その表見証明（Anscheinsbeweis）も認められるが，詳しくはHerresthal, a.a.O.(Fn. 20), S. 710参照。
　　本文の外観要件以外にも，この外観を信頼した上で相手方が法律行為をしたこと（いわゆる因果関係）と，相手方が第三者の無権限行為を知らず，知りうべきでなかったこと（BGB 173条の類推による善意・無過失）が必要とされる（Herresthal, a.a.O.(Fn. 21[2011]), S. 1174)。
　　なお，権利外観制度全般に関わる最近の研究論文としては，Chris Thomale/Marc Schüßler, Das innere System des Rechtsscheins, ZfPW 2015, S. 454ff. がある。
33a) カナーリスの主張する「複層性」が正確に意味するところ（つまり「積極的信頼保護＝（信頼した）権利外観に即した内容」）については，第4章第3節1(6)a参照。
34) なおヘレストハルは，「アカウント所有者がアクセス・データ（たとえばパスワード）に第三者を接近できるようにした限りで……代理権授与が付随することもありうる」としつつも，BGH 2006年3月16日判決（NJW 2006, 1971）を参照して「ただ原則，推断的な種類（筆者挿入：一定の種類の法律行為に関する）代理権（Gattungsvollmacht）とは判断され得ない」と述べる（これに反対して黙示の代理権授与の存在を認める見解として，Niko Härting, Internetrecht, 4. Aufl.(2010), Rz. 405。家族間について肯定的な見解として，第1章の注236）参照）。「それよりもむしろ当該所有者の推断的な表示は，この者が第三者のする表示すべての責任リスクを引き受けるという意思を含まないことから，当該アカウントを第三者が自己の契約締結に利用してもよいという意味に解釈されうる（傍点筆者)」(Herresthal, a.a.O.(Fn. 20), S. 705)。
35) Herresthal, a.a.O.(Fn. 21[2011]), S. 1174. Vgl. auch ders., a.a.O.(Fn. 20), S. 709. 同様の発想はすでに，第4章第3節1(6)のミュラー（Gerd Müller）の見解に見られた。
　　なお，ヘレストハルによる権利外観責任の効果峻別につき批判的分析を行うものとして，Matthias Schneider, Die rechtsgeschäftliche Haftung für den Accountmissbrauch im Internet (2015), S. 192ff.

36) Herresthal, a.a.O.(Fn. 21[2011]), S. 1174.
37) その後——グリゴライト（Hans Christoph Grigoleit）と共著した基本書では一般読者に向けて——とくに外観要件との関連では，（冒用された）パスワード等の番号が（当該所有者本人の行為であるとの）正当な信頼を抱かせるに足るセキュリティを装備していると判断される条件を明確にする必要性を主張していた（第3章第3節4(1)参照）。
38) Oechsler, a.a.O.(Fn. 17), S. 565ff.
39) Jürgen Oechsler, Haftung beim Missbrauch eines eBay-Mitgliedskontos – Verantwortung für die freiwillige Überlassung und das Ausspähen von Verbindungsdaten, MMR 2011, S. 631ff.
40) エクスラーのアプローチを支持する基本書として，たとえば Jens Petersen, Examinatorium Allgemeiner Teil des BGB und Handelsrecht (2013), §35 Rz. 11.
41) Oechsler, a.a.O.(Fn. 39), S. 631. 敷衍すれば，BGB 172条1項は，「その成立史から体系的には……（取引相手方に対する意思表示による）外部代理権の授与事例と密接に関連した権利外観規範であ（括弧書きおよび傍点筆者）」り要件も厳格であるため，直接適用の対象となる範囲は狭いのである（Oechsler, a.a.O.(Fn. 17), S. 582f.)。
42) なおわが国でも，「相手方が代理人であることを知ってその代理権を信じた場合よりも代理人を本人と誤認した場合（つまりなりすまし）の方が『他の手段によって権限を調査することに思い及ばないことが多く』要保護性が強い」との指摘（第1章第4節2(2)b，第2章第2節(2)a）がある。
43) Oechsler, a.a.O.(Fn. 39), S. 631.
44) Oechsler, a.a.O.(Fn. 39), S. 631f.
45) Oechsler, a.a.O.(Fn. 39), S. 632.
46) この観点から，エクスラーは，疑わしいときはアカウント所有者が行為者であるとの表見証明を判例（第1章第2節1(2)e の OLG Hamm 2006年11月16日判決など。詳しくは第1章第2節4参照）は認めていないと分析している（Oechsler, a.a.O.(Fn. 39), S. 632）。
47) Oechsler, a.a.O.(Fn. 39), S. 632.
48) この場合には，（本判決により外観要件とされた）冒用行為の反復・継続性は問題になり得ない。なぜなら，そもそもパスワード交付の際，第三者による行為についてすでに承知済みだからである（Oechsler, a.a.O.(Fn. 39), S. 632)。
なお，本判決以降に認容代理の類推適用を認めた裁判例として，第3章第2節2(2)b の OLG Celle 2014年7月9日判決がある。
49) LG Stralsund MMR 2006, 487. ただし，この2006年判決の性急な認定を，BGH 2006年11月23日判決（BGH MMR 2007, 178）は批判するが，エクスラーによれば正当とされる（Oechsler, a.a.O.(Fn. 39), S. 632）。
50) Oechsler, a.a.O.(Fn. 39), S. 632.
51) Oechsler, a.a.O.(Fn. 39), S. 632f.
52) Oechsler, a.a.O.(Fn. 39), S. 633 ; ders., a.a.O.(Fn. 17), S. 582f.
53) HGB 56条　物品販売店の使用人
　　店舗又は公開の商品販売所において雇用される者は，その種の店舗又は商品販売所において通常行われる販売及び受領について権限を有するものとみなす。
54) Jürgen Oechsler, Der Allgemeine Teil des Bürgerlichen Gesetzbuchs und das

Internet（3. Teil), Jura 2012, insbes. S. 582ff. なお筆者も，インターネット上の法律関係（たとえば「楽天というネット市場に出店すること」)・財産を「仮想法律関係（楽天市場事例では仮想賃貸借関係？)・財産」として法的に扱う可能性に興味を持っている。たとえば仮想財産に関する興味深い論稿として，角本和理「いわゆる"仮想財産"の民法的保護に関する一考察（1）～（3・完）──オンラインゲームサービス内のデータ保護にまつわる米中の議論を参考に」北法65巻3号（2014年）571頁以下～同巻5号（2015年）1413頁以下。

55) Michael Sonnentag, Vertragliche Haftung bei Handeln unter fremdem Namen im Internet, WM 2012, S. 1614f.
56) すでに同旨，第3章第3節2(4)aで紹介したヘルティンクらの見解。
57) この点について詳しくは，第3章第4節2(3)参照。
58) Sonnentag, a.a.O.(Fn. 55), S. 1615.
59) Sonnentag, a.a.O.(Fn. 55), S. 1616.
60) もっとも，単なるネット情報へのアクセスを可能にするものでしかないときは当該防護を期待できないため，本文の限りでない（Sonnentag, a.a.O.(Fn. 55), S. 1616)。
61) Sonnentag, a.a.O.(Fn. 55), S. 1616f.
62) Sonnentag, a.a.O.(Fn. 55), S. 1617f.
63) この基準を支持するものとして，Susanne Meyer, Gratisspiele im Internet und ihre minderjährigen Nutzer, NJW 2015, S. 3689. なお，パスワードを専門的に探知できない者が利用している場合は，意識的に交付されたという表見証明がなされる（Sonnentag, a.a.O.(Fn. 55), S. 1618)。
64) Sonnentag, a.a.O.(Fn. 55), S. 1618.
65) Sonnentag, a.a.O.(Fn. 55), S. 1618ff.
66) Sonnentag, a.a.O.(Fn. 55), S. 1620.
67) Borges, a.a.O.(Fn. 14), S. 2400f. 第3章第2節の冒頭部分および同章の注12）も参照。
68) それにもかかわらず，権利外観要件は「帰責性との関連で厳密に説明されていない」と，ボルゲスは指摘する（Borges, a.a.O.(Fn. 14), S. 2401)。
68a) 責務については，第1章の注147）参照。これに違反した者は，自己の権利を喪失・縮減されうるにすぎないが，権利外観責任との関係で言えば，（契約自由の原則下において望まない契約に拘束されるという意味で権利ならぬ）「私的自治の喪失（Verlust der Privatautonomie)」に至ると説明されようか（vgl. Hajut, a.a.O.(Fn. 4), S. 183f.)。
69) G. Borges, a.a.O.(Fn. 14), S. 2401f. 同じく「反復・継続性」メルクマールが外観要件，帰責要件において二重の役割・機能を果たしていることを指摘するものとして，Hajut, a.a.O.(Fn. 4), S. 96.
70) 要するに単純なパスワード保護（Passwortschutz）の場合，PIN・TAN 手続のような「二重の信頼性（認証）保護（doppelter Authentizitätsschutz)」は存在しない（Georg Borges, Rechtsfragen des Phishing - Ein Überblick, NJW 2005, S. 3317) ため，後者手続に比べれば弱い外観ということになろう。
71) Borges, a.a.O.(Fn. 14), S. 2402.
72) Borges, a.a.O.(Fn. 14), S. 2402.
73) ただし，当該交付が欺罔によるときは，「意識的な危険増大」が認められないので，

本文の限りでない（Borges, a.a.O.(Fn. 14), S. 2403）としつつも，上記欺罔を本人が回避しなくてはならなかったとされるときは，外見代理の類推適用が成立しうる（ders., Rechtsfragen der Haftung im Zusammenhang mit dem elektronischen Identitäts-nachweis (2011), S. 135f.）。

74) この判断は，わが国において民法94条2項・110条の重畳類推適用を肯定した最判平成18［2006］年2月23日民集60巻2号546頁の（なかば苦渋に満ちた）帰責性判断を想起させる。本文のような（当該規定から看取される）帰責原理からのアプローチは，上記判決を説明するに際しても大いに参考となろうか。

なお，甲土地の真正権利者Ａになりすました第三者Ｂが偽造したＡの印鑑登録証明書に基づいて甲土地をY_1に売却し虚偽の所有権移転登記を行った上で，Y_2らに甲土地が転売された事件において，Ａから甲土地を相続したＸがY_1らに本件所有権移転登記の抹消を請求したところ，東京地裁平成27［2015］年6月16日判決（金法2035号91頁）は，「Ａによる真正の印鑑登録証明書の保管状況に問題があったこと，そのことにより本件印鑑登録証明書が偽造されたことを認めるに足りる証拠」をいずれも認めず，民法94条2項・110条の重畳類推適用によるY_2らの保護を否定した。それではもしY_2らの主張どおり，印鑑登録証明書につきＡに保管上の過失があり，これにより上記偽造，ひいては虚偽登記がなされていたとするならば，どのような判断がなされたのか，一般的な権利外観法理からのアプローチに関心のある本章との関係で非常に興味深い。

75) Borges, a.a.O.(Fn. 14), S. 2402f. なお，本文(2)から(4)の内容を後日要約した論稿として，Georg Borges, §18 Zivilrechtliche Aspekte des Identitätsmissbrauchs in Internet-Auktionshäusern, in ders.(Hrsg.), Rechtsfragen der Internet-Auktion, 2. Aufl.(2014), S. 391ff.

ただ本文の諸事例は一般に，外見（あるいは認容）代理の類推適用事例として把握されているように思われる（第1章第2節1(1)bのOLG Oldenburg 1993年1月11日判決・OLG Köln 同年4月30日判決，vgl. Hoeren/Sieber/Holznagel/Kitz, Handbuch Multimedia-Recht, 39. EL 2014, Teil 13 Rz. 138）。

76) Borges, a.a.O.(Fn. 14), S. 2403. ただ結果的に否定的な立場を後日明らかにしたと思しき論稿として，ders., a.a.O.(Fn. 75), S. 394ff.

77) Michael Stöber, Kurzkommentar zu BGH, Urteil v. 11.5.2011, EWiR 2011, §164 BGB 1/11, S. 552.

78) Michael Stöber, Die analoge Anwendung der §§171, 172 BGB am Beispiel der unbefugten Benutzung fremder Internet- oder Telekommunikationszugänge, JR 2012, S. 225.

79) 第3章第3節2(3)b参照。

80) Stöber, a.a.O.(Fn. 78), S. 226, 228. もとより本文事件では，相手方は利用されたアクセス（Zugang）を手がかりに（通常目には見えない）実際の行為者ではなく当該所有者と契約を締結する意思がある，つまり後者を契約当事者であるとして（いわゆる他人の名（番号）の下での行為論に従って），シュテーバーは，BGB 164条以下の代理規定の類推適用論を前提に考える（Stöber, a.a.O.(Fn. 78), S. 226）。

81) OLG Schleswig BeckRS 2010, 21573. なおごく最近，第1節(2)のBGH 2016年判決（第3章の注20）参照）が出された。

82) Stöber, a.a.O.(Fn. 78), S. 225, 228ff. Vgl. auch Spindler/Schuster/Spindler, Recht der

elektronischen Medien, 3. Aufl.(2015), §164 BGB Rz 10.
83) Stöber, a.a.O.(Fn. 78), S. 226f.
84) Stöber, a.a.O.(Fn. 78), S. 227.
85) BGHZ 91, 324. 詳しくは，佐久間毅「意思表示の存在と表示意識」岡法46巻3・4号（1997年）917頁以下参照。
86) 拙稿「ドイツにおける表見代理法律行為説（Rechtsgeschäftstheorie）の再興――メルクト（Merkt）の唱える『法律行為説への回帰』を中心に」立命310号（2007年）126頁の注37）参照。
87) なお，占有離脱物の善意取得を認めない「BGB 935条1項の価値判断も，代理権授与証書が過失により取引過程に置かれた場合に172条の類推適用を認めることに不利に働かない。当該証書が本人の署名に基づいてこの者に帰せしめられうるのは，明らかである。この同一性の確認効力は，通常一般的な動産の占有に由来するものではない（傍点筆者）」（Stöber, a.a.O.(Fn. 78), S. 228）。

ただ本文および本注で挙げたシュテーバーの論拠に反対するものとして，本書最後の「今後継続する研究に関して」の第1節1で簡単に紹介するMüller-Brockhausen, a.a.O.(Fn. 30a), Rz. 681f.
88) Stöber, a.a.O.(Fn. 78), S. 227f.
89) 詳しくは，第4章第2節2・第3節1(1)a・第5節冒頭部分を参照。
90) Stöber, a.a.O.(Fn. 78), S. 228. これに反対するハナウの見解については，第1章の注248）参照。
91) 「白紙書面規律に準じて，当該所有者は，表意者が当該データを利用して行った，合意に反する取引も」帰責されなければならない（Stöber, a.a.O.(Fn. 78), S. 229）。
92) もっともシュテーバーによれば，帰責性に関する証明責任は，相手方ではなく本人が負担する。つまり本人がいわば免責的に，第三者による冒用の事実に加えて，冒用を予見する必要がなかったこと（帰責性の不存在）まで主張・証明することになる（Stöber, a.a.O.(Fn. 77), S. 552, 第3章第3節2(3)c参照）。
93) Stöber, a.a.O.(Fn. 78), S. 228. Ebenso bereits Stöber, a.a.O.(Fn. 77), S. 552. すでに同様の指摘，第1章第4節1(2)b aa。
94) Stöber, a.a.O.(Fn. 78), S. 229. また「単なる接続状態の維持（Unterhalten）は，前述した理由から，当該接続を介してなされた，BGB 171条の類推適用による意思表示帰責にとって基礎たりうる容態を意味しない」ので，「当該所有者は，意思表示が自己の接続によりなされているという理由だけで」権利外観責任を負担させられるには及ばない，つまり，最低限の権利外観要件にも満たない。かくして「当該所有者がアクセスを十分に防護していたかどうか」という帰責性を論ずるまでもない（Stöber, a.a.O.(Fn. 78), S. 229）。
95) Stöber, a.a.O.(Fn. 78), S. 229f.
96) TKG 45 i 条（異議申立て）4項1文
　　(4) 電話加入者がサービス提供者の給付を利用したことにつき責任を負わされ得ないことを証明する限りで，提供者は，加入者に対して報酬を請求する権利を有しない。
97) なお，この規定が昨今の（モバイル・テレフォンやスマートフォンなど）モバイル付加価値サービス（mobile Mehrwertdienste）に適用されるかについては，Aegidius

Vogt/Marcus Rayermann, Die Haftung des Mobiltelefon-Anschlussinhabers nach dem TKG Anwendbarkeit des §45i Abs. 4 TKG auf die Abrechnung mobiler Mehrwertdienste von Drittanbietern, MMR 2012, S. 207ff. が詳しい。
98) Stöber, a.a.O.(Fn. 78), S. 230.
99) BGB 675l条 支払認証手段に関する支払者の義務
　　支払者は，支払認証手段の受領後直ちに，個人化されたセキュリティー記号［die personalisierten Sicherheitsmerkmale］を無権限のアクセスから守るため，全ての期待可能な対策を講じる義務を負う。支払者は，支払役務提供者又はこの者により指定された機関に対し，支払認証手段の紛失，盗難，濫用又はその他の無権限の利用を，これらについて知った後，遅滞なく通知しなければならない。
　　BGB 675m条(支払認証手段に関する支払役務提供者の義務，送付の危険) 1項1文1号
　　(1) 支払認証手段を発行した支払役務提供者は，次に掲げる義務を負う。
　　　　1．支払役務利用者の義務を妨げることなく，前条の規定に従って，支払認証手段の個人化されたセキュリティー記号が，利用の権利を有する者にのみアクセス可能であることを保証すること。
　　BGB 第2編 債務関係法に関わる条文訳は，山口和人（訳）『ドイツ民法II（債務関係法）』（国立国会図書館調査及び立法考査局，2015年）から引用する。なお，後掲注100）も参照のこと。
100) これら一連の規定群については，平田健治「EU支払サービス指令とドイツ法——多様な支払手段の統一ルール創出の試みとその意義」阪法61巻2号（2011年）287頁以下が詳しい。あわせて本書第1章の注204）も参照。Vgl. etwa auch Johannes Köndgen, Das neue Recht des Zahlungsverkehrs, JuS 2011, S. 481ff. ; Matthias Koch, Missbrauch von Zahlungsauthentifizierungsinstrumenten - Haftungsverteilung zwischen Zahlungsdienstleister und Zahlungsdienstnutzer（2012）; Christian Hofmann, Haftung im Zahlungsverkehr, BKR 2014, S. 105ff. ; Benjamin Sorg, Die zivilrechtliche Haftung im bargeldlosen Zahlungsverkehr（2015）.
　　なお——第1章の注204）で前述したとおり—— EU決済サービス指令の2015年改正を受けて，BGBも2017年改正により新しい規律を設けたが，本書は，参照する条文（訳）も含めてその動向にほとんど対応できていない。たとえば前掲注99）で既出のBGB 675 l条は，一部文言等が修正されて1項の1・2文となり，新たに同項3文と2項が追加されている。
101) BGB 675j条（同意及び同意の撤回）1項1文
　　(1) 支払行為は，支払者が支払行為に同意（認証）したときに限り，支払者に対して効力を有する。
102) BGB 675v条の責任については，Matthias Casper/Theresa Pfeifle, Missbrauch der Kreditkarte im Präsenz- und Mail-Order-Verfahren nach neuem Recht, WM 2009, S. 2346f. ; Jürgen Oechsler, Die Haftung nach §675v BGB im kreditkartengestützten Mailorderverfahren, WM 2010, S, 1381ff. ; Koch, a.a.O.(Fn. 100), S. 119ff. ; Dimitrios Linardatos, Das Haftungssystem im bargeldlosen Zahlungsverkehr nach Umsetzung der Zahlungsdiensterichtlinie（2013）, S. 176ff. ; ders., Die Rechtsscheinhaftung im Zahlungsdiensterecht - Zugleich eine Anm. zu LG Darmstadt, Urt. v. 28.8.2014 - 28 O

36/14, BKR 2015, S. 96ff.；Sorg, a.a.O.(Fn. 100), S. 241ff.；Henrikje-Sophie Budde, Das Vertragsrecht der Zahlungsdienste - Neugestaltung unter dem Einfluss der Zahlungsdiensterichtlinie (2017), S. 184ff. など参照。Vgl. auch Friedrich Graf von Westphalen, Umsetzung der Zahlungsdienst-Richtlinie - Nachteilige Auswirkungen für den Verbraucher, Recht ohne Grenzen : FS für Athanassios Kaissis zum 65. Geburtstag (2012), S. 1068f.

　BGB 675v 条（支払認証手段の濫用の場合の支払者の責任）1 項・2 項（3 項は省略）
(1) 認証されていない支払行為が，逸失し，盗取され又はその他の紛失した支払認証手段を利用して行われたときは，支払者の支払役務提供者は，支払者に対し，これによって生じた損害のうち，150ユーロ（筆者挿入注：2017年改正により現在は50ユーロに減額されるとともに，新たな2項により上記逸失等に気づかないときは免責が認められる）までの金額の賠償を請求することができる。損害が，支払認証手段のその他の濫用から生じ，支払者が，個人化されたセキュリティー記号を確実に保管していなかったときも同様である。
(2) 支払者が，無権限の支払行為を欺罔の意図で可能にし，又は，次に掲げるいずれかの行為により生じさせたときは，支払者は，自己の支払役務提供者に対し，無権限の支払行為の結果生じた全ての損害を賠償する義務を負う。
　　１．第675l条の規定による一又は複数の義務の故意又は重大な過失による違反
　　２．支払認証手段の発行及び利用についての一又は複数の約定された条件に対する故意又は重大な過失による違反
　＊2017年改正により上記2項は，一部文言等が修正されて3項に移動した。
　なお上記675v条2項の責任を根拠づける注意義務の基準は，たとえば1号によれば（支払認証手段の安全確保を規定した）675l 条（邦訳は前掲注99）参照）による（Martin Hossenfelder, Onlinebanking und Haftung, CR 2009, S. 791；ders., Pflichten von Internetnutzern zur Abwehr von Malware und Phishing in Sonderverbindungen (2013), S. 189f. 詳しくは Hofmann, a.a.O.(Fn. 100), S. 105ff. 参照）。

103) Stöber, a.a.O.(Fn. 78), S. 230f.
104) Stöber, a.a.O.(Fn. 78), S. 231.
104a) この方向性を支持する注釈書として，Münchener/Schubert, Kommentar zum Bürgerlichen Gesetzbuch, 7. Aufl.(2015), §167 Rz. 124.
105) Meyer, a.a.O.(Fn. 63), S. 3689. はじめに部分の注6) 参照。
105a) 加えて「証書」重視の観点から BGB 370条も挙げるものとして，Münchener/Schubert, a.a.O.(Fn. 104a), §167 Rz. 125.
　　BGB 370条　受取証書の持参人に対する給付
　　　受取証書の持参人は，給付を行った者の知っていた事情が，かかる授権を推認することに反しているときを除き，給付を受領する権限を授与されたものとみなす。
106) Vgl. Hoeren/Bensinger/Eichelberger, a.a.O.(Fn. 22), Kapitel 4 Rz. 147.
106a) この方向性を支持する注釈書として，Münchener/Schubert, a.a.O.(Fn. 104a), §167 Rz. 125f. たださすがに公衆無線 LAN ネットワーク（offenes W-LAN-Netz）では，第1章第2節3(2)の BGH 2010年5月12日判決のとおり，「通常一般的かつ期待されうるアクセス防護なしにルーターが利用されているので（傍点筆者）」，権利外観自体が否認さ

れよう（ders., a.a.O., §167 Rz. 126）。

107) https://www.bundesbank.de/Redaktion/DE/Downloads/Presse/EZB_Pressemitteilungen/2013/2013_01_31_internetzahlungen.pdf?__blob=publicationFile［2017年2月23日最終アクセス］．

108) Vgl. Thomas Hoeren/Maria Kairies, Der Anscheinsbeweis im Bankenbereich – aktuelle Entwicklungen, WM 2015, S. 551ff.

109) 権利外観に関わる一帰責原理としての「危険主義（Risikoprinzip）とは，信頼保護の場面を，実質的権利関係とは異なる外観に依拠した取引がなされる危険性が現実化した場面として把握し，そのような危険への関わり方の中に真正権利者側の帰責根拠を求める考え方である」と説明される。「その関わり方としては，そのような危険を支配する可能性が相手方よりも大きかったという状況をそれに当てるのが一般的である」が，「個別の分野に即して展開されている」中では，「真正権利者の行為中に危険の引受けがあった」とか「真正権利者がそのような危険な状態を作り出した」と説明するものも含まれている（詳細については，多田利隆『信頼保護における帰責の理論』（信山社，1996年）149頁以下参照）。

110) ともあれ，家族間での交付はより難問となろう（vgl. Helmut Redeker, IT-Recht, 6. Aufl.(2017), Rz. 878）。

110a) これに対する批判的論評として，Schneider, a.a.O.(Fn. 35), S. 175ff.

111) Ähnlich Münchener/Schubert, a.a.O.(Fn. 104a), §167 Rz. 127f. この点に関する判例・学説の評価は分かれているが，詳しくは，たとえば第1章第4節1(2) b aa・bb 参照。

　なお，信頼性の高い電子署名の場合，「過失」，ひいては帰責が否認されるのは，当該所有者が銃を突きつけられた脅迫事例に限られる（Köhler/Arndt/Fetzer, Recht des Internet, 7. Aufl.(2011), Rz. 227）。

112) Müller-Brockhausen, a.a.O.(Fn. 30a)；Schneider, a.a.O.(Fn. 35)；Hajut, a.a.O.(Fn. 4)。

113) 最近も漠然とこの可能性を示すものとして，たとえば Meyer, a.a.O.(Fn. 63), S. 3689.

114) 条文訳については，第1章の注158a)参照。

115) 条文訳については，第1章の注158b)参照。

116) 「債権者との近接性」とは，契約外の「第三者が契約関係の保護領域に取り込まれることに対して，契約の債権者が正当な利益を有している」ことである（久保寛展「投資家に対する格付機関の契約責任——ドイツにおける『第三者のための保護効を伴う契約』法理を基礎として」同法62巻6号（2011年）490頁）。なおこの近接性は，「債権者の保護利益（Gläubigerschutzinteresse）」ないし「債権者の取込利益（Einbeziehungsinteresse des Gläubigers）」とも称される（vgl. etwa Christoph Brömmelmeyer, Schuldrecht Allgemeiner Teil (2014), §14 Rz. 28ff.）。

117) Sonnentag, a.a.O.(Fn. 55), S. 1619. Ebenso Borges, a.a.O.(Fn. 14), S. 2404. さらに詳細な検討を行った上で同様の結論に至るものとして，Müller-Brockhausen, a.a.O.(Fn. 30a), Rz. 403ff.

118) Hoeren/Sieber/Holznagel/Neubauer/Steinmetz, a.a.O.(Fn. 75), Teil 14 Rz. 27ff. Ebenso Spindler/Schuster/Spindler, a.a.O.(Fn. 82), §164 BGB Rz. 13；Redeker,

a.a.O.(Fn. 110), Rz. 1188. 当該要件（具体的には前掲注116）の「債権者との近接性」に加えて，「給付との近さ（Leistungsnähe）」，「債務者にとっての責任リスクの認識可能性（Erkennbarkeit des Haftungsrisikos）」および「第三者の要保護性」）については，花新發元紀「契約責任の第三者効についての一考察──ドイツ法における『第三者のための保護効を伴う契約』法理を中心に」明大院42号（2015年）351頁以下参照。たしかに本文の保護効を伴う契約を安易に認めることは取りも直さず，債務者のリスク負担の増大を意味することになるから，厳格な要件それ自体はやむなしと言ったところであろうか。Vgl. auch BGHZ 181, 12.

119) 詳しくは，Hoeren/Sieber/Holznagel/Neubauer/Steinmetz, a.a.O.(Fn. 75), Teil 14 Rz. 30 ; Spindler/Schuster/Spindler, a.a.O.(Fn. 82), Vorbem. §§ 145ff. BGB Rz. 11 参照。

120) 本文a〜cとdの両法律構成を検討したものとして，たとえばBernhard Kreße, Die Auktion als Wettbewerbsverfahren (2014), S. 370ff. ; ders., Vertragsschluss bei der Internetauktion und Geltung der Auktionshaus-AGB im Marktverhältnis, NJ 2015, S. 449ff.

121) 条文訳については，第1章の注158b)参照。

121a) 詳細な検討の上でこれに批判的なものとして，Müller-Brockhausen, a.a.O.(Fn. 30a), Rz. 438ff., 443ff.

122) なお消極的利益には，たとえば無駄になった費用（Aufwendung）の賠償や弁護士費用の償還が含まれるにすぎない。給付に代わる損害賠償は契約の成立を前提とするので，契約締結上の過失責任（BGB 311条2項）では，ただ例外的に，たとえば当該契約が契約準備段階の義務違反がなければ加害者との間でより有利な条件で成立していたであろう場合（コスト・ダウンの見込まれる事情が秘匿されていた事例）にのみ不履行損害（Nichterfüllungsschaden.＝履行利益）が考慮されうる（Winfried Klein, Anmerkung zu BGH, Urteil v. 11.5.2011, MMR 2011, S. 450. Vgl. auch Erman/Kindl, Handkommentar zum Bürgerlichen Gesetzbuch, 14. Aufl.(2014), §311 Rz. 29)。

123) BGHZ 158, 201（第1章の注227a）参照）。詳細な検討については，Jürgen Oechsler, Der Allgemeine Teil des Bürgerlichen Gesetzbuchs und das Internet（1. Teil), Jura 2012, S. 422ff. 参照。

124) また，パスワード等の「探知プログラム（トロイの木馬）についても，同じようなことが言えよう。当該利用者には，コンピュータの定期点検や……アカウント閉鎖の義務はない」(Oechsler, a.a.O.(Fn. 17), S. 582)。

125) Oechsler, a.a.O.(Fn. 39), S. 633. Ebenso Dirk Heckmann, juris PraxisKommentar : Internetrecht, 3. Aufl.(2011), Kapitel 4.3 Rz. 131. Vgl. auch Jürgen Oechsler, Vertragliche Schuldverhältnisse (2013), Rz. 1352ff.
エクスラーの見解に対する批判的論評として，Schneider, a.a.O.(Fn. 35), S. 171ff.
なお実際上，重過失と過失の境界は微妙であろうと思われるが，そのイメージにあたっては，たとえばわが国の，「偽造カード等を用いて行われた機械式預貯金払戻し」を例外的に有効と認めた預金者保護法4条に関わる具体例（潮見佳男『新債権総論』（信山社，2017年）234頁以下）が参考になろうか。

126) Sonnentag, a.a.O.(Fn. 55), S. 1619f. Ebenso Münchener/Schubert, a.a.O.(Fn. 104a), §167 Rz. 131. Vgl. auch Spindler, a.a.O.(Fn. 8), S. 333.

127) 第3章の注22) 参照。Ähnlich etwa Michael Kind/Dennis Werner, Rechte und Pflichten im Umgang mit PIN und TAN, CR 2006, S. 354 ; Murat Can Atakan, Der Vertragsschluss und das Widerrufsrecht im Rahmen von Internet-Auktionen (2015), S. 70 ; Malte Stieper, Vorzeitige Beendigung einer eBay-Auktion - Ausgestaltung von Willenserklärungen durch AGB als Herausforderung für die Rechtsgeschäftslehre, MMR 2015, S. 631.

128) 第3章第2節1で紹介した本判決の【判決理由】［21］参照。

129) なお最近の判例としては，BGH 2015年9月23日判決（NJW 2016, 395) がある。

130) このような「ネット・オークションにおいて約款を（とくにユーザー間で締結された）契約に取り込む」問題（いわゆる「取込解決（Einbeziehungslösung)」）を詳細に扱った最近の文献として，Kreße, a.a.O.(Fn. 120 [2014]), S. 368ff. ; ders., a.a.O.(Fn. 120 [2015]), S. 449ff. ; Atakan, a.a.O.(Fn. 127), S. 68ff.

なおわが国では，大村（和子）氏が，事業者・利用者間のネット・オークション利用契約と利用者間の売買契約について，「必ずしも，別個独立の契約ではなく，ネット・オークションという物の売買を目的とするシステムを利用した包括的な取引形態をもつ契約である」との興味深い見方を示していた（「インターネット・オークションにおける事業者と利用者の法的問題について」情報ネットワーク3巻（2004年）25頁）。

131) より具体的に言及するものとして，Spindler, a.a.O.(Fn. 8), S. 335f.

132) 窪幸治「インターネットショッピングモール運営者の法的責任——取引環境整備義務について」総合政策16巻2号（2015年）223頁以下。Ähnlich etwa Müller-Brockhausen, a.a.O.(Fn. 30a), Rz. 769。ショッピング・モールやオークションに代表されるプラットフォームの運営者については，その実態・役割等を斟酌・反映した法的地位（たとえば現代型の新たな仲立人？）と，それに基づく法的義務・責任を検討することが今後重要な課題となろう(すでに同旨，大村・前掲注130)24頁。"仲介人"に否定的な見解として，たとえば池田秀敏「インターネット・オークションにおける諸問題——名古屋高等裁判所平成20年11月11日〔控訴審〕判決」信法13号（2009年）203頁以下。直近の詳細な論稿として，齋藤雅弘「特集・消費者法における規制の多様性 6 通信販売仲介者（プラットフォーム運営業者）の法的規律に係る日本法の現状と課題」消費者法研究4号(2017年)105頁以下があり，「公共空間にかかわる当事者としての役割や責任を踏まえた議論が求められる」（同152頁）と締めくくる）。なお，2016年度に指導した留学院生に，中国では「特殊な仲介人」説が有力であることを教わった。

今後継続する研究に関して

――最終結論をめざして――

　電子取引上のなりすまし外観責任に関わって判例・学説ともにほぼ出揃ったところを検討対象とした最新の研究書が三冊公刊されるにいたり（いずれも博士論文ではあるが秀逸），本研究テーマは成熟期を迎えた。本来であれば第6章にて，上記研究書をとり上げ詳細な分析を行った上で，最終結論へという流れになるはずだが，――はしがきで述べたとおり――第6章部分は道半ばであり，筆者の研究は，富士登山に例えるならば8合目あたりといったところであろうか。

　さりながら現段階の比較法研究の成果として，「表見代理の類推適用法理から『電子取引上のなりすまし』の特殊性を反映させた，いわば独自の"同一性外観責任"論への収斂」という発展的方向性は見出せた。加えて同一性外観責任の「要件の措定・具体的な判断基準の提示（一部個別事例への当てはめをも視野に入れた）」についても，類推適用されるべき表見代理規定・判例法理あるいは権利外観法理一般との関係で，複数の考え方を紹介した上で各特徴やメリット・デメリットなども分析できた（第1章第4節以下，第3章第5節，第5章第3節を参照）。わが国において議論をする際にも，参考になるであろう。

　そこで本書最後は，「今後継続する研究に関して」と銘打って――第6章で扱うはずであった――各研究書の濃淡ある結論部分を中心とした公表順の紹介を行う（第1節）とともに，わが国で今後議論する際の方向性を簡潔に示しておきたい（第2節）。

第1節　最新の三つの研究

1.「セキュリティ技術」を意識したミュラー・ブロックハウゼンの研究
(1)　ミュラー・ブロックハウゼンの見解

　a　ミュラー・ブロックハウゼン（Michael Müller-Brockhausen）は，「アクセス・データの濫用に対する責任という法的問題の評価にとって重要なのは技術的基礎（technische Grundlagen）である」として，まずは「不正探知（Ausspähen）」など多様な「上記データの盗難（Diebstahl）」リスクを指摘しておく。

　そしてミュラー・ブロックハウゼンは，アカウント所有者が（濫用された）アクセス・データを交付（伝達）していた場合の外観責任について学説上異論なくその根拠づけに持ち出される「認容代理・BGB（ドイツ民法）172条の類推適用」を「いずれも説得的ではない」と批判する（ただ上記責任を肯定する結論には賛成）。代理権への信頼を保護する認容代理は構造上，ネット上のなりすましには適さないし，（第4章で見たとおり隠秘の白紙書面補充事例にまでその類推適用が認められているところの）BGB 172条についても（「自著」に代表されるとおり）権利外観要件の強度が高いため，上記なりすましとは比較にならないからである。また，アクセス・データを交付していないアカウント所有者の責任についても，外見代理の類推適用のみならず第三者のための保護効を伴う債務関係，契約締結上の過失，（意思表示の紛失や表示意識欠缺事例を比較参照した）BGB 122条の類推適用や不法行為法（823条1・2項）いずれによっても説得的に解決することはできないと――それぞれ詳細な検討の上，たとえばリーディング・ケースたる BGH 2011年5月11日判決（第3章第2節参照）の採用した「（代理権に対する信頼を保護する）外見代理の類推適用」も上記認容代理の類推適用と同様，構造上（代理人の介在自体を取引相手方は知り得ないがゆえに同一性を信頼した）なりすまし事例の解決には不向きであるというように――ことごとく否定的に結論づける。

　b　その上でミュラー・ブロックハウゼンは，「一般的な権利外観責任を適用する」との観点から，次のとおり，第5章までの学説動向を素直に受け入れて同一性外観責任を追及していると言えよう。

　すなわち，権利外観一般法理によれば，（取引相手方の保護に値する信頼を惹起

する厳格な）権利外観要件が存在するのは（冒頭で指摘した「濫用リスク」を制御するのに）「十分安全な認証方式（Authentisierungsmethode）」が使用されアカウント所有者の同一性が審査された」場合，つまり「アカウントの同一性認証機能（Identifikationsfunktion）が十分に信頼できる」事例に限られるとして，第5章第2節1(2)でとり上げた，とりわけ「セキュリティ・レベル」に着目するヘレストハル（Carsten Herresthal）の見解が参照されている。安全な認証方式とは，ICチップカード（Chip-Karte）とPIN（暗証番号）のように「本人だけが所有しているものと本人だけが知っていること（Besitz und Wissen）」という二要素認証（Zwei-Faktor-Authentisierung）であるのに対して，単に後者のみ，つまりID・パスワードに基づく認証方式は，不正探知に対する脆弱さから，たとえ交付がなされていても「権利外観要件を根拠づけない」。他方，帰責要件の存在が認められるのも，危険主義（Risikoprinzip）の観点から「アカウント所有者がアクセス・データを交付した場合に限られる」。なお，アカウント所有者が行為者であるとの証明負担を取引相手方のために軽減できるかについては，事実上の推定に関わる証明責任の転換（Beweislastumkehr），表見証明などの方法がありうるが，上記の権利外観要件の問題に準じて，十分に安全な認証方式が利用されていてアカウントの同一性認証機能が十分信頼できる場合にしか認められない。

　c　以上より，ミュラー・ブロックハウゼンは，権利外観要件との関係で認証方式の安全性・信頼性（Sicherheit und Zuverlässigkeit）に着目して非常に詳細な技術的・法律的分析を加えた上で，ネット接続（IPアドレス），電子メールや（単なるID・パスワードによる）ユーザー・アカウントでは当該外観責任も証明負担の軽減も認められないと結論づける。これに対して，確実な本人確認手段としての適格電子署名（qualifizierte elektronische Signatur. SigG（ドイツ署名法）2条3号），電子身分証明（elektronischer Identitätsnachweis. PAuswG（ドイツ新身分証明書法）2条）ならびに（セキュリティ強化が図られたDemailG（ドイツDeメール法）による）Deメール（認証付電子書留メールサービス[1]）では，いずれも認められる（オンライン・バンキングでは，二要素認証によるmTan（mobile TAN）方式のみ同様[2]）。

(2)　小　括

　かくしてミュラー・ブロックハウゼンがまさに冒頭で言及したとおり，アク

セス・データの濫用責任を左右するのは「認証方式の安全性・信頼性」ということになり、第5章第2節1(2)aのヘレストハルと同様の結論に至る。「セキュリティ技術」に焦点を当てた非常に詳細な研究をすれば、差し迫った現実的な脆弱性から、簡易なセキュリティ・システムの安全性・信頼性には強い疑念を抱かざるを得ず、結果として厳格な（とくに外観）要件論に行き着くのもやむなしと言ったところであろうか。

2．「匿名大量通信サービスの取引安全保護」を志向するシュナイダーの研究
(1) シュナイダーの見解

　a　シュナイダー（Matthias Schneider）は、非対面という「電子取引における契約締結の特殊性」から、相手方は誰であるかという「同一性の信頼問題（Vertrauensproblem）」に関してはたとえば第3章第3節2(3)のシュテーバー（Michael Stöber）同様、「ユーザー・アカウント（Benutzerkonten）」がキーワードになると言う。

　まずは（なりすましという）他人の名の下での行為と――その信頼保護のため類推適用される――外見代理に関する詳細な「基礎的ドグマティークの考察」により、そもそも他人の名の下での行為に外見代理を適用できな」いとした上で、現代的なアカウント濫用（いわゆるハナウ（Max Ulrich Hanau）に倣った本書にいう、ただシュナイダーにより一部批判される[2a]「他人の番号の下での行為」）についても同様であると結論づける。

　b　そこでシュナイダーも、1(1)のミュラー・ブロックハウゼン同様、権利外観一般法理から独自の（いわば本書にいう同一性）外観責任による解決策を、とくに第1章第3節5(2)のリーダー（Markus S. Rieder）、第5章第2節2のエクスラー（Jürgen Oechsler）や同節1のヘレストハル（Carsten Herresthal）の各見解を詳細かつ時には批判的に分析・検討しつつ、次の12のテーゼにまとめ提案する。とくに、第3章第2節のBGH 2011年判決で問題とされ上記責任の否認に至った「アカウント所有者の不適切なパスワード保管による濫用」事例においていかにして上記責任を正当化するかに焦点を当て、第1章第2節1(3)の、外観責任の拡大を企図としたBGH 2006年3月16日判決（いわゆるコレクト・コール事件判決）に注目する点が特徴的である。

　① 電子取引上の諸契約は、原則として通常一般的な契約と同様、申込みと

承諾の合致による契約成立を規定したBGB 145条以下により成立する。

② 電子取引では，デジタル・データ化された契約締結方式ゆえに，電子的意思表示の信頼性と完全性・不可侵性（Integrität）がいっそう重要であり，中心的役割を演じるのが，契約相手（Vertragspartner）の同一性への信頼である。

③ 上記傾向は，電子取引がアカウントへの依存を強めている点に典型的に表れている。この点に，インターネットで行為する者の同一性を信頼する者の要保護性がある。

④ 「他人の名の下での行為」が，取引相手方に誤った同一性の表象（Identitätsvorstellung）を惹起する。

⑤ 法律行為上のアカウント濫用は，他人の名の下での行為の下位事例である。

⑥ 他人の名の下での行為は原則，BGB 164条以下の代理規律により解決される。

⑦ 権利外観法理は，民法上も妥当する当該秩序の基礎をなしている一般法理である。権利外観責任の一般的な基本要件（Grundvoraussetzung）は公式化される。

⑧ 外見代理は，⑦の一般的な権利外観法理が代理法上表れたものである。

⑨ しかし外見代理は，インターネットにおける他人の名の下での行為事例における取引相手方の信頼を適切に整序し保護することに適さない。代理権への信頼を保護する外見代理は，その踏襲された（伝統的な）「無権代理行為の反復・継続性」と「予見・阻止可能性」の両要件では，「同一性の信頼保護」問題に関わる上記事例を事実適合的に（sachgerecht）把握できないからである。

⑩ そもそも他人の名の下での行為一般に，外見代理は（類推）適用できない。

要するに⑥から⑩までを一文で表現すれば，（インターネット上を含む）他人の名の下での行為には，（代理権に対する信頼を保護する）表見代理を除いて代理法が類推適用されるということになろう。

⑪ （支払認証手段が濫用された場合における支払者の損害賠償責任を規定した）BGB 675v条[3]は，決済サービスにおける他人の名の下での行為の特殊事例を規律する。この規定は，その特殊性ゆえに，インターネットにおける他人の名の下での行為一般には類推適用できない[4]。

⑫ インターネットにおける他人の名の下での行為は，独自かつ新たな権利外観——本書にいう「同一性外観」——責任要件により把握されうる。この要件は，⑦の権利外観責任の一般的な基本要件から次のとおり導き出される。

(i) 客観的な権利外観要件は，(パスワード，PIN・TAN等により) 保護されたアカウントの利用に基づく第三者の行為に関わるがゆえに，当該行為は，対外的には法取引上，アカウント所有者の行為として現われる。BGH 2011年判決における (法律行為が予定された) eBay のパスワードでも，アカウント所有者には秘匿義務も課されていること (秘匿期待) から，上記外観の強度に足る。

(ii) 帰責は，1(1)のミュラー・ブロックハウゼンが採用しなかった過責主義 (Verschuldensprinzip) に基づいて行われ，有責に (schuldhaft. つまり故意または過失により (vorsätzlich od. fahrlässig))，単なる保管上の過失であっても自己のアカウントの下での行為を第三者に可能ならしめた者は，生じた外観を帰責されうる。上記 BGH 2006年判決によれば，この (外見代理の基礎にあるとされる) 過責主義は，(遠距離通信サービスの匿名大量取引における清算の簡略化を目的に，「電話加入者がサービス提供者の給付を利用したことにつき責任を負わされ得ないことを証明する限りで，提供者は，加入者に対して報酬を請求する権利を有しない (傍点筆者)」と規定した) TKG (ドイツ電気通信法) 45i 条 4 項の法的思考 (Rechtsgedanke) から，危険主義の「危険領域による責任分配」をいわば取り込む形で導き出される。[5]

(iii) 取引相手方の要保護性は，その善意性 (Gutgläubigkeit) に基づかなければならない。

(iv) 上記(i)から(iii)の要件が存在するとき，取引相手方は，アカウントを実際に所有する者があたかも行為していたかのごとく法律行為的責任を追及できる。[6]

(2) 小 括

かくしてシュナイダーも，1(1)のミュラー・ブロックハウゼン同様，権利外観一般法理とその基本的要件に依拠して独自の「同一性」外観責任・要件論の展開を試みるわけだが，その結論が「ネット取引の安全」の観点から眺めれば真逆になっているのは，興味深い。権利外観法理の帰責原理として，近時支配的な「危険主義」ではなく，あえて伝統的な「過責主義」を——BGH 2006年判決に倣い「危険領域による責任分配」に基づいて——外見代理よりも広範な権利外観責任を特別法上規定した TKG 45i 条 4 項から導出して採用し「保管上の過失」でも帰責性の充足を認めた点に鑑みれば，外見代理の伝統的要件に縛られることを避け「匿名大量通信サービスの取引安全保護」という法政策的要請を受けてその実現(現実的対応)へとかなり大胆に舵を切ったと言えようか。

3．「『責務』を通した同一性所有者，取引相手方双方の利益較量」をめざすハユトの研究

(1) ハユトの見解

　a　ハユト（Alla Hajut）は，——「同一性」・「認証」にはじまり「同一性の濫用」の概念規定や，1(1)のミュラー・ブロックハウゼンも意識していた「(他人になりすましてアカウント自体を作成する場合と，他人自ら作成したアカウントを濫用して他人になりすまし表示する場合というより緻密な) 濫用の段階化」などを行う点で非常に丁寧な研究であり詳細は今後に委ねるが——後者の「同一性の濫用」事例を（代理法の規律により原則判断される）「他人の同一性の下での行為」に整序した上で，権利外観一般法理に言及した後（BGB 172条，白紙書面濫用規律，認容・外見代理というよく知られた）各別の権利外観責任要件について論究する。

　たとえば第4章で扱った「白紙書面濫用原則」に関わり，（署名者が支配しこの者にのみ帰せしめられるという特殊な人的性質を持った）「署名」は，その「同一性・真正性機能（Identitäts- und Echtheitsfunktion）」から，「表示をした者は誰か（Urheberschaft）を推論してよい権利（法）外観の基礎（Rechtsscheinträger）[7]」であることが明確になった。さらに表見代理との関係で「権利外観の基礎として強調された」のは，「特別な資格付与証明の基礎を与えたこと」，つまり「特別な地位の認容や（代理人の資格付与証明に結びつく）特定手段の付与」と，「予見可能性にもかかわらず対処しなかったこと」であり，正当な帰責原理は過責主義である。かくして帰責根拠（Zurechnungsgrund）は，署名された代理権授与証書の交付（BGB 172条），認識した上での権利外観要件の作出（認容代理）や過失による当該作出（外見代理）である。

　b　上記各別の権利外観責任要件を参考に，ハユトも，1(1)のミュラー・ブロックハウゼン，2(1)のシュナイダー同様，権利外観一般法理の観点から同一性の濫用について，①いかなる権利外観要件が生じるのか，②同一性所有者（Identitätsinhaber）のいかなる容態が権利外観要件の帰責へと導き，③取引相手方の容態が権利外観責任にいかなる影響を与えるのか，を中心に研究する。その際とくに注目されるのは「認証手段（Authentisierungsmedien）」にほかならない。

　aa　①権利外観要件は，「表示をした者は誰か」に関する権利（法）外観，

つまり「同一性の下でなされた表示が実際にこの所有者により」行われたことであり，「同一性が排他的・独占的な（exklusiv）認証手段により保護されるときは……信頼は保護に値（傍点筆者）」する。その際，「認証手段の安全性は，権利外観要件の承認」（存否）レベルでは「有力な見解に逆らって」重要でなく，「法的証明（Rechtsnachweis）につき認証手段の利用が利害関係人の間で合意されたことで足りる」（通常は，認証手段の利用自体が上記合意を示唆しよう）。「たとえ認証手段が客観的に安全でなくても，時々の取引慣習に応じて……同一性の保護と正当性の証明（Berechtigungsnachweis）に使用されている限りで，権利外観の基礎として適している（傍点筆者）」（理想の認証手段の非追求）。同一性の濫用事例では，代理権の外観は問題にならないため，（外見代理の代理権外観要件に準じる）「第三者の継続的かつ反復的行為」は権利外観要件たり得ない。同一性所有者の（私的自治に関わる）保護利益については，次の②の帰責性において考慮されその責任は容易に認められない。

　　bb　aaa　②帰責要件としてはまず（BGB 172条1項にいう）認証手段の意識的交付（bewusste Aushändigung）であり（当該文言・目的論的解釈・趣旨「取引安全保護」等の観点から，交付目的は単なる動機でしかないのでこれを問わず，つまり保管目的でもよく，たとえ当該手段の利用を内々に禁じていたとしても意味をなさない），当該規定の根底には，権利外観の基礎を交付してはならないという決まり（Gebot）がある。もっとも，当該所有者が認証手段を紛失するか，詐欺・強迫により引き渡すことを余儀なくされた場合には，（帰責要件たる）意識的交付自体が認められない。

　　bbb　だがさらに，帰責原理論にまで立ち返った詳細な考察の末，「本人の過失」を帰責要件とする外見代理により取引相手方の信頼を保護する代理とのバランスから考えても，同一性所有者は，当該「表示をした者は誰か」に関する（つまり自ら表示をしていないのにしたかのような）権利外観を生じさせない，ないし――BGB 171条2項・172条2項によれば――すでに生じた当該外観を破壊する（zerstören），つまり「自己の同一性を濫用から防護する」責務（Obliegenheit）を負っていて（「権利外観責任の枠組みで本人に要求される」上記防護が理論上は「責務」に整序されることが詳細に確認された上で），その違反により（契約自由の原則下において望まない契約に拘束されるという意味で権利ならぬ）「私的自治の喪失（Verlust der Privatautonomie）」を招く（なお表見代理については，過責主義の観

点から，認容代理は故意による責務違反，外見代理は過失によるそれと位置づけられる）。この「責務の由来は，矛盾行為禁止（venire contra factum proprium）の原則であり，これによれば，従前の容態から信頼法律要件（Vertrauenstatbestand）が生じるときはその容態と矛盾する行動をしないことが，すべての法関与者（Rechtsteilnehmer）に期待される（傍点筆者）」。「過責主義に基づいて」「有責な，つまり故意または過失による責務違反（schuldhafte Obliegenheitsverletzung）」も帰責要件となるが，その実際的意義から中心となる「過失という非難の基点（Bezugspunkt für den Fahrlässigkeitsvorwurf）」は，（認証手段の保管上の不備など）責務違反と結びついた同一性外観の発生リスクと，この「（濫用リスクと結びついた）権利外観要件の危険性」に関する（「取引において必要な注意を怠った」ことを過失と定義したBGB276条2項にいう）「予見可能性（Vorsehbarkeit）と回避可能性（Vermeidbarkeit）」である（なお，損害賠償ではなく履行という当該責任の厳格性ゆえに上記可能性は具体的でなければならない）。

　これら可能性の存否は，（「取引参加者は，他の者が……当該取引参加につき要求される水準を遵守するという前提から出発できる」とした，客観的・抽象的な評価基準である）信頼原則（Vertrauensgrundsatz）を前提としつつ利益衡量（Interessenabwägung）に基づいて個別具体的に判断される。利益較量の決定的基準は，──交通安全義務（Verkehrssicherungspflicht）で（一部）用いられる──取引の種類，損害（発生）の蓋然性（Schadenswahrscheinlichkeit。たとえばeBayアカウントの方が図書館アカウントより発生頻度は高いこと），潜在的な損害の大きさ（たとえばネット・バンキングの方が通常一般にビデオレンタル・アカウントより甚大であること），潜在的な被害者の要保護性としての「生じうる権利外観の強度」・「認証手段の安全性」，そして（同一性所有者に要求される）「回避のための（費用・時間・作業コストに関わる）出費（Vermeidungsaufwand）」である。とくに──①権利外観要件ではさほど重視されなかった──認証手段の安全性は重要であり，当該安全性に比例して相手方の信頼（権利外観）が強くなればなるほど（この認証手段を選択してより強い信頼を勝ち取った）本人に関する上記「取引上の注意」の判断基準も加重されることになる。

　「過失による責務違反」として想定されるのは，（アカウントなど）同一性の所有者が(i)他人による不正アクセスの可能性（たとえば事務所の机上に認証手段を無防備に放置するなどして，具体的な濫用リスクを前提にその具体的な予見可能性）

があるにもかかわらず自己の認証手段を暴露する（offenlegen）場合，(ii)同一性の濫用につき具体的な危険性を知らせる疑念事由（Verdachtsmoment. たとえば他人がすでに不正アクセスしていたことや濫用を企んでいたことが分かっていた場合）が存在するにもかかわらず自己の認証手段を十分に防護しない場合，(iii)認証手段の紛失を知った上で他人による不正アクセスを認識しまたは疑うにもかかわらず当該手段を停止させない（sperren lassen）場合，(iv)周知の（フィッシングなど）詐欺により認証手段を交付させる攻撃に気付かない場合，(v)他人による不正アクセスを現認したにもかかわらず認証事象（Authentisierungsvorgang）につき止めさせないあるいは取引相手方への通知をしないことによって認容する（dulden）場合，(vi)（たしかに一般的な意味で同一性の制御・管理義務（Kontrollpflicht）はないが）とくに実際上，疑念事由があるにもかかわらず（極端な例だがアカウントの存在すらすっかり忘れていて）自己の同一性を制御・管理しない場合である。上記(ii)に関わって，第3章第2節のBGH 2011年判決で問題となった「安全性がとくに十分とまでは言えない認証手段の不注意な保管」だけでは，同一性の濫用につき——ハユトが要求するところの——具体的な予見可能性があったとは判断できず，さらに上記濫用を示唆する「特別な疑念事由の存在」が必要となる。なお回避可能性との関係では，たとえば認証手段を机の引出しや特別な場所（ungewöhnlicher Ort）に保管していれば（認証手段の安全度等にもよるが）一般的に安全であるとされる。

　cc　②の帰責性とともに利益調整的役割を果たす③取引相手方の善意，とくに無過失に関わる——法的義務（Rechtspflicht）でも通常一般的に取引相手方に課せられるものでもないが懈怠すると「有過失」の判断を受け権利外観責任を追及するという間接的効果（mittelbare Folge）を失う意味を持つ——「調査義務（Nachforschungsobliegenheit）」との関係でも，認証手段の安全性（権利外観の強度）が②の帰責性との関係同様，重要であり，安全性が認められる限りで相手方に課せられる注意基準（Sorgfaltsmaßstab）は，②とは逆に軽減されることになる。安全な認証手段が選択・使用されていて（濫用による損害発生の蓋然性がかなり低く）疑念事由がおおよそ乏しいときは，そもそも調査の必要がない。逆に，何度もパスワードの入力ミスが繰り返されているなど権利外観に疑念を抱かせる事由が十分に根拠づけられるときは，上記調査義務が問題となる。

ｃ　最後にハユトは，上記で見たとおり認証手段の安全性が「同一性所有者の帰責性」，「取引相手方の善意（・無過失）」双方の次元で，つまり両者ともに課せられる「責務」で考慮されることにより，「同一性所有者と取引相手方の利益均衡のとれた調整」をも可能にする点（より緻密な利益較量の追求とでも言うべきか）で，――たとえばBGH 2011年判決に代表される判例や１(1)のミュラー・ブロックハウゼンのような有力説による――「安全な認証手段が導入されていた場合にしか権利外観要件の発生を認めない目下支配的な解決」と比較して自説のメリットの方が大きいと評価する。[8)]

(2)　小　括

　かくしてハユトは，セキュリティ神話を疑い入口の権利外観要件を厳格化する１(1)のミュラー・ブロックハウゼンと対峙するが，さりとて有責主義を帰責原理とする点では共通しながら，大胆にネット取引の安全保護へと踏み出す２(1)のシュナイダーとも一線を画し，上記三つの権利外観責任要件を駆使して同一性所有者，取引相手方双方の利益較量を重視した解決に注力しようとする姿勢がうかがえる。[8a)]また，（代理権ではなく同一性を誤信させた）なりすましにおいて外見代理の類推適用は不適格ゆえに否認しながらも――その帰責原理として，ただ十分な根拠を示さず判例も採用する――過責主義自体については，詳細な検討の上で（責務違反を前提として）その正当性を基礎づけようと試みた点も評価に値しよう。あえて最近有力な，第１章第３節１(3)ｂのレデカー（Helmut Redeker）や５(2)のリーダー（Markus S. Rieder）にはじまりミュラー・ブロックハウゼンも採用した危険主義ではなく過責主義を，シュナイダーのみならずハユトまでもが支持した事実は看過できまい。この点は，帰責原理自体の正当性はもとより，それぞれの帰責原理が実際の場面で帰責性ありなしの判断にどのような影響・結論上の差違をもたらすのか，慎重に分析し見極める必要があろう。[9)]

　またハユトが，BGH 2011年判決において主要争点であった帰責性「保管上の過失」に関わって「自己の同一性を濫用から防護する責務の過失による違反」事例を六つ例示した点も，具体的な判断基準として大いに役立ちそうである。

第2節　わが国で議論する際の方向性

(1) わが国における「同一性外観責任」の構想と本書の「比較法研究」成果の活用

　ドイツとは対照的にわが国では，本研究テーマについて問題意識・関心はあっても，第2章で見たとおり，電子取引に特化した研究は進んでいない。ただ，なりすまし問題の解決を含む壮大な研究書『表見法理の帰責構造』（日本評論社，2014年）が中舎（寛樹）教授により公表され，筆者も——ドイツの表見代理判例法理「認容代理・外見代理」の研究を継続する中で——表見代理の帰責性・根拠として関心を持ち漠然と注目してきた「認容」について，非常に緻密な分析と帰責論における可能性の検討がなされている。中舎教授の著書についても，今後分析を進め——総合的・統一的な法外観帰責論の探求・構築という意味も含めて，多田（利隆）教授の『信頼保護における帰責の理論』（信山社，1996年）ともども——示唆を得たいと考えている。本書研究で明らかになった比較法的時流に乗って権利外観一般法理の観点から電子取引独自の「同一性」外観責任を展開しようとするならば，帰責性の要件化・判断基準の設定において，一般的な帰責原理の果たす役割が非常に重要となるからである。

　ところで，アカウント所有者が自ら適格な外観の基礎となるアクセス・データを交付した場合であっても，その交付目的・利用範囲は必ずしも対外的に明確でなく，ただだからこそ白紙委任状の著しい濫用補充事例のように，濫用リスクが広範かつ高いことに鑑みれば，外観惹起との関わりに注目しつつ（平成29[2017]年改正民法の施行を先取りして）適用条文を考えると，改正民法109条，なかでも代理権授与表示の範囲を超えて信頼保護を図る2項の類推適用，より厳密に言えば「109条2項の法理・法意に照らす」が検討に値しよう[10]（なお，改正民法109条2項の類推適用は，相手方の「正当理由（≒善意無過失）」の判断が1項はもとより110条と比べても慎重に行われうる点で優れている）。ただ同一性外観を信頼[11]したというなりすましの実質を踏まえると，代理権への信頼を保護する表見代理との構造的差違に鑑みて，本書の比較法研究で明らかになった「表見代理の類推適用法理から"同一性外観責任"論へ」という発展的動向を十二分に意識しつつ権利外観一般法理の観点から（とくに電子取引上の）なりすまし独自の同一性外観責任を模索・探求し，その要件定立や判断基準の設定を試みることにな

りそうである。そうであるならば，必ずしも日独という各規定・判例法理の枠組みにきつく縛られない「同一性」外観責任論の構築が志向されることになる（「グローバルでボーダーレスな電子取引世界にふさわしい普遍的解決の可能性」）から，本書の研究成果はいくばくか参考となるのではあるまいか。

　また——本書で跡付けたとおりドイツにおいてとくにBGH 2011年判決を契機に激しく論争されている[12]——アクセス・データのずさんな保管（保管上の過失）がきっかけでアカウント冒用によるなりすましが行われた場合に同一性外観責任を認めることができるかについては，（第5章第3節(3)a bbを参考にすれば「代理権授与表示」に準じる当該「データの意識的交付」要件に縛られるため，その認定を緩和したり「危険増大」帰責論の観点から「保管上の重過失」を「意識的交付」と同価値であると評価したりするのが限界と予想される）改正民法109条よりも緩やかな110条の帰責要件を支える外観帰責原理（危険主義？それとも過責主義？）を明らかにした上で，結論を出すべきであろう。さらにドイツで最近意識され始めた[13]，ウィルス駆除ソフトの未インストール・未更新に代表される「管理上の過失」についても，上記保管上の過失と同様，検討の俎上に載せることが求められる。

(2)　実際のなりすまし事件に関わって

　ところで筆者は，インターネット上のなりすまし契約がらみの読売新聞2017年4月11日付夕刊10面記事（いわゆる「荷受代行」・「荷物転送」アルバイト）に関して掲載直後に，同新聞記者から取材を受けた[14]。

　事件は，上記アルバイトに関わって応募者Aに住民基本台帳カードの画像を送信させた詐欺グループBが，インターネット上でその画像を本人確認に悪用しAになりすまして格安スマートフォン事業者Cと契約を締結したというものであり，Aは，（その後転売のうえ利用された）端末代金・利用料を含めて約20万円をCから支払うよう請求されている。Aは，別の被害者数人とともに，Cに対して上記支払義務が存在しないことの確認を求めて提訴準備を進めている。

　まさに論点は，「行為者B＝名義人A本人」と誤信した相手方Cを保護するために，表見代理の類推適用により，なりすまし契約といえどもあたかも名義人本人が締結したかのように扱うか，である。

　本件において（「同一性の外観」を前提とした）Cの善意・無過失との関連で，

Cは「法で定められた本人確認をきちんとやっ」たと反論しているが，身分証の現物を直接確認したわけではなく，ただ単にその画像を送信させていたにすぎないことから，そもそも単なる当該画像の送信が同一性の外観要件たりうるかも含めて問題となる。格安スマホ以外の大手通信事業者がどのような本人確認方法を実践しているのか（つまりより慎重な本人確認方法を採っているのか），そもそもインターネットによる非対面方式の契約締結を認めているのか，比較してみる必要があろう（格安スマホ事業者のビジネス・モデルに起因する問題であるということになれば，消費者に当該リスクを押しつけることには疑問を感じざるを得ない）。また，「契約者とカードの名義人が異なるなど不自然な点があり」Cは「不正な契約だと見抜けたはずだ」というA側の主張についても，契約者と支払名義人の関係性に配慮した検討を要する。ともかく筆者が上記(1)で首唱した改正民法109条2項（現行民法下では109条・110条重畳適用）の類推適用（厳密にはその法理・法意に照らす）によれば，慎重な「正当理由」判断が行われよう。

　次にAの帰責性について考えてみれば，たしかにAも「荷受代行」被害者だが「安易に個人情報を提供した契約者側の過失だ」とCが反論するように，名義人A自らが身分証の画像をBに送信していることから，重いと判断される可能性がある。とはいえ，当該画像がまさか（スマホ）契約の締結に利用されるとまではよもやAも考えていなかったであろうから，この「濫用リスクの想定範囲」を斟酌すれば，（とくに改正民法109条を表示責任と捉えたり110条もその延長線上にあると考えたりする立場からは表示責任の射程制限や95条の類推による免責も含めて）判断は微妙となろうか。またかりにAが同一性外観責任を問われるとしても，請求された金額が高額の場合には，第4章第7節2(2)のとおり，当該責任を負う範囲を限定する余地もあろう。

1) 「Deメールサービスは，セキュリティやデータ保護の要件を満たすことを証明して，連邦情報セキュリティ庁の認証した民間の通信事業者が提供する。……Deメールで送信されるメールは，暗号化により途中で読み取られ又は改変されるおそれがなく，送信者及び受信者の身元が証明されるという」（渡辺富久子「【ドイツ】電子政府法の制定」外法258-2号（2014年）15頁。Deメール法の概略については，渡辺富久子＝古賀豪「ドイツにおける行政の電子化推進のための立法」外法261号（2014年）43頁以下，当該法律の邦訳については，同64頁以下参照）。Vgl. etwa Thomas Hoeren, Internetrecht, 3. Aufl.(2018), Rz. 879ff.
2) Michael Müller-Brockhausen, Haftung für den Missbrauch von Zugangsdaten im

Internet（2014）を一瞥の上，453頁以下の総括を中心に（ほぼ引用する形で）記述した。

2a) はじめに部分の注16)参照。

3) 本規定の邦訳については，第5章の注102)参照。

4) （電子）決済サービスに限っては，支払者の損害賠償責任に関する特別規律がBGB 675v条にあるが，それ以外の電子取引については同一性外観責任，損害賠償責任いずれに関わる規律もない。この欠缺をいかにして補充するのかが，まさに問題になっていたと言えよう。

5) ただ本文のシュナイダーの分析に対しては，BGH 2006年判決が「外見代理の基礎にあ」り TKG 45i条4項でも基礎づけられた法的考え方として「法取引に関わる者はともかく自己の危険領域に組み込まれるべき第三者の容態につき契約上責任を負わなければならない」と述べていて（詳しくは第1章第2節1(3)参照），これを素直に読み「危険領域」というキーワードに注目すると──過責要素を残存しつつも──危険主義（による拡大）を直感させなくもない（たとえば同上1(3)の【解説】および注144a)，Spindler/Schuster/Sodtalbers, Recht der elektronischen Medien, 3. Aufl.(2015), §45i TKG Rz. 34 ; Müller-Brockhausen, a.a.O.(Fn. 2), Rz. 243参照）が，筆者の気のせいであろうか。何はともあれ「ネット取引の安全拡大」のもと良く言えば，過責主義と危険主義は折り合いを見せるのかもしれない（vgl. Matthias Schneider, Die rechtsgeschäftliche Haftung für den Accountmissbrauch im Internet (2015), S. 207）。

6) Schneider, a.a.O.(Fn. 5)を一瞥の上，211頁以下の総括を中心に（かぎ括弧は付けなかったがほぼ引用する形で）記述した。

7) あえて括弧書きで法外観と記述した理由については，はじめに部分の注21)参照。

8) Alla Hajut, Handeln unter fremder Identität : die Verantwortlichkeit des Identitätsinhabers (2016) を一瞥の上，254頁以下の総括を中心に（かぎ括弧は付けなかったがほぼ引用する形で）記述した。ハユトの研究の難点をあえて指摘すれば，本書第3章・5章で注力したBGH 2011年5月11日判決とそれ以降の学説動向のフォローが必ずしも十分になされてはいない。

　なお，「責務」による同一性所有者と取引相手方の利益を総合的に較量するハユトの方向性におそらく好意的であろう見解として，多田利隆『信頼保護における帰責の理論』（信山社，1996年）265頁以下。

8a) 本文の姿勢を発展させることにより，「『責務』を通したネット取引秩序の構築」の可能性が，筆者の脳裡に浮かんだ。

9) 両帰責原理の対立を意識し，ミュラー・ブロックハウゼンは両者の実際的相違を示していて（Müller-Brockhausen, a.a.O.(Fn. 2), insbes. Rz. 684ff.）大変参考になる。

10) 他にも──むしろこちらの方がわが国には馴染みやすいかもしれないが──パスワード等の交付をもって黙示の基本代理権授与（あるいはそれに相当する帰責性）の存在を認めて改正民法110条の類推適用に持ち込むという穏当な方向性である。ただこの方向性だと，必ずしも上記交付という帰責性に焦点を当てた（類推）適用条文の選択にはなっていないように思われる。

11) 拙稿「32　代理権授与表示の範囲を超えてされた代理行為と表見代理」潮見佳男＝道垣内弘人編『民法判例百選I 総則・物権（第8版）』別冊ジュリ237号（2018年）67頁参照。

12) Hajut, a.a.O.(Fn. 8), S. 206.

13) Vgl. etwa Müller-Brockhausen, a.a.O.(Fn. 2), Rz. 691ff.
14) 筆者は，（恥ずかしながら詳細をおおよそ知らなかった）携帯電話不正利用防止法が講じる「身分証の確認と本人への商品送付」という法的措置を，詐欺グループが巧みにかいくぐる悪知恵に閉口した。ただすでに，独立行政法人 国民生活センターが平成28年7月22日に報道発表資料として「『荷受代行』・『荷物転送』アルバイトにご注意！（速報）」(http://www.kokusen.go.jp/pdf/n-20160722_1.pdf［2017年12月29日最終アクセス］）を出して注意喚起を促していた。

なお早速，2017年度ゼミの第1回テーマとしてとり上げたが，報告・質疑応答とも身近なテーマであったためか盛り上がり，法教育の観点からも有意義であった。本記事の存在をご教示いただいた読売新聞記者には，筆者の心許ない返答はさておき，お礼を申し上げる。なお——いまだ取材内容が記事になったとの連絡はないことから——2017年10月段階では，訴訟提起されるまでには至っていないようである。

15) たとえば，身分証明書（Personalausweis）のコピーの交付では足りず認証されたもの(beglaubigte Kopie)でなければならないとの指摘(Müller-Brockhausen, a.a.O.(Fn. 2), Rz. 722)が参考になろうか。

＊なお本書末尾となったが，比較法研究の対象としてきた「他人の同一性の下での行為」・「同一性外観責任」論や「白紙書面責任」法理については，最近話題の人工知能（Künstliche Intelligenz）を搭載した——現行法上は法的人格を有しない——ロボットによる電子取引（契約締結・成立場面）の問題解決にも有用なのではないかと考えていて，その秘めたる可能性にも注目している（vgl. Oliver Keßler, Intelligente Roboter – neue Technologien im Einsatz : Voraussetzungen und Rechtsfolgen des Handelns informationstechnischer Systeme, MMR 2017, S. 592ff. ; Samantha Maria Mayinger, Die künstliche Person : Untersuchung rechtlicher Veränderungen durch die Installation von Softwareagenten im Rahmen von Industrie 4.0, unter besonderer Berücksichtigung des Datenschutzrechts (2017), S. 70ff. ; Nikolaus Forgó/Brigitta Zöchling-Jud, 20. Österreichischer Juristentag 2018 Zivilrecht : Das Vertragsrecht des ABGB auf dem Prüfstand : Überlegungen im digitalen Zeitalter (2018), S. 142ff. ; Louisa Specht/Sophie Herold, Roboter als Vertragspartner? : Gedanken zu Vertragsabschlüssen unter Einbeziehung automatisiert und autonom agierender Systeme, MMR 2018, S. 43f.)。

■著者紹介

臼井　豊（うすい　ゆたか）

　1970年　　奈良県生まれ
　1992年　　同志社大学法学部法律学科中退（3年生終了での大学院飛び級進学）
　最終学歴　同志社大学大学院法学研究科博士課程後期課程修了，博士（法学）
　現　　在　立命館大学法学部教授

研究著書・2010年以降公表した研究論文テーマ
　『戦後ドイツの表見代理法理』（成文堂，2003年）
　本書研究テーマ（2014年～継続中）の他に，
　「代理権の濫用」（2010年），「書面表示の到達」（2013年），
　「ドイツ法上の相続契約」（2016年～継続中），
　「デジタル遺品の法的処理」（2016年～継続中）

Horitsu Bunka Sha

電子取引時代のなりすましと「同一性」外観責任

2018年11月15日　初版第1刷発行

著　者　　臼　井　　　豊
発行者　　田　靡　純　子
発行所　　株式会社　法律文化社

　〒603-8053
　京都市北区上賀茂岩ヶ垣内町71
　電話 075(791)7131　FAX 075(721)8400
　http://www.hou-bun.com/

＊乱丁など不良本がありましたら，ご連絡ください。
　送料小社負担にてお取り替えいたします。

印刷：西濃印刷㈱／製本：㈱藤沢製本
装幀：前田俊平
ISBN 978-4-589-03952-1
Ⓒ 2018 Yutaka Usui Printed in Japan

JCOPY　〈(社)出版者著作権管理機構　委託出版物〉

本書の無断複写は著作権法上での例外を除き禁じられています。複写される
場合は，そのつど事前に，(社)出版者著作権管理機構（電話03-3513-6969，
FAX03-3513-6979, e-mail: info@jcopy.or.jp）の許諾を得てください。

吉村良一著
公害・環境訴訟講義
A5判・302頁・3700円

訴訟形態および被害類型別に訴訟の展開・争点・公害政策の課題を解説した体系的概説書。「被害者救済」を重視する視点から争点・訴訟の結論についての私見を明示し、今後の理論構築への示唆をあたえる。平成30年3月の福島原発判決まで網羅。

石橋秀起著
不法行為法における割合的責任の法理
A5判・332頁・6600円

民法不法行為法の論点のひとつである原因競合による割合的解決について、近時のドイツでの議論をふまえつつ、各種の事例にまたがる統一的な損害分配ルールの構築を試みる。

α 新プリメール民法 全5巻

はじめて民法を学ぶ人のために、読みやすさ・わかりやすさを追求した好評シリーズ。

中田邦博・後藤元伸・鹿野菜穂子 著
新プリメール民法1　民法入門・総則　A5判・348頁・2800円

今村与一・張洋介・鄭芙蓉・中谷崇・髙橋智也 著
新プリメール民法2　物権・担保物権法　A5判・300頁・2700円

松岡久和・山田希・田中洋・福田健太郎・多治川卓朗 著
新プリメール民法3　債権総論　A5判・286頁・2700円

青野博之・谷本圭子・久保宏之・下村正明 著
新プリメール民法4　債権各論　A5判・258頁・2600円

床谷文雄・神谷遊・稲垣朋子・且井佑佳・幡野弘樹 著
新プリメール民法5　家族法　A5判・256頁・2500円

―法律文化社―

表示価格は本体（税別）価格です